AF569301

OOOH, WIE IST DAS SCHÖN!

DIE STERNSTUNDEN DER DEUTSCHEN FUSSBALLNATIONALMANNSCHAFT

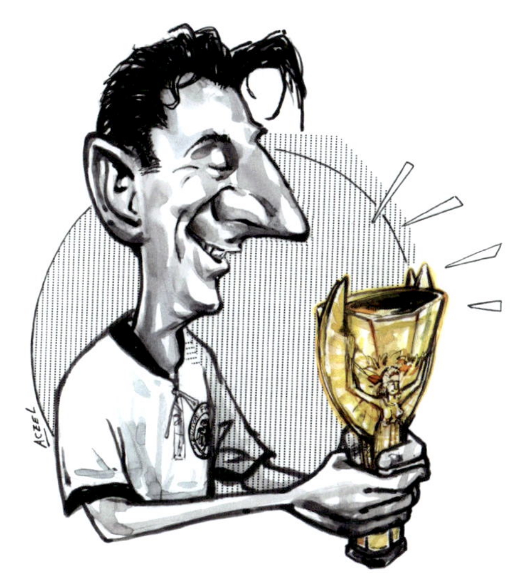

-Aczel-

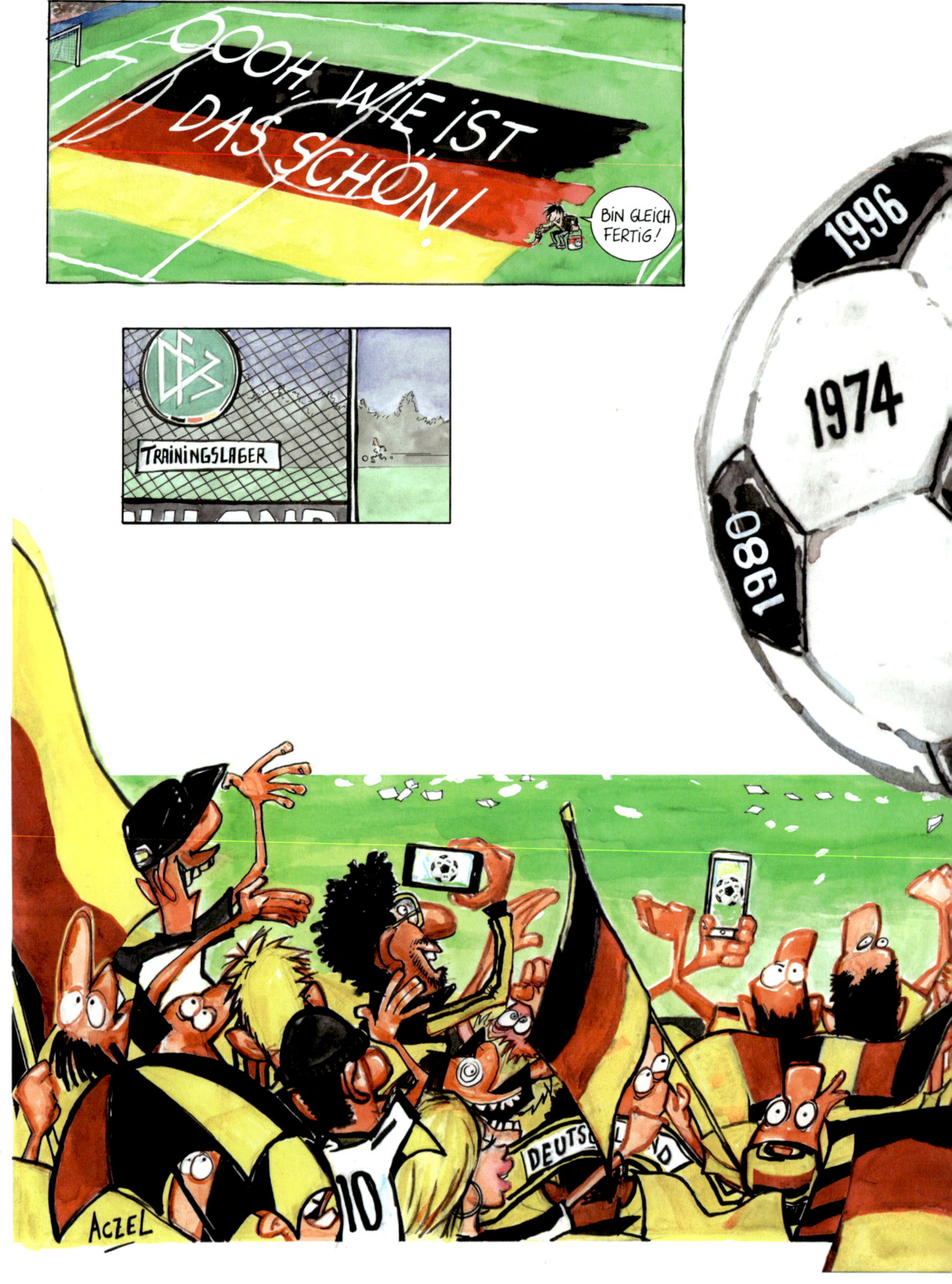
OOOH, WIE IST DAS SCHÖN!
BIN GLEICH FERTIG!
TRAININGSLAGER
1996
1974
1980
DEUTSCHLAND
10
ACZEL

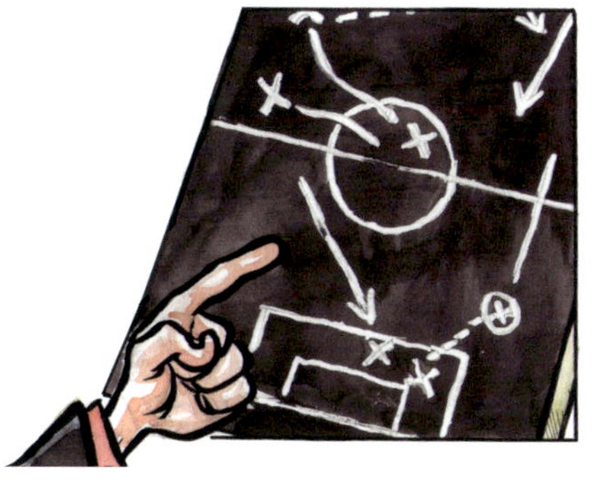

INHALT

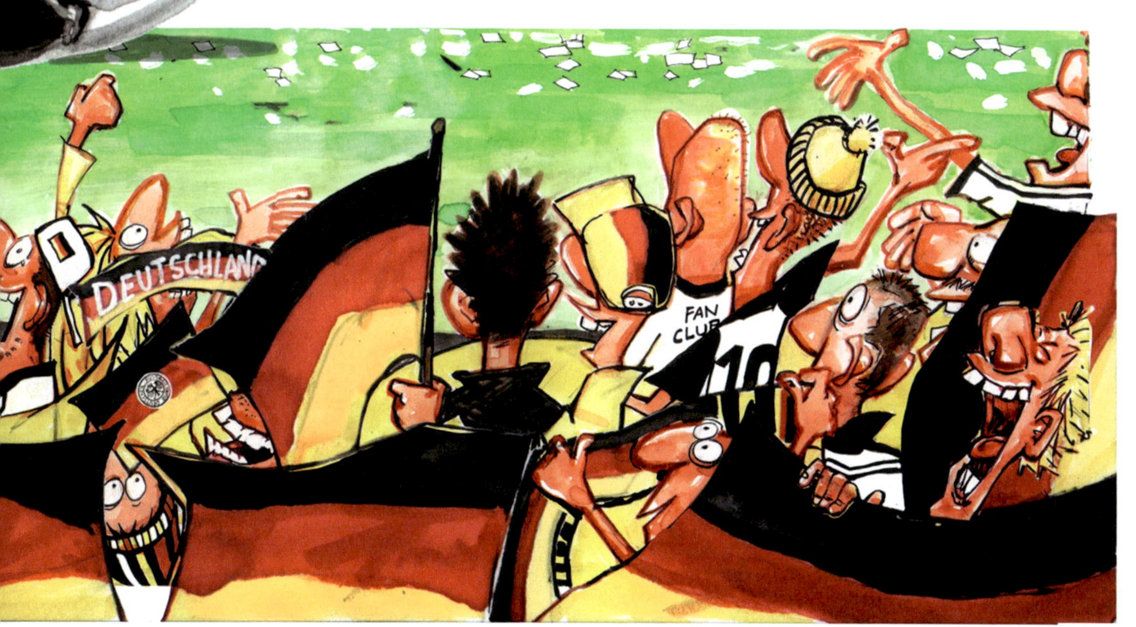

ANPFIFF

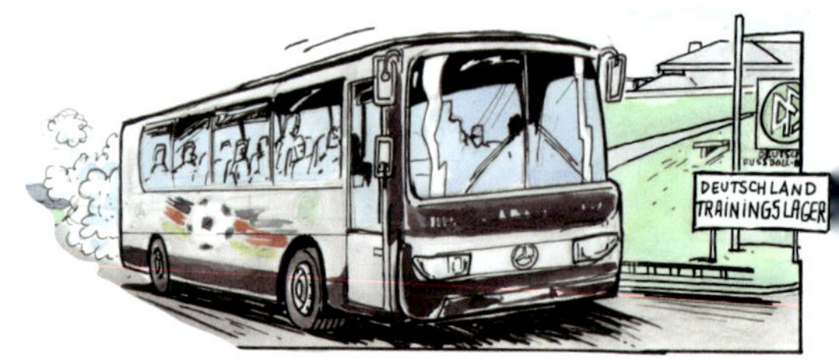

„Fußball“, hat Bertold Brecht mal gesagt, „ist wie alle große Kunst einfach.“ Von einem der größten Künstler dieses Sports, dem Holländer Johan Cruyff, gibt es ein anderes Zitat: „Fußball spielen ist einfach. Aber einfachen Fußball zu spielen, ist das Schwierigste überhaupt.“

Der deutsche Fußball ist einen langen Weg gegangen, seit dem ersten offiziellen Länderspiel am 5. April 1908 gegen die Schweiz (das übrigens mit einem 5:3-Sieg für die Schweiz endete). Nicht immer war dieser Weg einfach. Und doch hat die deutsche Nationalmannschaft in den fast 120 Jahren ihrer Geschichte sehr oft für ganz große Kunst gesorgt. Bei der Weltmeisterschaft 1954 gelang der Auswahl von Sepp Herberger eine der größten Sensationen der Turnier-Historie und gleichzeitig vollbrachte sie das Kunststück, eine von zwölf Jahren Nazi-Terror zermürbte Nation wieder mit neuer Energie zu versorgen. Zwei Jahrzehnte später war das Land wieder aufgeblüht und mit ihr der deutsche Fußball, der durch Schönheit, Ästhetik und Effizienz glänzte. Und als 1989 die Berliner Mauer fiel und es die Deutschen mit einer ganz anderen friedlichen Revolution geschafft hatten, aus zwei getrennten Nationen ein wiedervereinigtes Deutschland zu formen, sorgten die Helden von Rom für den sportlichen Glanzpunkt bei der Weltmeisterschaft 1990 in Italien.

Deutscher Fußball, das war nicht immer große Kunst. Schandflecke wie die „Schmach von Cordoba“ oder die „Schande von Gijón“ werden auf ewig mit der DFB-Auswahl in Verbindung gebracht werden. Und nicht nur einmal in der langen Geschichte mussten es die erfolgsverwöhnten deutschen Fußballfans ertragen, dass eher in Frankreich, Brasilien oder Spanien das schöne Spiel gepflegt wurde. Die Durststrecke der Gegenwart dauert nun schon allzu lange an. Zeit, dass die DFB-Auswahl wieder einen Weg findet, den einfachen Fußball zu spielen.

Dieses Buch möchte dabei helfen, einen spielerischen Zugang zur Geschichte des deutschen Fußballs zu vermitteln. Mit Zeichnungen großer Momente, mit kleinen Geschichten und bunten Erinnerungen an die spektakulären Szenen deutscher Fußball-Geschichte.

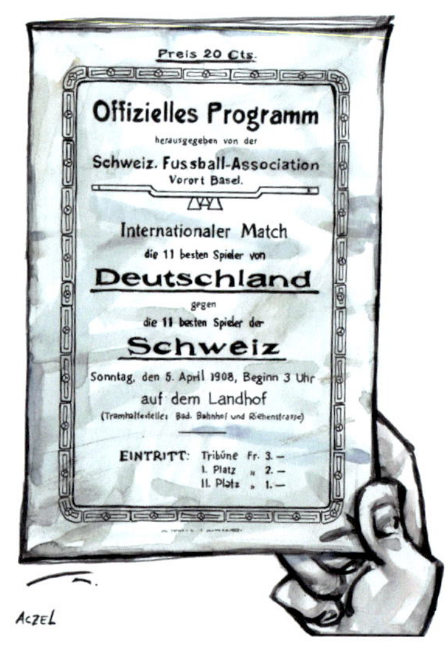
Preis 20 Cts.

Offizielles Programm

herausgegeben von der

Schweiz. Fussball-Association

Vorort Basel.

Internationaler Match

die 11 besten Spieler von

Deutschland

gegen

die 11 besten Spieler der

Schweiz

Sonntag, den 5. April 1908, Beginn 3 Uhr

auf dem Landhof

(Tramhaltestelle: Bad. Bahnhof und Riehenstrasse)

EINTRITT: Tribüne Fr. 3.–
I. Platz „ 2.–
II. Platz „ 1.–

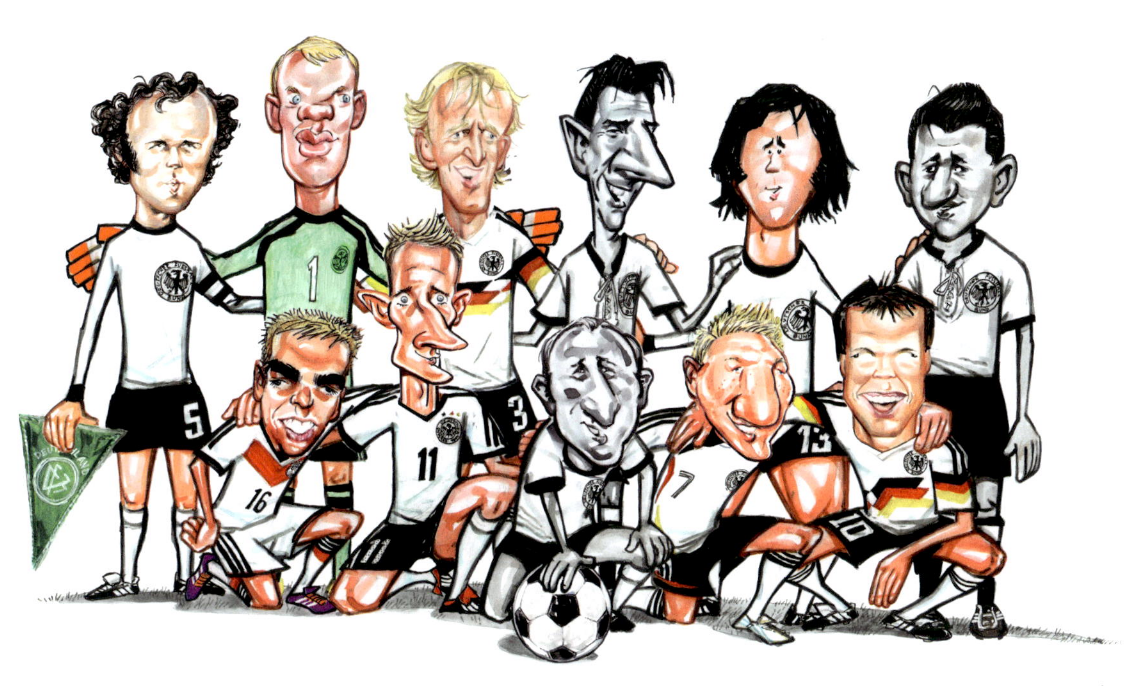
ACZEL

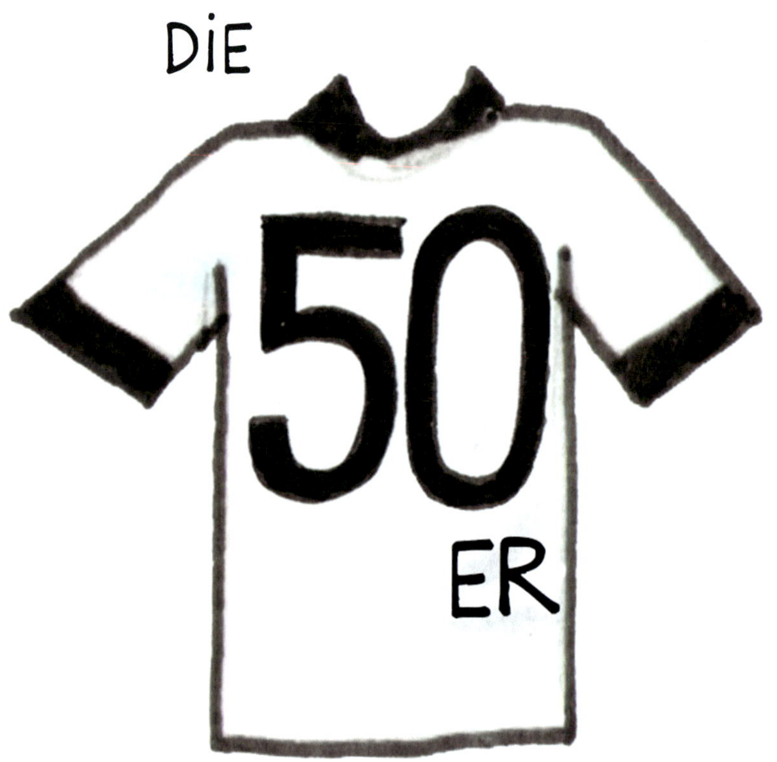

DAS WUNDER VON BERN

„Bleibt demütig. Die Welt blickt auf uns", mahnte Sepp Herberger nach dem unerwarteten Triumph seiner Mannschaft. Der deutsche WM-Sieg 1954 ließ die schwer lastende Kriegsschuld in den Hintergrund treten, die Nation jubelte: „Wir sind wieder wer!"

GEBURTSSTUNDE DER DEUTSCHEN NATION

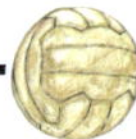

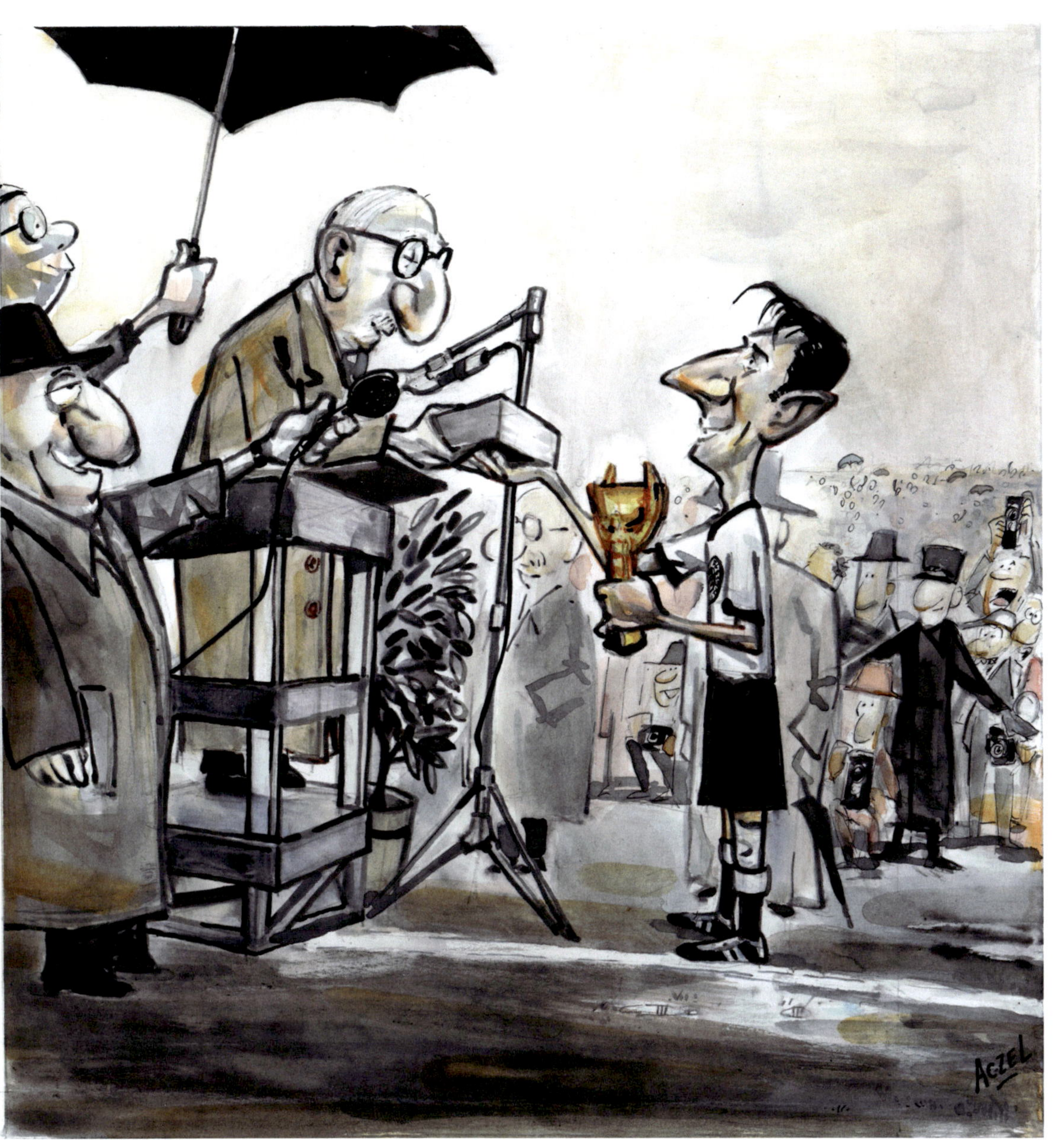

POKALÜBERGABE

FRITZ WALTER, KAPITÄN DES FRISCH GEBACKENEN WELTMEISTERS 1954, NIMMT VON FIFA-PRÄSIDENT JULES RIMET DEN NACH DIESEM BENANNTEN POKAL ENTGEGEN: ER WAR EIN STAR, DER KEINER SEIN WOLLTE.

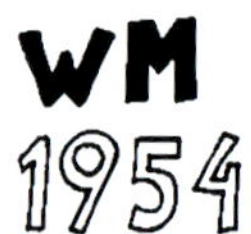

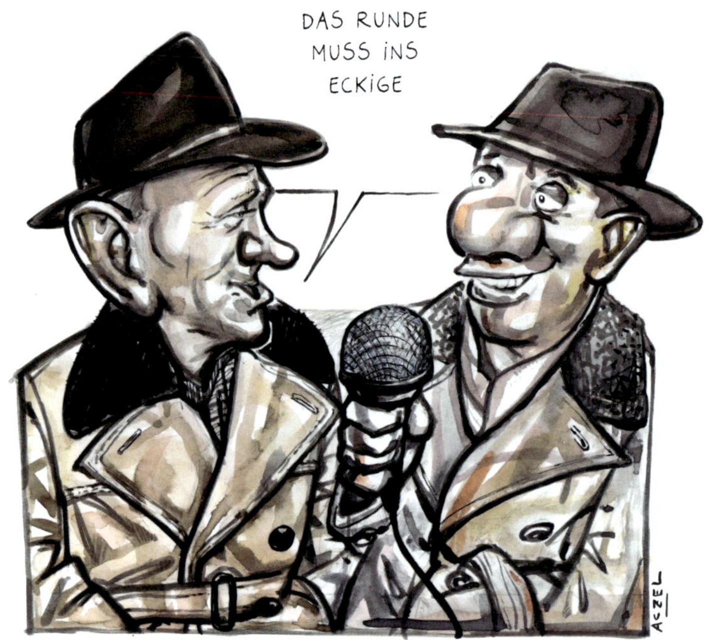

ZWEI DEUTSCHE LEGENDEN

RADIOREPORTER HERBERT ZIMMERMANN IM INTERVIEW MIT BUNDESTRAINER SEPP HERBERGER.

Robert Lembke, Chef der fünfköpfigen deutschen Rundfunkdelegation in der Schweiz, hatte vor dem Turnier per Münzwurf entschieden, dass Herbert Zimmermann als Reporter das Endspiel kommentieren dürfe.
Taktikfuchs Herberger brauchte keine Münze, um zu entscheiden, dass er im Vorrundenspiel gegen die Ungarn mit einer B-Elf antreten würde. Der „Chef" wollte Kräfte für das anstehende Viertelfinale gegen die Türkei sparen und nahm es hin, dass seine Mannschaft 3:8 verlor, die bis heute höchste WM-Niederlage in der Geschichte des DFB. Aus der Heimat hagelte es Drohbriefe – heute würde man von einem Shitstorm sprechen. Einige las Herberger seiner Mannschaft zur Motivation vor. Sein Plan ging auf: Deutschland schlug die Türkei mit bestens ausgeruhten und hoch motivierten Stammspielern und gelangte über Jugoslawien und Österreich bravourös ins Finale, um dort erneut auf die Ungarn zu treffen. In der Heimat war man zwar wieder versöhnt, an einen Sieg gegen die Ungarn glaubte trotzdem niemand ...

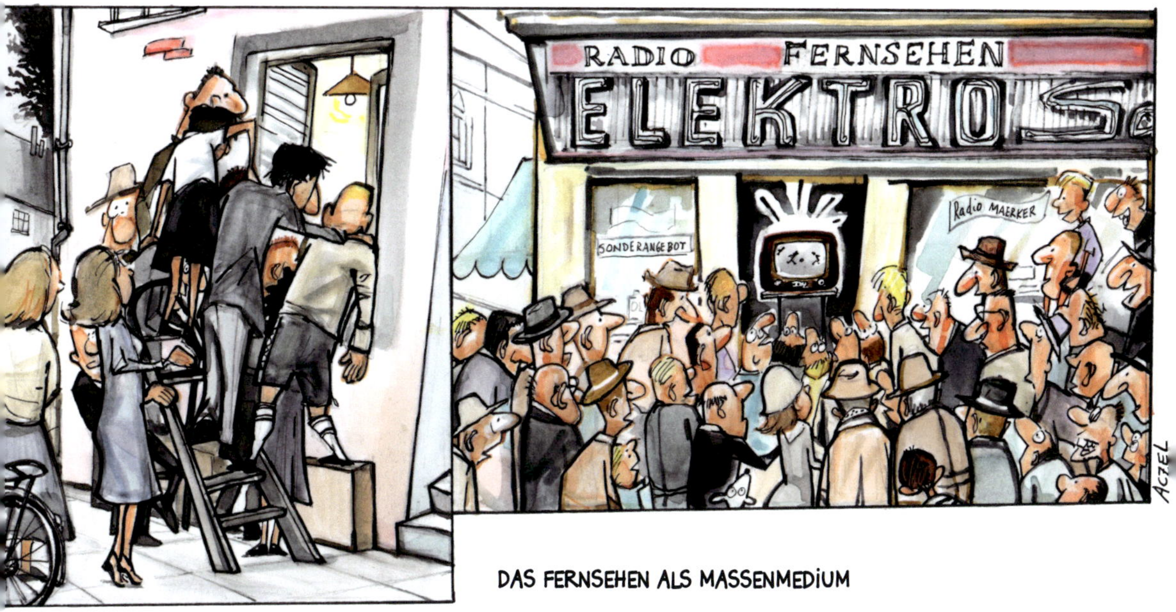

DAS FERNSEHEN ALS MASSENMEDIUM

Einer der großen Gewinner der WM 1954 war das noch recht junge Medium Fernsehen. 90 Millionen Menschen sollen die WM weltweit vor etwa vier Millionen TV-Geräten mitverfolgt haben, also 22,5 Zuschauer pro Fernseher. In Deutschland vervierfachte sich die Anzahl der Geräte bis zum Ende des Jahres 1954. Damals kostete das Tischmodell 1.048 DM, die Version als Truhe noch einmal 200 DM mehr. Kurios: Eine komplette Aufnahme des größten Spiels der deutschen Fußballgeschichte existiert nicht mehr. Die original Filmrollen wurden Ende der 50er aus Platzgründen entsorgt.

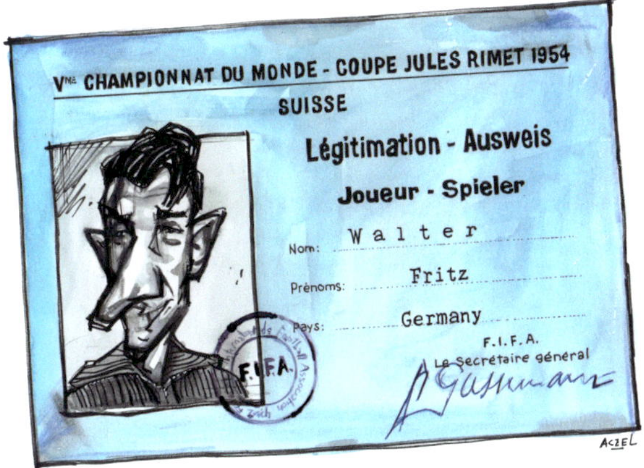

SPIELERAUSWEIS VON FRITZ WALTER

Mai 1945, das Wachpersonal eines Kriegsgefangenenlagers in Rumänien spielte Fußball, das Leder fliegt in hohem Bogen über die Spielbegrenzung auf einen deutschen Gefangenen zu. Der kickt den Ball lässig mit der Hacke zurück. Einer der Wächter, ein Ungar, erkennt daraufhin Fritz Walter wieder, den er 1942 beim 5:3 Sieg der Deutschen in Budapest gesehen hatte. Er bringt ihn zum russischen Lagerkommandanten, der Fritz und dessen Bruder Ludwig in einer Lagermannschaft trainieren lässt und sie schließlich nach Hause schickt – eigentlich hätten die Brüder nach Sibirien deportiert werden sollen. Der Fußball rettete ihnen das Leben ...

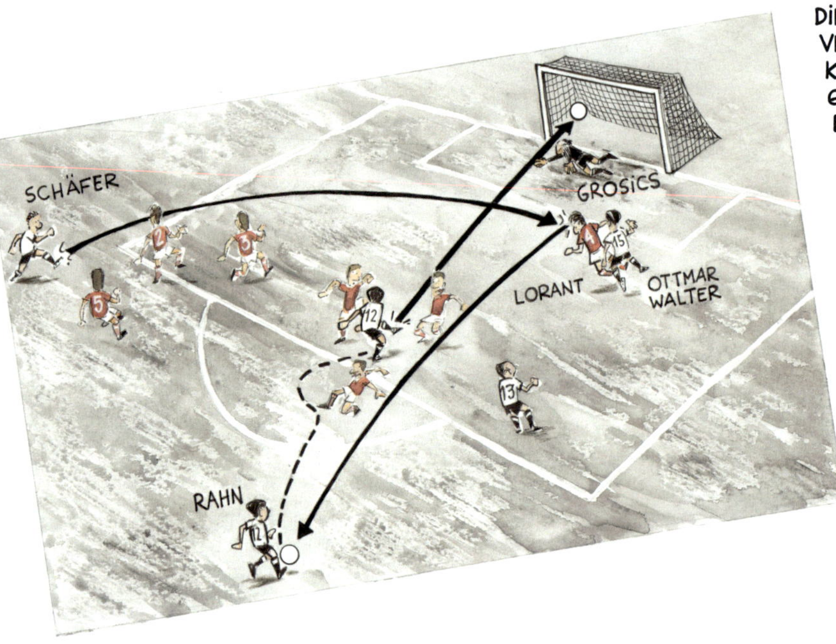

DIESER TAG HAT DEUTSCHLAND VERÄNDERT, MANCHE HISTORIKER SPRECHEN SOGAR VON DER GEBURTSSTUNDE DER BUNDESREPUBLIK.

4. Juli 1954, Wankdorf-Stadion in Bern, Schweiz. Nachdem die Nationalelf einen 0:2-Rückstand aufgeholt hat, nimmt Helmut Rahn in der 84. Minute den Ball auf, lässt durch eine Körpertäuschung zwei Abwehrspieler ins Leere laufen und zieht aus 14 Metern ab. Reporter Herbert Zimmermann: „Aus dem Hintergrund müsste Rahn schießen. Rahn schießt ... Toooor! Toooor! Toooor! Toooor!"

HELMUT RAHN

„DER BOSS"

Geb. 1929 in Essen, gest. 2003 in Essen
Position: Sturm
Weltmeister 1954
DFB-Pokalsieger 1953
Deutscher Meister: 1955
Bilanz Vereine: 318 Spiele, 146 Tore
Nationalmannschaft: 40 Spiele, 21 Tore

Der dritte von vier Söhnen einer Bergarbeiterfamilie sagte über sich selbst: „Ich war kein Mannschaftsspieler, sondern ein Einzelgänger." Der Boss, wie er genannt wurde, genoss das Leben in vollen Zügen – bisweilen auf Kosten seiner Trainingsleistungen. Die meisten Trainer hätten sich die Haare gerauft. Doch Herberger wies ihm in der Schweiz ein Zimmer mit Fritz Walter zu und gab ihm einen Auftrag: „Helmut, baue Sie mir den Fritz uff." Es funktionierte. Herberger nannte Rahn einen Meister der positiven Improvisation – auf dem Platz und außerhalb.

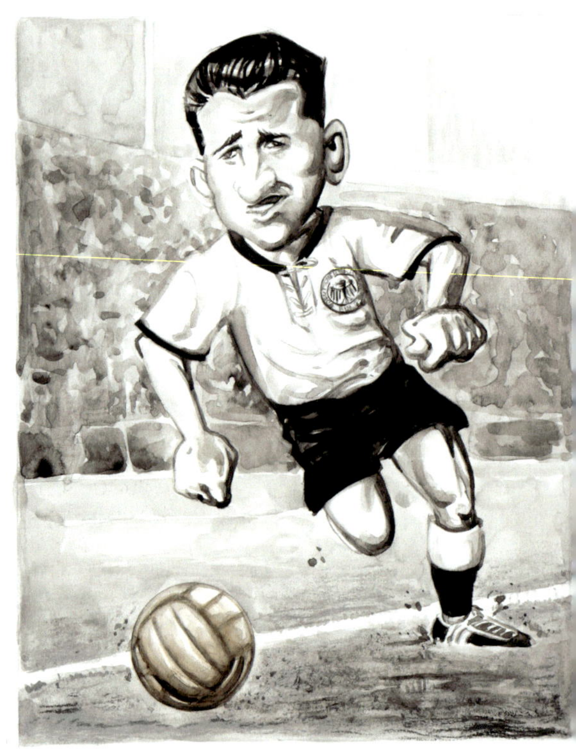

DIE VÄTER DES ERFOLGS, HERBERGER DENKER – WALTER LENKER

DER DEUTSCHE SPIELFÜHRER

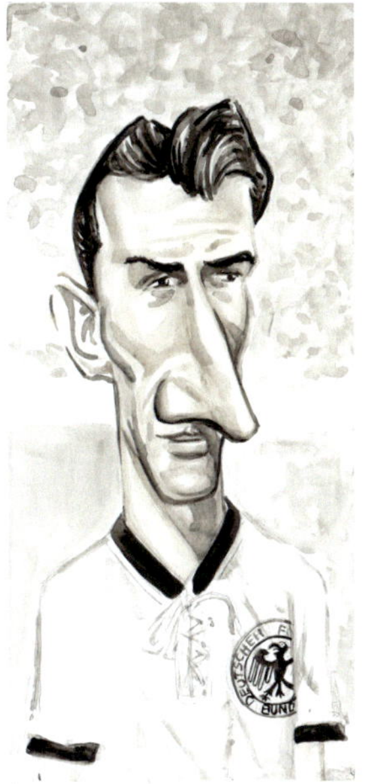

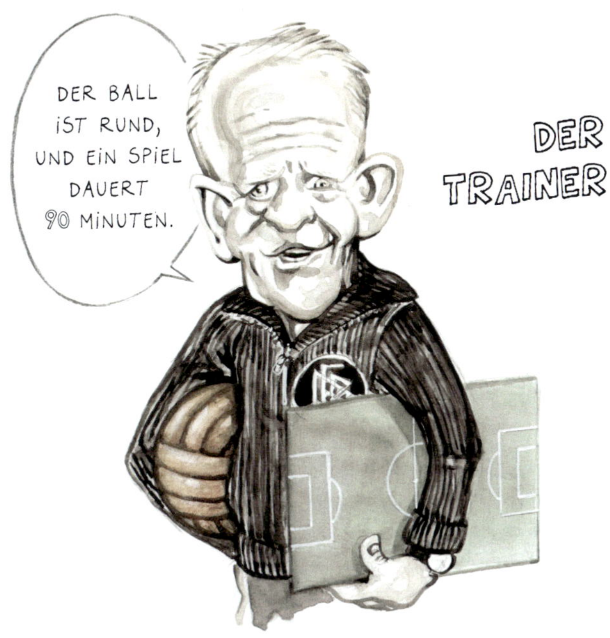

JOSEF HERBERGER

Geb. 1897 in Mannheim, gest. 1977 in Mannheim
Reichstrainer 1936 – 1942
Bundestrainer 1950 – 1964
Weltmeister 1954
Billanz: 162 Spiele (92 Siege, 26 Remis,
44 Niederlagen; Tordifferenz + 184)

FRITZ WALTER

Geb. 1920 in Kaiserslautern,
gest. 2002 in Enkenbach-Alsenborn
Position: Mittelfeld
Weltmeister 1954
Deutscher Meister: 1951, 1953
Bilanz Verein: 384 Spiele,
327 Tore
Nationalmannschaft: 61 Spiele,
33 Tore

Herberger passt in keine Schublade. Er war Taktiker, Perfektionist, Schlitzohr, Psychologe, Pädagoge, Diktator, Vaterfigur ... Im Juli 1940 hatte er als Reichstrainer den 19-jährigen Fritz Walter erstmals in die Nationalmannschaft berufen. Nach dem Krieg machte er den brillanten Techniker zum Mannschaftskapitän. Karl Schmidt, Teamkollege in Kaiserslautern, sagt über Fitz Walter: „Er war ein Regisseur, der das Spiel prophetisch vorhersehen und bestimmen konnte. Ein Ballkünstler, der den Ball streichelte und dem er nie mehr als einen Meter vom Fuß gesprungen wäre."

FRITZ-WALTER-WETTER

Es ist in den allgemeinen Sprachgebrauch eingegangen und ein Synonym für strömenden Regen und tiefen Boden. Im Zweiten Weltkrieg hatte er sich auf Sardinien, wo er stationiert war, mit Malaria angesteckt. Seitdem vertrug Fritz Walter keine Hitze mehr und mochte es lieber kühl und regnerisch.

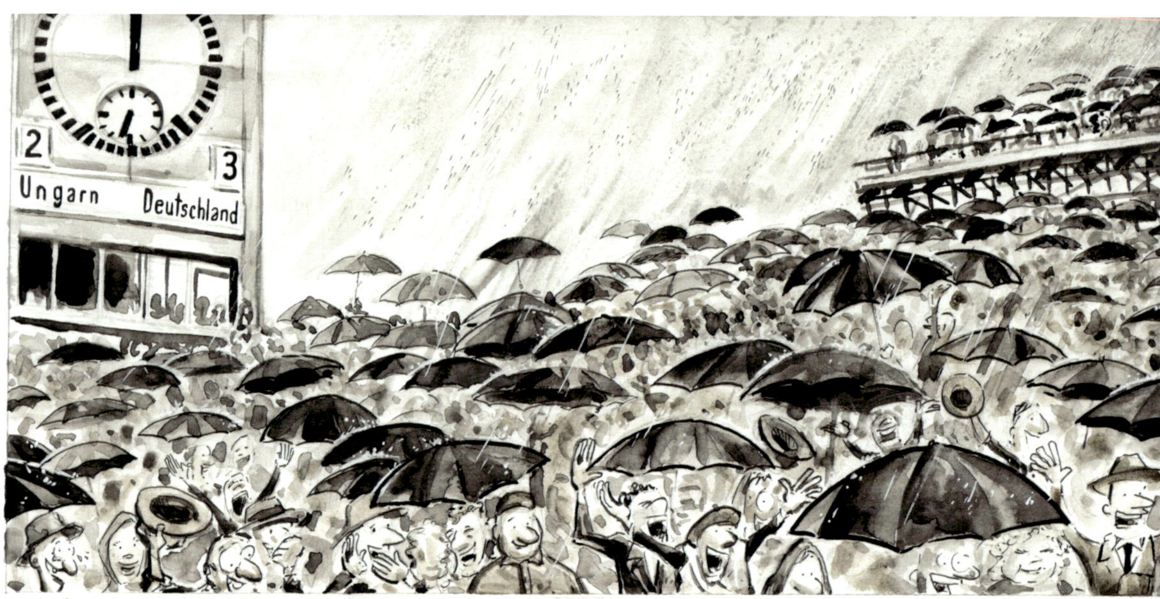

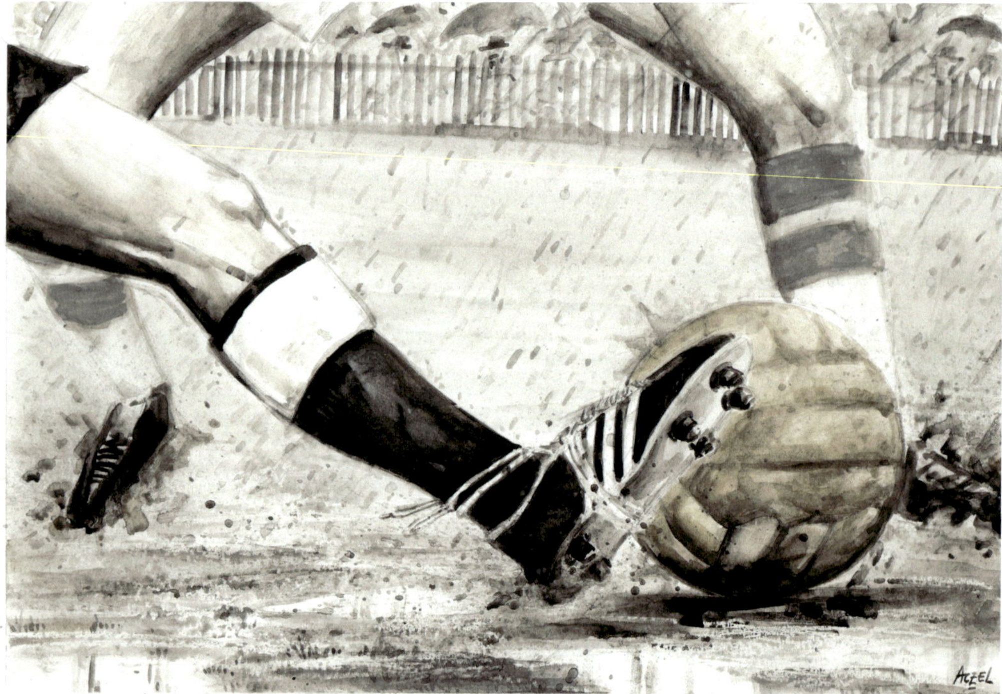

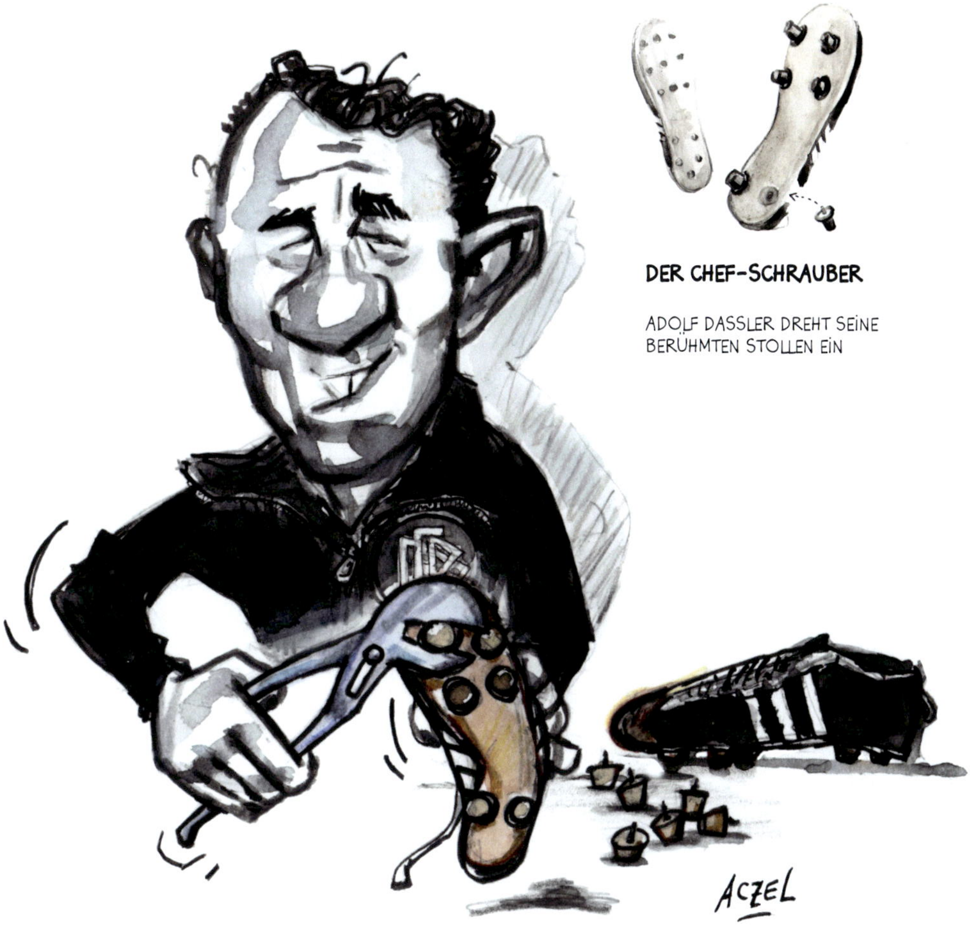

DER CHEF-SCHRAUBER

ADOLF DASSLER DREHT SEINE BERÜHMTEN STOLLEN EIN

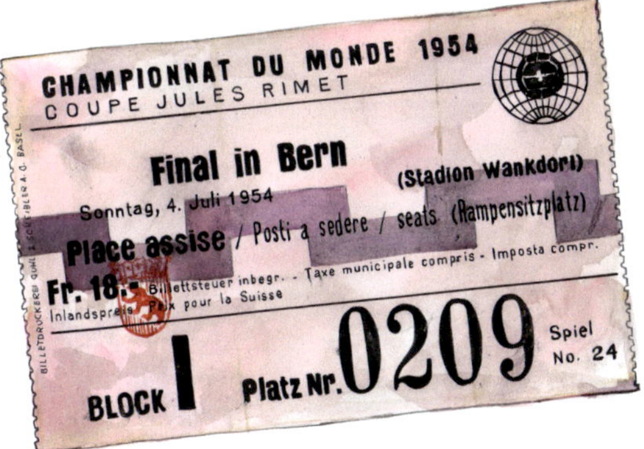
CHAMPIONNAT DU MONDE 1954
COUPE JULES RIMET

Final in Bern
(Stadion Wankdorf)
Sonntag, 4. Juli 1954
Place assise / Posti a sedere / seats (Rampensitzplatz)
Fr. 18.- Billettsteuer inbegr. - Taxe municipale compris - Imposta compr.
Inlandspreis - Prix pour la Suisse

BLOCK I Platz Nr. 0209 Spiel No. 24

TICKET FÜR DAS FINALE DER WM 1954

Adi Dassler, Gründer der Weltmarke „adidas“, hatte entscheidenden Anteil am WM-Erfolg. Seine Schuhe wogen auf dem nassen Rasen gerade einmal 700 Gramm, die Töppen der Ungarn sogen sich mit Wasser voll und waren mehr als doppelt so schwer. Und dann war da noch das patentierte Schraubstollen-System. Als sich beim Aufwärmen vor dem Finale bei Max Morlock ein Stollen löste, konnte das Problem ohne Weiteres behoben werden – und Morlock den Anschlusstreffer zum 1:2 erzielen.

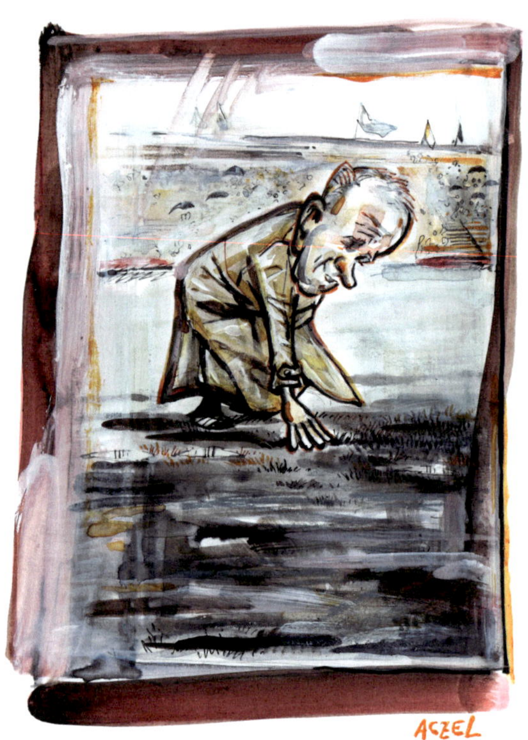

ADI, STOLL AUF!

HERBERGER INSPIZIERT DEN RASEN – GOTT SEI DANK, FRITZ-WALTER-WETTER!

DAS FINALE 4. JULI 1954

DEUTSCHLAND 3:2 UNGARN

WANKDORFSTADION, BERN
ZUSCHAUER: 64.000
SCHIEDSRICHTER: WILLIAM LING (ENGLAND)

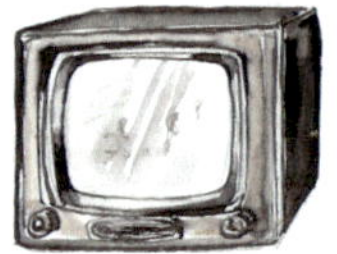

PRÄMIE FÜR DIE WELTMEISTER

PRO SPIELER GAB ES: 2.500 DM, EINEN LEDERKOFFER, EINEN FERNSEHER UND EINEN GOGGO-ROLLER.

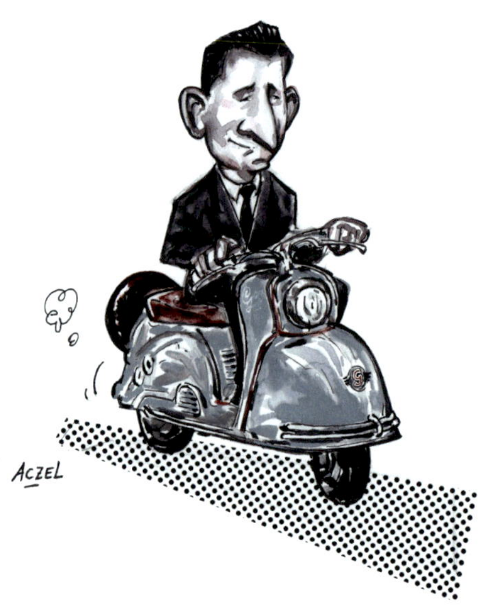

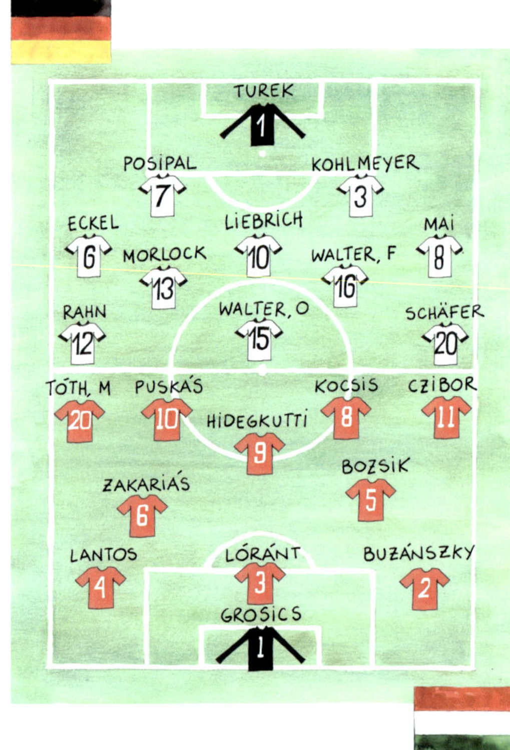

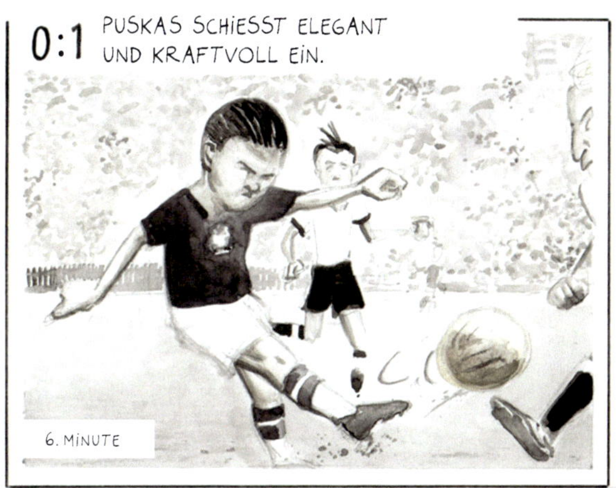

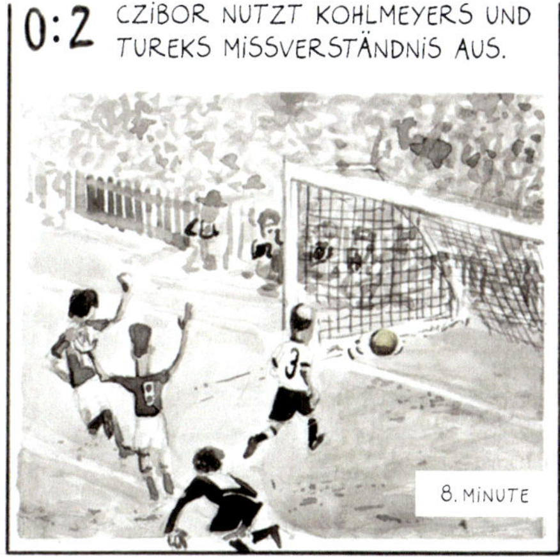

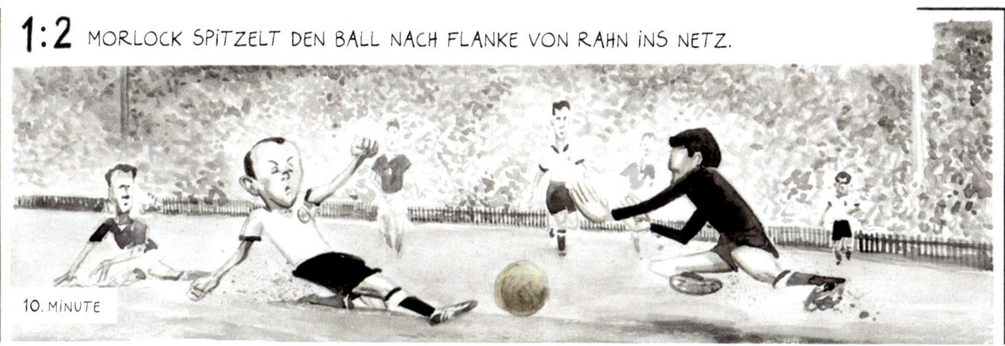

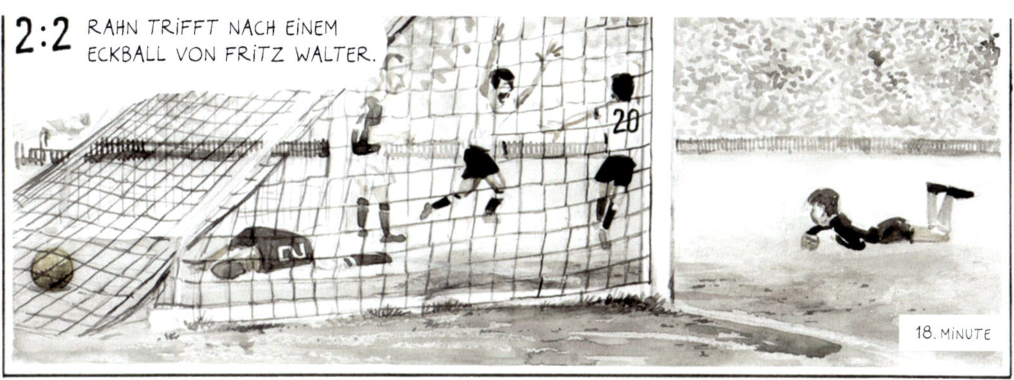

KURZ VOR SCHLUSS LANDET EIN ABPRALLER BEI HELMUT RAHN. ER RÜCKT VOR BIS AN DEN SECHZEHNER, SETZT ZUM SCHUSS AN …

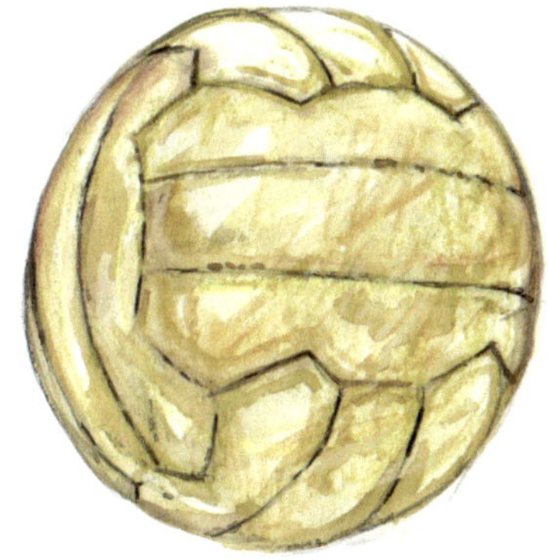

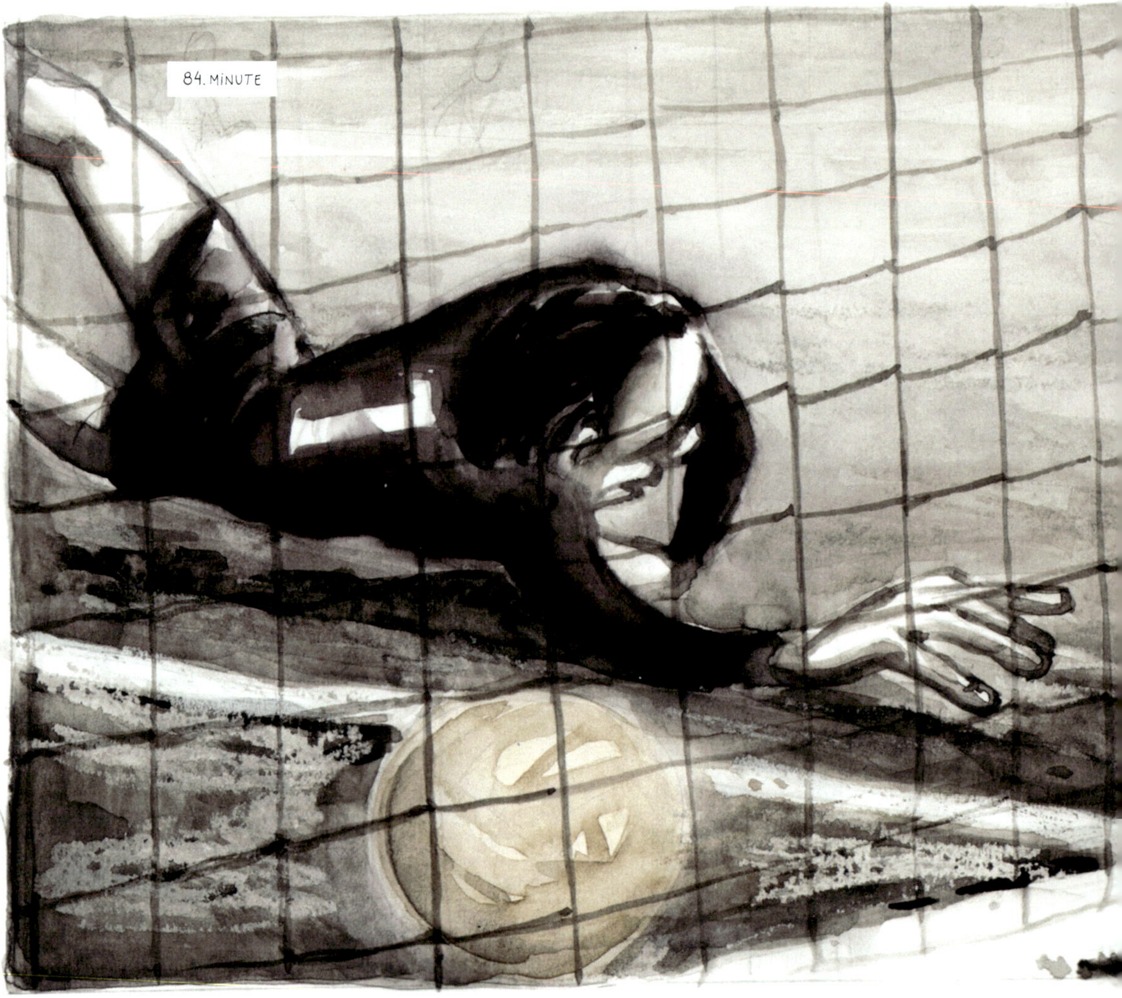

84. MINUTE

... UND TRIFFT ZUM ZWEITEN MAL.

DAS WUNDER VON BERN IST VOLLBRACHT

DEUTSCHLAND IST WELTMEISTER!

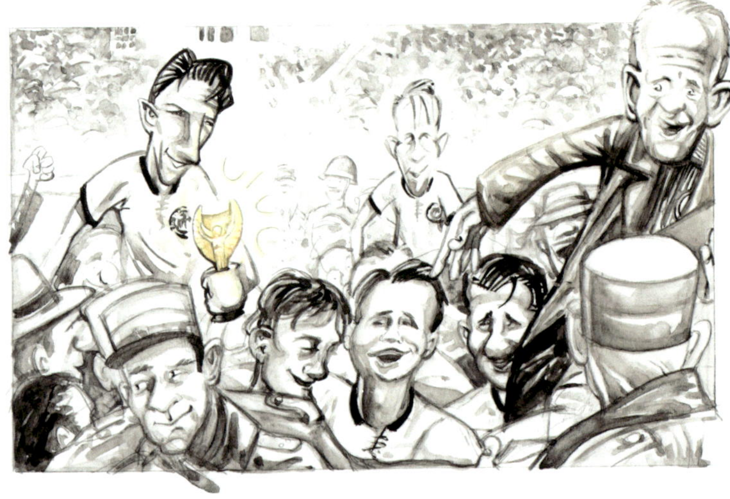

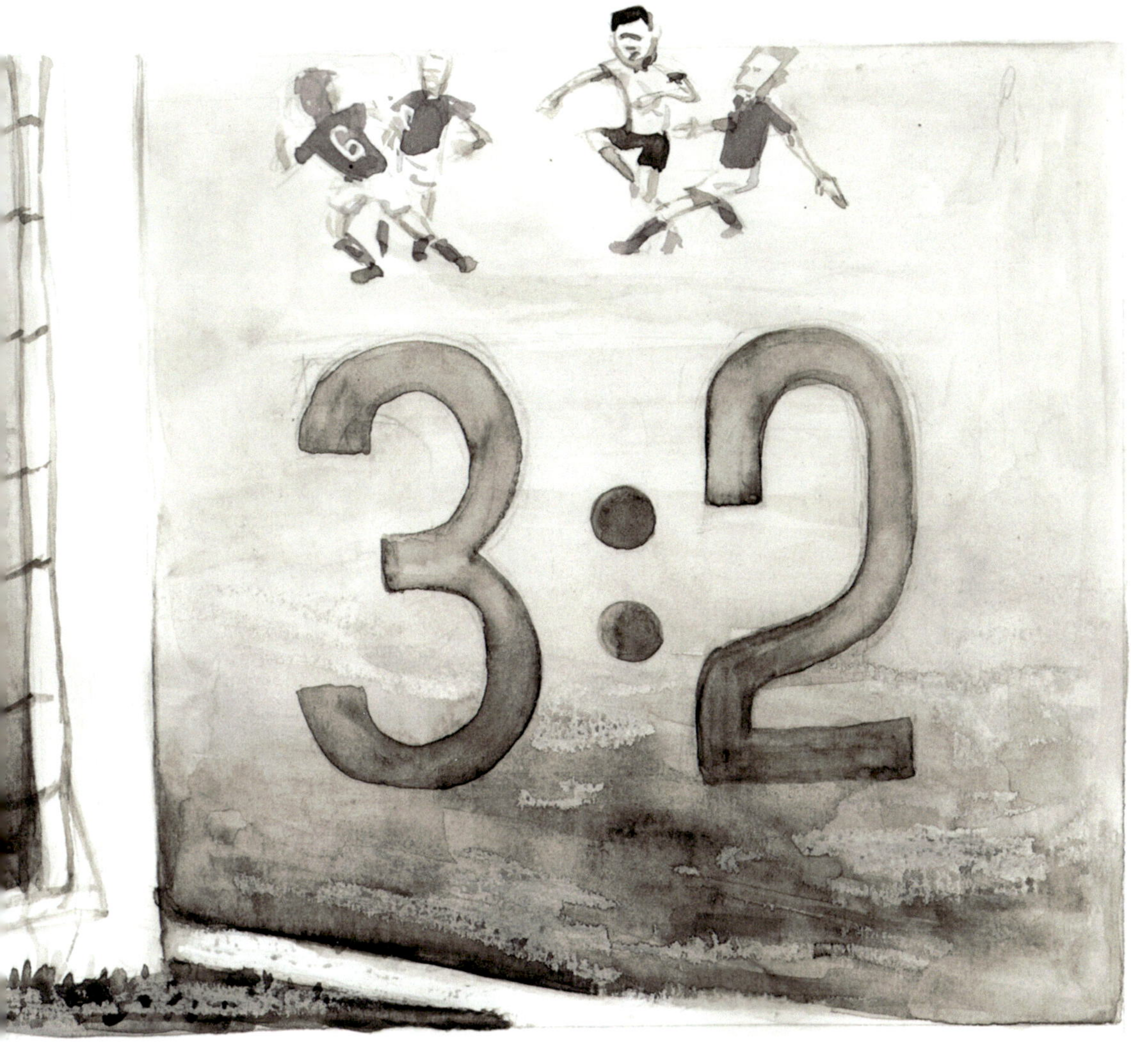

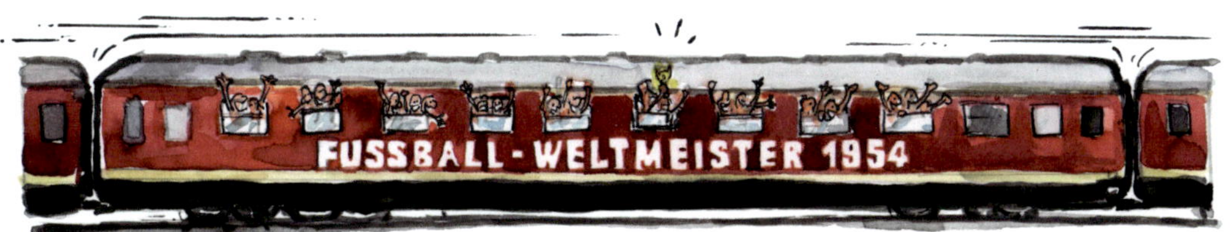

RÜCKKEHR DER HELDEN VON BERN

IN EINEM WAGGON MIT SONDERLACKIERUNG GEHT ES VON DER SCHWEIZ NACH HAUSE, AN JEDEM HALT WERDEN DIE SPIELER MIT JUBEL UND GESCHENKEN EMPFANGEN. IN DEN 1980ER-JAHREN WURDE DER LEGENDÄRE ORIGINALZUG VERSCHROTTET UND EIN NACHBAU ALS ORIGINAL AUSGEGEBEN …

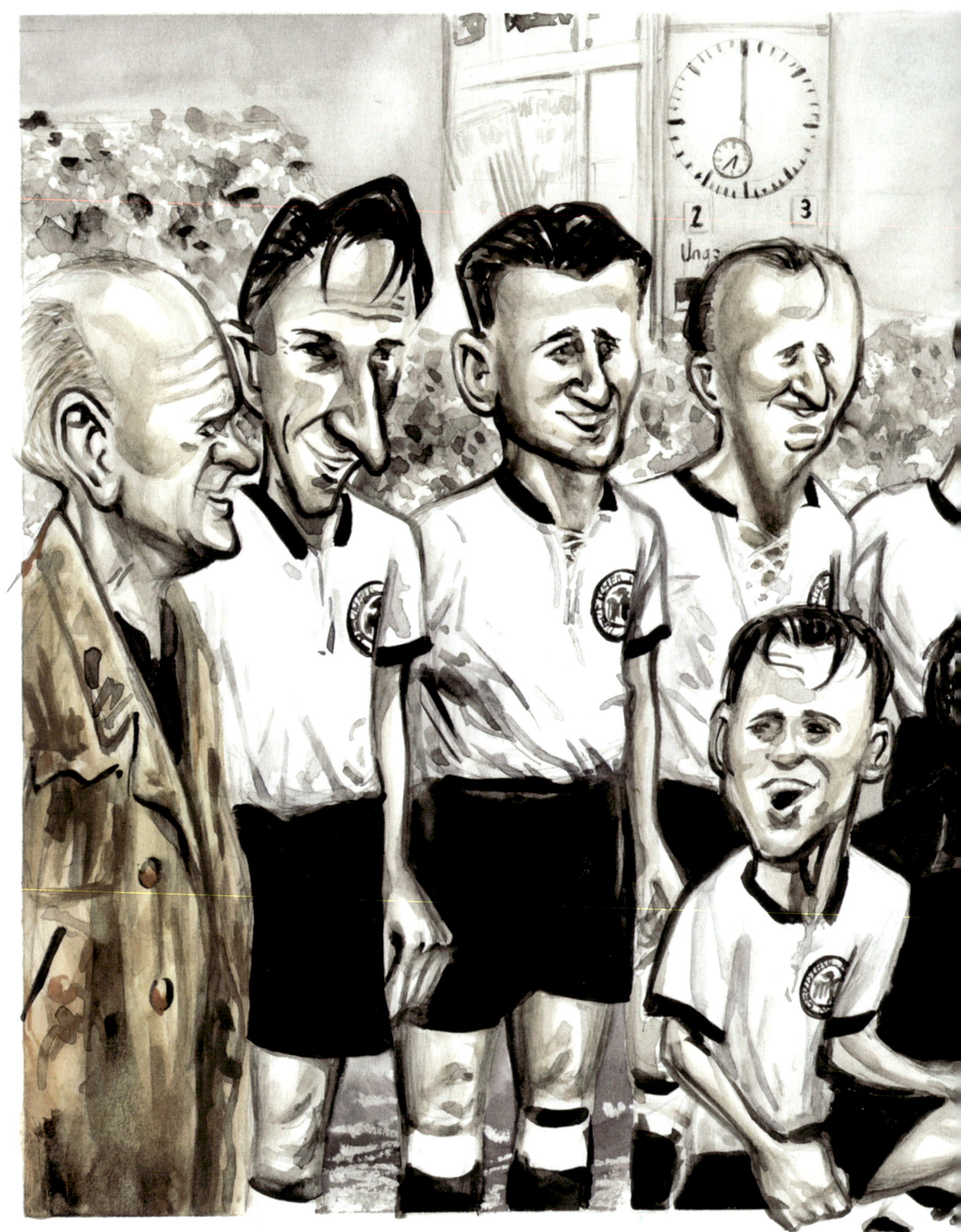
2
3

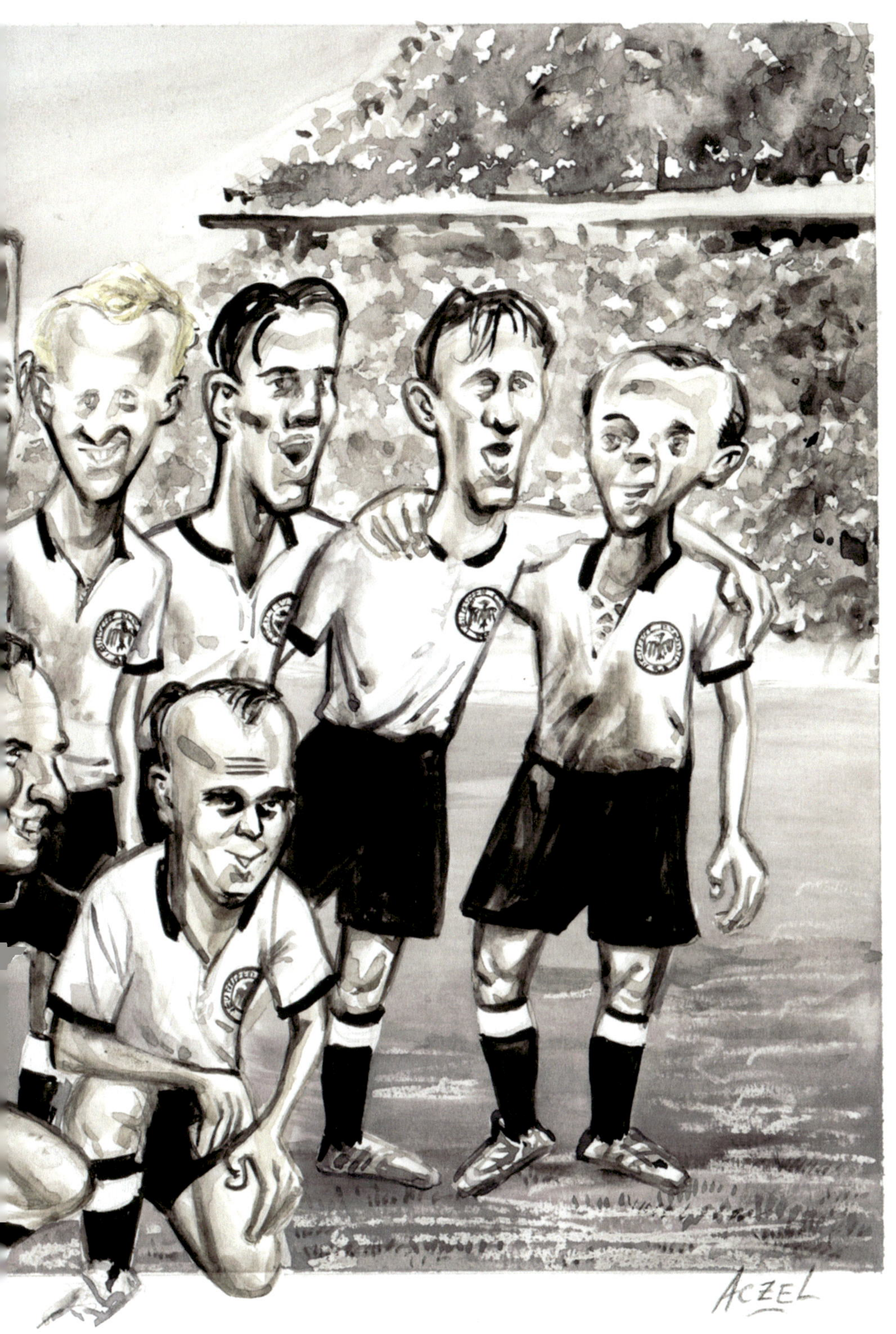

DIE WELTMEISTERMANNSCHAFT 1954:
(HINTEN, V.L.N.R.) SEPP HERBERGER (CHEFTRAINER), FRITZ WALTER, HELMUT RAHN, JUPP POSIPAL, HORST ECKEL, WERNER LIEBRICH, OTTMAR WALTER, HANS SCHÄFER, MAX MORLOCK
(VORNE) KARL MAI, TONI TUREK, WERNER KOHLMEYER

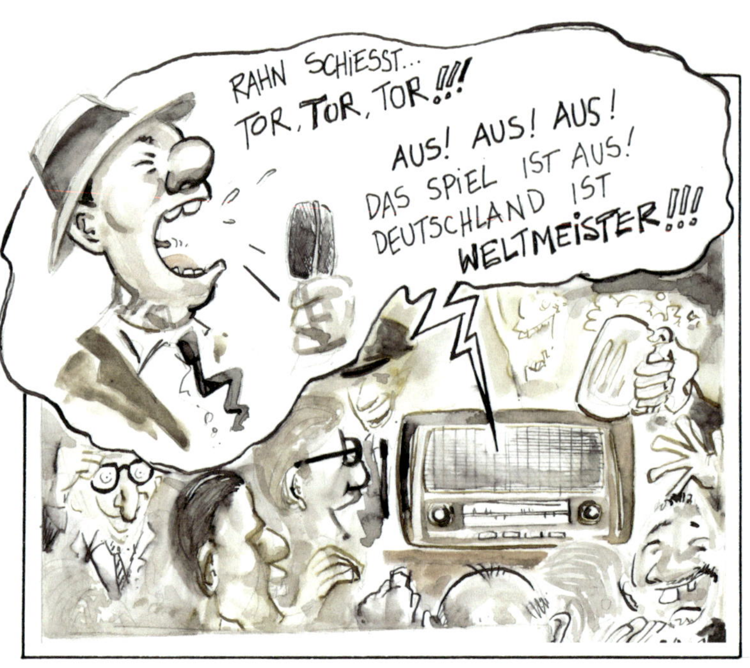

DER UNVERGESSENE RADIOKOMMENTAR

60 MILLIONEN FANS AN DEN RADIOGERÄTEN LAUSCHTEN DEM HAMBURGER RUNDFUNKREPORTER HERBERT ZIMMERMANN. BIS HEUTE IST SEINE STIMME UNTRENNBAR MIT DEM ERFOLG VON 1954 VERBUNDEN.

GROSSE GESTE

KEIN LEICHTER AUGENBLICK: UNGARNS KAPITÄN FERENC PUSKÁS GRATULIERT FRITZ WALTER ZUM GEWINN DES WELTMEISTERTITELS. ER BEWIES DAMIT, DASS ER NICHT NUR DER WELTSTAR WAR, DER 150 TORE FÜR REAL MADRID ERZIELTE, SONDERN EIN DURCH UND DURCH FAIRER SPORTSMANN.

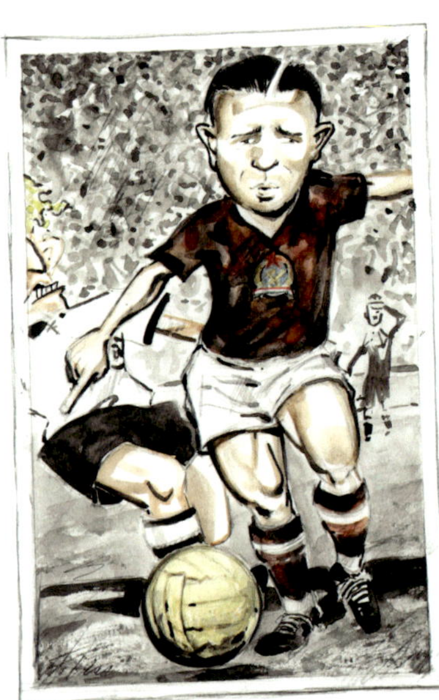

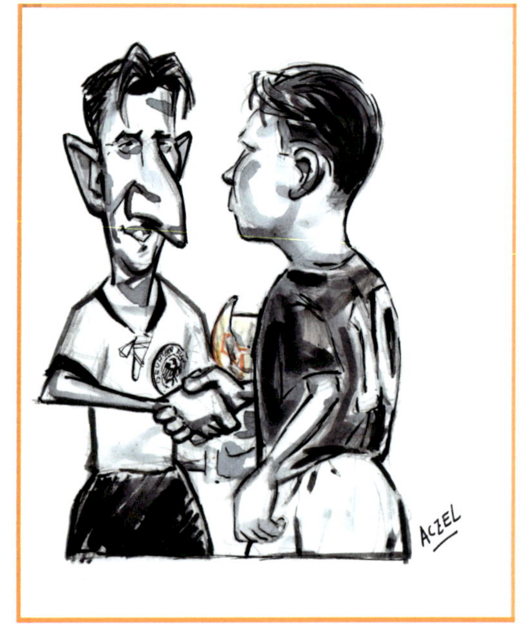

WM
1958

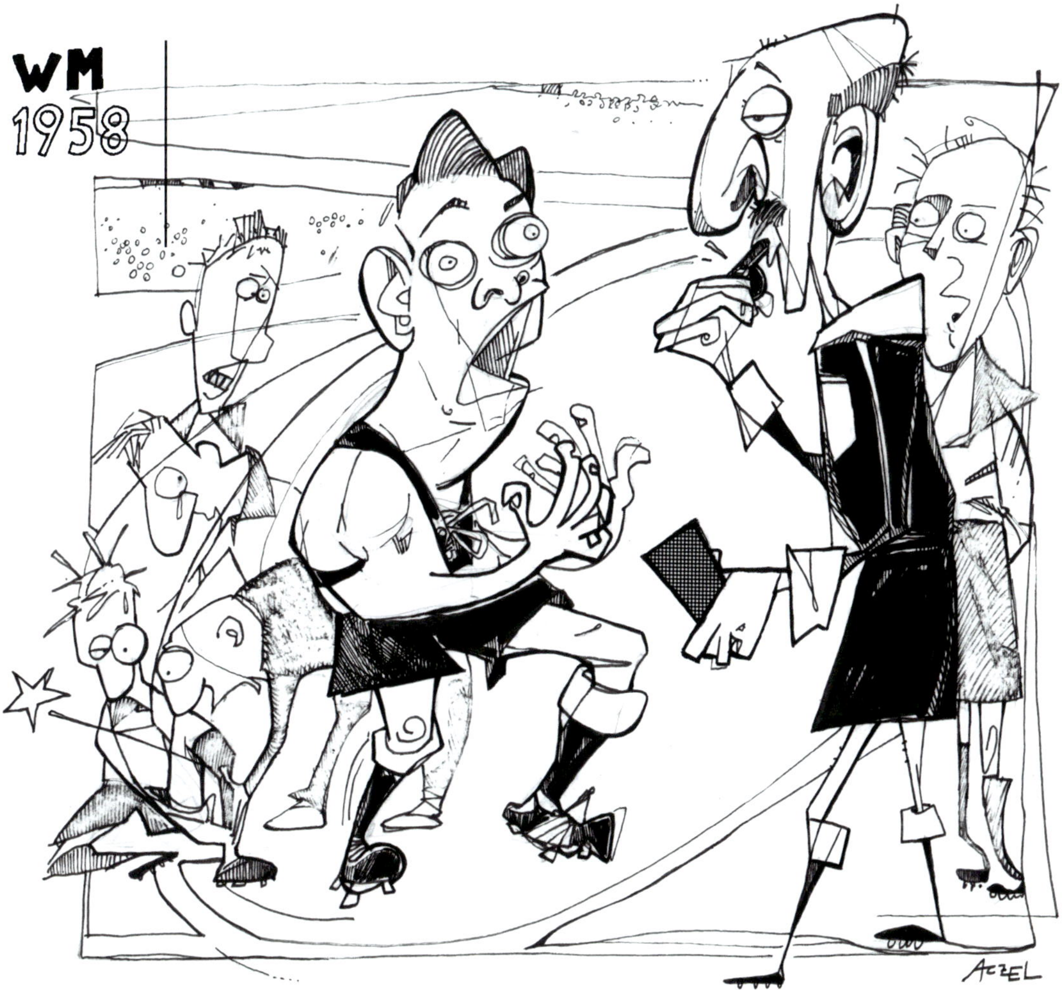

AczEL

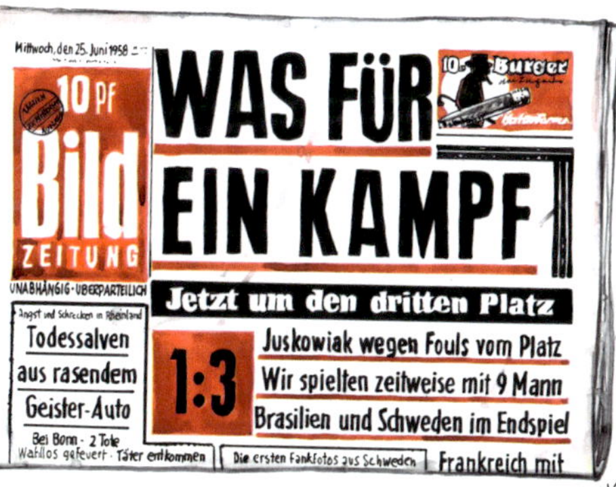
Mittwoch, den 25. Juni 1958

10 Pf
Bild
ZEITUNG
UNABHÄNGIG · ÜBERPARTEILICH

WAS FÜR EIN KAMPF

Jetzt um den dritten Platz

1:3

Juskowiak wegen Fouls vom Platz

Wir spielten zeitweise mit 9 Mann

Brasilien und Schweden im Endspiel

Frankreich mit

Angst und Schrecken im Rheinland

Todessalven aus rasendem Geister-Auto

Bei Bonn · 2 Tote
Wahllos gefeuert · Täter entkommen

Die ersten Farbfotos aus Schweden

10 Burger

IM HEXENKESSEL VON GÖTEBORG

Mit Uwe Seeler und Abwehrgenie Karl-Heinz Schnellinger waren zwei Spieler hinzugekommen, mit denen die Nationalmannschaft eigentlich noch kompakter aufgestellt war als vier Jahre zuvor in der Schweiz. Doch das Halbfinale in Göteborg gegen den Gastgeber Schweden wird für die deutsche Elf in einem Stadion voller aufgeheizter schwedischer Fans zum Spießrutenlaufen. In der 58. Minute verliert Verteidiger Erich Juskowiak die Nerven und tritt gegen den schwedischen Stürmer Hamrin nach: Platzverweis. 15 Minuten vor Ende der Partie wird Fritz Walter von Parlin rüde gefoult und kann sich nur noch humpelnd fortbewegen. Der Widerstand der DFB-Elf ist gebrochen, in den letzten Minuten fallen zwei Gegentreffer, am Ende hieß es 1:3. Über Jahre hinweg sollte das Verhältnis der beiden Sportverbände gestört sein. Die schwedischen Einpeitscher werden von der FIFA vor dem Finale indes verboten, Schweden verliert gegen die Ballzauberer aus Brasilien, mit dem 17-jährigen Pelé als kommendem Weltstar. Im Spiel um Platz 3 bezwingt Frankreich die deutsche Elf mit 6:3.

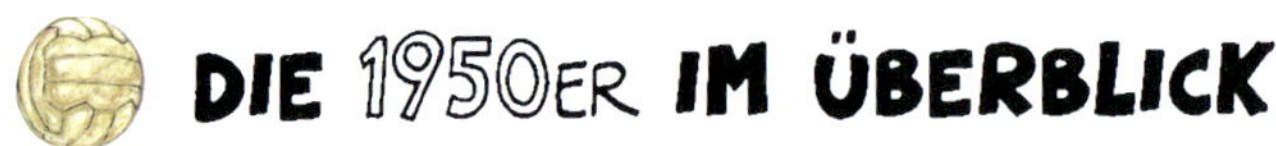

DIE 1950ER IM ÜBERBLICK

„LIEBE DEUTSCHE! SIE HABEN GEWONNEN! TUN SIE UNS DEN GEFALLEN UND BLEIBEN SIE VOM SPIELFELD!"

(LAUTSPRECHERDURCHSAGE IM BASELER ST. JAKOB-PARK-STADION NACH DEM SCHLUSSPFIFF IM WM-HALBFINALE ZWISCHEN DEUTSCHLAND UND ÖSTERREICH)

„DER SEKUNDENZEIGER, ER WANDERT SO LANGSAM: GEH DOCH SCHNELLER – GEH DOCH SCHNELLER! ABER ER TUT ES NICHT. ER GEHT MIT DER IHM VORGESCHRIEBENEN PRÄZISION."

(KOMMENTATOR HERBERT ZIMMERMANN LÄUTET DIE LETZTEN MINUTEN IM WM-FINALE 1954 EIN)

„DIE WENIG BEACHTETEN DEUTSCHEN, JAHRELANG DIE PARIAS IM INTERNATIONALEN FUSSBALL, SCHLUGEN ZURÜCK UND GEWANNEN, WEIL SIE DIE SCHRECKENSGESCHICHTEN DER MAGYARISCHEN MAGIE IGNORIERTEN."

(„DAILY EXPRESS")

„KINDER, JETZT GEHT DIE WELT UNTER."

(FRITZ WALTER UNMITTELBAR NACH DEM SCHLUSSPFIFF IN BERN ZU SEINEN MITSPIELERN)

„WAS HIER PASSIERT IST, GRENZT AN VOLKSVERHETZUNG. NIE MEHR WERDEN WIR DIESES LAND BETRETEN, NIE MEHR WERDEN WIR GEGEN SCHWEDEN SPIELEN!"

DFB-PRÄSIDENT PECO BAUWENS, SEINERSEITS KEINE UNUMSTRITTENE FIGUR, WAS NATIONALISTISCHE TÖNE BETRIFFT, NACH DER 2:5-NIEDERLAGE GEGEN GASTGEBER SCHWEDEN IM WM-HALBFINALE 1958)

TRAUM-ELF 1950ER

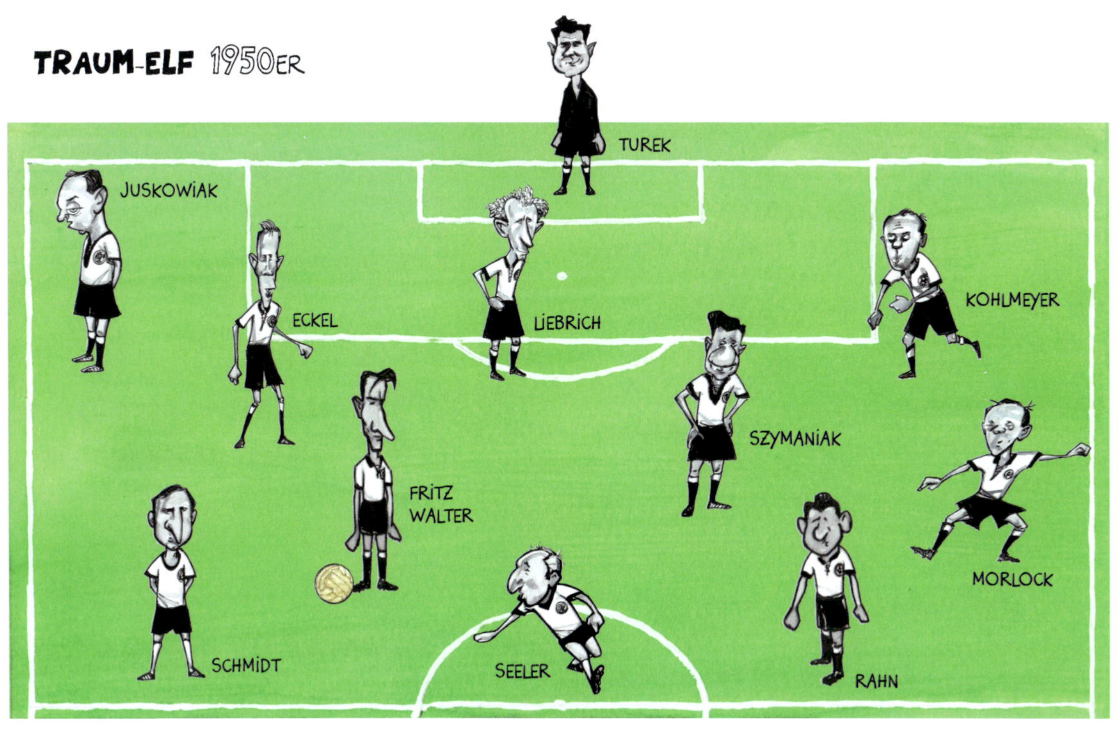

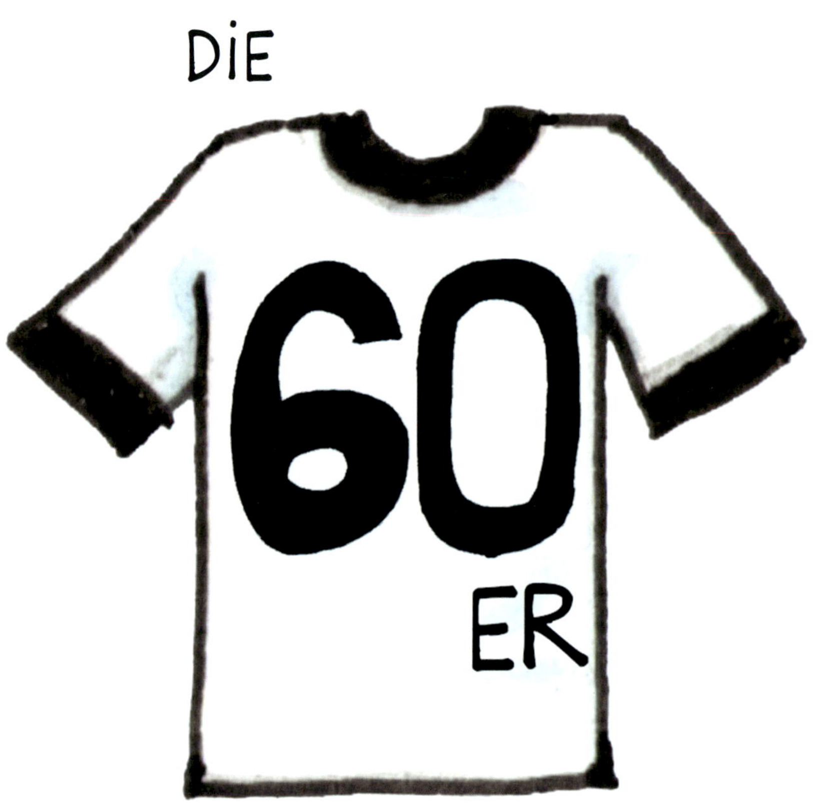

TOR?

Natürlich denken wir an das berühmte Wembley-Tor, wenn es um den deutschen Fußball in den 60er-Jahren geht. Oder an den jungen Franz Beckenbauer, wie er 1966 in England die große Fußball-Bühne betrat und dort seine einzigartige internationale Karriere begann. Wegweisend für die Entwicklung des deutschen Fußballs war auch die Entscheidung, nach der schwachen WM 1962 vom eigenen „Sonderweg" abzurücken und sich endgültig vom Amateurfußball zu verabschieden. Der Start der ersten Bundesligasaison am 1. August 1963 bedeutete eine Zeitenwende und den Start in eine für den deutschen Fußball spektakuläre Ära.

VORBILDHAFTE VERLIERER

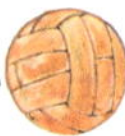

TOFIK BACHRAMOW (SOWJETUNION)

„ICH HABE NICHT GESEHEN, OB DER BALL HINTER DER LINIE WAR. ABER WEIL DER ENGLÄNDER HURST DIE ARME HOCHRISS, UND DER DEUTSCHE TORWART TILKOWSKI UNTRÖSTLICH AM BODEN LAG, MUSS ES WOHL EIN TOR GEWESEN SEIN."

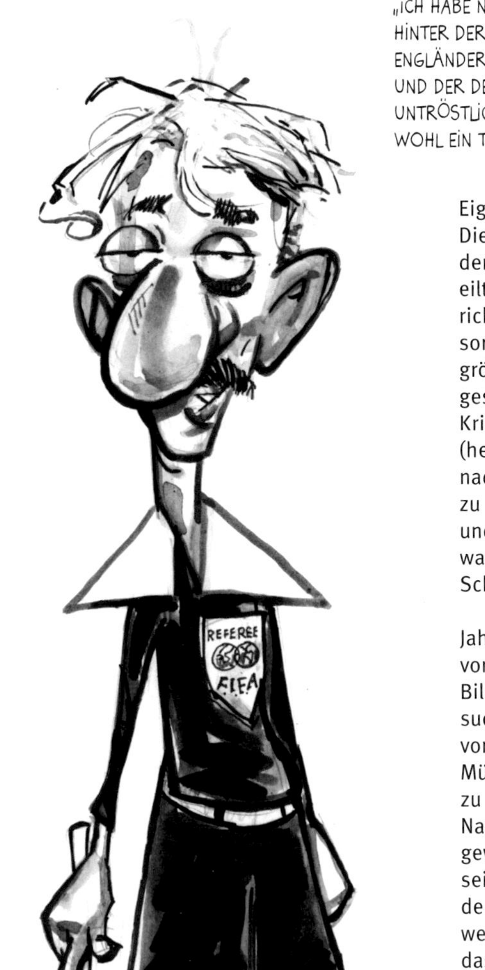

Eigentlich hatte Schiedsrichter Gottfried Dienst schon auf einen Eckball entschieden, doch nach Protesten der Engländer eilte der Schweizer zu seinem Linienrichter Bachramov an die Seitenlinie. Der sorgte mit seinem Hinweis für eine der größten Fehlentscheidungen der Fußballgeschichte. Es war die Zeit des Kalten Krieges. In seiner Heimatstadt Baku (heute Aserbaidschan) war Bachramov nach dem Turnier eine Berühmtheit. Ihm zu Ehren wurde eine Statue aufgestellt und der das Denkmal enthüllen durfte, war kein Geringerer als Geoff Hurst, Schütze des Wembley-Tores ...

Jahre später machte sich die Universität von Oxford die Mühe, das vorhandene Bildmaterial wissenschaftlich zu untersuchen. Das Ergebnis: kein Tor! Der Treffer von Wembley scheint seitdem wie ein Mühlstein am Mutterland des Fußballs zu hängen. Seit 1966 hat die englische Nationalmannschaft keinen Titel mehr gewonnen. Nur der Vollständigkeit halber sei erwähnt, dass auch das anschließende vierte Tor der Engländer irregulär gewesen war – Zuschauer hatten kurz zuvor das Feld gestürmt.

ACZEL

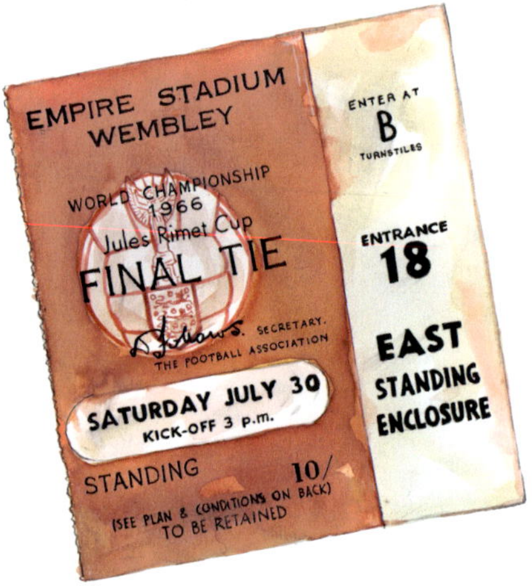

EINE DER FAST 100.000 BEGEHRTEN EINTRITTSKARTEN FÜR DAS FINALE IM WEMBLEY-STADION

UWE SEELER

„UNS UWE"

Geb. 1936 in Hamburg, gest. 2022 in Norderstedt
Position: Sturm
Vize-Weltmeister 1966
WM-Dritter: 1970
Deutscher Meister 1960
DFB-Pokalsieger 1963
Bilanz Vereine: 276 Spiele, 179 Tore
Nationalmannschaft: 73 Spiele, 43 Tore

Seinen legendären Spitznamen bekam Seeler 1961 verpasst. Dank ihm hatte der HSV das Halbfinale des Europapokals erreicht, der Hamburger war damit, so ein Journalist, für das ganze Land „unser Uwe". Bereits mit 17 wurde der gelernte Speditionskaufmann Nationalspieler und ist damit bis heute der jüngste deutsche Auswahlspieler der Nachkriegsgeschichte. Trotz seiner geringen Körpergröße von 1,70 Meter galt er, der stets volksnah und bescheiden auftrat, als einer der besten Kopfballspieler seiner Zeit. Als er 1961 von Inter Mailand ein Angebot über die damals gigantische Summe von 1,2 Millionen Mark erhielt, entschied er sich für seine Familie, seinen HSV, sein Zuhause – getreu dem Motto seines Vaters: „Geld ist nicht alles. Auch du kannst nur ein Steak essen." Nach Fritz Walter war Uwe Seeler der zweite Spieler, der zum Ehrenspielführer der Nationalmannschaft ernannt wurde. Bis heute wird er nicht nur in seiner Heimat Hamburg, sondern überall im Land verehrt.

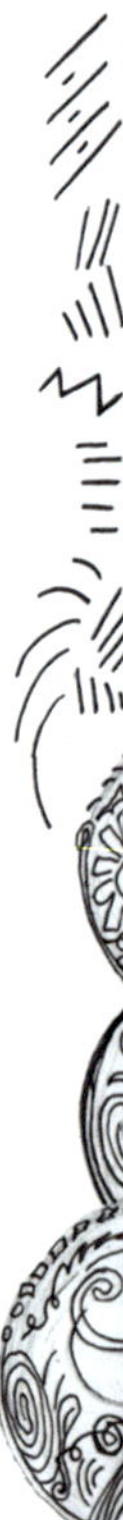

„UWE, UWE" – HALLTE ES DURCH DIE STADIEN, WENN ER AUF TOREJAGD GING.

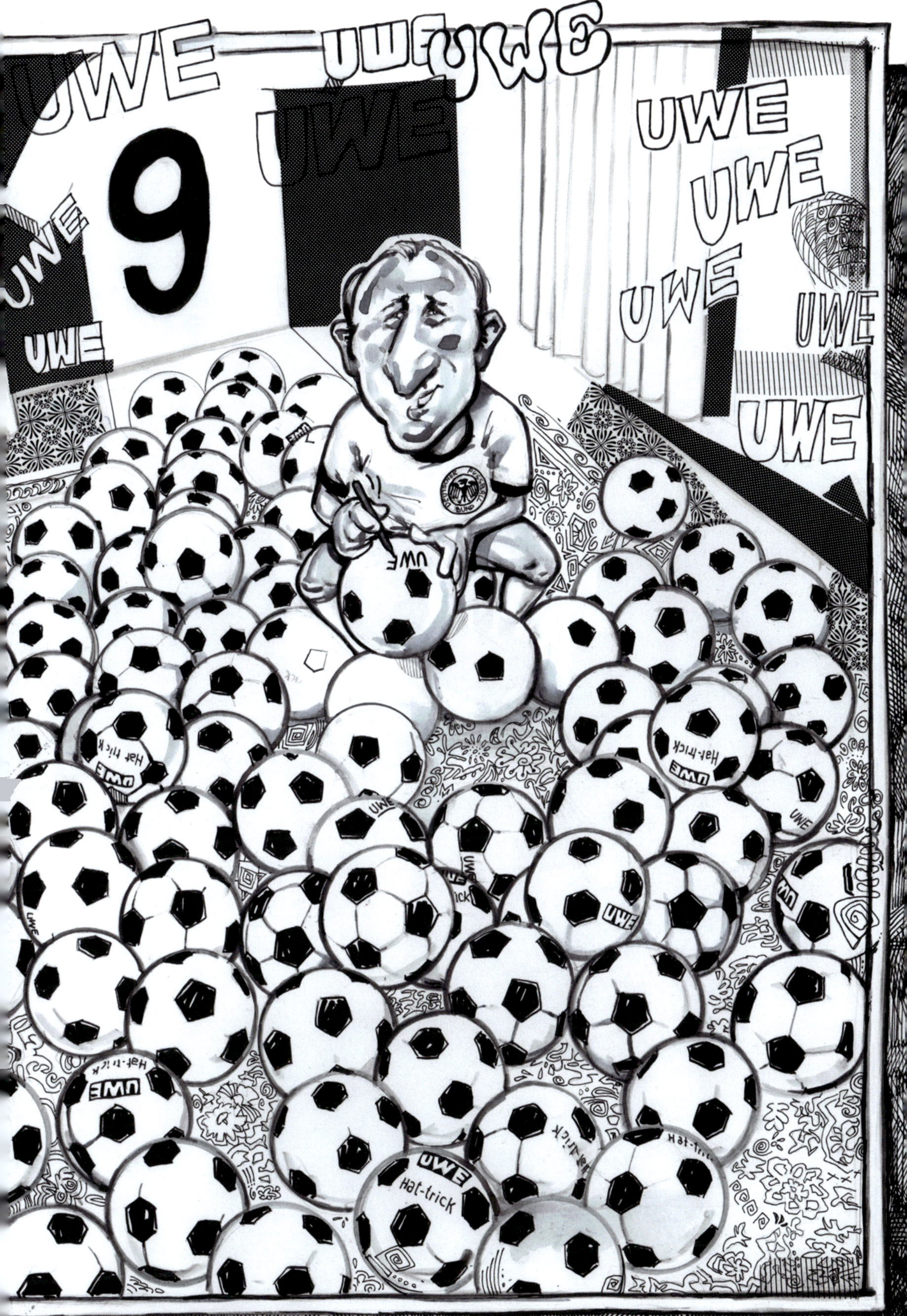
UWE
UWE
UWE
UWE
9
UWE
UWE
UWE
UWE
UWE
UWE
UWE
UWE
UWE
Hat-trick
UWE
Hat-trick
UWE
Hat-trick
UWE
Hat-trick

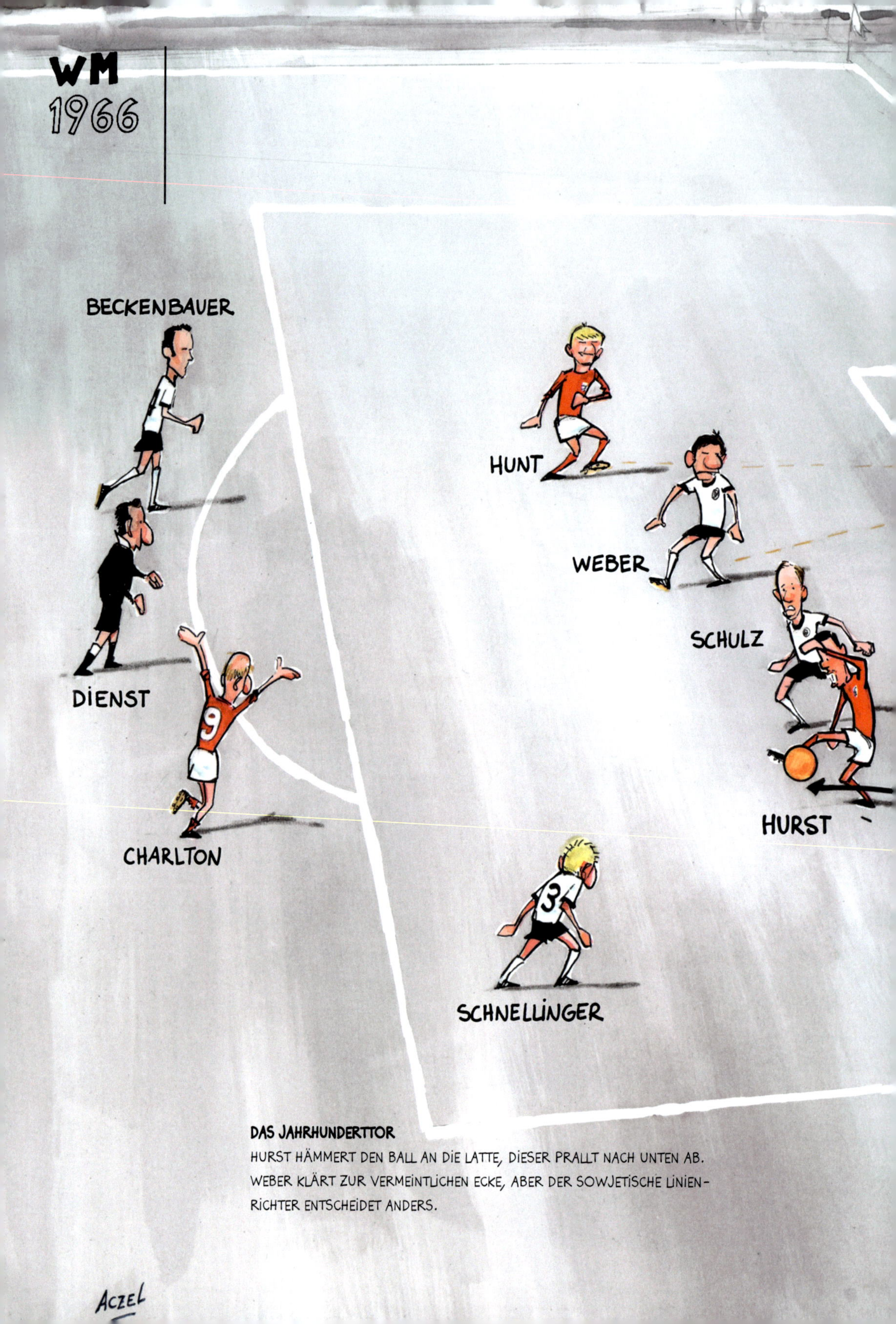

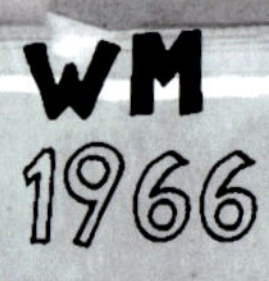

BECKENBAUER

HUNT

WEBER

SCHULZ

DIENST

HURST

CHARLTON

SCHNELLINGER

DAS JAHRHUNDERTTOR

HURST HÄMMERT DEN BALL AN DIE LATTE, DIESER PRALLT NACH UNTEN AB. WEBER KLÄRT ZUR VERMEINTLICHEN ECKE, ABER DER SOWJETISCHE LINIENRICHTER ENTSCHEIDET ANDERS.

ACZEL

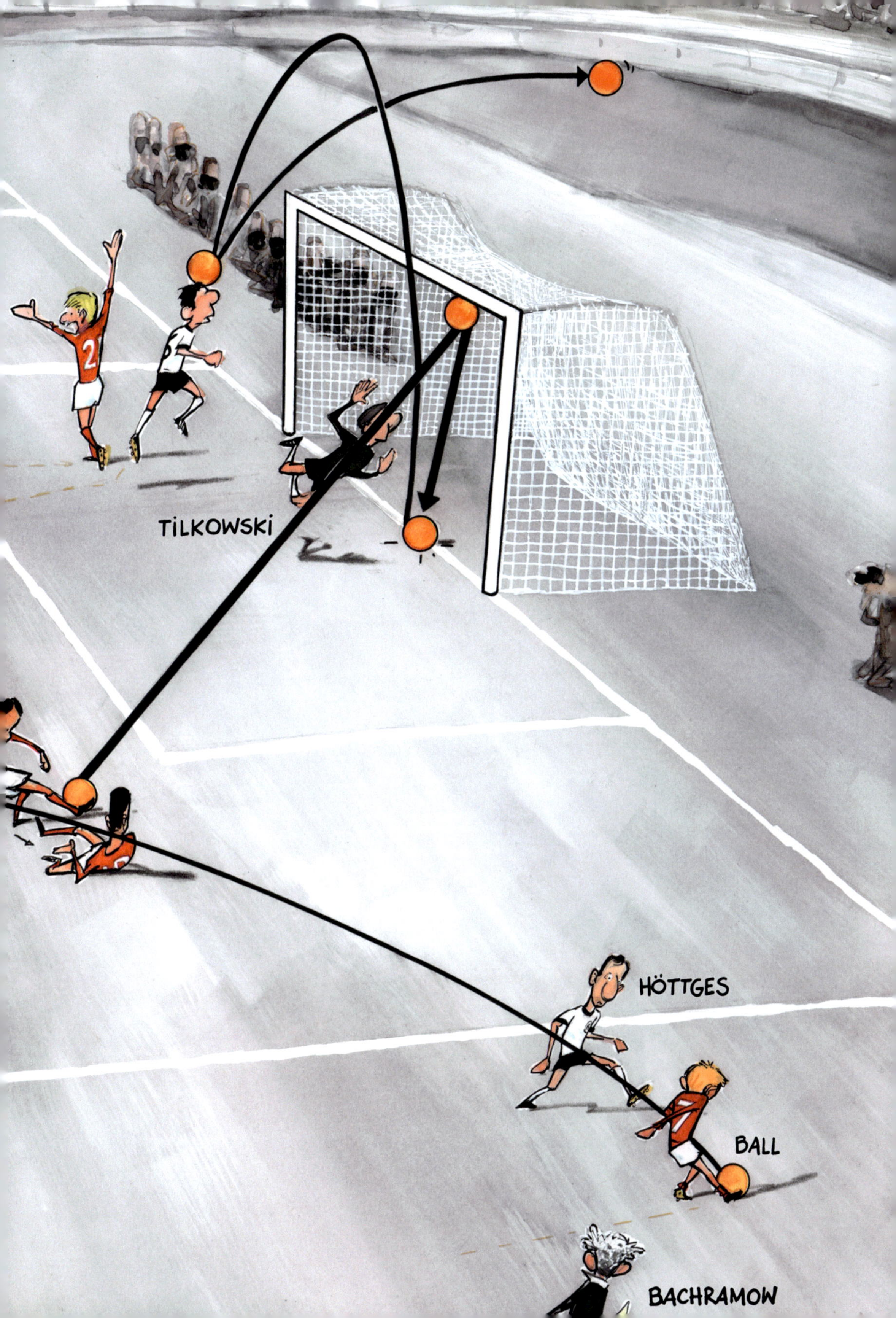
TILKOWSKI
HÖTTGES
BALL
BACHRAMOW

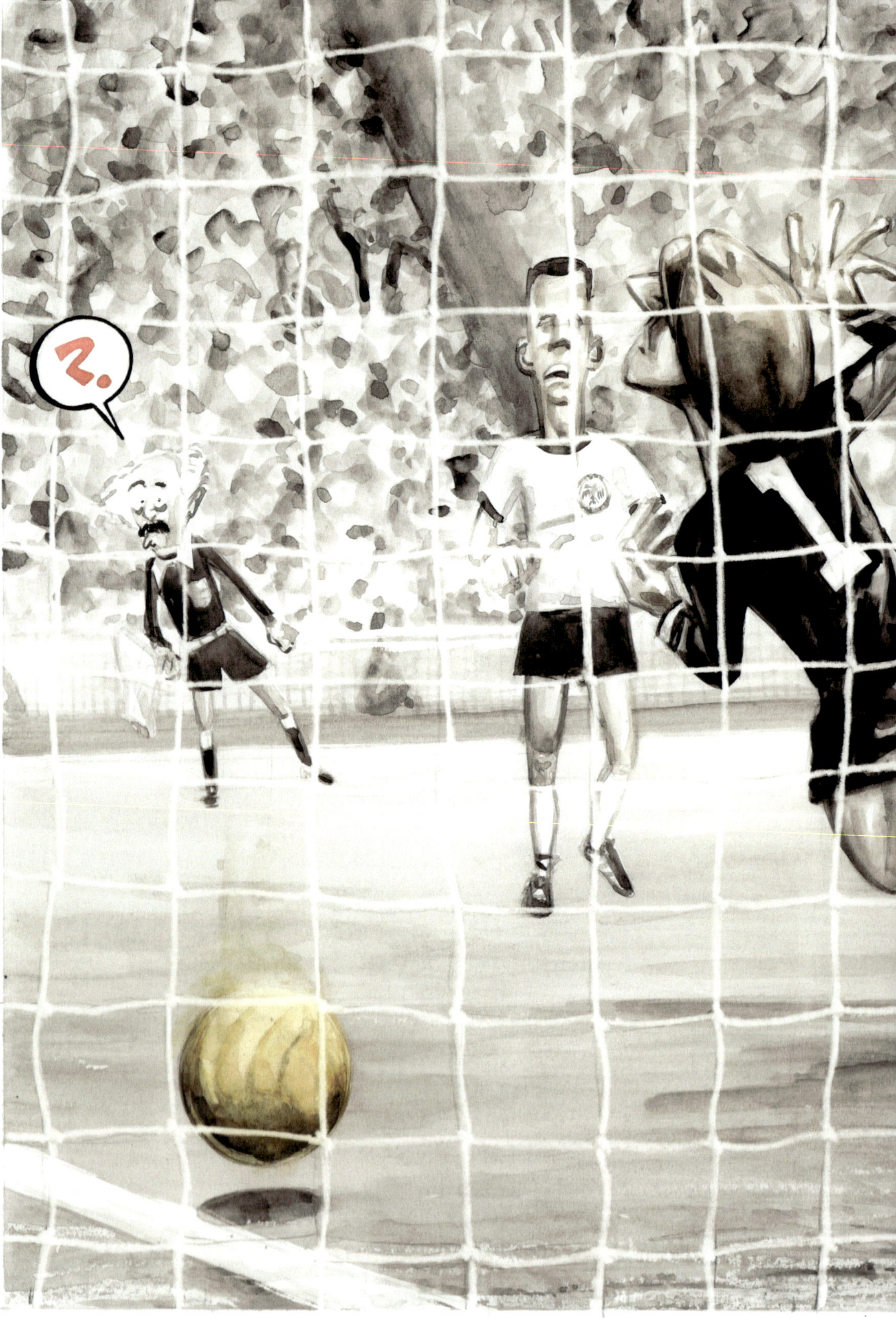

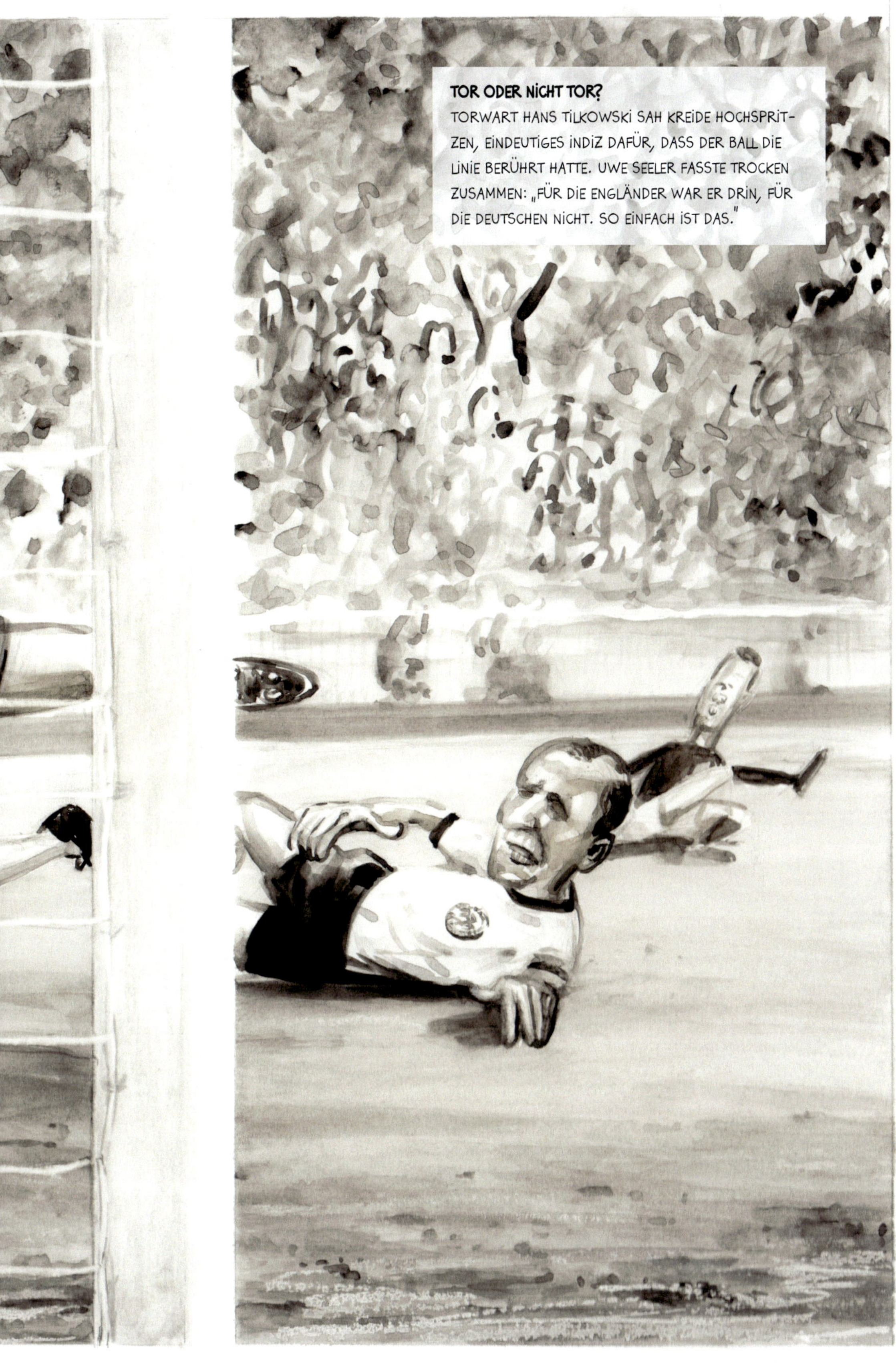
TOR ODER NICHT TOR?
TORWART HANS TILKOWSKI SAH KREIDE HOCHSPRITZEN, EINDEUTIGES INDIZ DAFÜR, DASS DER BALL DIE LINIE BERÜHRT HATTE. UWE SEELER FASSTE TROCKEN ZUSAMMEN: „FÜR DIE ENGLÄNDER WAR ER DRIN, FÜR DIE DEUTSCHEN NICHT. SO EINFACH IST DAS."

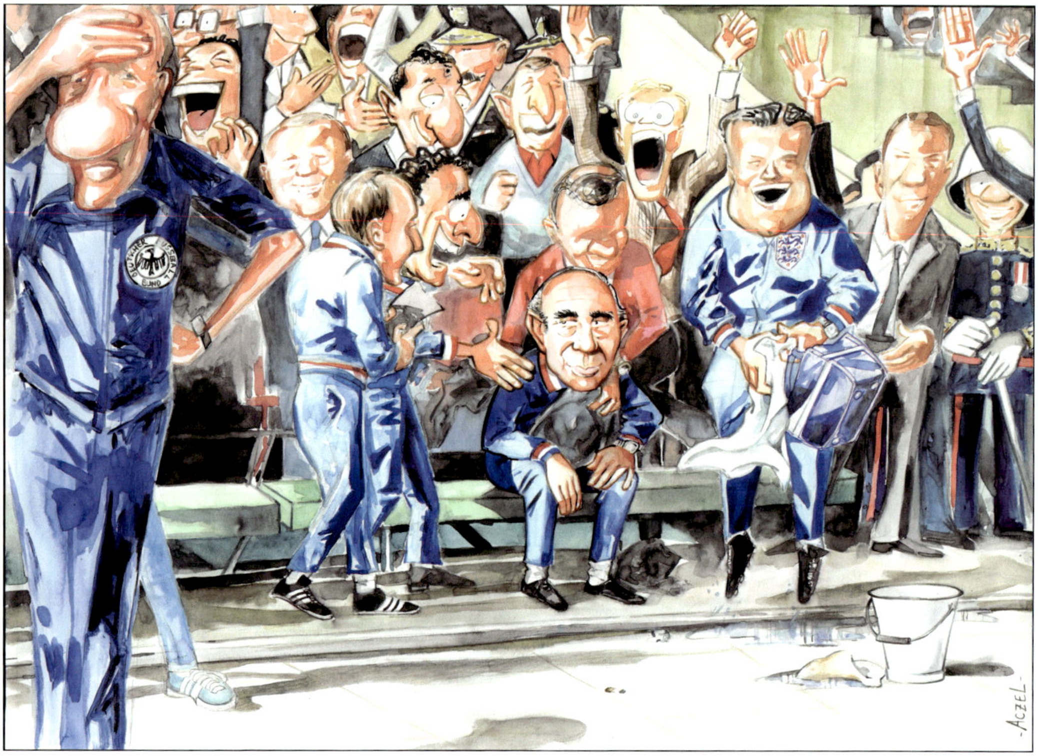

BITTER! HELMUT SCHÖN KANN ES NICHT FASSEN. TRAGISCHER HAT BIS HEUTE KEINE NATIONALMANNSCHAFT EIN WM-ENDSPIEL VERLOREN.

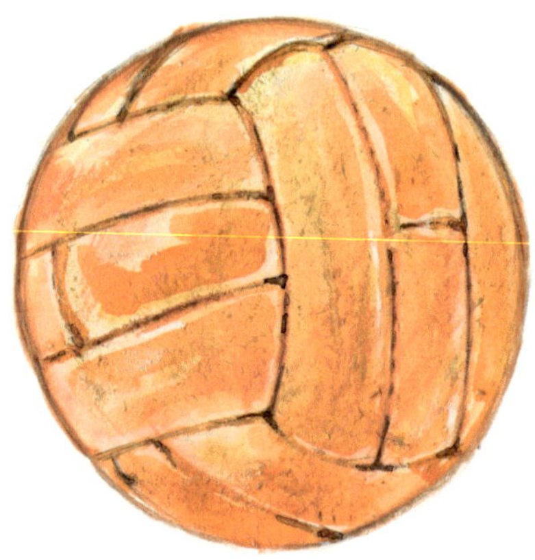

DAS FINALE 30. JULI 1966

ENGLAND 4:2 (N.V.) DEUTSCHLAND

WEMBLEYSTADION, LONDON

ZUSCHAUER: 98.000

SCHIEDSRICHTER: GOTTFRIED DIENST (SCHWEIZ)

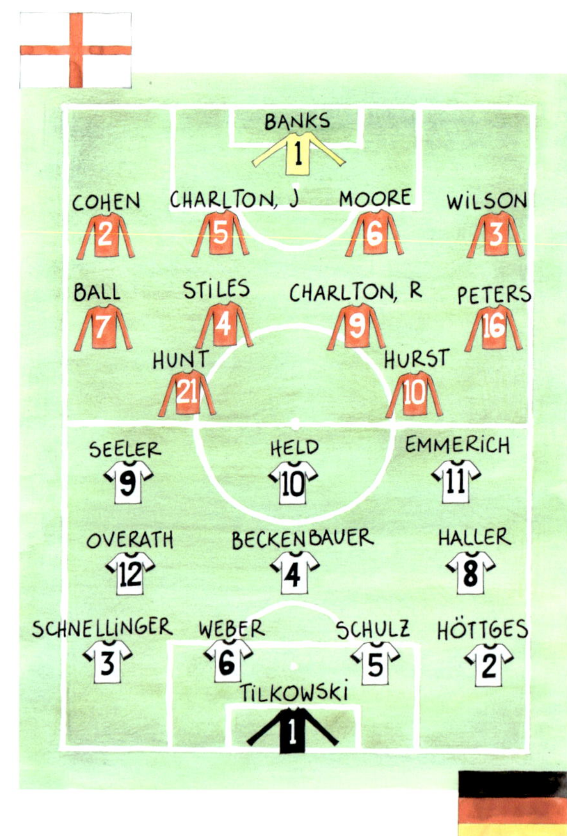

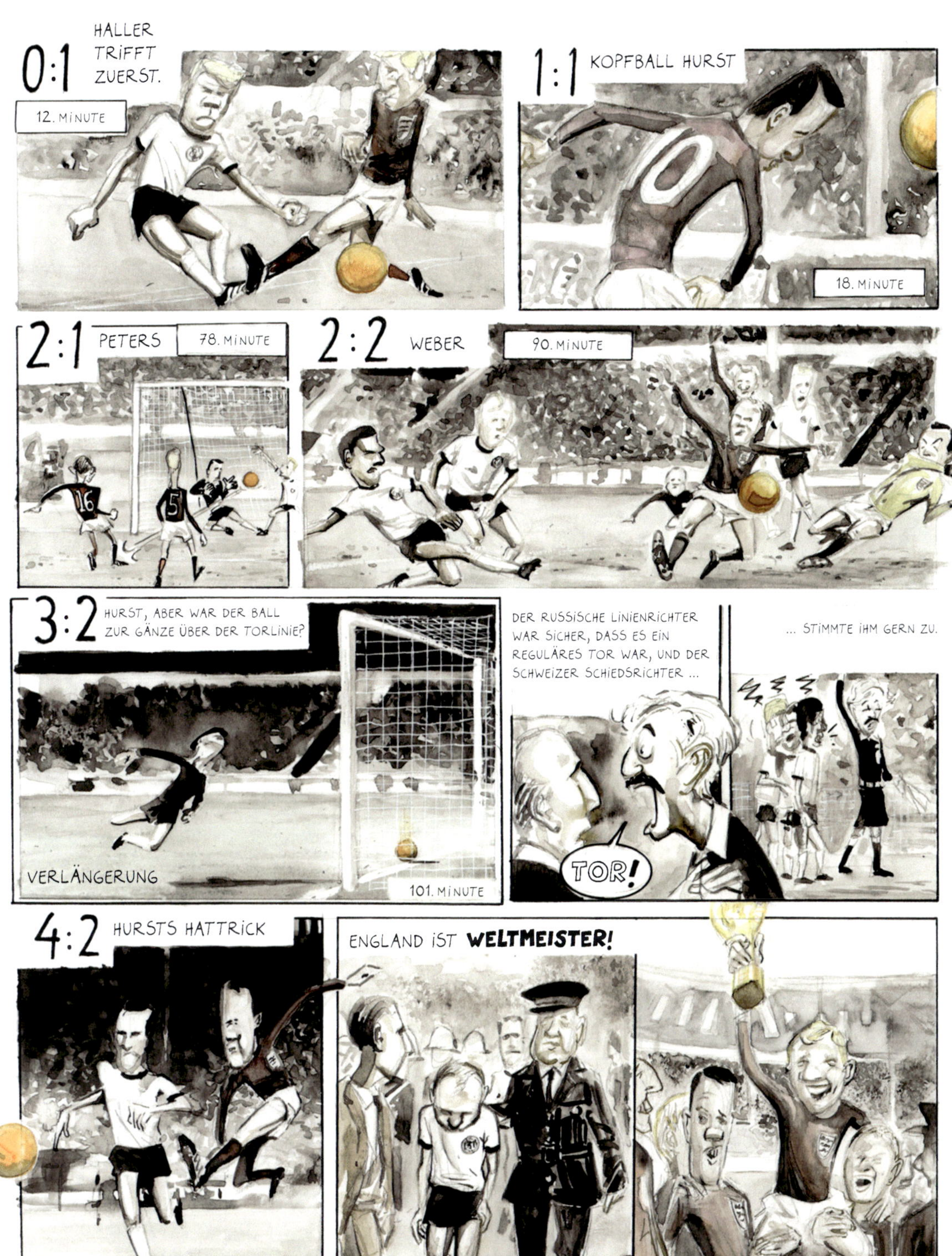

NOCH NIE DAGEWESEN. DIE ENGLÄNDER APPLAUDIERTEN DEN AUFRECHTEN VERLIERERN. DER FAIRE UMGANG DER DEUTSCHEN MIT DEN ZWEIFELHAFTEN ENTSCHEIDUNGEN IM WM-ENDSPIEL VON WEMBLEY BRACHTE DEM WELTMEISTER VON 1954 WELTWEITE ANERKENNUNG.

DIE 1960ER IM ÜBERBLICK

„LIEBER FRITZ! DIE WELTMEISTERSCHAFT IN CHILE IST VORÜBER... EINES ABER WISSEN NUR WIR BEIDE ALLEIN: ICH HÄTTE SIE GERN DABEIGEHABT! NICHT ALS ZUSCHAUER, NICHT ALS BERICHTERSTATTER ODER SONST WAS, NEIN, ALS SPIELER! ... IN CHILE HABE ICH MIR DANN DES ÖFTEREN VORGEWORFEN: HÄTTEST DU DOCH DEINEN KOPF DURCHGESETZT."

(BRIEF VON SEPP HERBERGER AN FRITZ WALTER, WENIGE WOCHEN NACH DER WM 1962)

„DER BALL SPRANG HINTER DIE TORLINIE UND DANN DURCH EFFET-WIRKUNG WIEDER INS FELD."

(ANALYSE DES WEMBLEY-TORES DER DDR-ZEITUNG „JUNGE WELT")

„WIR HABEN 2:2 VERLOREN!"

(„BILD"-SCHLAGZEILE NACH DEM WM-FINALE 1966)

„JEDER HAT GESEHEN, DASS DER BALL IM NETZ GEZAPPELT HAT."

(BUNDESPRÄSIDENT HEINRICH LÜBKE)

„DAS HATTE DIESES FINALE NICHT VERDIENT! NIEMAND BRAUCHT SICH DIESER NIEDERLAGE ZU SCHÄMEN, DIE UNTER SO UNGLÜCKLICHEN UND MYSTERIÖSEN UMSTÄNDEN ZUSTANDE KAM. DAS GROSSE SPIEL, EIN FINALE, VON DEM NOCH FUSSBALLGENERATIONEN ERZÄHLEN WERDEN, WÄRE NICHT MÖGLICH GEWESEN, HÄTTEN NICHT BEIDE MANNSCHAFTEN DAS LETZTE AUS SICH HERAUSGEHOLT."

(„KICKER")

TRAUM-ELF 1960ER

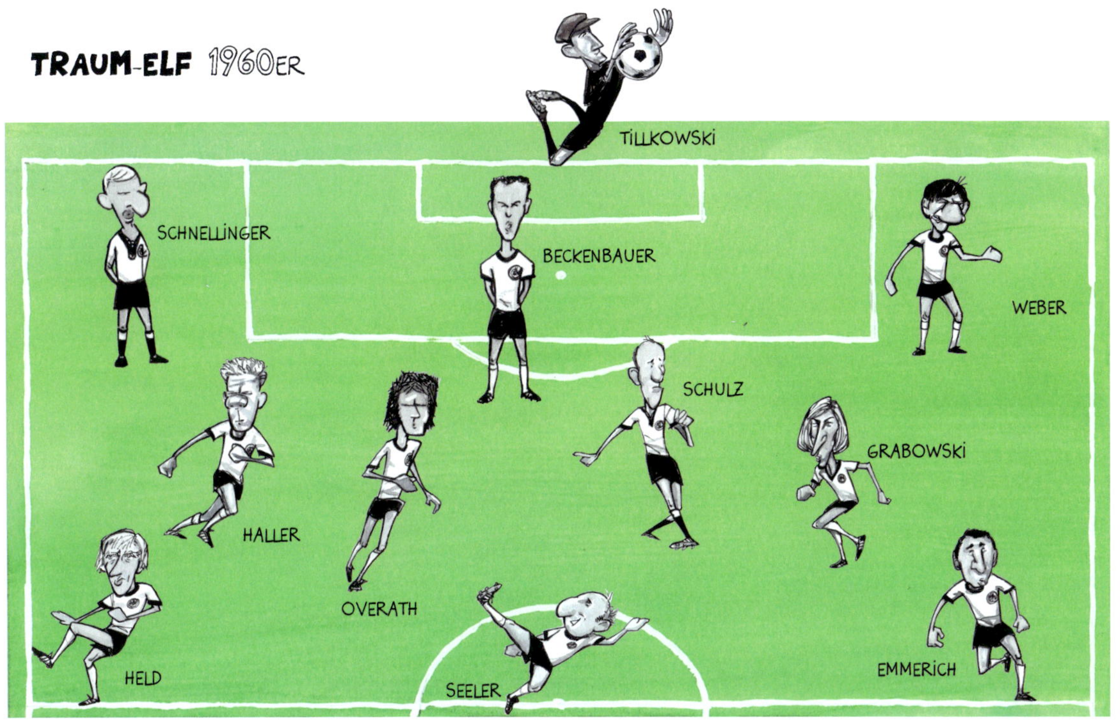

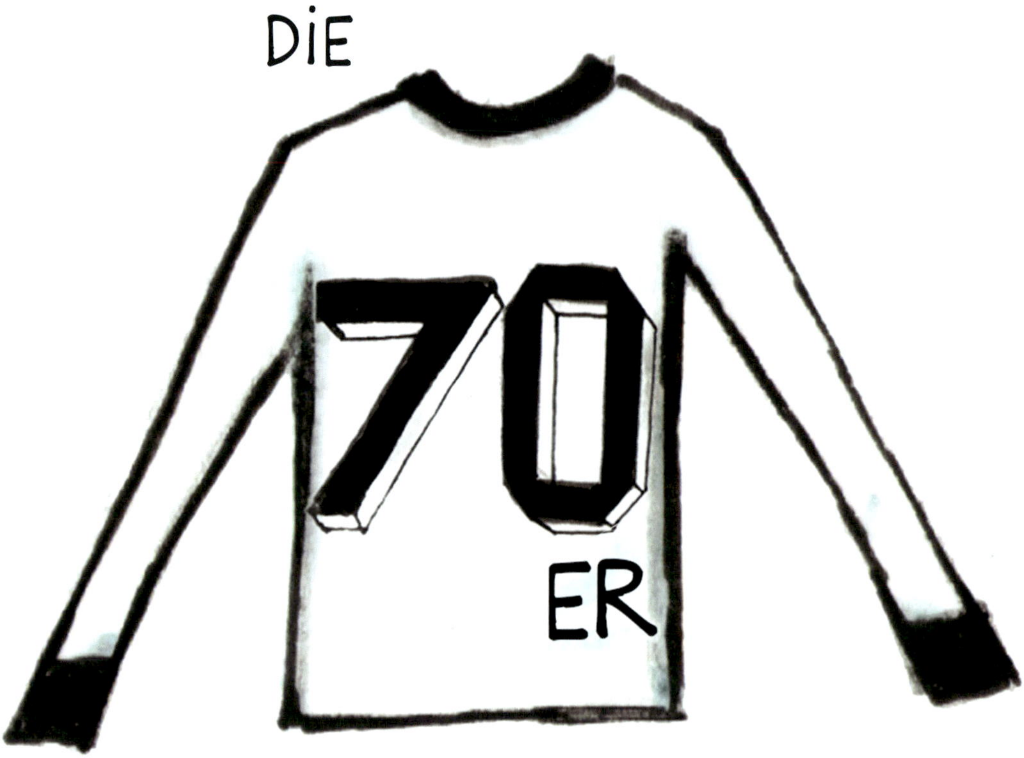

DIE 70 ER

DAS JAHRZEHNT DES DEUTSCHEN FUSSBALLS

Europameister 1972, Weltmeister 1974, jede Menge Europapokalsiege. Legenden zuhauf: Beckenbauer, Müller, Netzer, Overath, Breitner – so viele Namen erinnern an diese goldene Zeit. Das Fernsehen trug entscheidend zum Bundesliga-Boom bei: Die WM 1970 war das erste Großturnier, das in Farbe ausgestrahlt wurde.

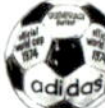

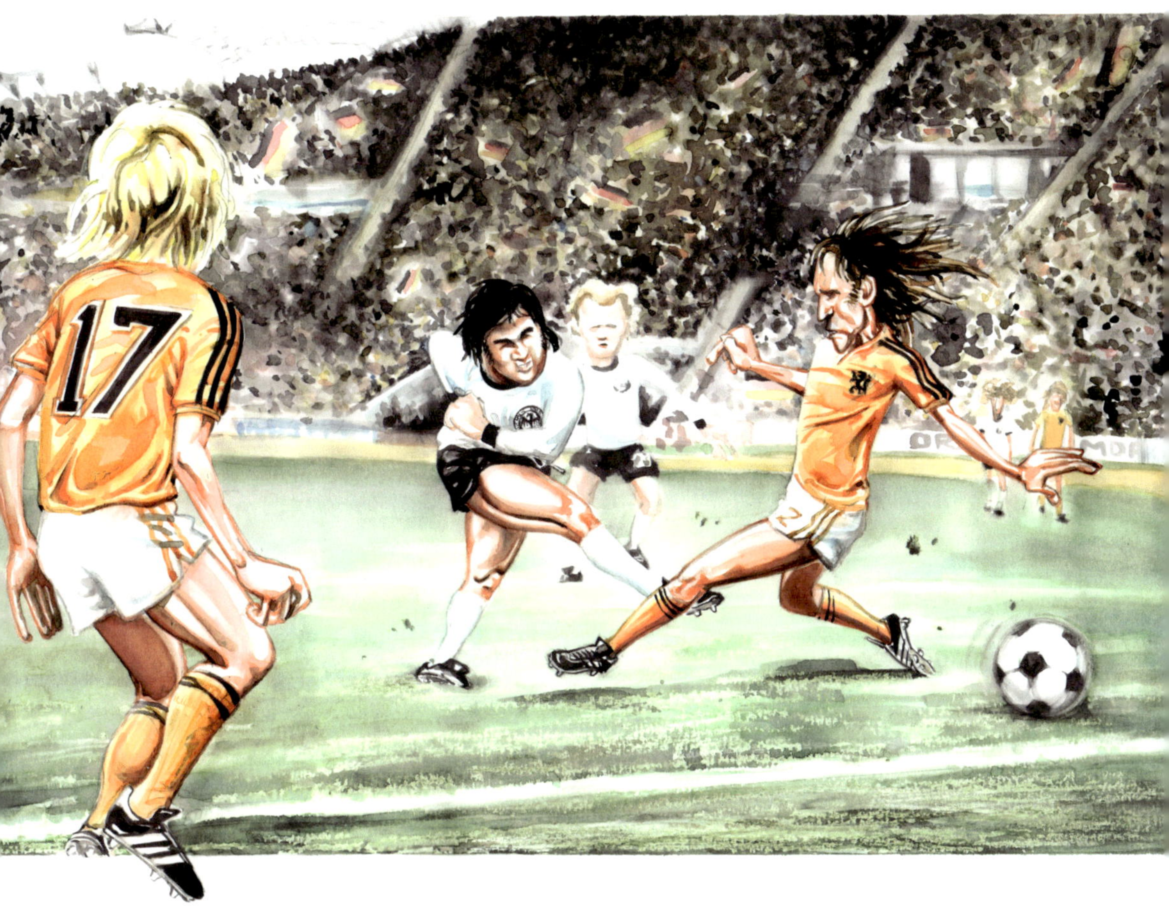

DER ZWEITE STERN

7. JULI 1974, MÜNCHEN: SCHNELLE DREHUNG, HINTERN RAUS, BALL INS TOR. 20 JAHRE NACH DEM WUNDER VON BERN SCHIESST GERD MÜLLER DEUTSCHLAND IN UNNACHAHMLICHER WEISE ZUM ZWEITEN MAL ZUM WELTMEISTER. DEN FAVORISIERTEN NIEDERLÄNDERN UM JOHAN CRUYFF BLEIBT DER ZWEITE PLATZ.

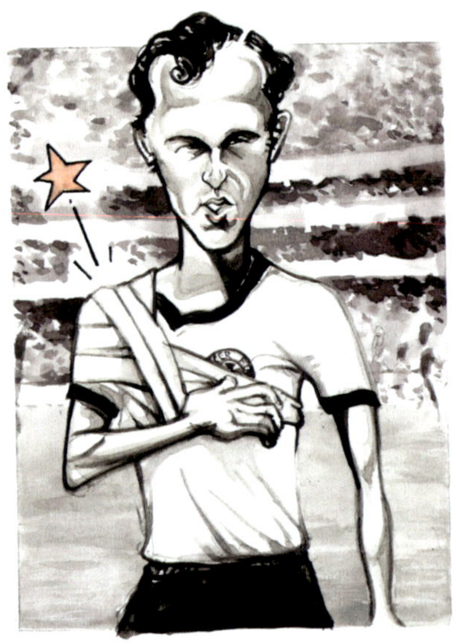

WELTKLASSE MIT ARMSCHLINGE:
IM WM-HALBFINALE IN MEXIKO UNTERLIEGT DEUTSCHLAND ITALIEN DRAMATISCH IN DER VERLÄNGERUNG MIT 3:4 – EIN JAHRHUNDERTSPIEL!

FRANZ ANTON BECKENBAUER

„DER KAISER"

Geb. 1945 in München, gest. 2024 in Salzburg
Position: Libero
Vize-Weltmeister 1966, 1986 (als Trainer)
WM-Dritter 1970
Europameister 1972
Weltmeister 1974, 1990 (als Trainer)
Vize-Europameister 1976
Europapokalsieger der Landesmeister 1974, 1975, 1976
Europapokalsieger der Pokalsieger 1967
Deutscher Meister 1969, 1972, 1973, 1974, 1982
DFB-Pokalsieger 1966, 1967, 1969, 1971
Weltpokalsieger 1976
US-Meister 1977, 1978, 1980
Bilanz Vereine: 529 Spiele, 63 Tore
Nationalmannschaft: 103 Spiele, 14 Tore

Franz Beckenbauer, zweimaliger Gewinner des Ballon d´Or, reiht sich als Dritter in die Liste der Ehrenspielführer ein. Der Kaisertitel wurde ihm verliehen, nachdem er im Pokalfinale 1969 als Antwort auf Schalker Schmähgesänge lässig den Ball jonglierte. Dass er als 13-jähriger beim FC Bayern landete und nicht wie geplant bei den Löwen, liegt an einer Watschn, die ihm ein Spieler der Sechzger während eines Spiels verpasste. Dieser hieß übrigens Gerhard König. Mit seiner Interpretation des Liberos als freier Mann zwischen Abwehr und Mittelfeld revolutionierte Beckenbauer den Fußball.

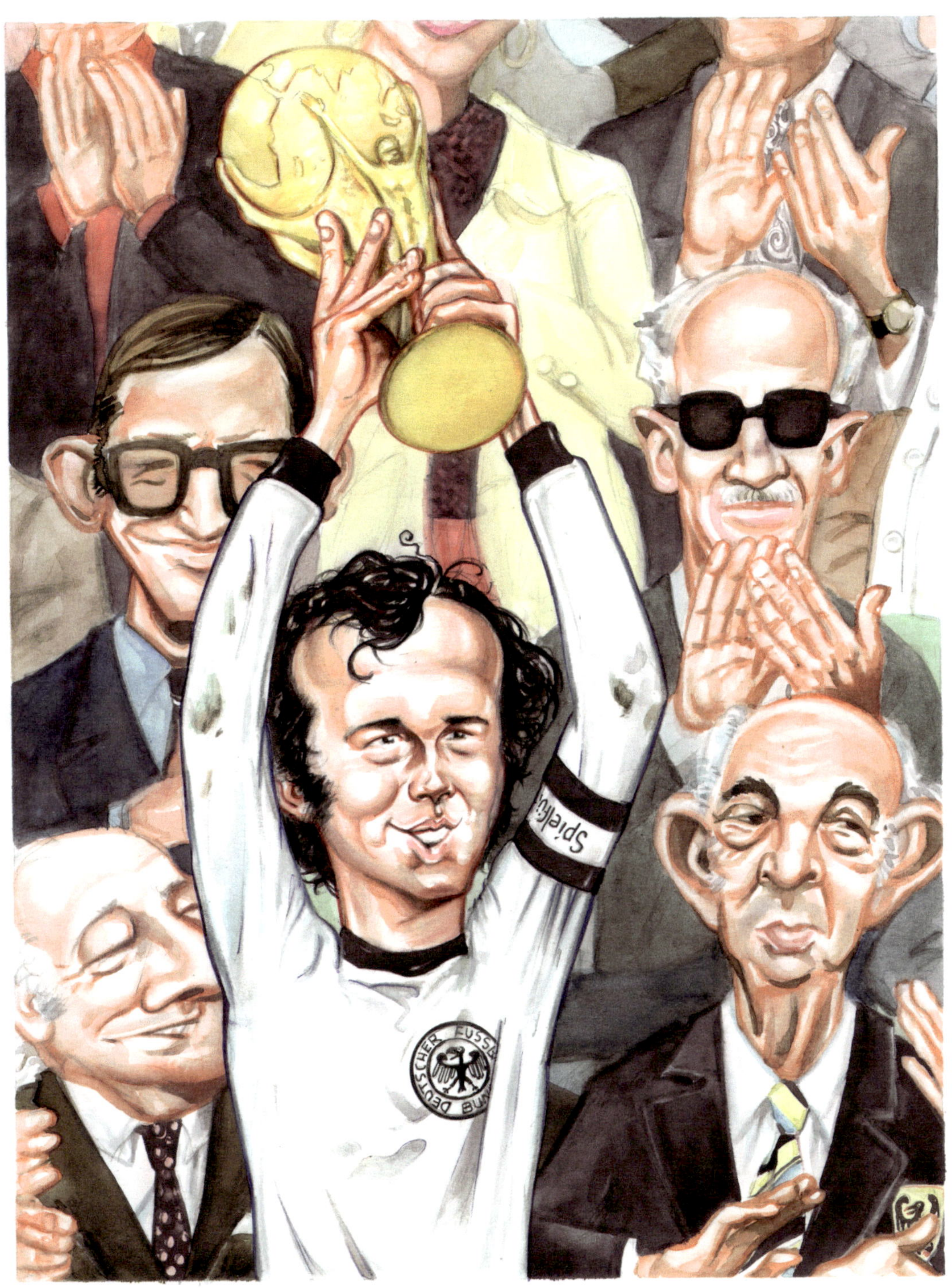

KAISER FRANZ, DIE LICHTGESTALT!

GERHARD „GERD" MÜLLER

„BOMBER DER NATION"

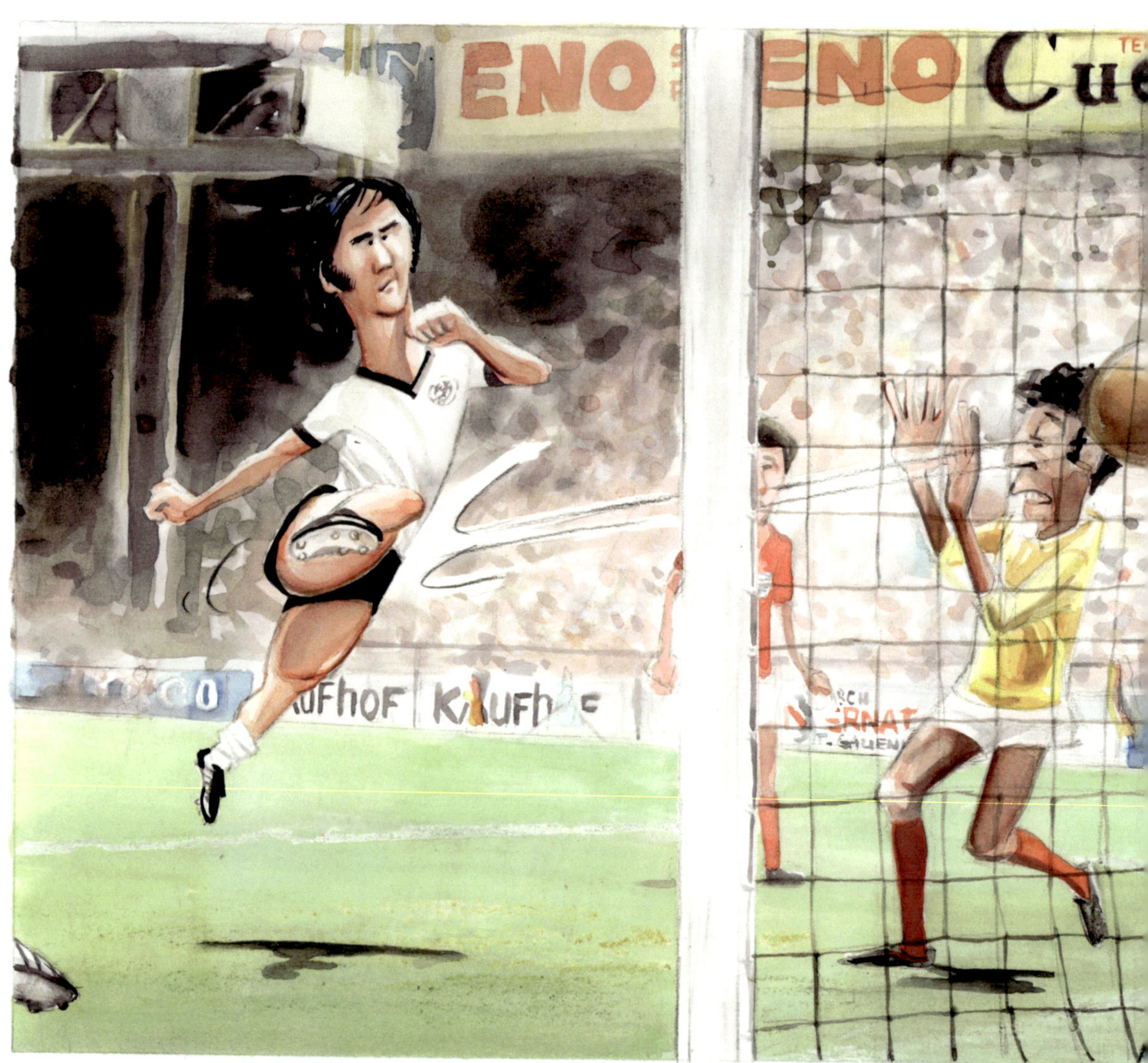

DAS SCHÖNSTE VON INSGESAMT ZEHN MÜLLER-TOREN BEI DER WM 1970 MEXIKO: DAS 3:2 IN DER HITZESCHLACHT GEGEN ENGLAND.

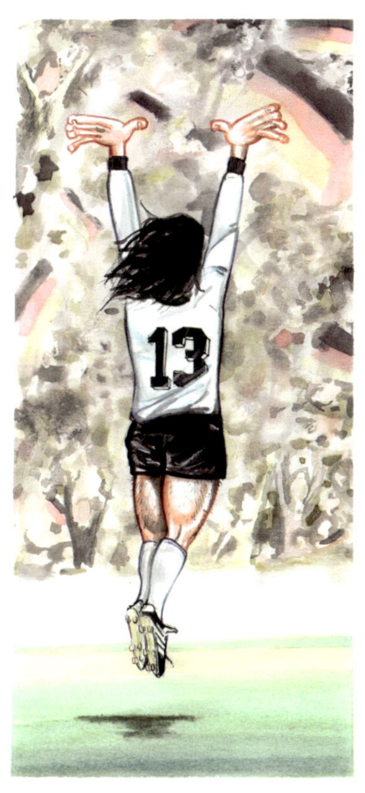

Geb. 1945 in Nördlingen, gest. 2021 in Wolfratshausen
Position: Sturm
WM-Dritter 1970
Weltmeister 1974
Europameister 1972
Weltpokalsieger 1976
Europapokalsieger der Landesmeister 1974, 1975, 1976
Europapokalsieger der Pokalsieger 1967
Deutscher Meister 1969, 1972, 1973, 1974
DFB-Pokalsieger 1966, 1967, 1969, 1971
Bilanz Vereine: 540 Spiele, 436 Tor
Nationalmannschaft: 62 Spiele, 68 Tore

Ob mit Spitze, Hacke, Knie, Schenkel, Hüfte, Hintern, Brust oder Kopf; ob aus dem Stand, im Flug, Fallen, Sitzen oder Liegen; ob gebolzt, gelupft, geschoben, gespitzelt: Der Torinstinkt von Gerd Müller ist bis heute unübertroffen. „Müllern" wurde zu dem Inbegriff dafür, den Ball auf welche Art auch immer zwischen die Pfosten zu befördern. Wie sein Mannschaftskollege Franz Beckenbauer wäre auch er fast bei den Löwen gelandet. Minuten vor dem Eintreffen der Delegation von TSV 1860 im Hause Müller waren dort die Vertreter des FC Bayern vorstellig geworden. Als die Sechzger klingelten, verschwanden die glücklichen Konkurrenten mit einem Vertrag in der Tasche durch die Hintertür. Der Rest ist Geschichte. Die Höhe der Ablöse für den nachmaligen „Bomber der Nation" betrug übrigens 4.400 D-Mark.

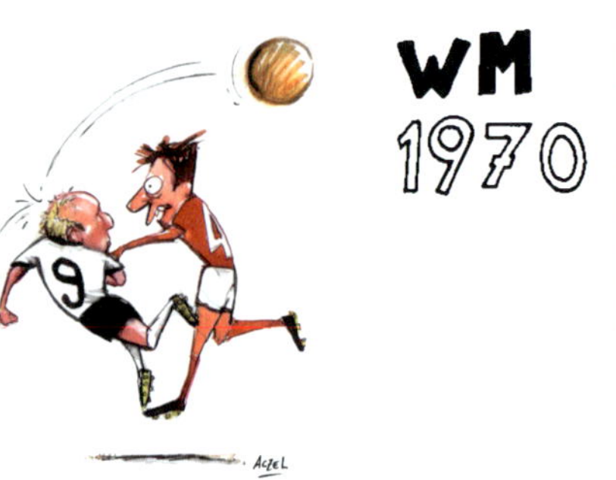

WM 1970

EIN LETZTES MAL „UNS UWE"

1968 hatte er seinen Rücktritt erklärt, aber Helmut Schön überredete ihn, noch einmal mitzuspielen. Bei der WM 1970 in Mexiko bildeten Uwe Seeler und Gerd Müller einen Doppelsturm. Seeler spielte hängende Spitze, was er wie folgt kommentierte: „Vorne drin gab es ja immer nur auf die Knochen, und ich bin schon immer gern gelaufen." Seeler und Müller waren nicht nur Offensivpartner, sie teilten sich auch ein Zimmer im Mannschaftshotel. Mit seinem letzten Tor im Nationaltrikot, erzielt im WM-Viertelfinale gegen Titelverteidiger England, setzte er sich selbst ein Denkmal: In der 82. Minute gelang Seeler der Ausgleich zum 2:2 – mit dem Hinterkopf. Das Spiel endete 3:2, die Revanche für 1966 war geglückt, Deutschland zog ins Halbfinale gegen Italien ein.

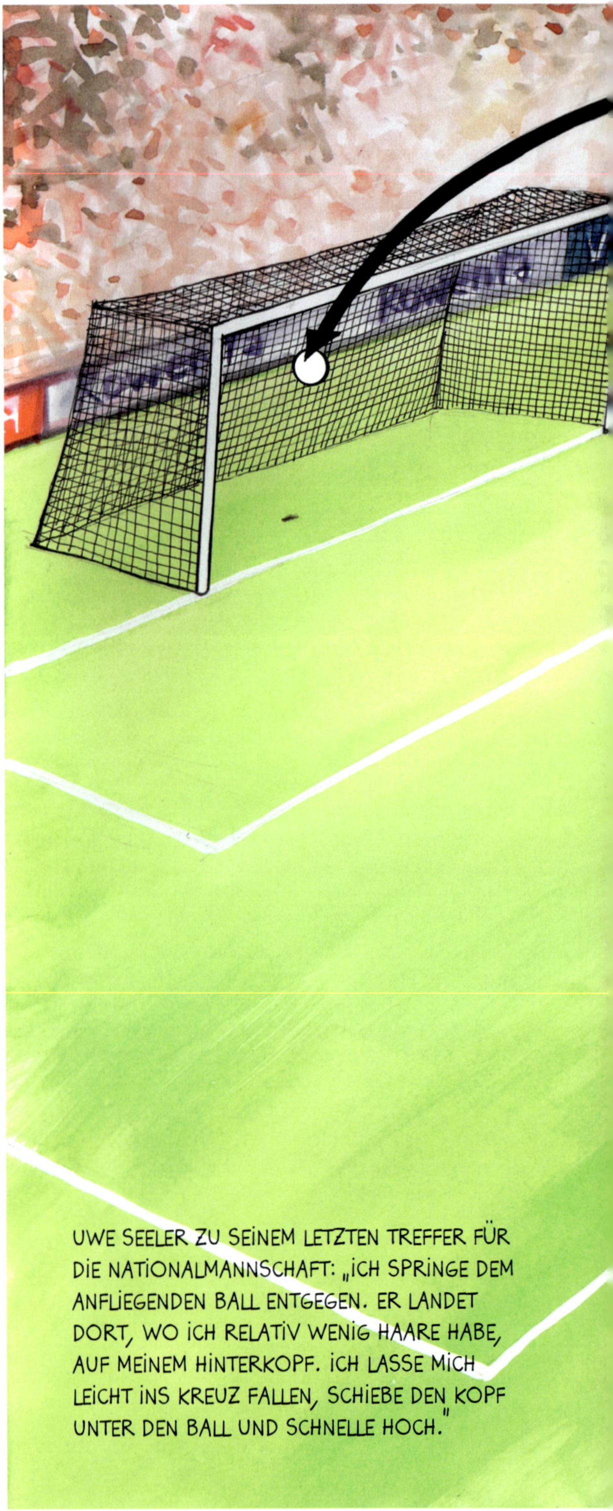

UWE SEELER ZU SEINEM LETZTEN TREFFER FÜR DIE NATIONALMANNSCHAFT: „ICH SPRINGE DEM ANFLIEGENDEN BALL ENTGEGEN. ER LANDET DORT, WO ICH RELATIV WENIG HAARE HABE, AUF MEINEM HINTERKOPF. ICH LASSE MICH LEICHT INS KREUZ FALLEN, SCHIEBE DEN KOPF UNTER DEN BALL UND SCHNELLE HOCH."

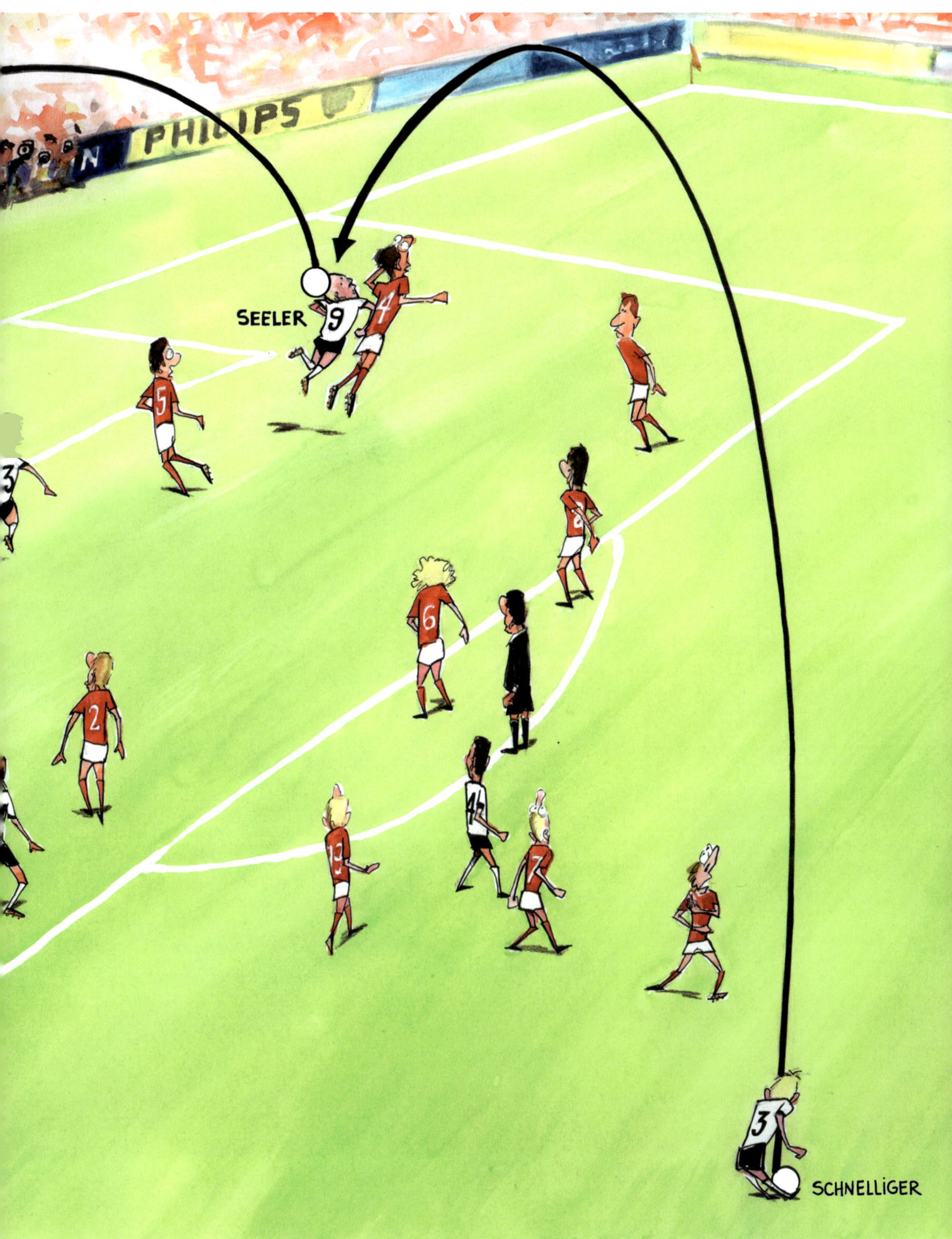
PHILIPS
SEELER
SCHNELLIGER

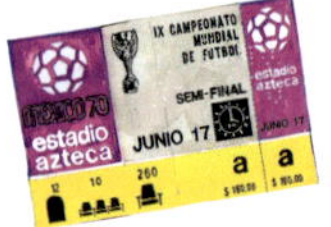

DAS JAHRHUNDERTSPIEL

DEUTSCHLAND VS ITALIEN
HALBFINALE WM 1970

KURZ VOR ANPFIFF

DIE KAPITÄNE FACCHETTI UND SEELER GRÜSSEN SICH

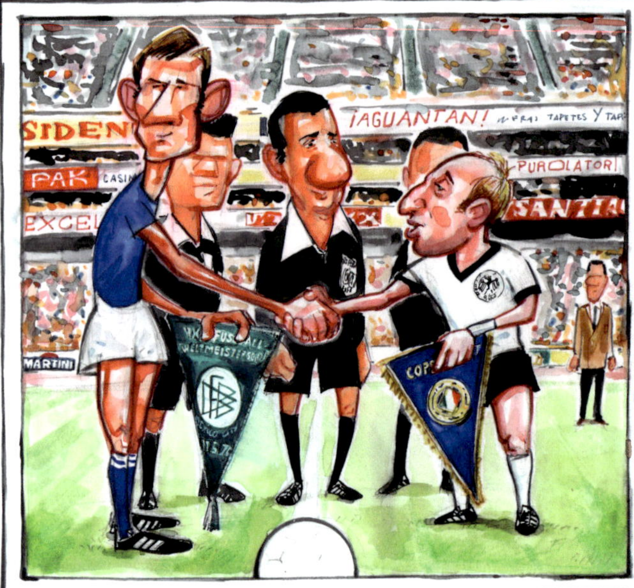

0:1

BONINSEGNA TRIFFT MIT LINKS.

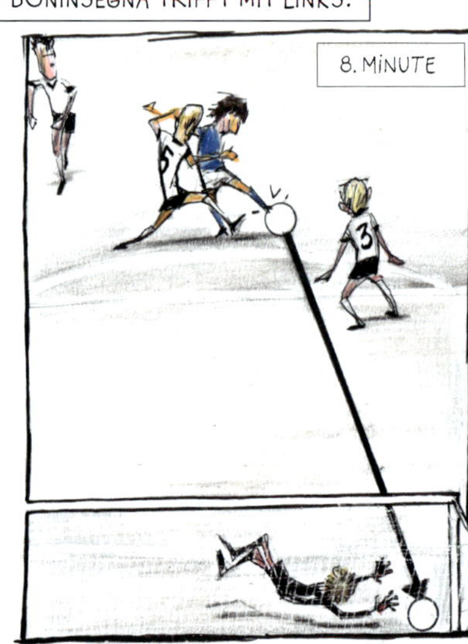

1:1

90. MINUTE

SCHNELLINGER. SEIN GRÄTSCHSPRUNG IN DIE FLANKE VON GRABOWSKI BRINGT DEN SPÄTEN AUSGLEICH.

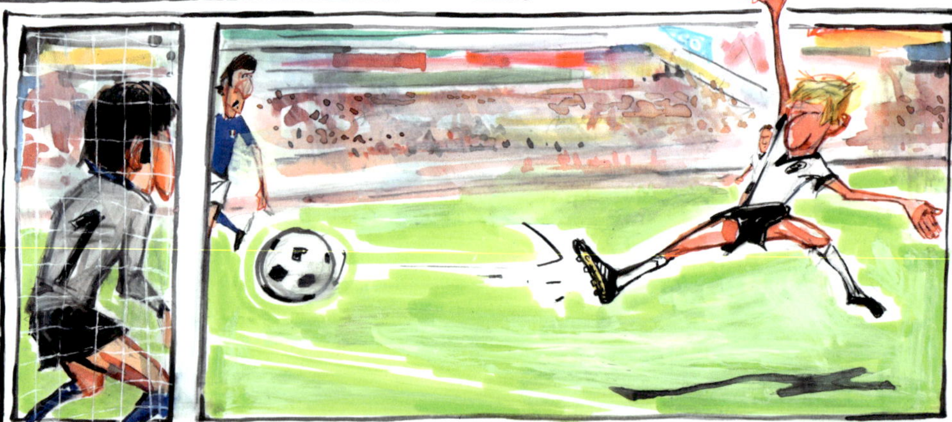

BECKENBAUER HELDENHAFT: ER SPIELT WEITER, TROTZT SCHLÜSSELBEINBRUCH.

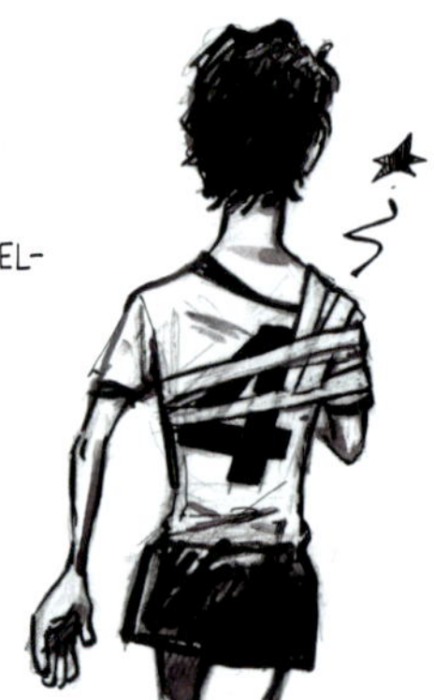

ES MÜLLERT!

2:1

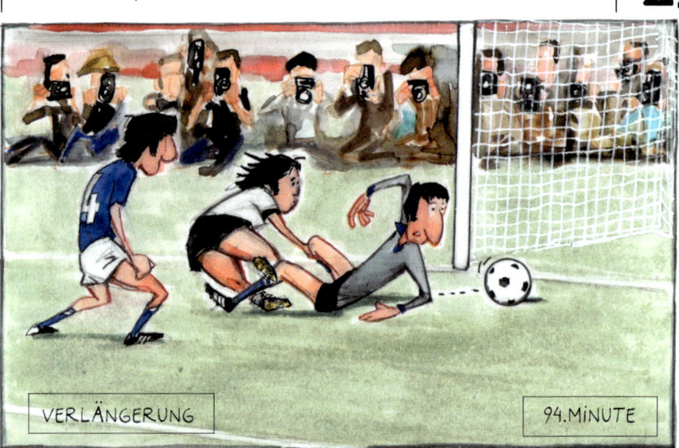

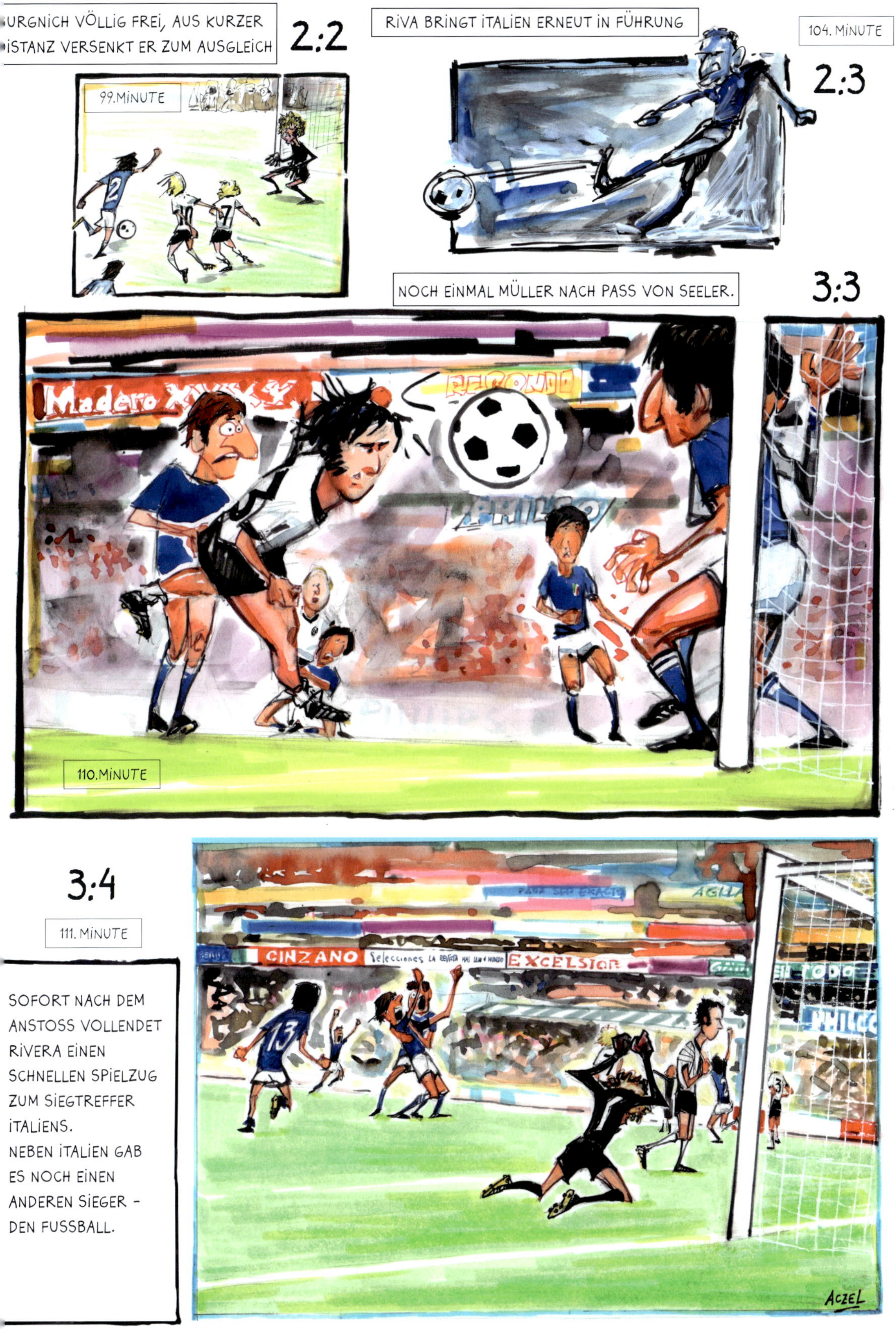

URGNICH VÖLLIG FREI, AUS KURZER ISTANZ VERSENKT ER ZUM AUSGLEICH

2:2

99.MINUTE

RIVA BRINGT ITALIEN ERNEUT IN FÜHRUNG

104. MINUTE

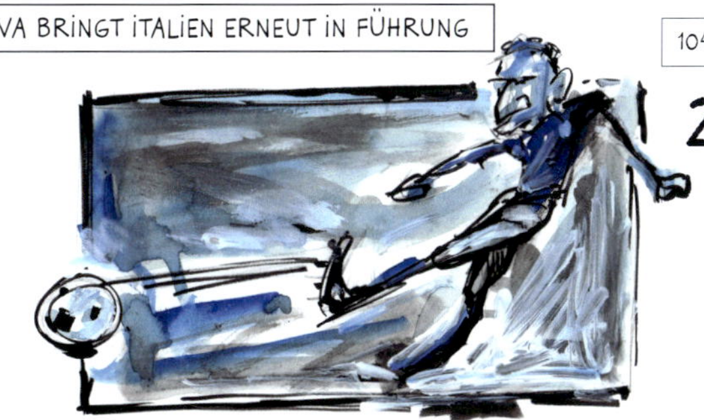

2:3

NOCH EINMAL MÜLLER NACH PASS VON SEELER.

3:3

110.MINUTE

3:4

111. MINUTE

SOFORT NACH DEM ANSTOSS VOLLENDET RIVERA EINEN SCHNELLEN SPIELZUG ZUM SIEGTREFFER ITALIENS.
NEBEN ITALIEN GAB ES NOCH EINEN ANDEREN SIEGER – DEN FUSSBALL.

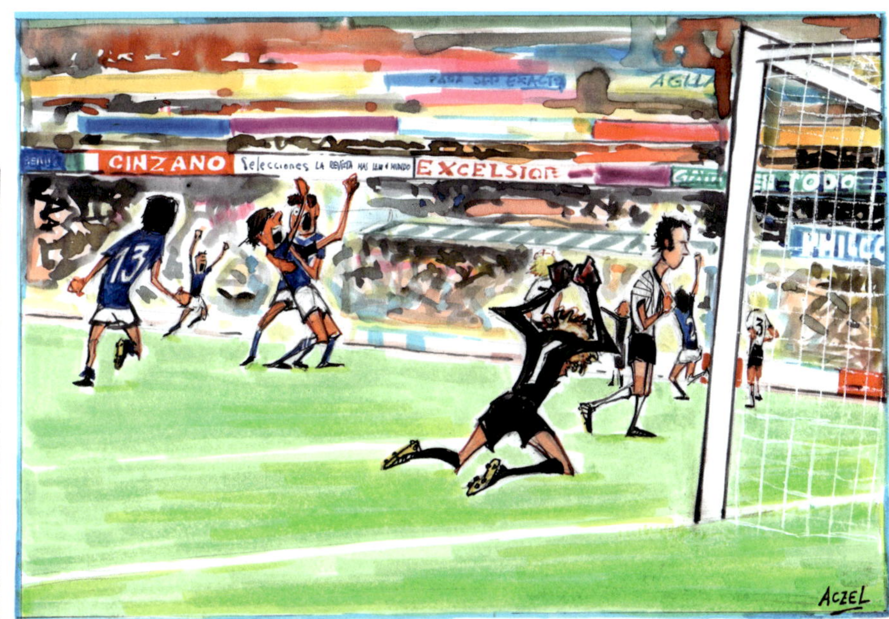

EM 1972

DIE GEBURT DER JAHRHUNDERTELF

DEUTSCHLAND VS ENGLAND — VIERTELFINALE EM 1972

Das 3:1 in Wembley am 29. April 1972 zählt zu den herausragenden Partien der deutschen Fußballnationalmannschaft. Günter Netzer, Regisseur dieser grandiosen Darbietung: „Wir waren der Perfektion sehr nahe."

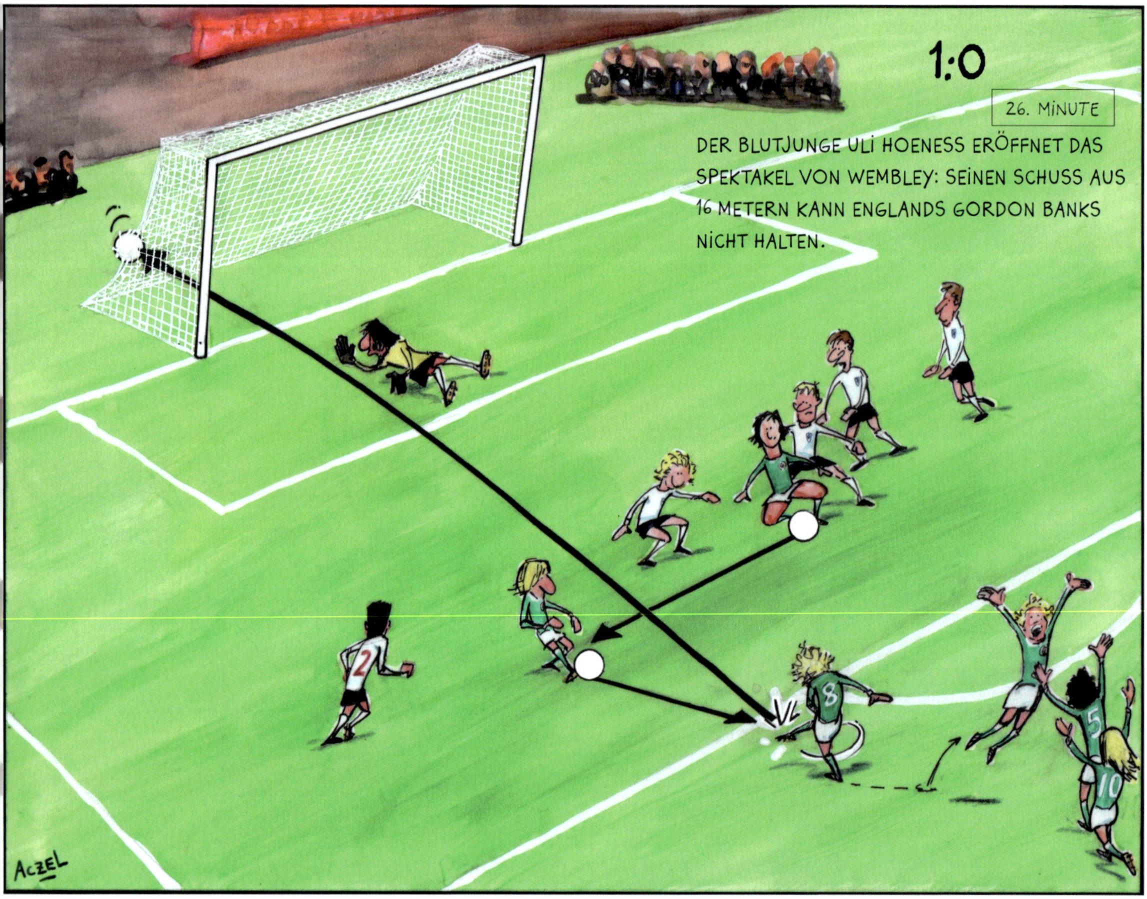

1:0

26. MINUTE

DER BLUTJUNGE ULI HOENESS ERÖFFNET DAS SPEKTAKEL VON WEMBLEY: SEINEN SCHUSS AUS 16 METERN KANN ENGLANDS GORDON BANKS NICHT HALTEN.

ACZEL

1:1 77. MINUTE FRANCIS LEE

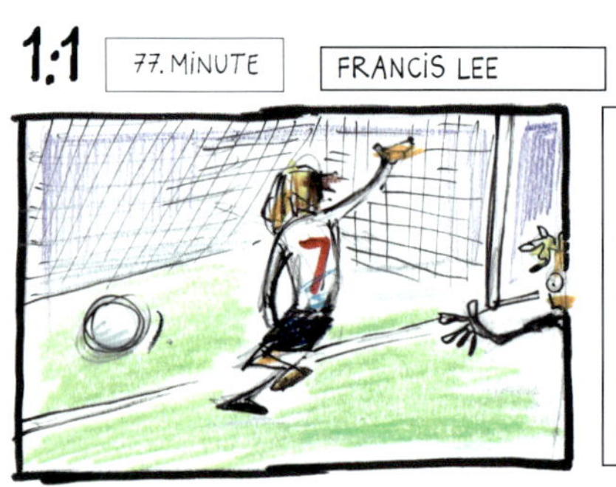

FRANCIS LEE GELINGT DER AUSGLEICH, DOCH FÜNF MINUTEN VOR DEM ENDE FOULT BOBBY MOORE SIGGI HELD AN DER STRAFRAUMKANTE ...

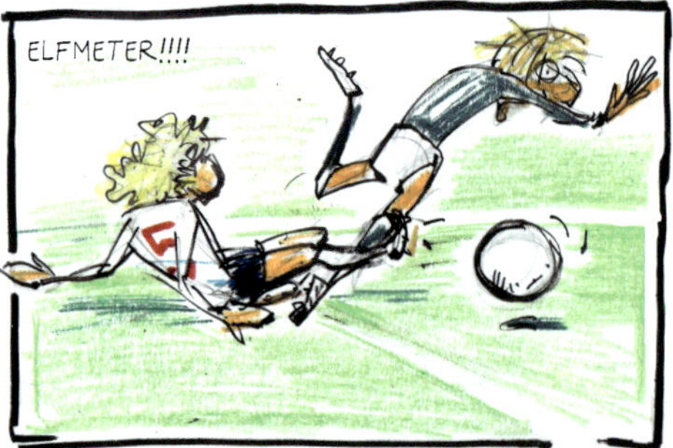

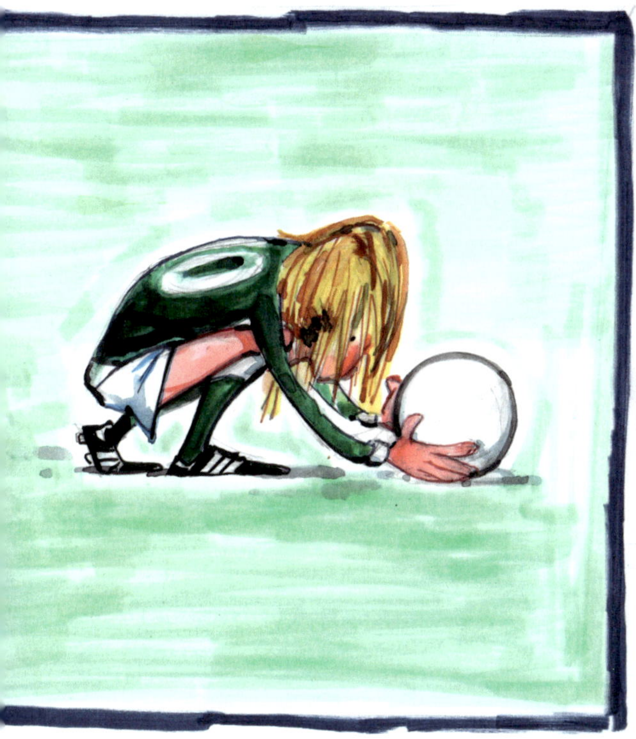

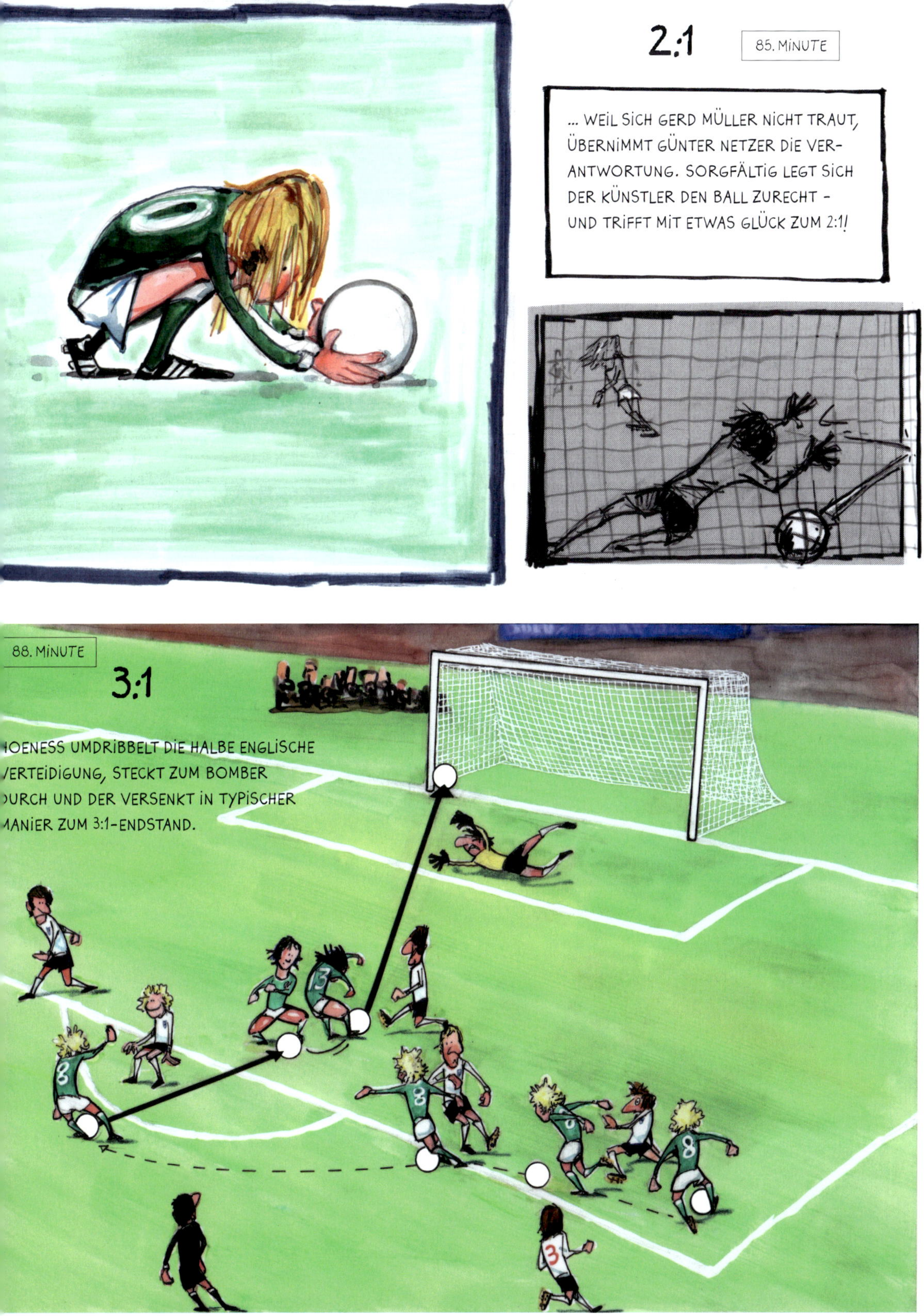

2:1

85. MINUTE

... WEIL SICH GERD MÜLLER NICHT TRAUT, ÜBERNIMMT GÜNTER NETZER DIE VERANTWORTUNG. SORGFÄLTIG LEGT SICH DER KÜNSTLER DEN BALL ZURECHT – UND TRIFFT MIT ETWAS GLÜCK ZUM 2:1!

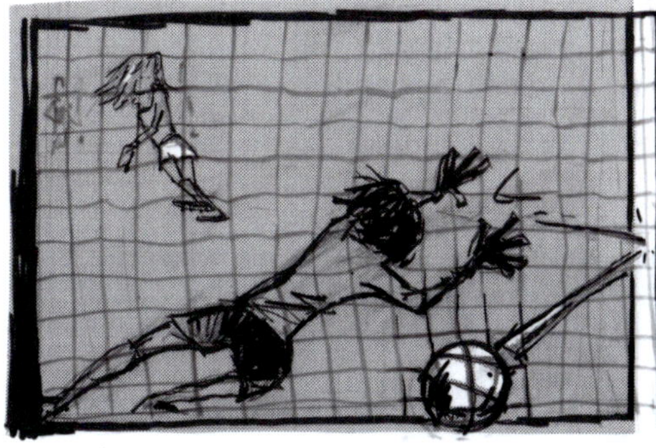

88. MINUTE

3:1

HOENESS UMDRIBBELT DIE HALBE ENGLISCHE VERTEIDIGUNG, STECKT ZUM BOMBER DURCH UND DER VERSENKT IN TYPISCHER MANIER ZUM 3:1-ENDSTAND.

FINALE EM 1972

DEUTSCHLAND VS UDSSR

Beflügelt vom historischen Sieg im Wembleystadion, räumt die deutsche Mannschaft Gastgeber Belgien im Halbfinale aus dem Weg. Im Endspiel in Brüssel wartete die Mannschaft der UdSSR. „Man müsste es gegen die Deutschen schon mit einem Maschinengewehr versuchen“, fabuliert die italienische Sportzeitung Gazzetta dello Sport, „ohne ein solches kann man dieses Team nicht stoppen.“ Die Sowjetkicker versuchen es glücklicherweise auf dem sportlichen Weg – und werden überrollt. Alle drei Tore sind Ausdruck explodierenden Kreativität von Ausnahmefußballern auf dem Höhepunkt ihrer Schaffenskraft. „Macht doch einfach, was ihr wollt“, hatte Helmut Schön seinen Jungs vor dem Match mit auf dem Weg gegeben, und die tun genau das. Die heimische Presse erfindet für diese Art, den Sport zu interpretieren, den Begriff „Ramba-Zamba-Fußball“.

1:0

27. MINUTE

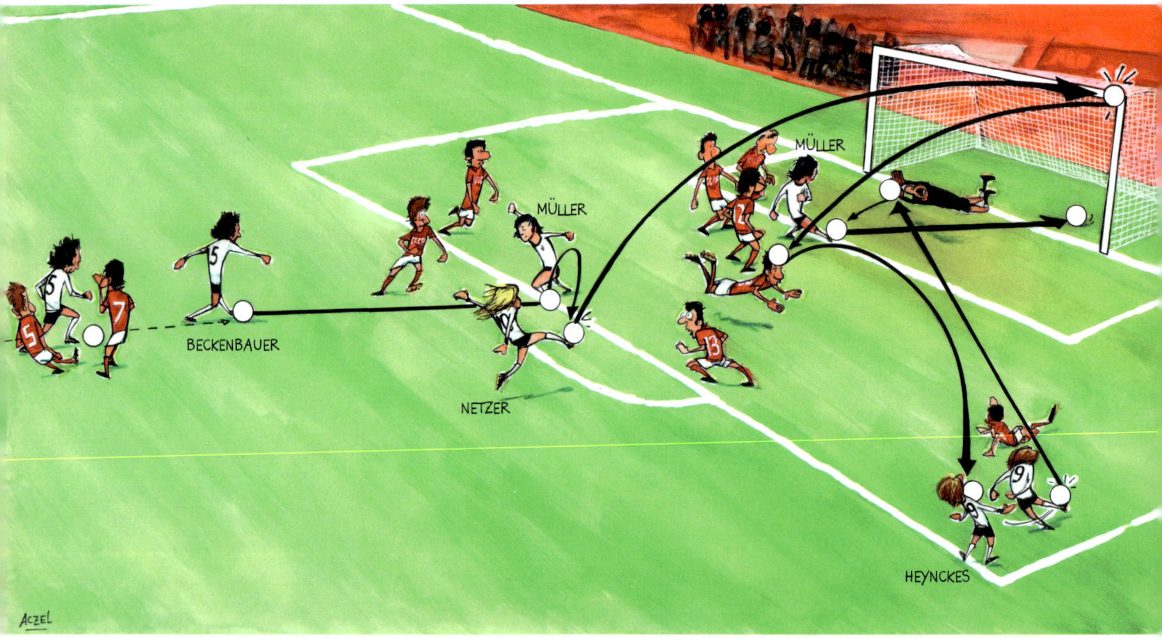

MÜLLER
MÜLLER
BECKENBAUER
NETZER
HEYNCKES
ACZEL

WAS FÜR EIN TOR: EIN ELEGANTES SOLO VON BECKENBAUER ENDET ÜBER MÜLLER BEI GÜNTER NETZER, DESSEN HERRLICHER VOLLEYSCHUSS NUR DAS LATTENKREUZ TRIFFT, DEN ANSCHLIESSENDEN SCHUSS VON HEYNCKES KANN DER SOWJET-KEEPER NUR WEGFAUSTEN, GERD MÜLLER STAUBT AB – 1:0!

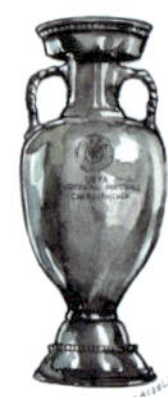

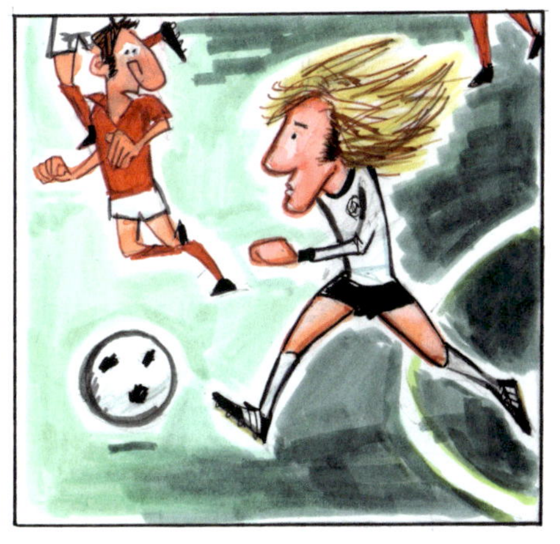

DAS ZWEITE DEUTSCHE TOR: NETZER MIT EINEM UNNACHAHMLICHEN LAUF DURCHS MITTELFELD, HEYNCKES MIT EINEM WUNDERSCHÖNEN PASS ...

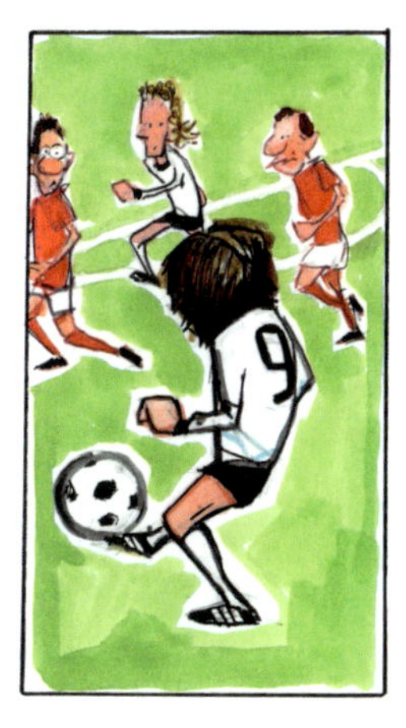

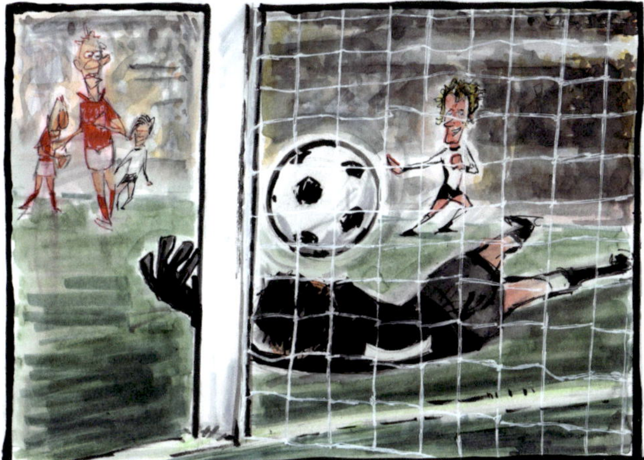

2:0 52. MINUTE

... DIREKT IN DEN LAUF VON HERBERT „HACKI" WIMMER, DER DAS 2:0 ERZIELT.

UND WIEDER DER BOMBER – GERD MÜLLER ZUM 3:0, DEUTSCHLAND IST EUROPAMEISTER!

3:0 58. MINUTE

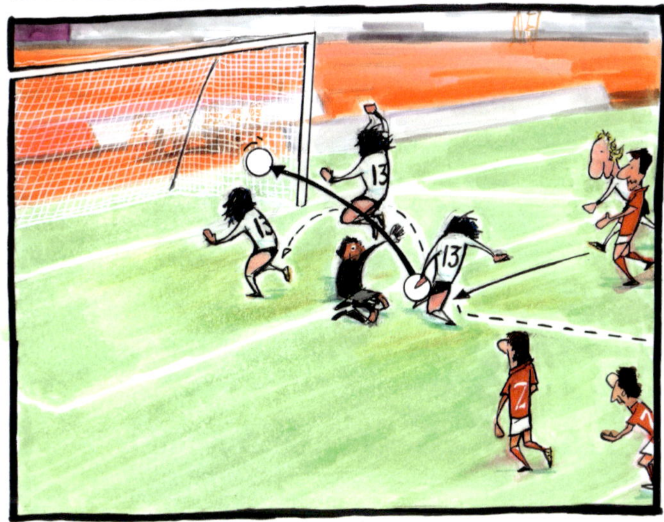

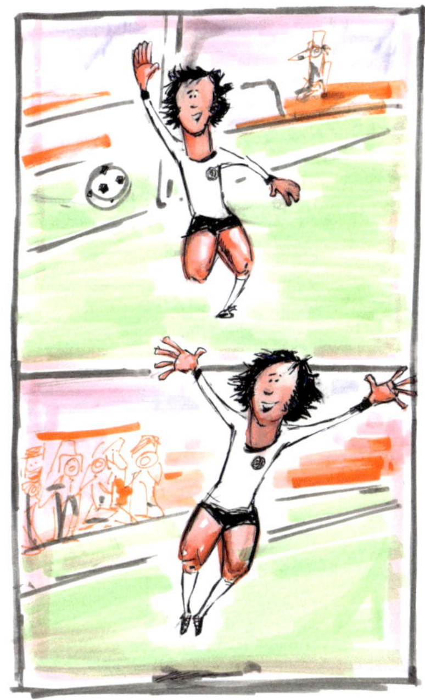

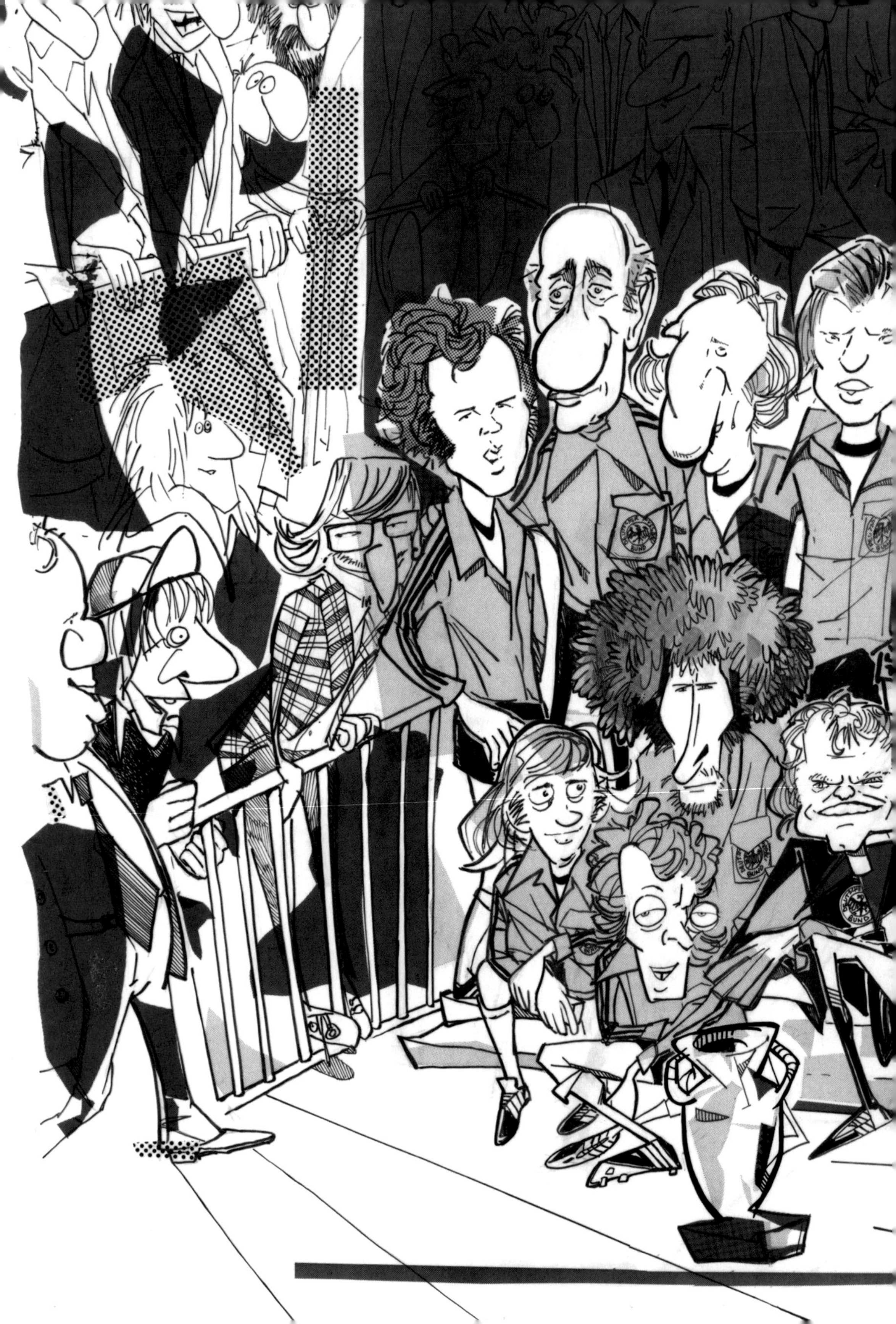

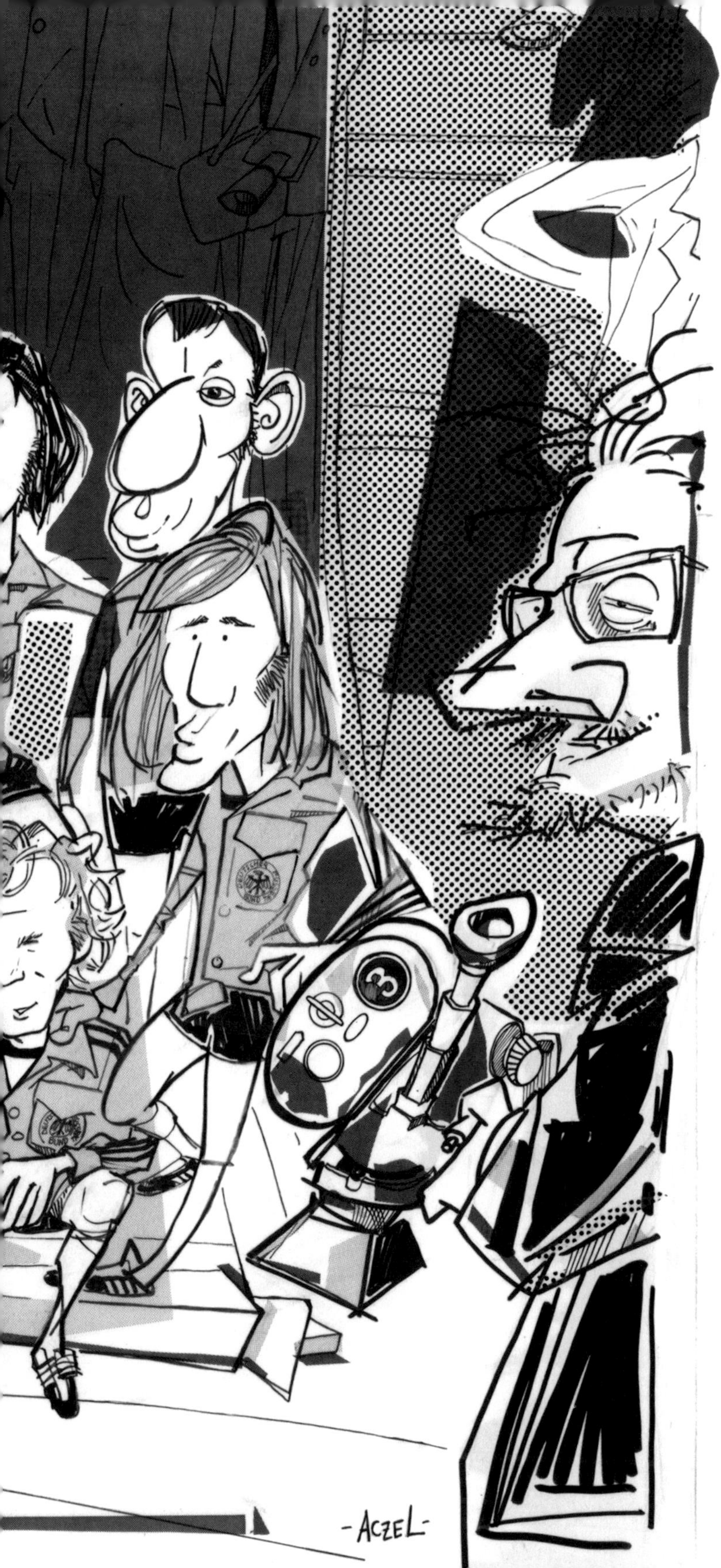

DIE EUROPAMEISTER-MANNSCHAFT VON DEUTSCHLAND 1972: (HINTEN V. L. N. R.) FRANZ BECKENBAUER, HELMUT SCHÖN (TRAINER), HANS-GEORG SCHWARZENBECK, JUPP HEYNCKES, GERD MÜLLER, HORST-DIETER HÖTTGES. (VORNE) ERWIN KREMERS, HERBERT WIMMER, PAUL BREITNER, SEPP MAIER, ULI HOENESS UND GÜNTER NETZER

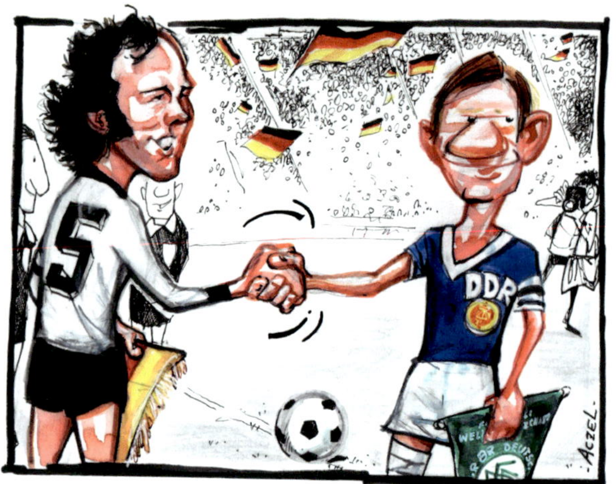

WM 1974

DEUTSCHLAND GEGEN DEUTSCHLAND

Ausgerechnet die DDR und die Bundesrepublik Deutschland in einer Gruppe! Viel zu tun für die Stasi, die Spieler und Funktionäre überwachen ließ und 1.500 handverlesene Unterstützer zum Turnier schickte. Die schwache Partie – beide Teams waren bereits für die Zwischenrunde qualifiziert – wurde in der 77. Minute durch ein Tor von Jürgen Sparwasser für die DDR entschieden, ein Triumph über den Klassenfeind! Im DFB-Quartier in Malente löste die Pleite ein Beben aus, das die Mannschaft um Franz Beckenbauer zusammenschweißte. Für die DDR erwies sich der Erfolg dagegen als Pyrrhussieg: Als Gruppensieger traf man in der Zwischenrunde auf die denkbar stärksten Gegner. Torschütze Sparwasser gegenüber einem Bild-Reporter: „Was wäre denn ohne den DDR-Sieg gewesen? Ihr hättet gegen die Niederlande, Brasilien und Argentinien spielen müssen. Natürlich sind die [gemeint ist das DFB-Team] Weltmeister geworden, weil wir sie geschlagen haben."

„WENN MAN AUF MEINEN GRABSTEIN EINES TAGES NUR HAMBURG '74 SCHREIBT, WEISS JEDER, WER DA DRUNTER LIEGT." JÜRGEN SPARWASSER UND DAS WICHTIGSTE TOR SEINER KARRIERE. OST SCHLÄGT WEST MIT 1:0.

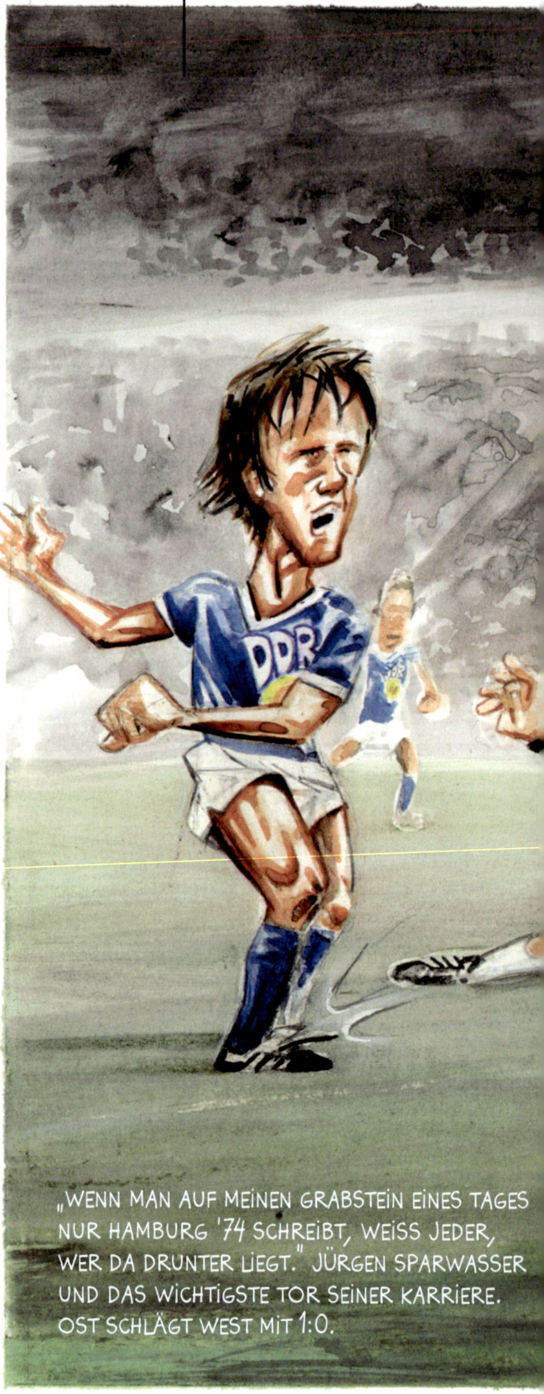

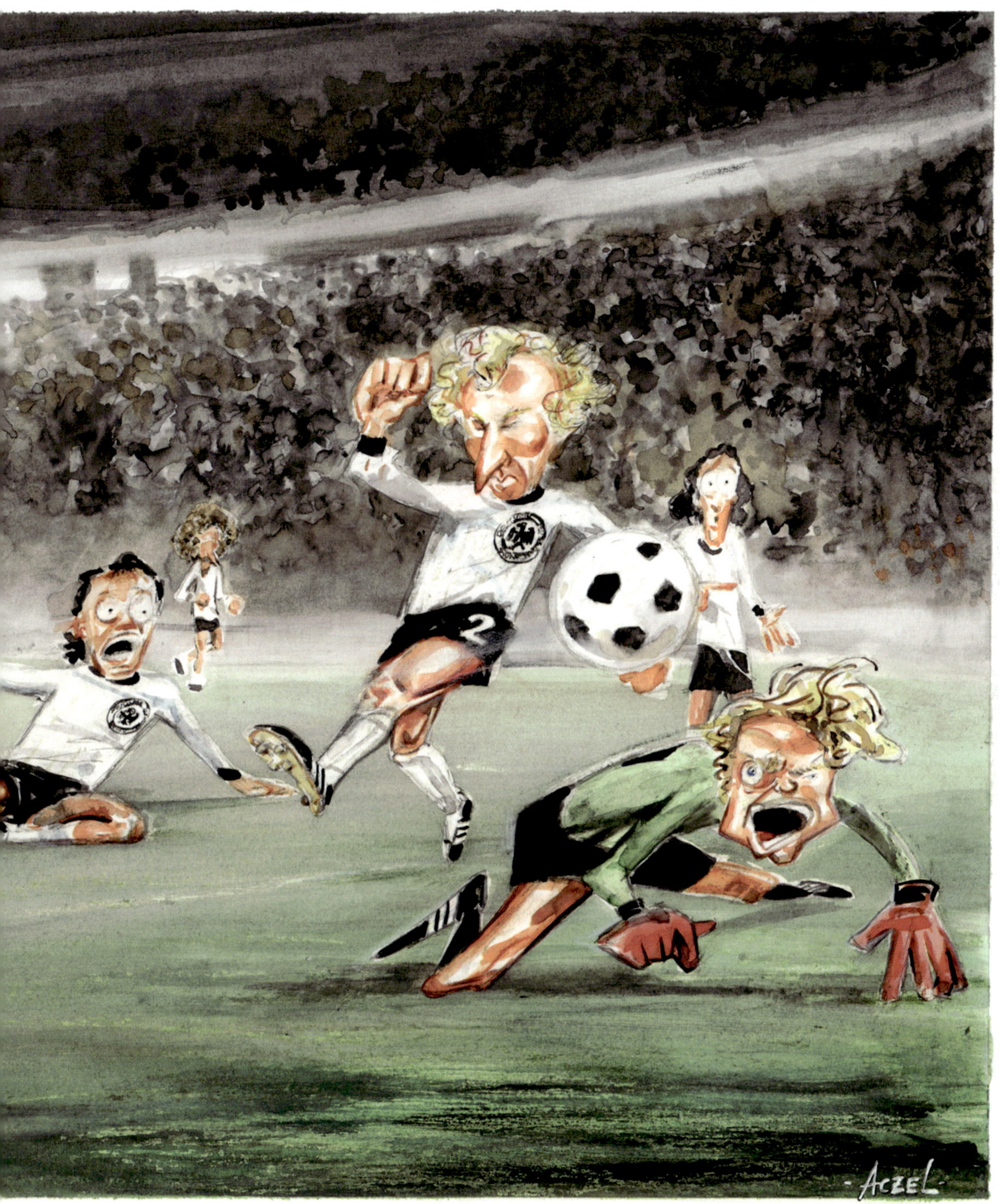
ACZEL

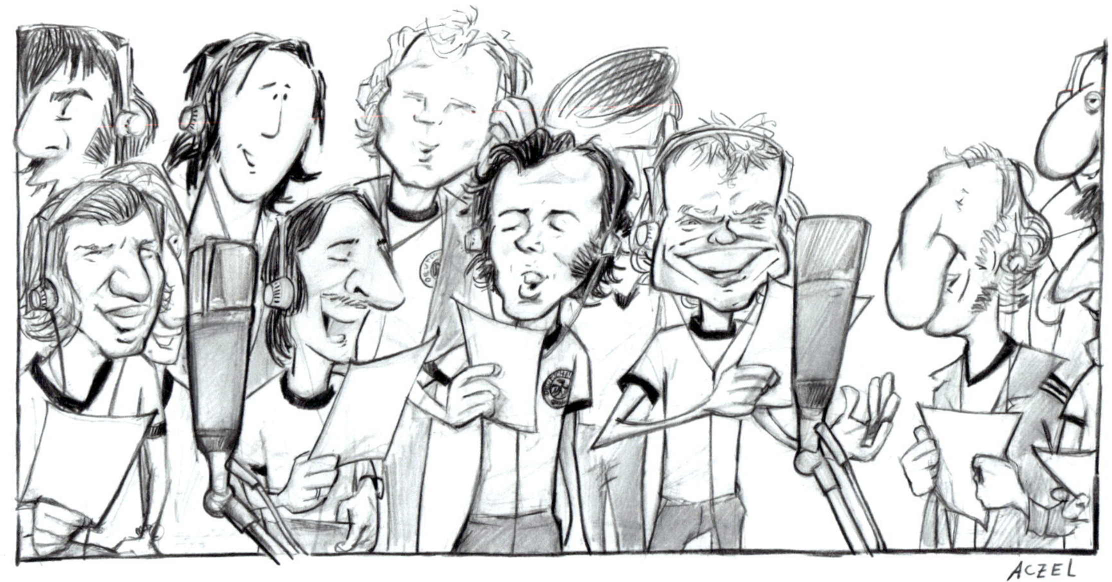

„FUSSBALL IST UNSER LEBEN"

Singen mit der Nationalmannschaft: Der Klassiker von Horst Nußbaum alias Jack White, Ex-Fußballprofi und Komponist von Hits wie „Schöne Maid", schrammte nur knapp an einer Goldenen Schallplatte vorbei. Nicht alle Spieler schmetterten gleichermaßen begeistert mit: „Wolfgang Overath versteckte sich ganz hinten, während sich der Franz voll einsetzte", erinnert sich White.

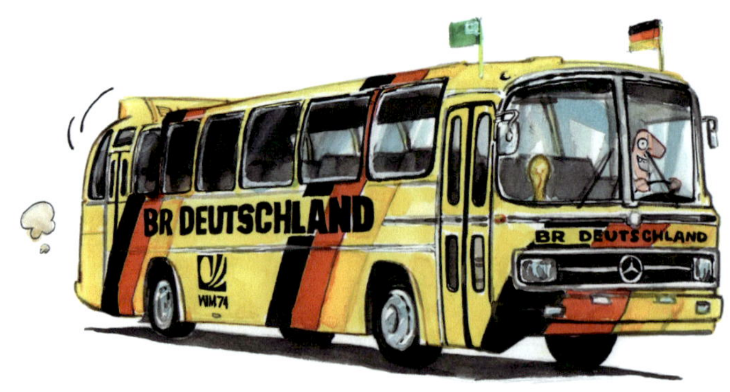

BUS DER WESTDEUTSCHEN NATIONALELF

DDR-STARS

HANS-JÜRGEN „DIXIE" DÖRNER

Geb. Januar 1951 in Görlitz,
gest. 2022 in Dresden
Position: Libero
DDR-Meister 1971, 1973, 1976, 1977, 1978
DDR-Pokalsieger 1971, 1973, 1982, 1984, 1985
Olympia-Goldmedaillen-Gewinner 1976
Nationalmannschaft: 100 Spiele (9 Tore)

Der „Beckenbauer des Ostens" spielte ebenso elegant, war technisch versiert und besaß Spielübersicht. Ihm zu Ehren vergibt sein Verein Dynamo Dresden, dem er Zeit seines Spielerlebens angehörte, die Rückennummer 3 nicht mehr.

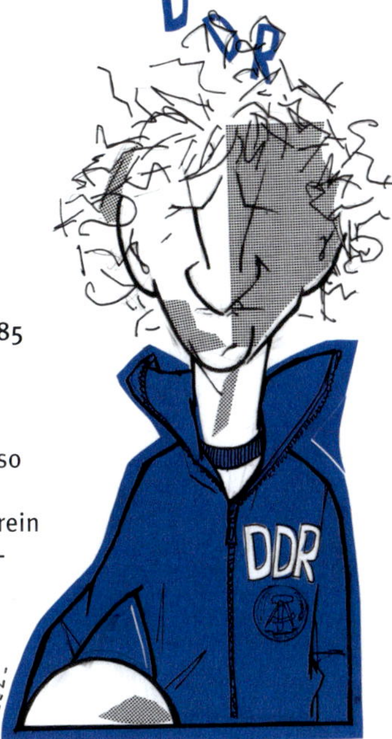

JOACHIM STREICH

Geb. 1951 in Wismar, gest. 2022 in Leipzig
Position: Sturm
DDR-Pokalsieger 1978, 1979, 1983
Olympia-Bronzemedaillen-Gewinner 1972
Bilanz Verein: 378 Spiele, 229 Tore
Nationalmannschaft DDR: 102 Spiele, 55 Tore

Der „Gerd Müller des Ostens" war Joachim Streich, erfolgreichster Torjäger in der Geschichte des DDR-Fußballs.

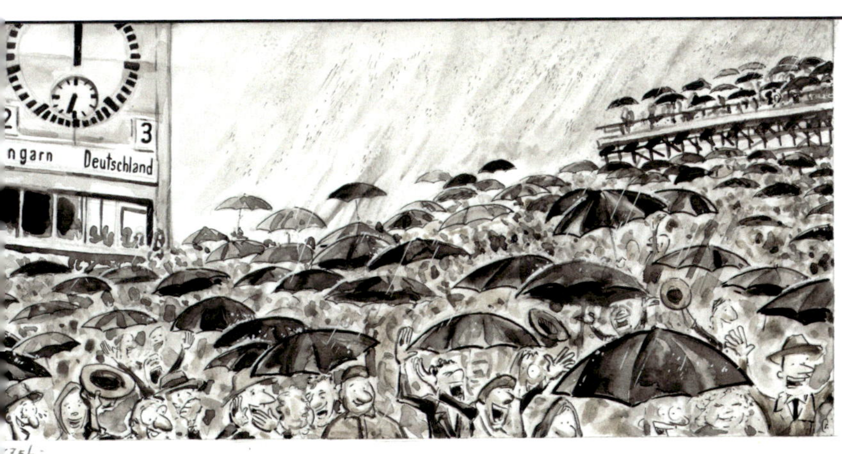

WASSERSCHLACHT VON FRANKFURT

DIE DREI HELDEN DIESES SPIELS AM 3. JULI 1974 GEGEN POLEN: SEPP MAIER – ER PARIERTE GLEICH MEHRERE UNHALTBARE SCHÜSSE; GERD MÜLLER – ER, WER SONST, ERZIELTE DAS SIEGTOR; DIE FEUERWEHR – SIE VERSUCHTE, DEN RASEN NACH EINEM PLATZREGEN WIEDER BESPIELBAR ZU MACHEN – WAS IHR NUR LEIDLICH GELANG.

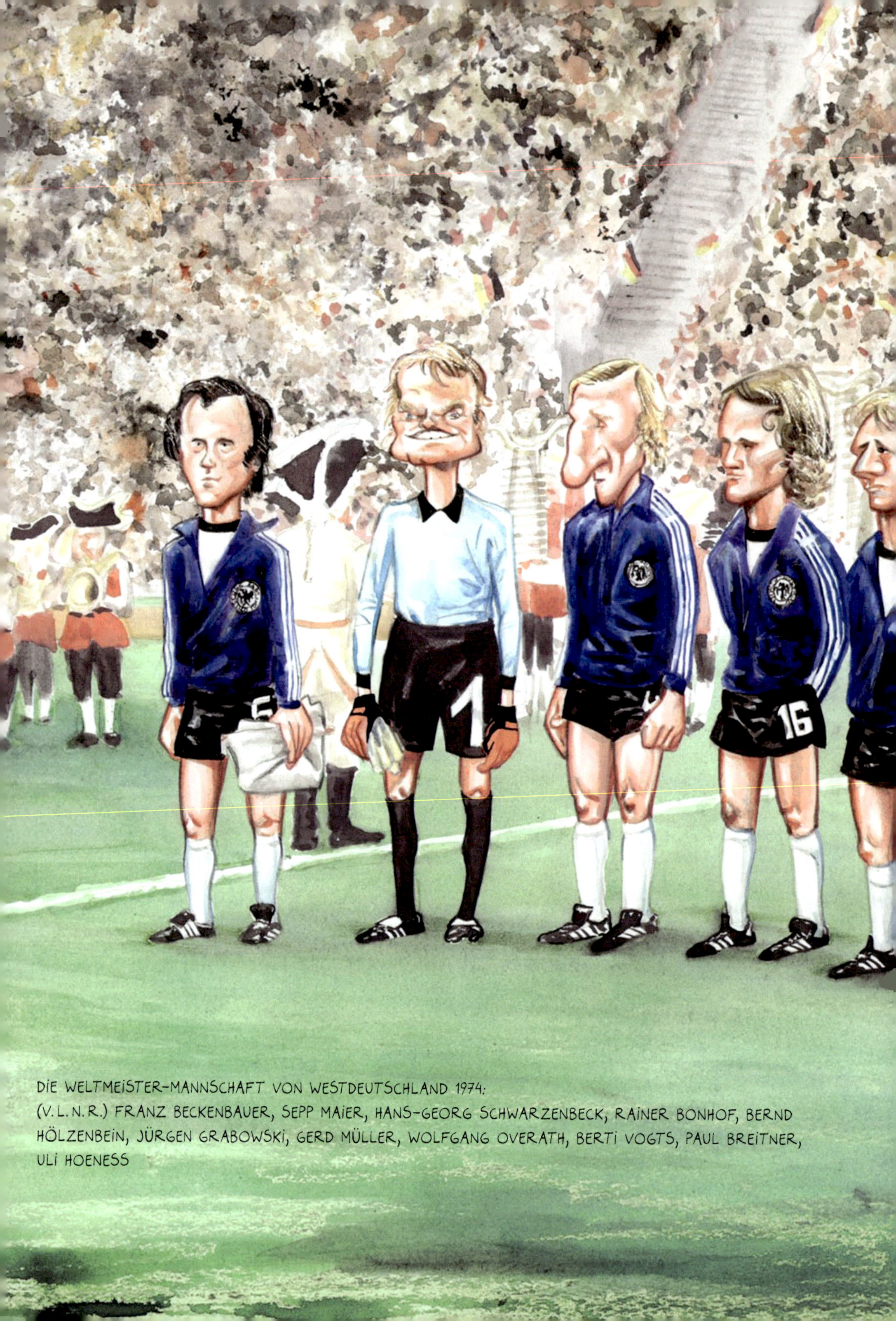

DIE WELTMEISTER-MANNSCHAFT VON WESTDEUTSCHLAND 1974:
(V. L. N. R.) FRANZ BECKENBAUER, SEPP MAIER, HANS-GEORG SCHWARZENBECK, RAINER BONHOF, BERND HÖLZENBEIN, JÜRGEN GRABOWSKI, GERD MÜLLER, WOLFGANG OVERATH, BERTI VOGTS, PAUL BREITNER, ULI HOENESS

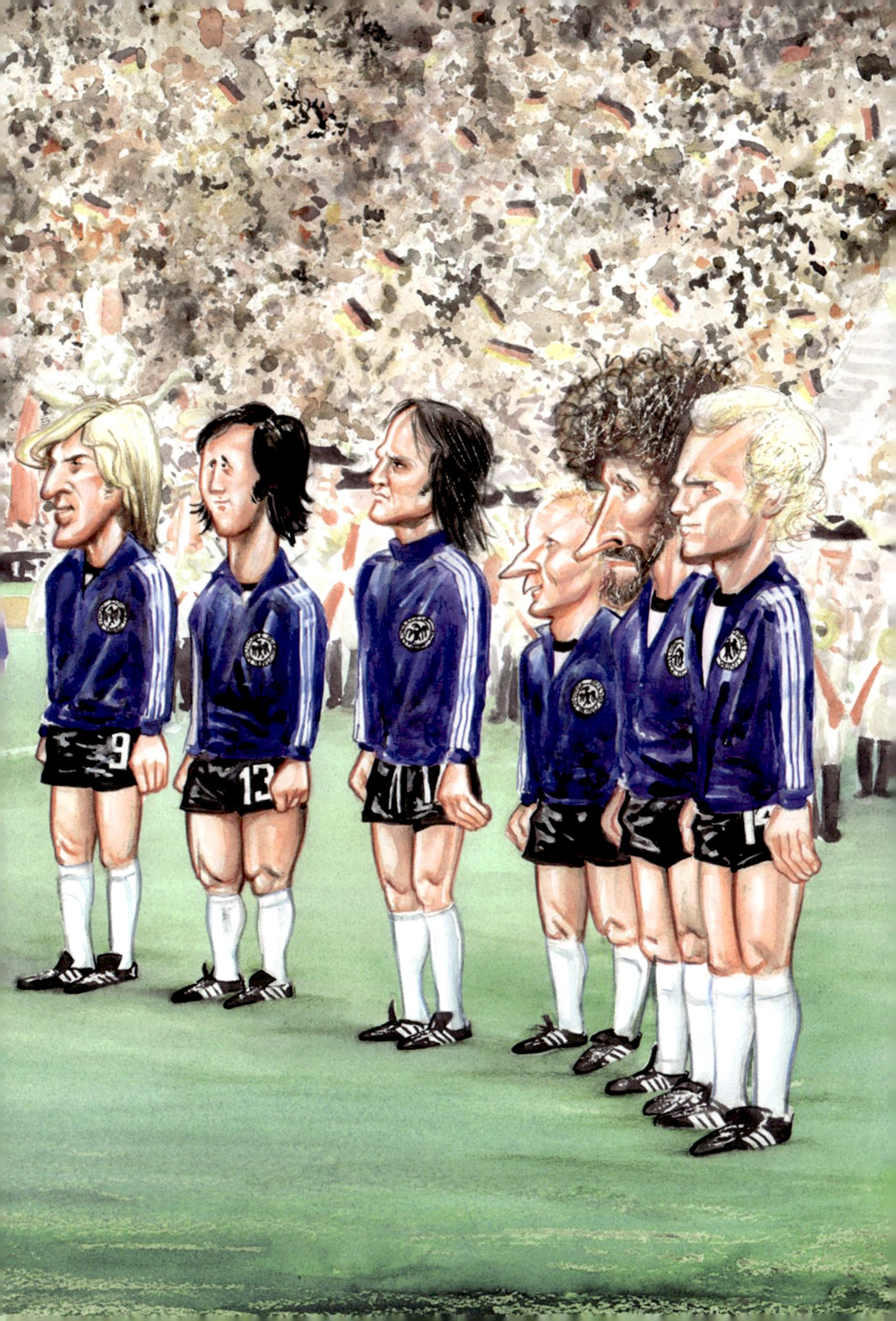

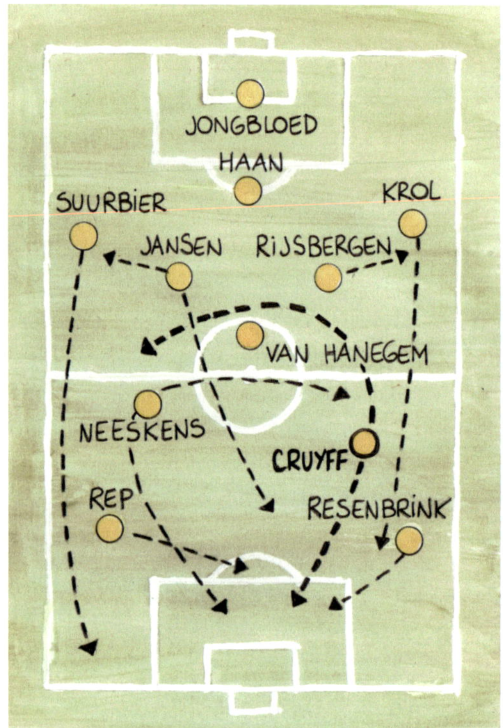

BEI DER WM 1974 ERFINDET HOLLAND DEN FUSSBALL EINFACH NEU – PEP GUARDIOLAS MANCHESTER CITY HAT SEINE WURZELN IN DIESER MANNSCHAFT.

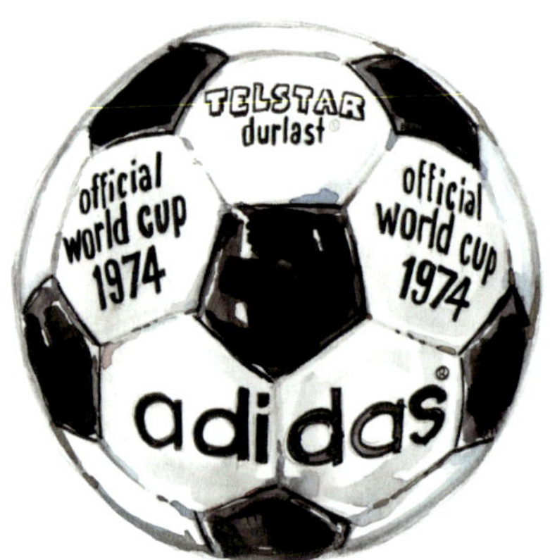

WM-BALL 1974

EINTRITTSKARTE WM 1974

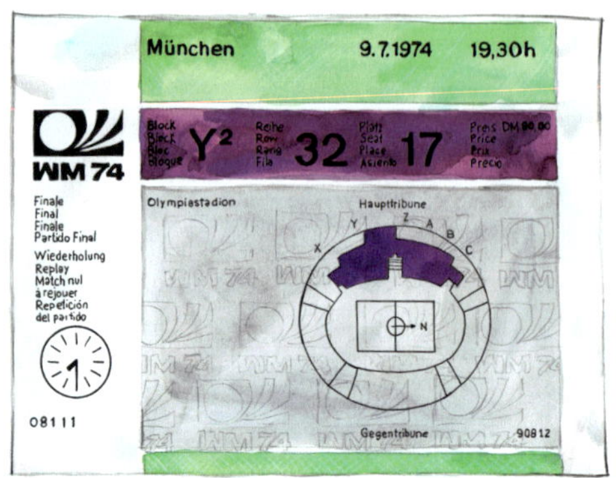

DAS FINALE 7. JULI 1974

BR DEUTSCHLAND 2:1 NIEDERLANDE

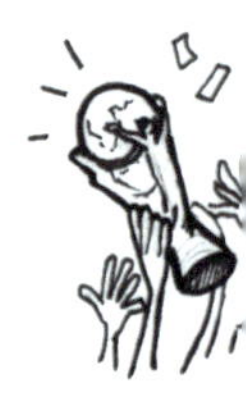

OLYMPIASTADION, MÜNCHEN

ZUSCHAUER: 75.200

SCHIEDSRICHTER: JACK TAYLOR (ENGLAND)

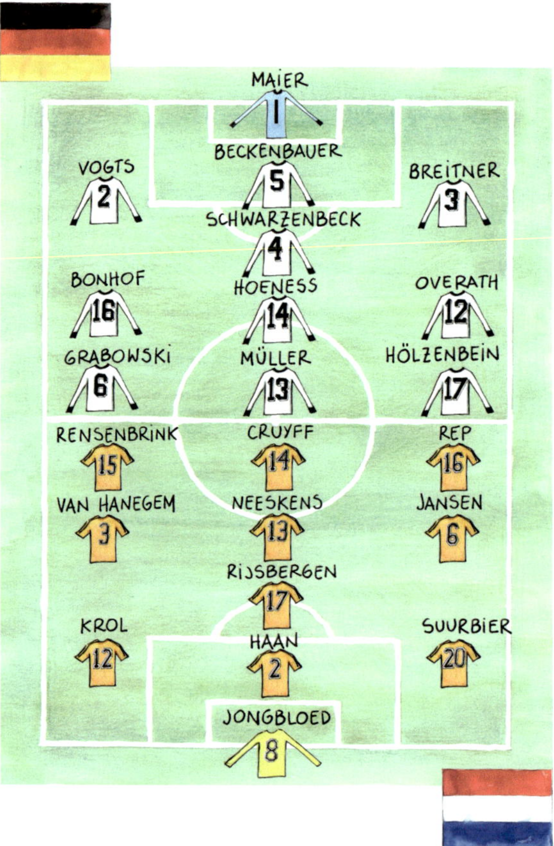

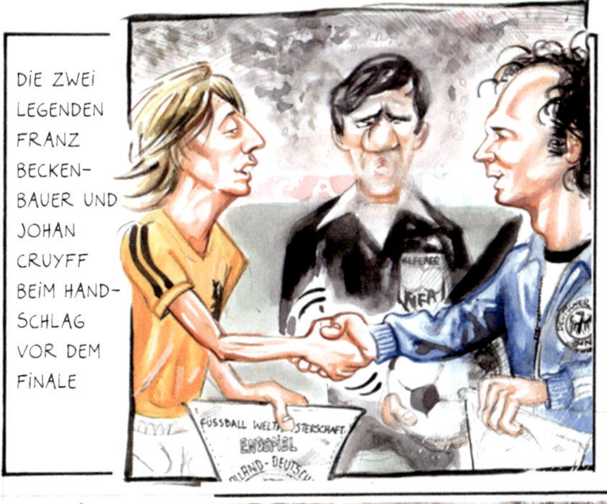
DIE ZWEI LEGENDEN FRANZ BECKEN-BAUER UND JOHAN CRUYFF BEIM HAND-SCHLAG VOR DEM FINALE

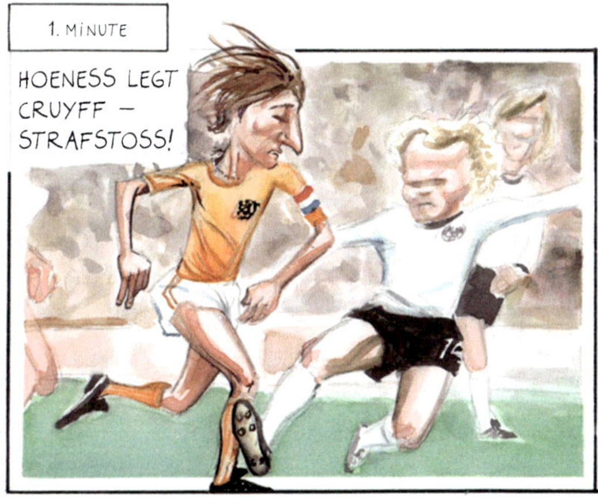
1. MINUTE
HOENESS LEGT CRUYFF – STRAFSTOSS!

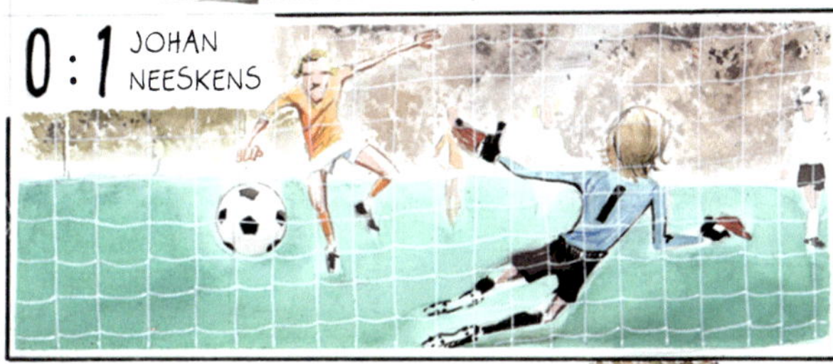
0 : 1 JOHAN NEESKENS

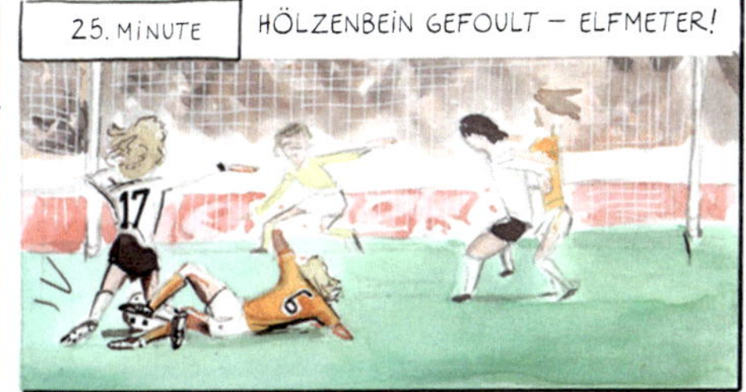
25. MINUTE
HÖLZENBEIN GEFOULT – ELFMETER!
17

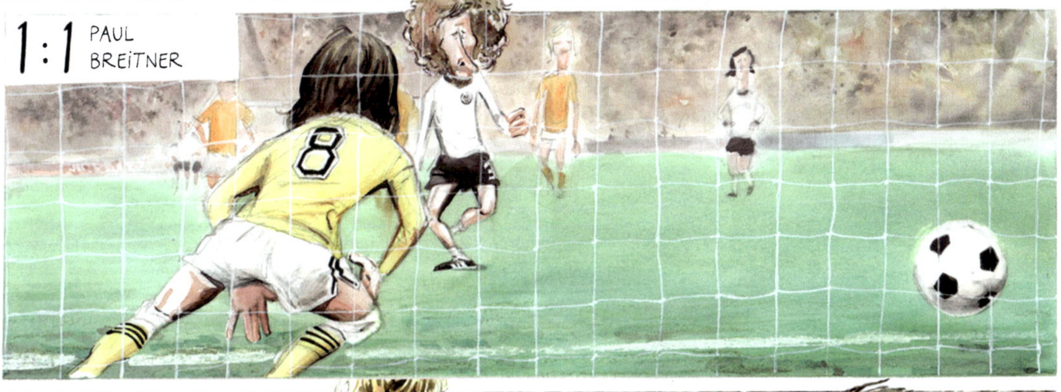
1 : 1 PAUL BREITNER
8

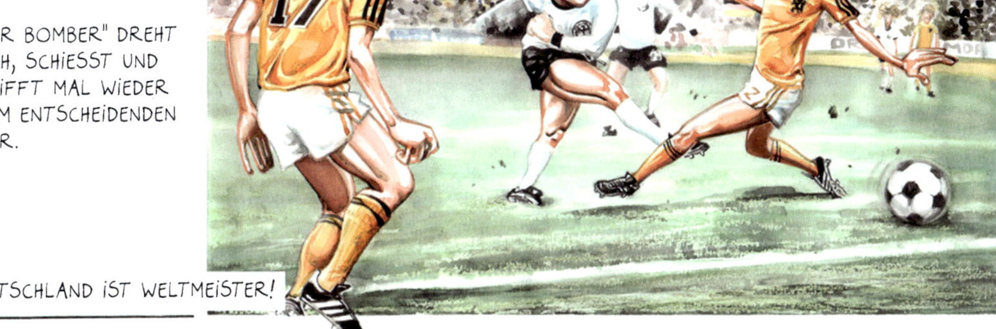
2 : 1
„DER BOMBER" DREHT SICH, SCHIESST UND TRIFFT MAL WIEDER ZUM ENTSCHEIDENDEN TOR.
44. MINUTE
17
DEUTSCHLAND IST WELTMEISTER!

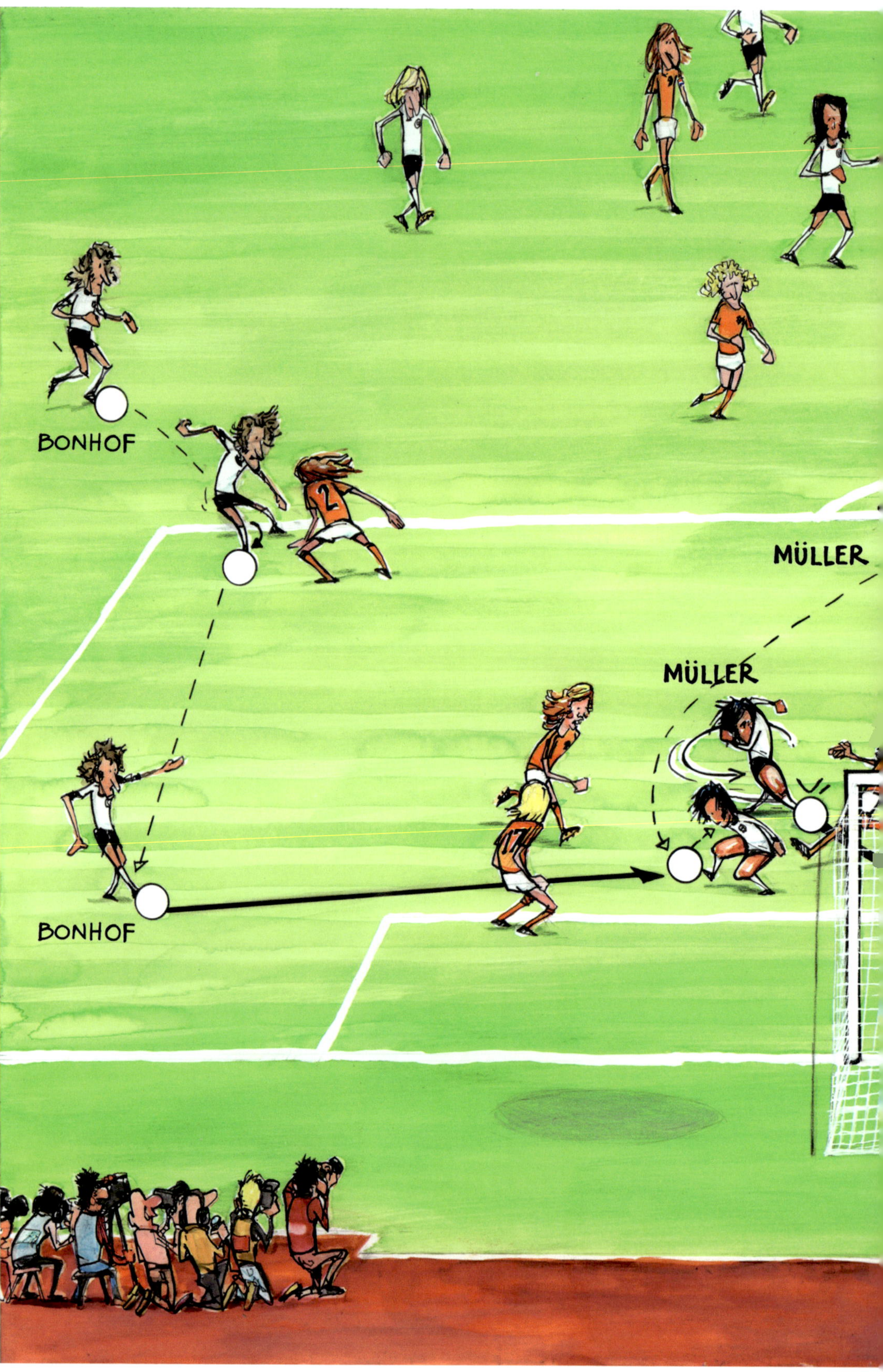
BONHOF
MÜLLER
MÜLLER
BONHOF

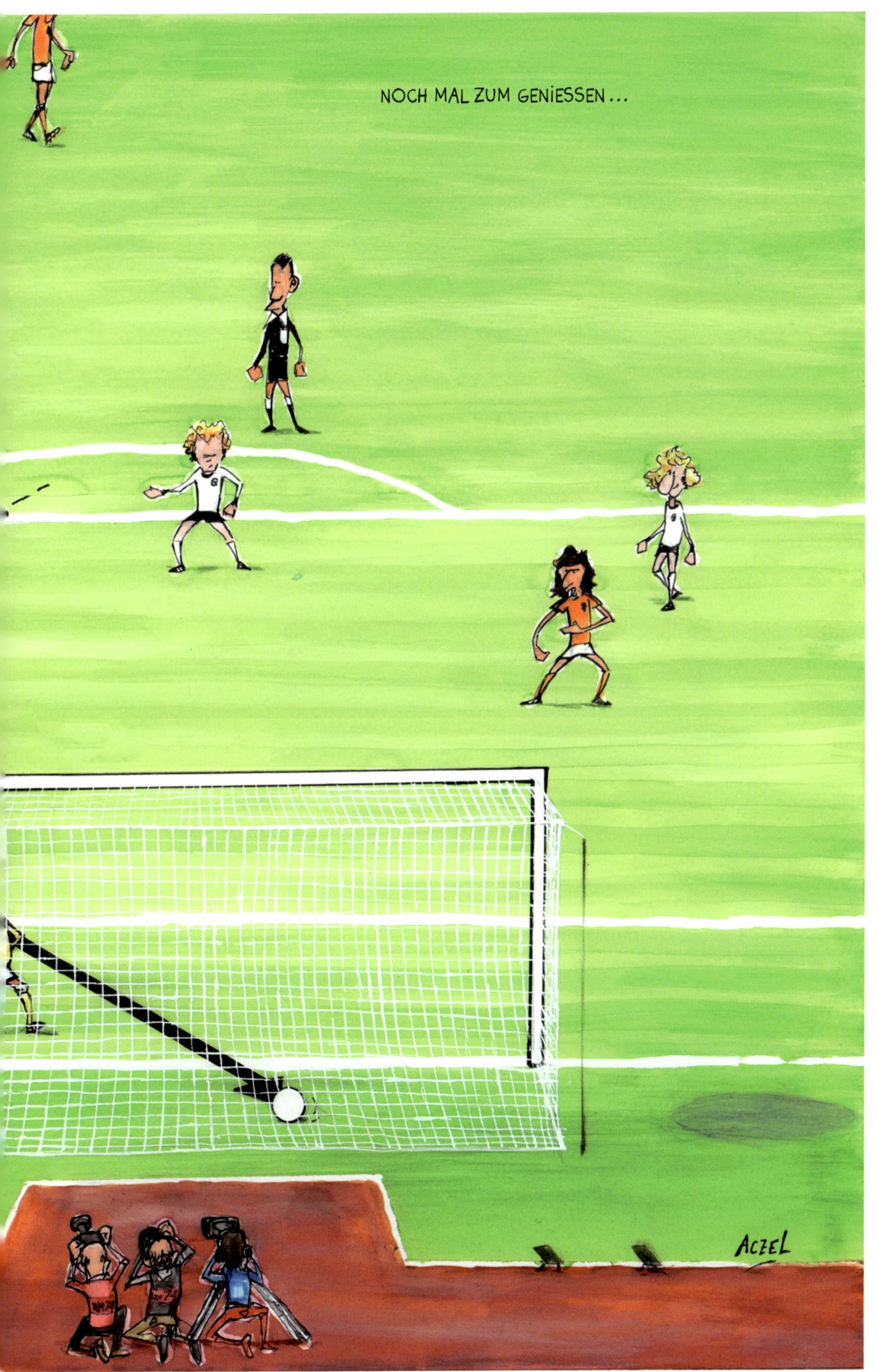
NOCH MAL ZUM GENIESSEN …
ACZEL

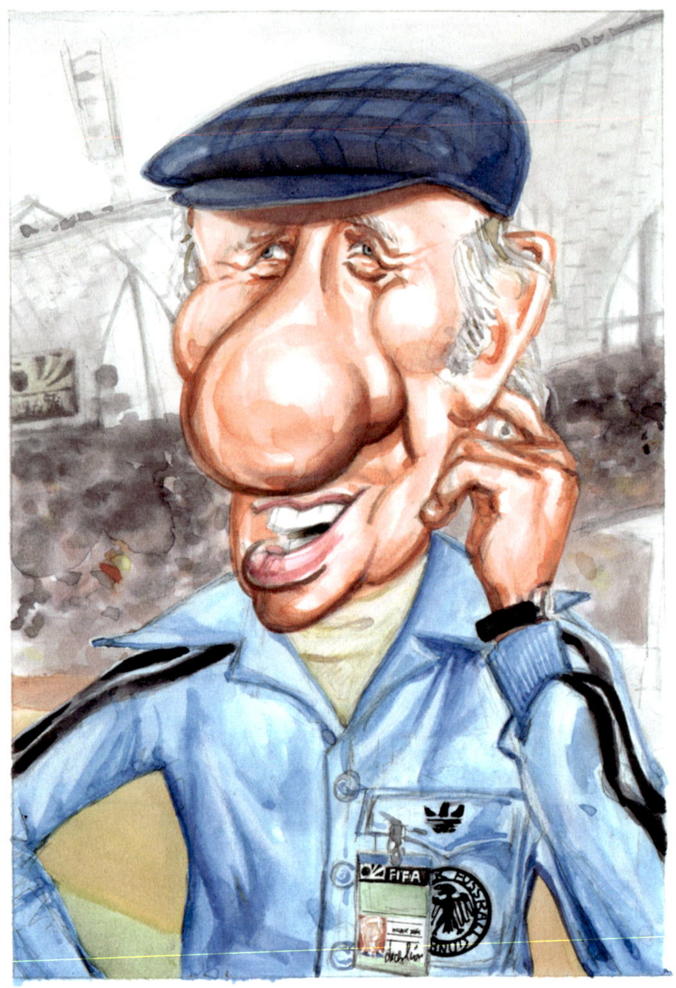

HELMUT SCHÖN

„DER MANN MIT DER MÜTZE"

Geb. 1915 in Dresden, gest. 1996 in Wiesbaden
Position: Trainer
Weltmeister 1974
Vize-Weltmeister 1966
WM-Dritter 1970
Europameister 1972
Vize-Europameister 1976
Nationalmannschaft: 139 Spiele (87 Siege, 30 Unentschieden, 22 Niederlagen)

Für den nervenaufreibenden Job des Bundestrainers nicht gerade geschaffen, aber trotzdem Welt- und Europameister – weil er immer die richtigen Worte fand, so vor dem EM-Finale 1972, als er mitten in der Mannschaftsbesprechung innehielt und zu seinen Spielern sagte: „Ach, macht doch, was ihr wollt." Offensichtlich funktionierte das ganz wunderbar.

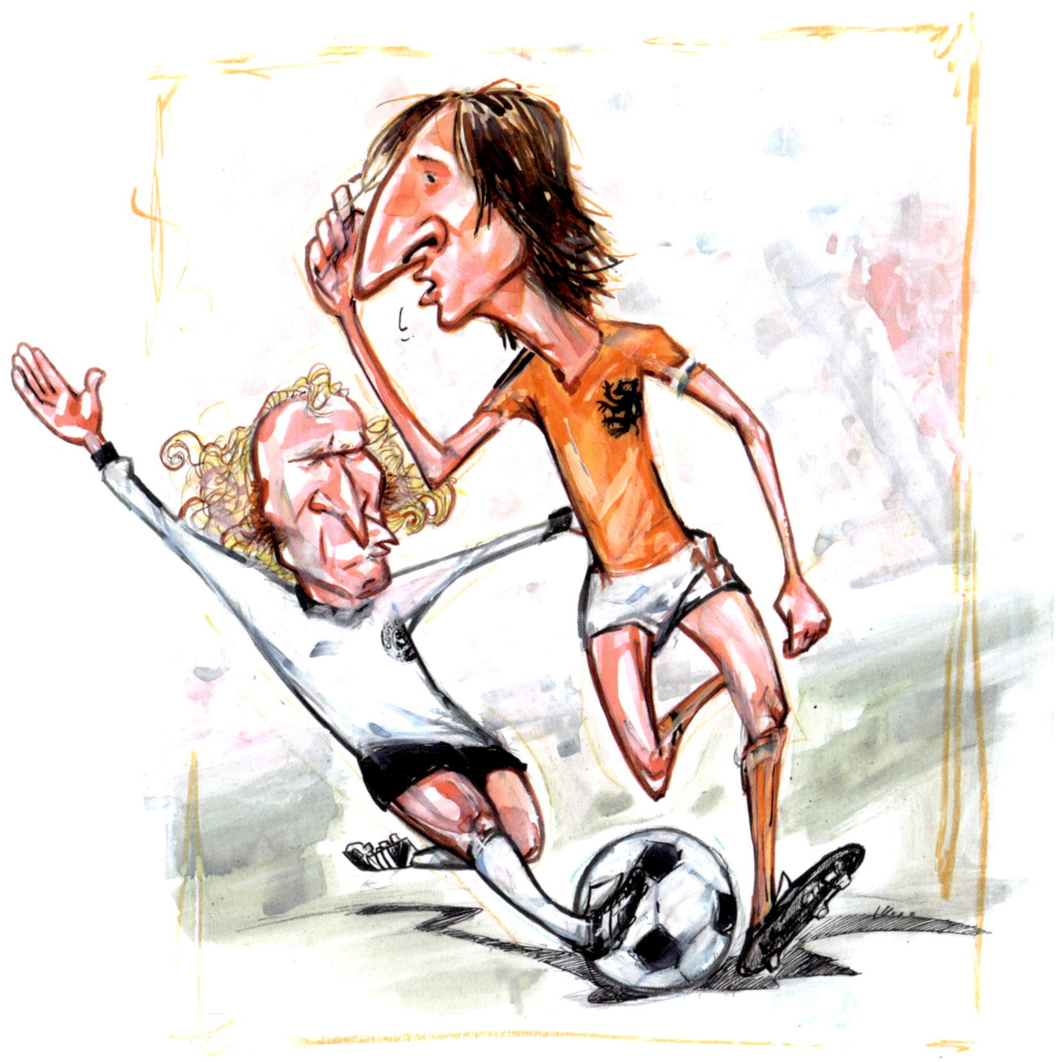

HANS HUBERT „BERTI" VOGTS

Geb. 1946 in Büttgen
Position: Abwehr
Deutscher Meister 1970, 1971, 1975, 1976, 1977
Deutscher Pokalsieger 1973
UEFA-Cup-Sieger 1975, 1979
Weltmeister 1974
Europameister 1972, 1996 (als Trainer)
Vize-Europameister 1976
Nationalmannschaft: 96 Spiele (1 Tor)

Spitzname „der Terrier" – weil er sich wie kein anderer an seinen Gegenspielern festbeißen konnte, wie zum Beispiel am großen Johan Cruyff im WM-Finale 1974, den er weitestgehend aus dem Spiel nahm.

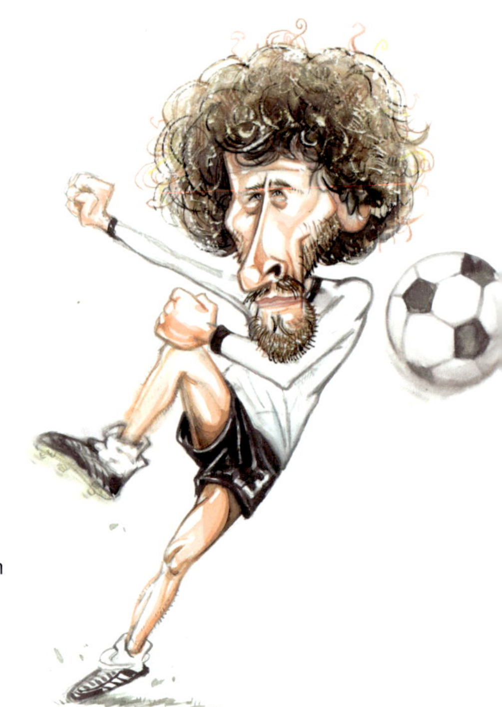

PAUL BREITNER

Geb. 1951 in Kolbermoor
Position: Abwehr
Deutscher Meister 1972, 1973, 1974, 1980, 1981
DFB-Pokalsieger 1971, 1982
Spanischer Meister 1975, 1976
Spanischer Pokalsieger 1975
Europapokalsieger der Landesmeister 1974
Weltmeister 1974
Vize-Weltmeister 1982
Europameister 1972
Nationalmannschaft: 48 Spiele, 10 Tore

Antrittsschnell, konditions- und willensstark, immer offensiv denkend, dazu schussgewaltig und couragiert – nicht nur wegen der Fotos, die ihn mit der Mao-Bibel zeigten. Paul Breitner verkörperte das Bild der aufbegehrenden Jugend in den frühen 1970er-Jahren.

GÜNTER NETZER

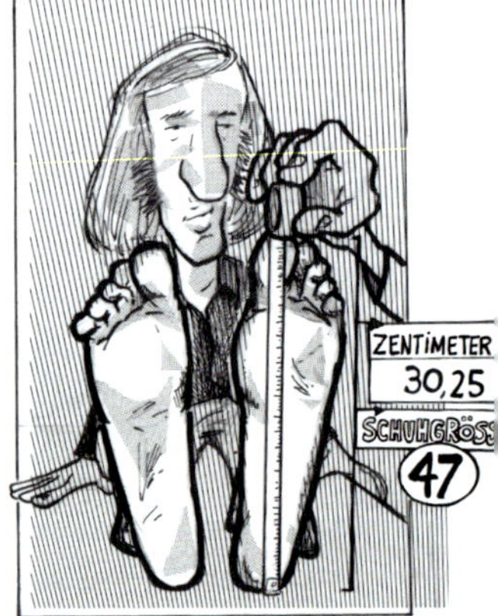

Geb. 1944 in Mönchengladbach
Position: Mittelfeld
Deutscher Meister 1970, 1971
DFB-Pokalsieger 1973
Spanischer Meister 1975, 1976
Spanischer Pokalsieger 1974, 1975
Weltmeister 1974
Europameister 1972
Nationalmannschaft: 37 Spiele, 6 Tore

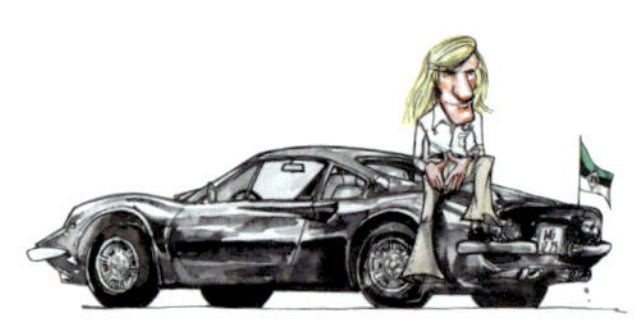

Der Regisseur der „Jahrhundertelf" mit Schuhgröße 47 kam aus der Tiefe des Raumes. Seine langen Haare verdankte der erste Fußball-Popstar seiner damaligen Freundin, die kurze nicht gut fand. Sie passten auch besser zu seiner Diskothek „Lovers Lane" in Mönchengladbach und den schnellen Sportwagen, die er fuhr. Im Pokalfinale 1973 gegen den 1. FC Köln, seinem letzten Spiel, bevor er zu Real Madrid wechselte, wollte sein Trainer Hennes Weisweiler ihn nicht aufstellen. Netzer wechselte sich daher selber ein und erzielte prompt das Siegtor.

SEPP MAIER

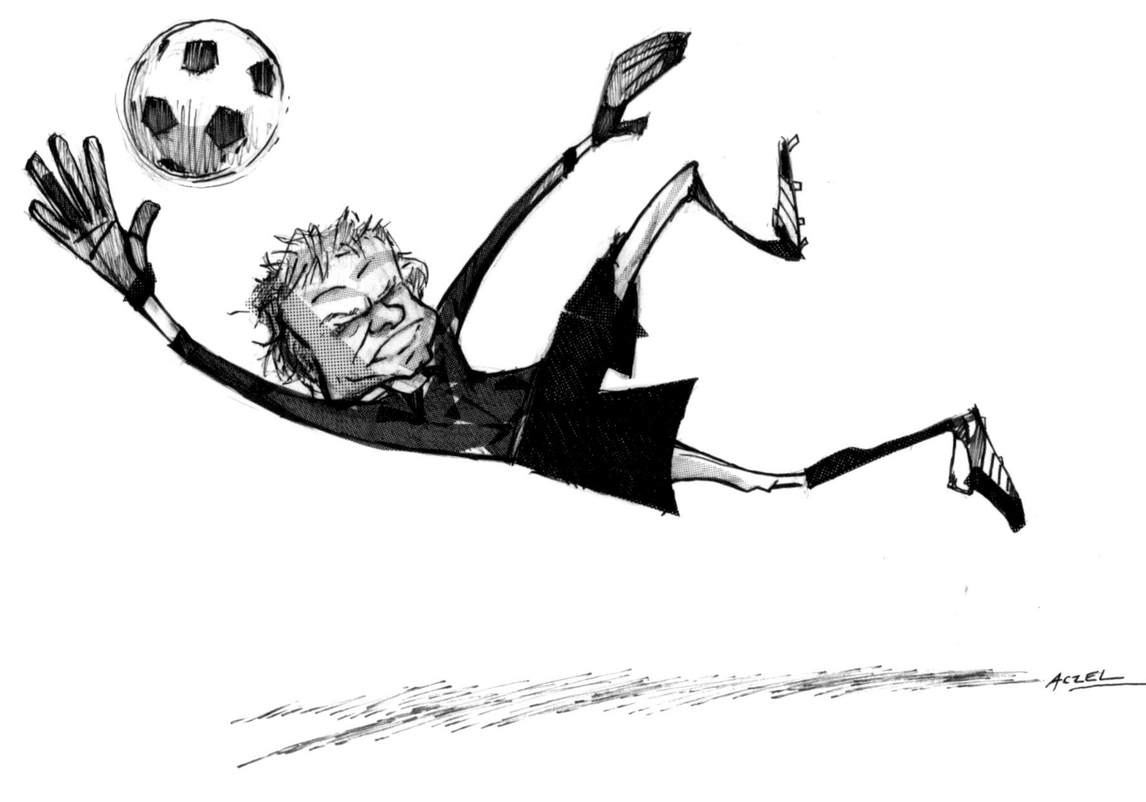

Geb. 1944 in Metten
Position: Torwart
Deutscher Meister 1969, 1972, 1973, 1974
DFB-Pokalsieger 1996, 1967, 1969, 1971
Weltpokalsieger 1976
Europapokalsieger der Landesmeister 1974, 1975, 1976
Europapokalsieger der Pokalsieger 1967
Weltmeister 1974
Vize-Weltmeister 1966
WM-Dritter 1970
Europameister: 1972
Vize-Europameister 1976

Die „Katze von Anzing“, der beste Torhüter der Welt in den 70ern, zeichnete sich durch Wendigkeit und Sprungkraft aus. Einmal hechtete er während eines Bundesligaspiels im Münchener Olympiastadion einer Ente hinterher, die sich auf das Spielfeld verirrt hatte.

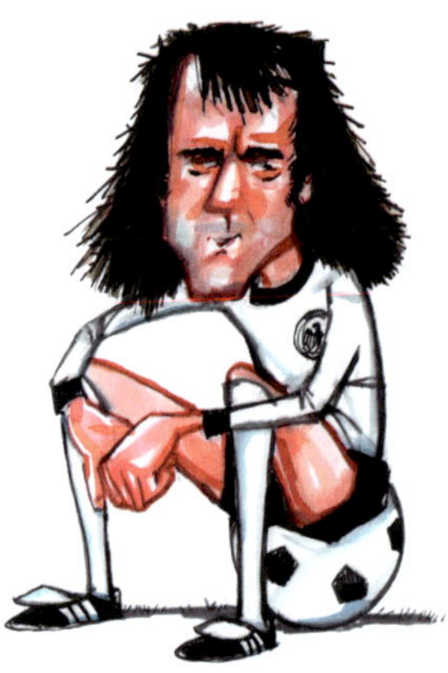

WOLFGANG OVERATH

Geb. 1943 in Siegburg
Position: Mittelfeld
Deutscher Meister 1964
DFB-Pokalsieger 1968, 1977
Weltmeister 1974
Vize-Weltmeister 1966
WM-Dritter 1970
Bilanz Verein: 409 Spiele, 83 Tore
Nationalmannschaft: 81 Spiele, 17 Tore

Bundestrainer Schön stand vor dem Problem, zwei geniale Regisseure zur Verfügung z haben. Sollte er Overath oder Netzer aufstellen? Ein schöner Luxus. Noch schöner, da er 1972 (Netzer) und 1974 (Overath) offensichtlich jeweils die richtige Entscheidung tr

ULI HOENESS

Geb. 1952 in Ulm
Position: Mittelfeld / Angriff
Deutscher Meister 1972, 1973, 1974
DFB-Pokalsieger 1971
Europapokalsieger der Landesmeister 1974, 1975, 1976
Weltpokalsieger 1976
Weltmeister 1974
Europameister 1972
Vize-Europameister 1976
Bilanz Vereine: 250 Spiele, 86 Tore
Nationalmannschaft: 35 Spiele, 5 Tore

Seine große Zeit als Nationalspieler sollte aufgrund einer Verletzung nur vier Jahre dauern, doch in dieser Zeit räumt der spätere Bayern-Manager alles ab: Europameister 1972, Weltmeister 1974, Vize-Europameister 1976. Unvergessen sein verschossener Elfmeter in den Nachthimmel von Belgrad.

HANS-GEORG SCHWARZENBECK

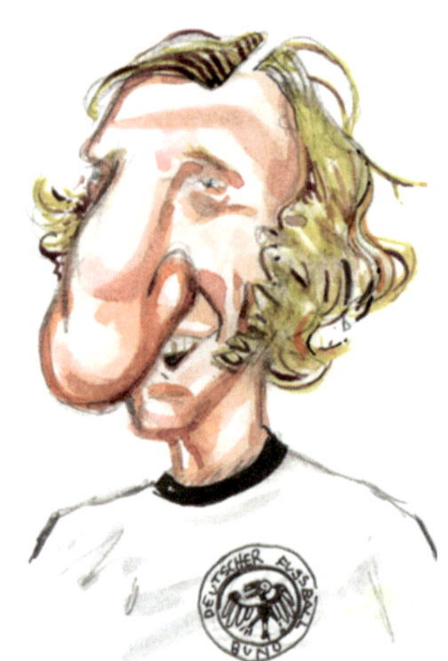

Geb. 1948 in München
Position: Vorstopper
Deutscher Meister 1969, 1972, 1973, 1974, 1980, 1981
DFB-Pokalsieger 1967, 1969, 1971
Europapokalsieger der Landesmeister 1974, 1975, 1976
Europapokalsieger der Pokalsieger 1967
Weltpokalsieger 1976
Weltmeister 1974
Europameister 1972
Vize-Europameister 1976
Bilanz Verein: 416 Spiele, 21 Tore
Nationalmannschaft: 44 Spiele

Eisenharter Verteidiger und Rückgrat der „Jahrhundertelf". Seinen Spitznamen „Katsche" verpasst ihm Kollege Sepp Maier gleich beim ersten Training mit dem FC Bayern.

DREIMAL DIETER MÜLLER

EM 1976

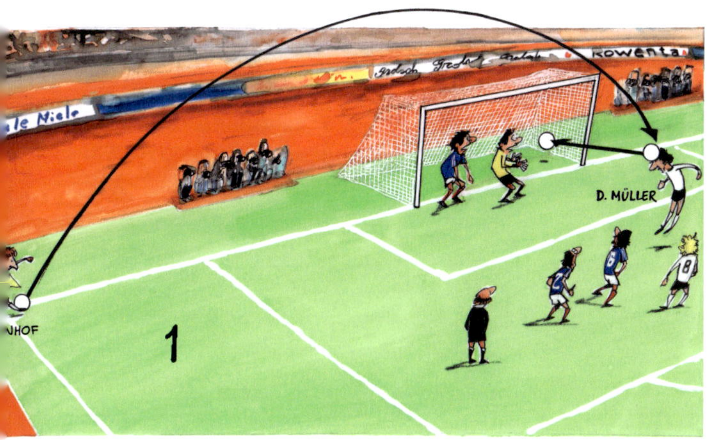

Was für ein Müller-Debüt! Der Kölner Müller wurde beim EM-Halbfinale 1976 gegen Jugoslawien in der 79. Minute eingewechselt und erzielte prompt drei Treffer. Bis heute ist er der weltweit einzige Fußballspieler, dem es gelang, in seinem ersten Länderspiel mit der ersten Ballberührung ein Tor zu erzielen. Und er ist der einzige Bundesligaprofi, der in einem Spiel einen Sechserpack schnürte.

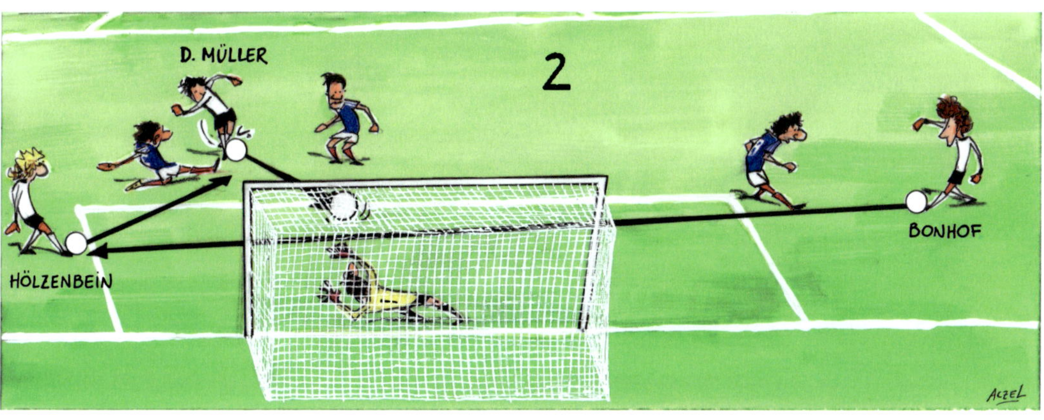

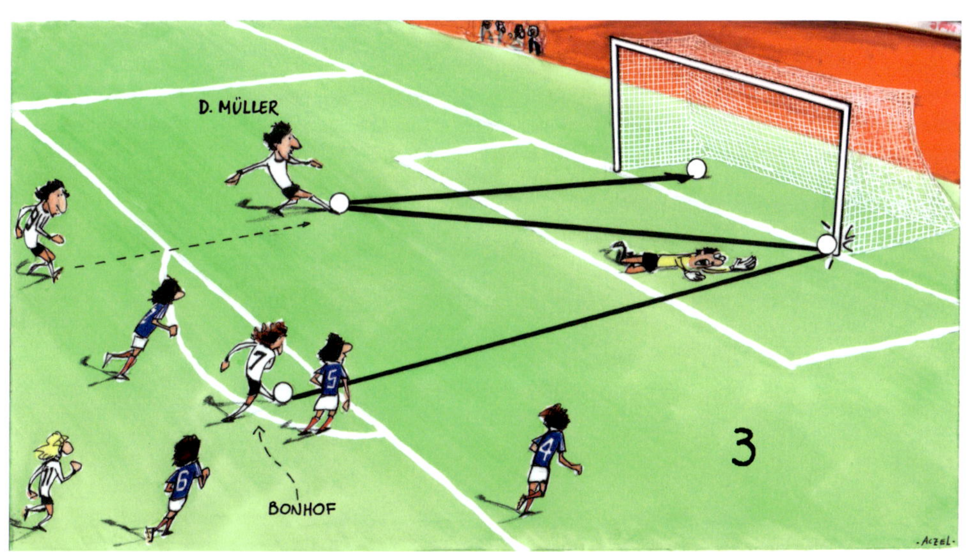

FINALE EM 1976 BR DEUTSCHLAND – TSCHECHOSLOWAKEI

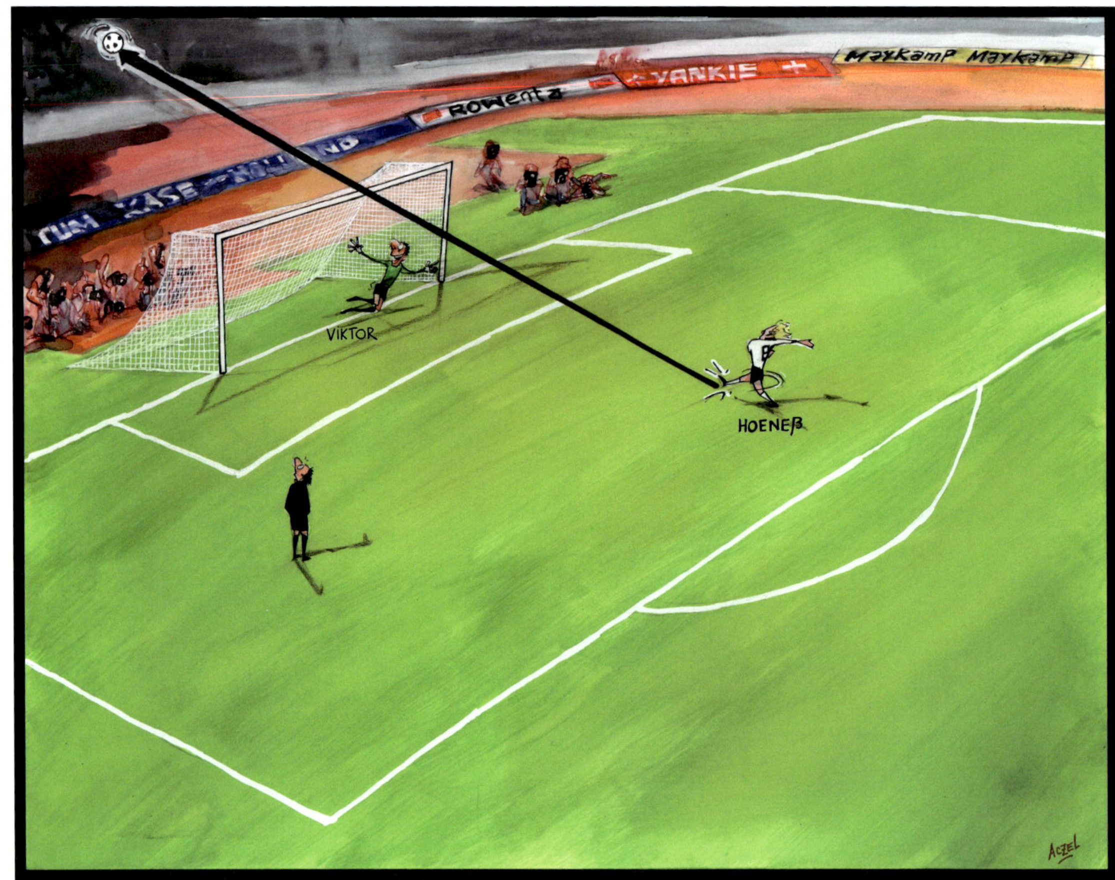

DIE „NACHT VON BELGRAD"

Beinahe hätte die deutsche Mannschaft nach 1974 und 1976 den historischen Hattrick geschafft, aber gar nicht mal so knapp daneben ist auch vorbei: Im Elfmeterschießen des EM-Finales 1976 versenkte Uli Hoeneß den Ball nicht im Netz, sondern schickte ihn in den Nachthimmel von Belgrad. Der nächste Schütze Antonín Panenka machte es besser, indem er das Spielgerät lässig in die Tormitte chippte, den „Panenka-Elfer" erfand und die Tschechoslowakei zum Europameister machte.

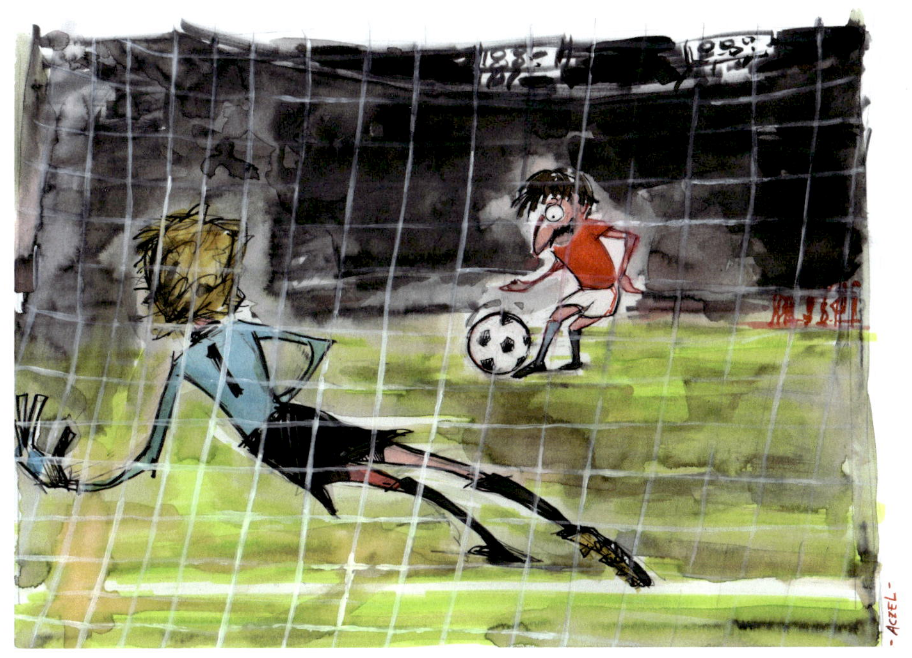

PANENKA WAR DER ERSTE, DER EINEN ELFMETER AUF DIESE WEISE ÜBER DEN TORWART LUPFTE – HEUTE WÜRDE MAN SAGEN CHIPPTE.

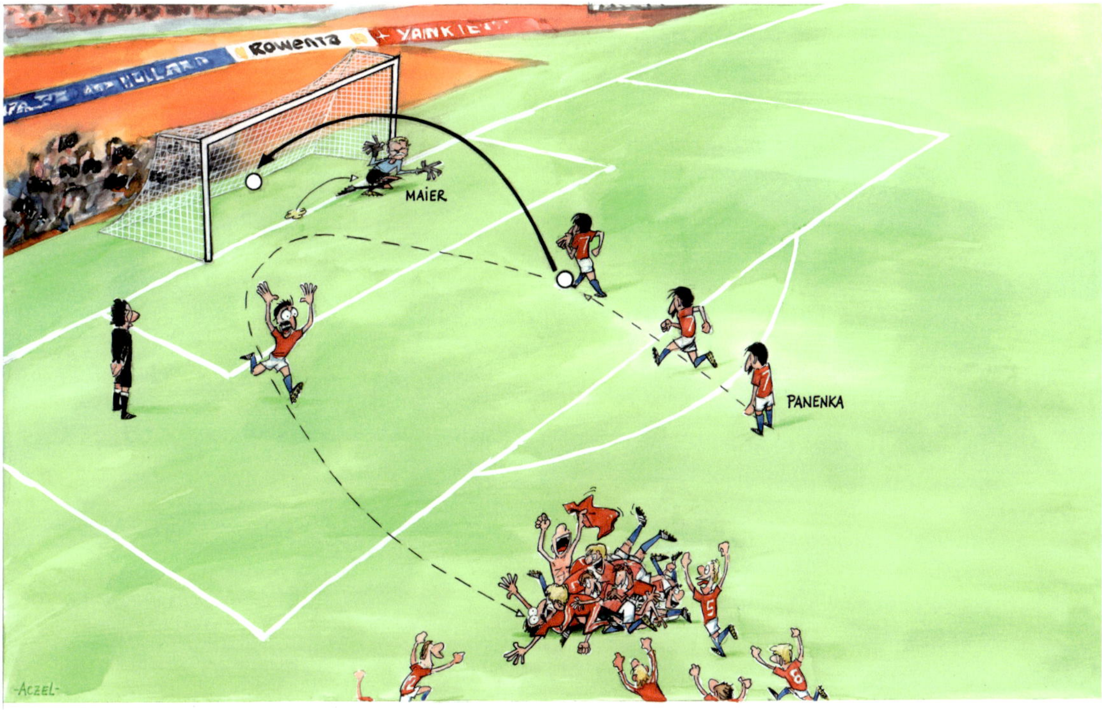

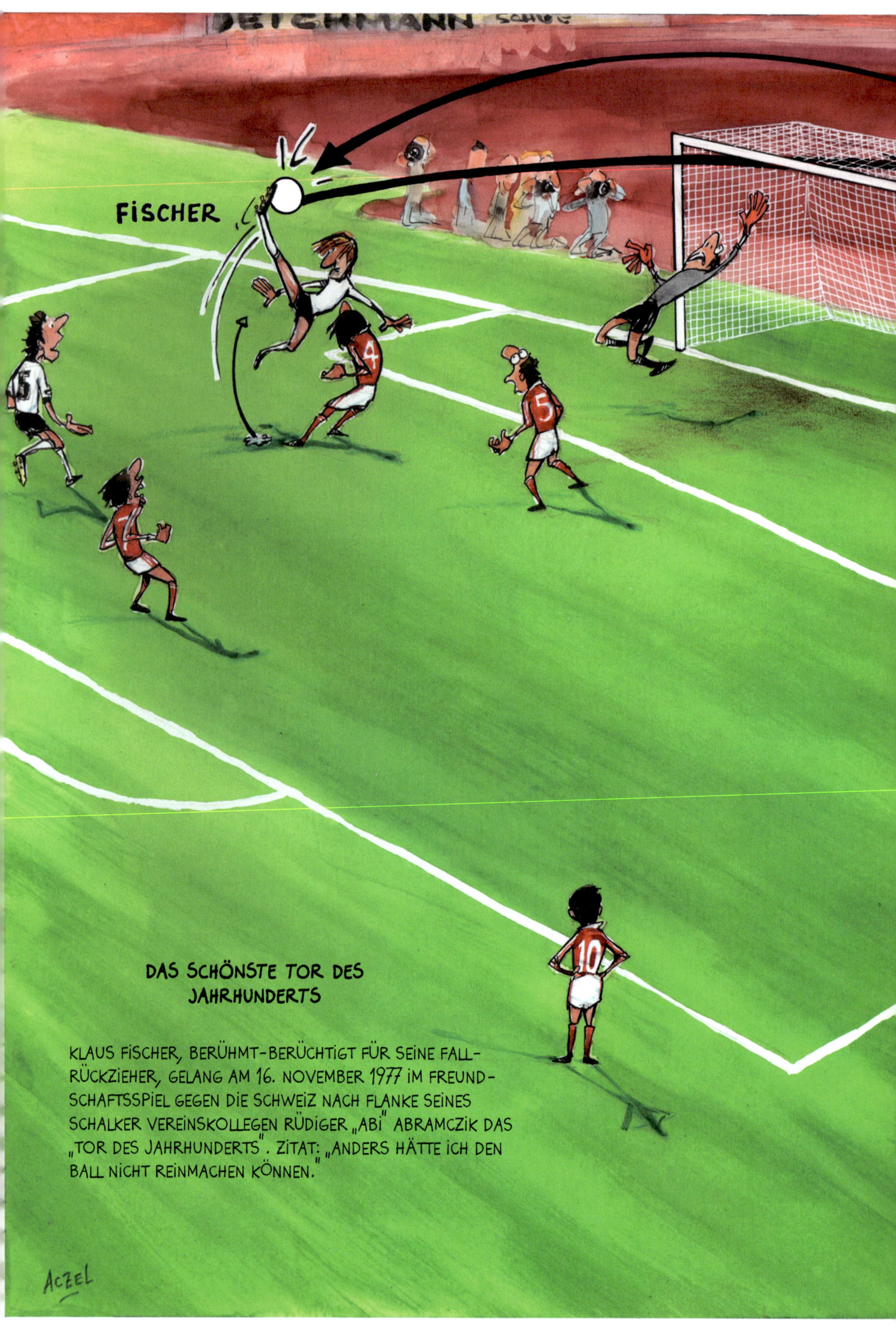
FISCHER
DAS SCHÖNSTE TOR DES JAHRHUNDERTS
KLAUS FISCHER, BERÜHMT-BERÜCHTIGT FÜR SEINE FALLRÜCKZIEHER, GELANG AM 16. NOVEMBER 1977 IM FREUNDSCHAFTSSPIEL GEGEN DIE SCHWEIZ NACH FLANKE SEINES SCHALKER VEREINSKOLLEGEN RÜDIGER „ABI" ABRAMCZIK DAS „TOR DES JAHRHUNDERTS". ZITAT: „ANDERS HÄTTE ICH DEN BALL NICHT REINMACHEN KÖNNEN."
ACZEL

FREUNDSCHAFTSSPIEL 1977

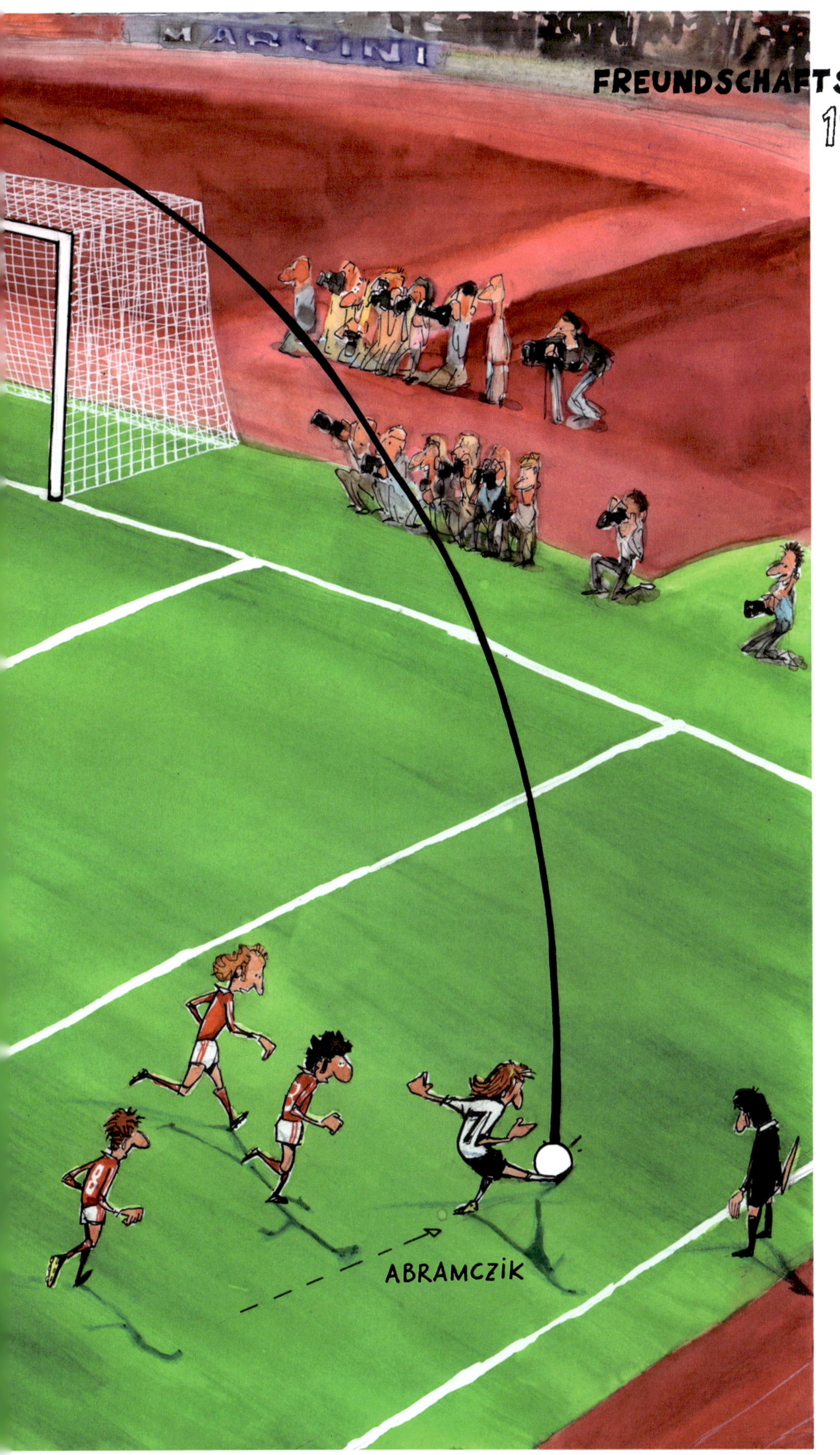

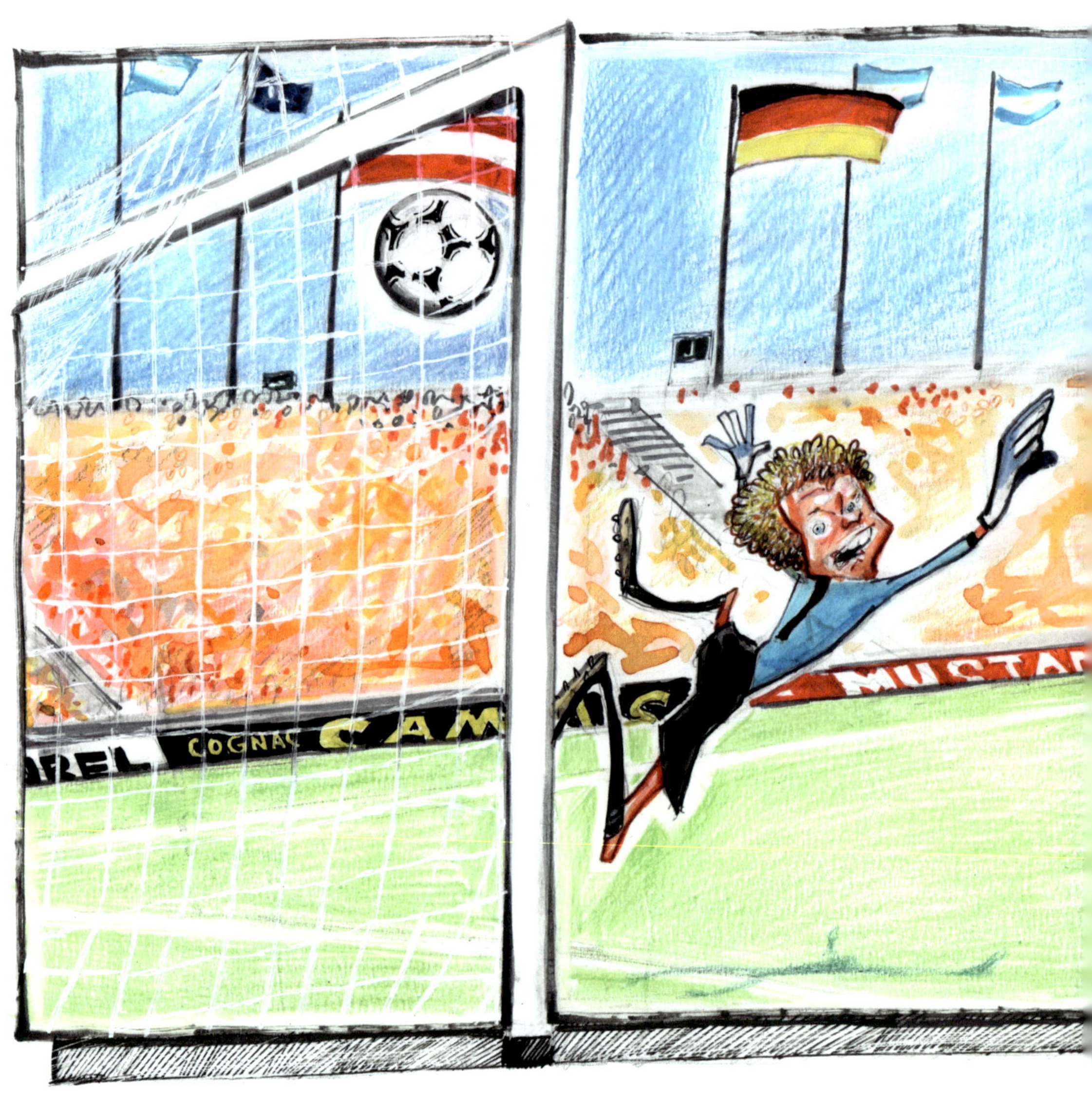
COGNAC

WM 1978

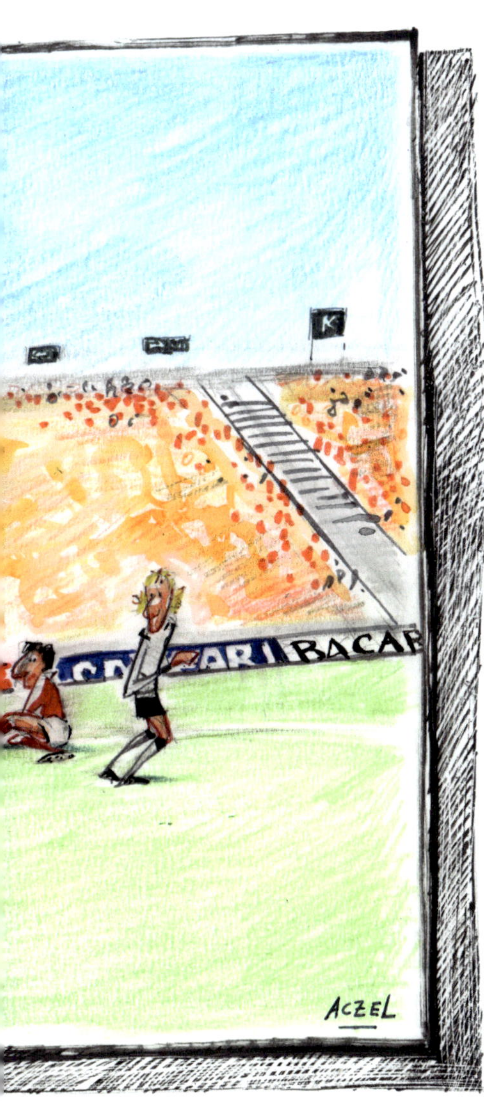

Die Schmach von Cordoba

Tiefpunkt einer insgesamt verkorksten Weltmeisterschaft, Helmut Schön trat danach zurück, mit der WM 1978 in Argentinien ging eine Ära zu Ende. Die 2:3-Niederlage der DFB-Elf, die ohne Franz Beckenbauer und etliche andere Weltmeister von 1974 antreten musste, weil sie als Legionäre, die im Ausland spielten, nicht nominiert wurden, kam einer Schmach gleich. Es sei denn, man wäre Österreicher. Dort schwärmt man bis heute von den Krankl, Prohaska und Pezzey und lädt den Kommentar von Edi Finger zum Siegtor von Hans Krankl als Klingelton auf sein Handy: „Toor, Toor, Toor, I wer‘ narrisch!“

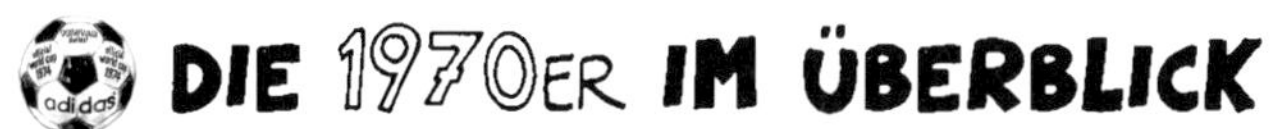

„MAN MÜSSTE ES GEGEN DIE DEUTSCHEN MIT EINEM MASCHINENGEWEHR VERSUCHEN. OHNE DAS KANN MAN DIE MANNSCHAFT NICHT STOPPEN."

(GAZZETTA DELLO SPORT ÜBER DEN AUFTRITT DER DEUTSCHEN MANNSCHAFT BEI DER EM 1972)

„WIR SIND VON BINGEN ANGEREIST, AUF DASS DER EUROPAMEISTER DEUTSCHLAND HEISST."

(AUFSCHRIFT EINES BANNERS, DAS ZWEI DEUTSCHE FANS WÄHREND DER NATIONALHYMNE VOR DEM EM-FINALE 1972 AUSROLLTEN)

„FRANZ, WENN WIR HIER WENIGER ALS FÜNF STÜCK KRIEGEN, HABEN WIR EIN RIESENRESULTAT ERZIELT."

(GÜNTER NETZER VOR DEM HISTORISCHEN 3:1-SIEG DER DEUTSCHEN GEGEN ENGLAND IM WEMBLEY-STADION)

„AN SCHLAF DACHTE NIEMAND UND ICH PUTZTE JEDEN RUNTER, DER MIR VOR DIE AUGEN KAM."

(FRANZ BECKENBAUER ÜBER DEN ABEND NACH DER NIEDERLAGE GEGEN DIE DDR BEI DER WM 1974)

„DEUTSCHLAND – EIN HURRIKAN. MAIER – EIN KOLOSS."

(HOJA DEL LUNES AUS SPANIEN ÜBER DAS WM-ENDSPIEL 1974)

„DA KOMMT KRANKL [...] IN DEN STRAFRAUM – SCHUSS ... TOOOR, TOOOR, TOOOR, TOOOR, TOOOR, TOOOR! I WER' NARRISCH! KRANKL SCHIESST EIN – 3:2 FÜR ÖSTERREICH! MEINE DAMEN UND HERREN, WIR FALLEN UNS UM DEN HALS, DER KOLLEGE RIEPL, DER DIPLOM-INGENIEUR POSCH – WIR BUSSELN UNS AB. 3:2 FÜR ÖSTERREICH DURCH EIN GROSSARTIGES TOR UNSERES KRANKL."

(KOMMENTAR VON ORF-MANN EDI FINGER IM WM-SPIEL ZWISCHEN ÖSTERREICH UND DEUTSCHLAND BEI DER WM 1978)

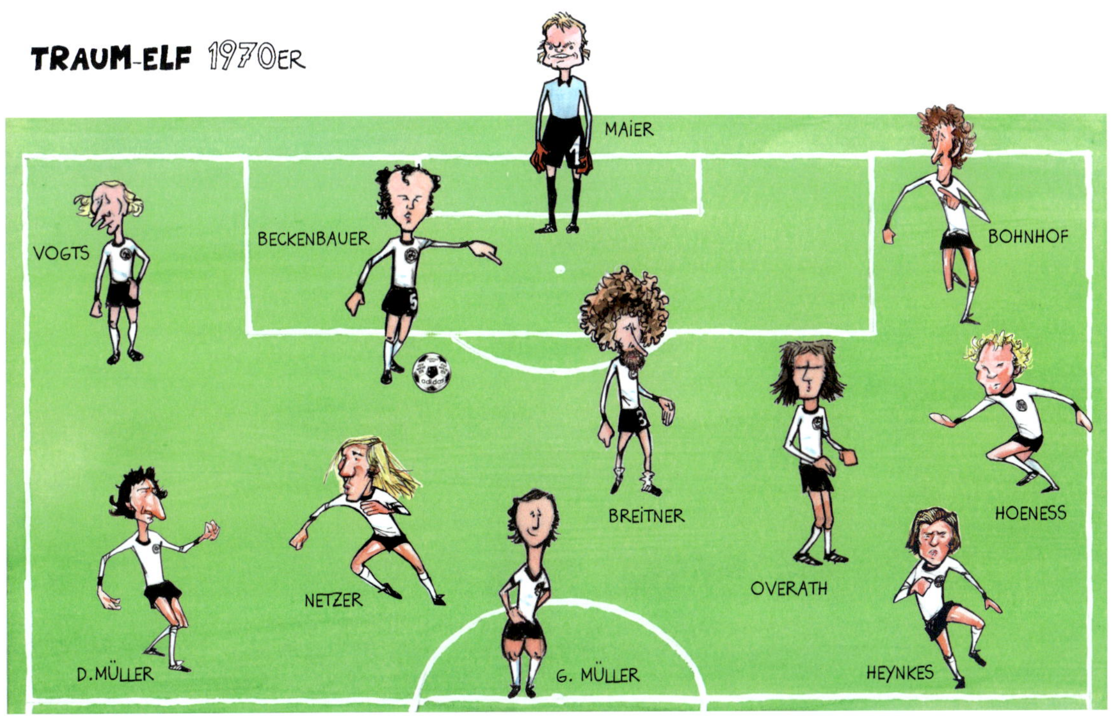

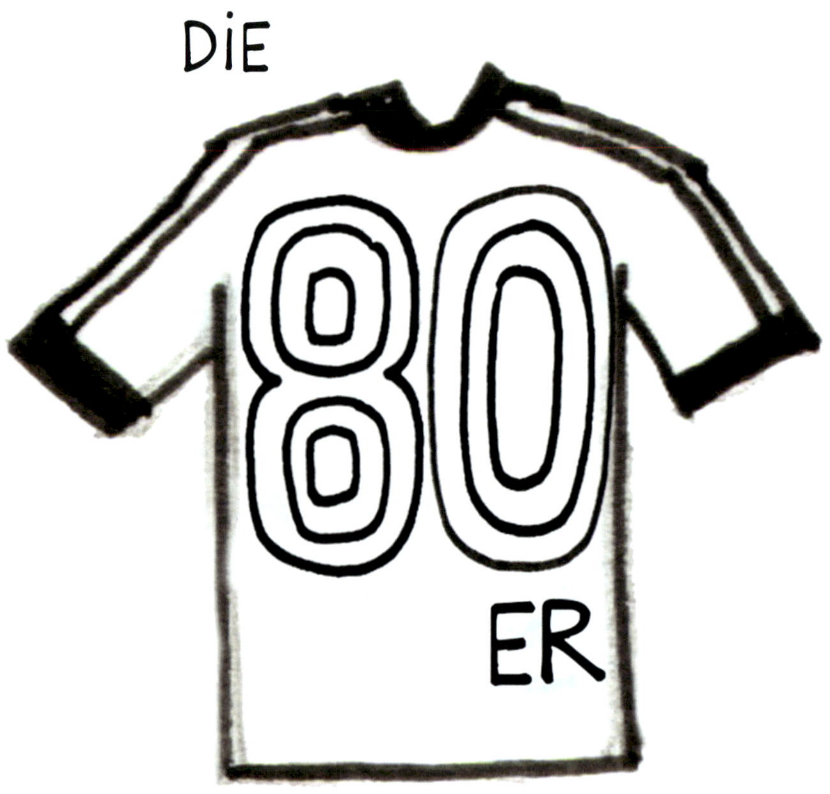

DREI ZÄHNE

Gut gegen Böse, schön gegen hässlich, Frankreichs Zauberfüße gegen deutsche Panzer, Schumacher gegen alle: Das Halbfinale der Weltmeisterschaft 1982 zwischen Deutschland und Frankreich markierte den Höhepunkt einer Epoche, da der deutsche Fußball einen ähnlich miserablen Ruf genoss wie Eisbein mit Sauerkraut bei vegetarischen Feinschmeckern. Der „Thriller von Sevilla" bot legendäres Spektakel zwischen Genie und Wahnsinn.

DIE NACHT VON SEVILLA

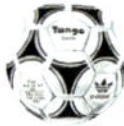

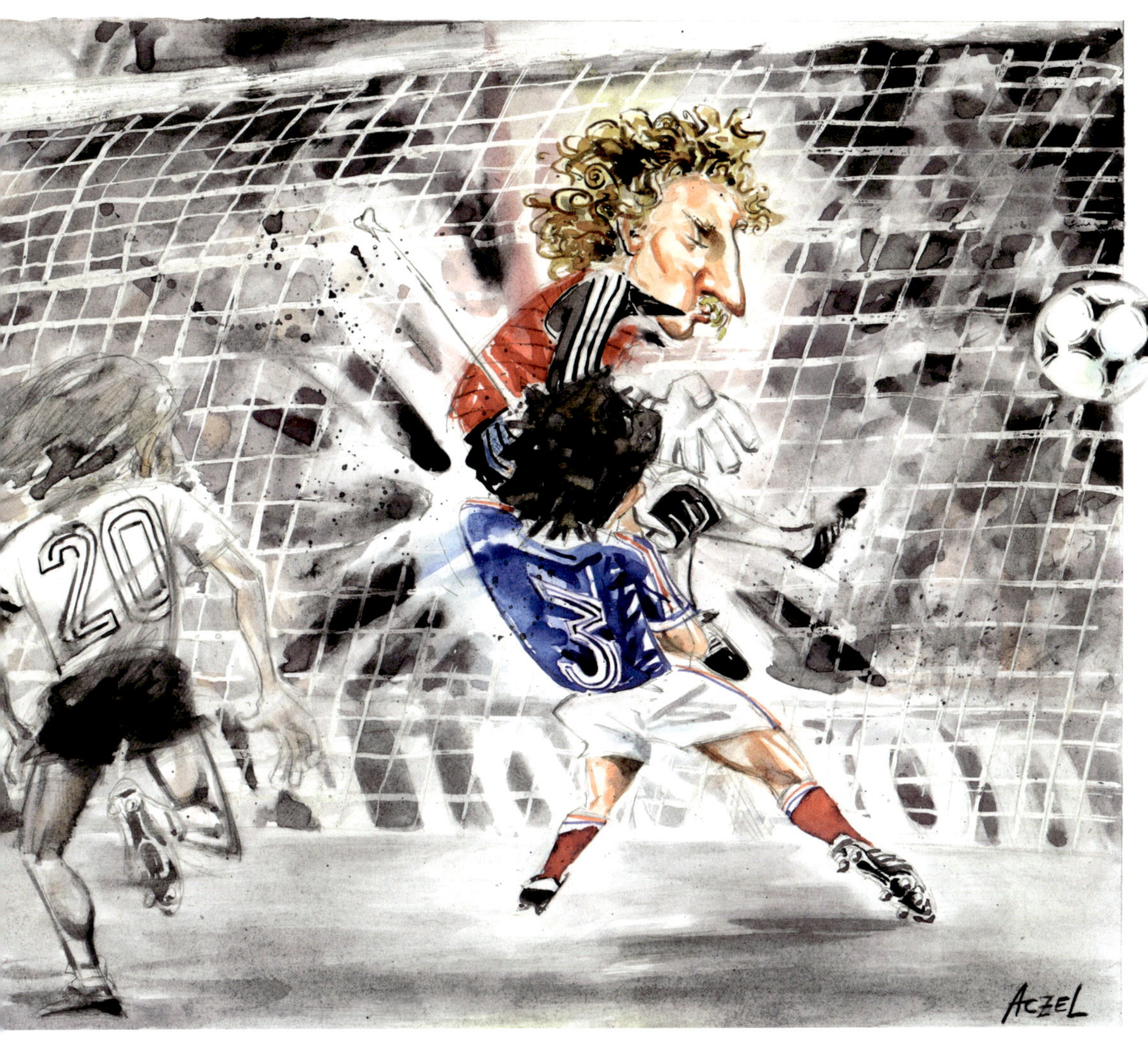

ZUM SINNBILD DER GERMANISCHEN PANZER WURDE TONI SCHUMACHER. IM HALBFINALE DER WM 1982 ZWISCHEN FRANKREICH UND DEUTSCHLAND STRECKTE DER DEUTSCHE TORHÜTER DEN FRANZOSEN PATRICK BATTISTON NIEDER UND NAHM IHM SO EINE KLARE TORCHANCE. BATTISTON MUSSTE ANSCHLIESSEND MIT SAUERSTOFF VERSORGT WERDEN, MICHEL PLATINI HIELT SEINEN TEAMKAMERADEN KURZZEITIG SOGAR FÜR TOT. SCHUMACHERS KOMMENTAR, NACHDEM ER ERFAHREN HATTE, DASS BATTISTON DREI ZÄHNE VERLOREN HATTE: „WENN DAS ALLES IST, KAUF ICH IHM DIE JACKETKRONEN." FÜR SEIN VERHALTEN WURDE SCHUMACHER NOCH JAHRE SPÄTER ÜBEL BESCHIMPFT, DER SCHIRI ZEIGTE DAMALS – ES WAREN DIE 80ER – NICHT EINMAL GELB.

EM 1980

EM-FINALE 1980

DEUTSCHLAND VS BELGIEN

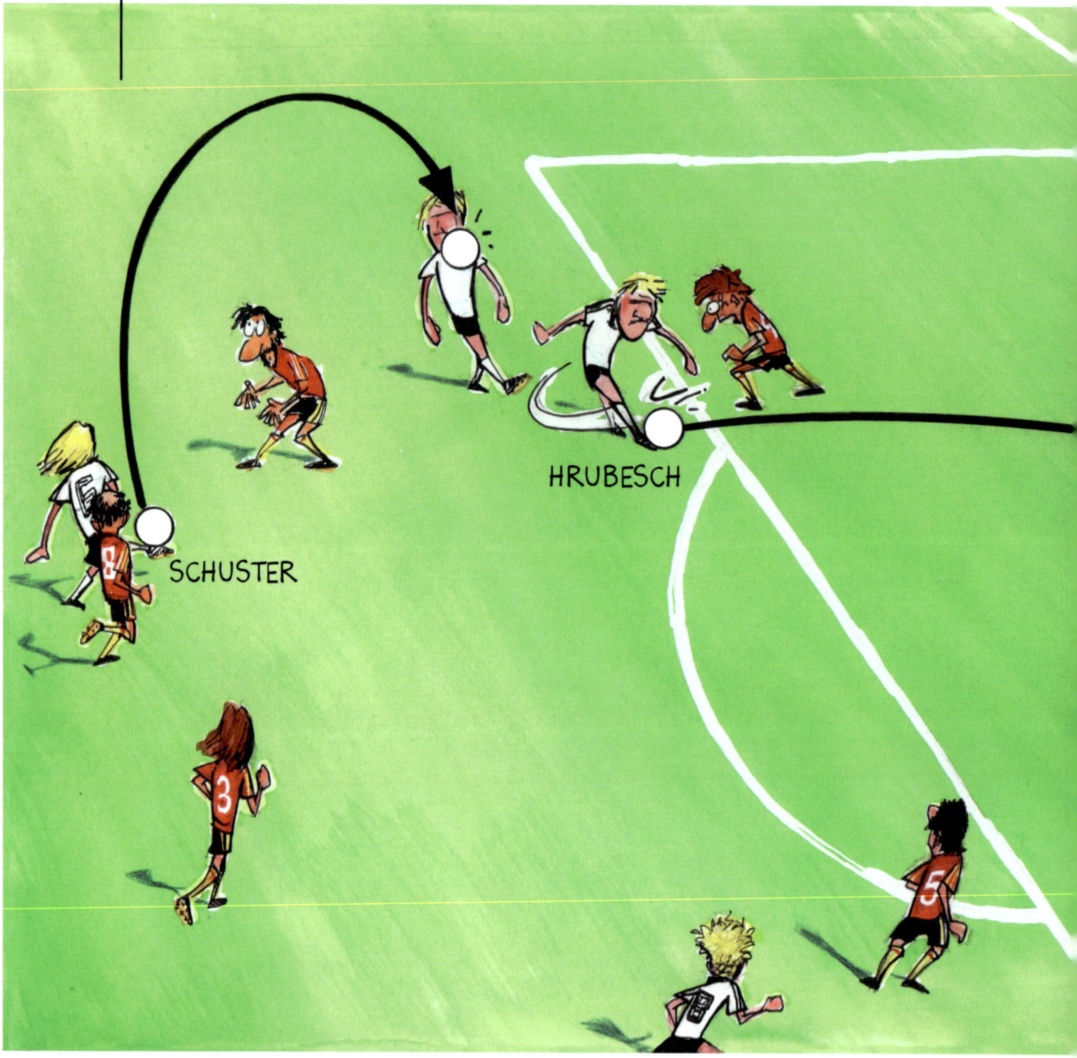

HRUBESCH

SCHUSTER

10. MINUTE

1:0

YOUNGSTER BERND SCHUSTER LUPFT DEN BALL ZU HORST HRUBESCH, DER VON DER STRAFRAUMKANTE DIE FÜHRUNG ERZIELT – ZUR ABWECHSLUNG MAL NICHT MIT DEM KOPF.

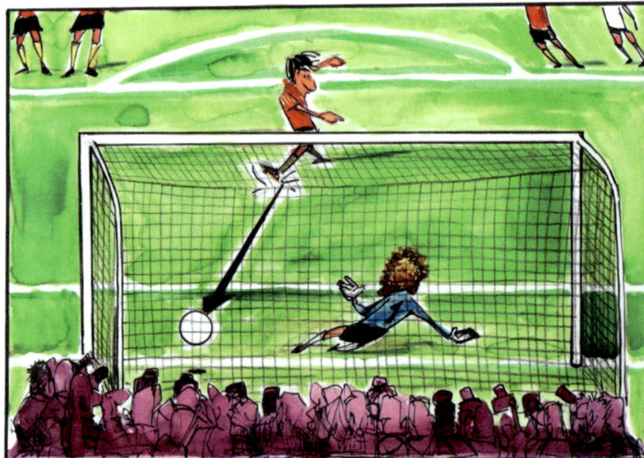

72. MINUTE

1:1

AUSGLEICH DURCH EINEN VERWANDELTEN ELFMETER VON BELGIENS VANDEREYCKEN.

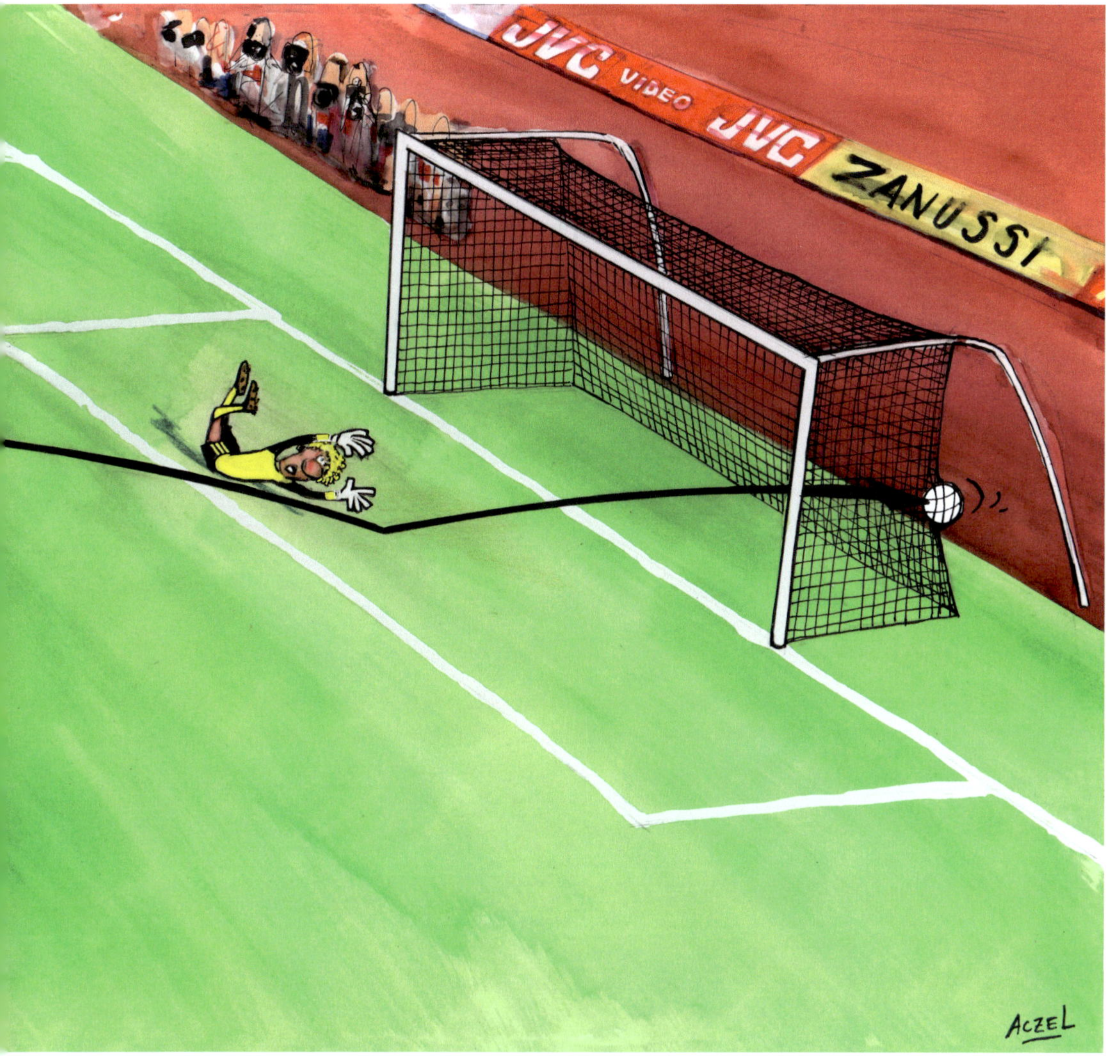

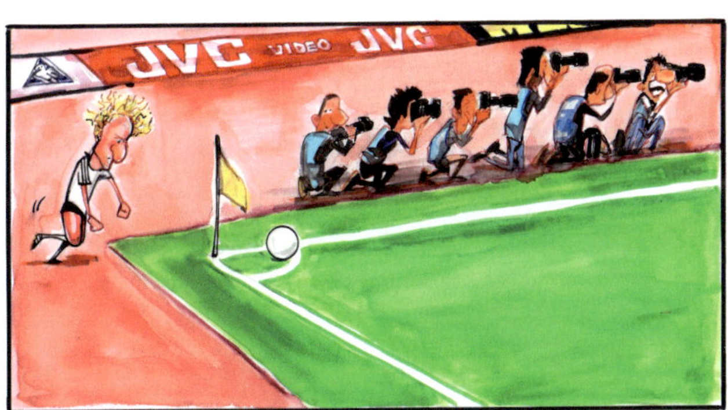

82. MINUTE

BEVOR ER ZUM ENTSCHEIDENDEN ECKBALL ANTRITT, GIBT KARL-HEINZ RUMMENIGGE DEN AM SPIELFELD-RAND SITZENDEN FOTOGRAFEN EINEN WICHTIGEN HINWEIS: „SCHAUT IN EURE LINSEN, JETZT FÄLLT DAS SIEGTOR."

2:1

HRUBESCH, DAS KOFBALL-UNGEHEUER

WIE VON RUMMENIGGE PROPHEZEIT, GELINGT HORST HRUBESCH DER SIEGTREFFER ZUM 2:1, SEINEM SPITZNAMEN ALLE EHRE MACHEND MIT DEM KOPF. DEUTSCHLANDS ZWEITER EM-TITEL.

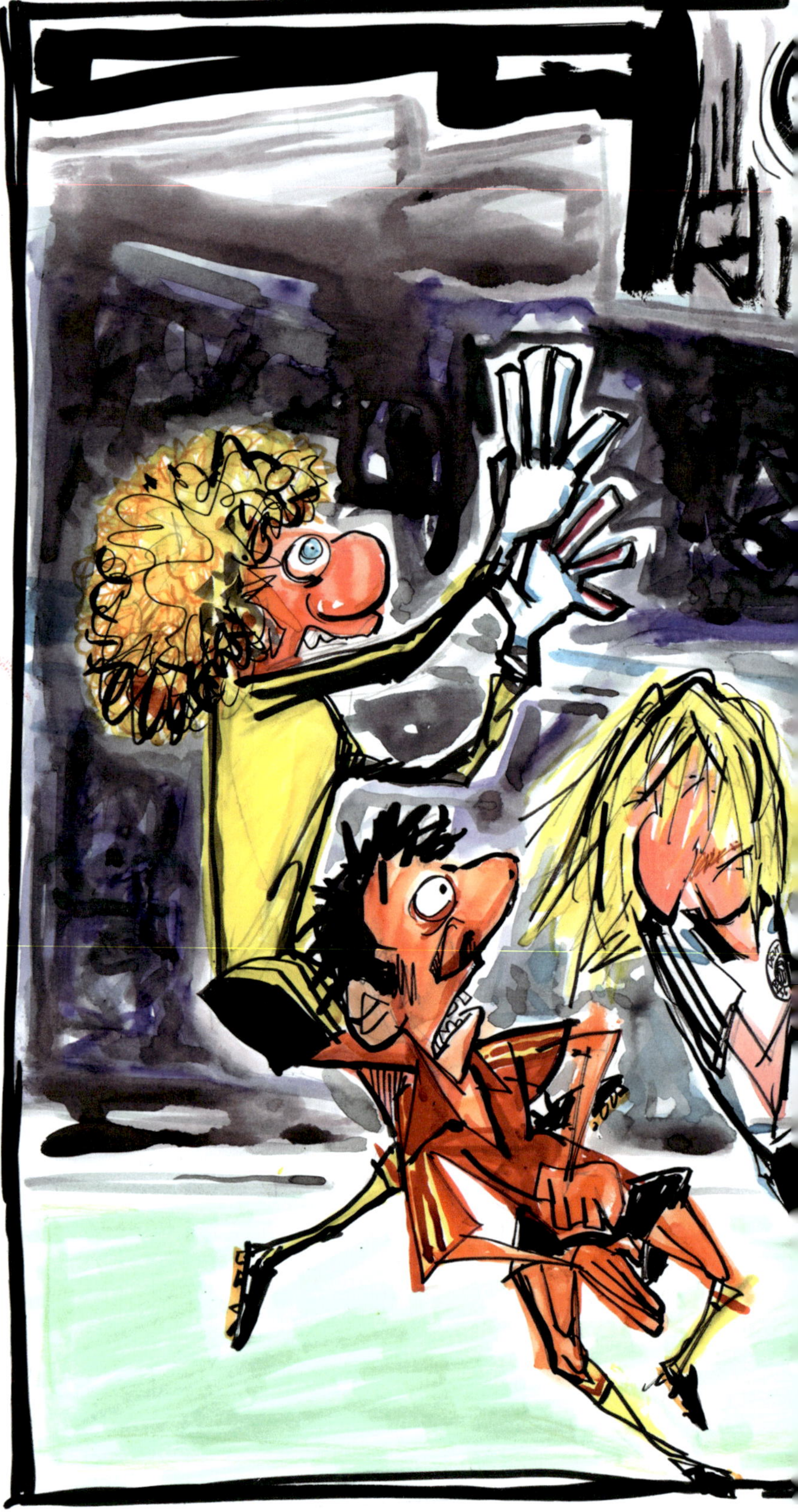

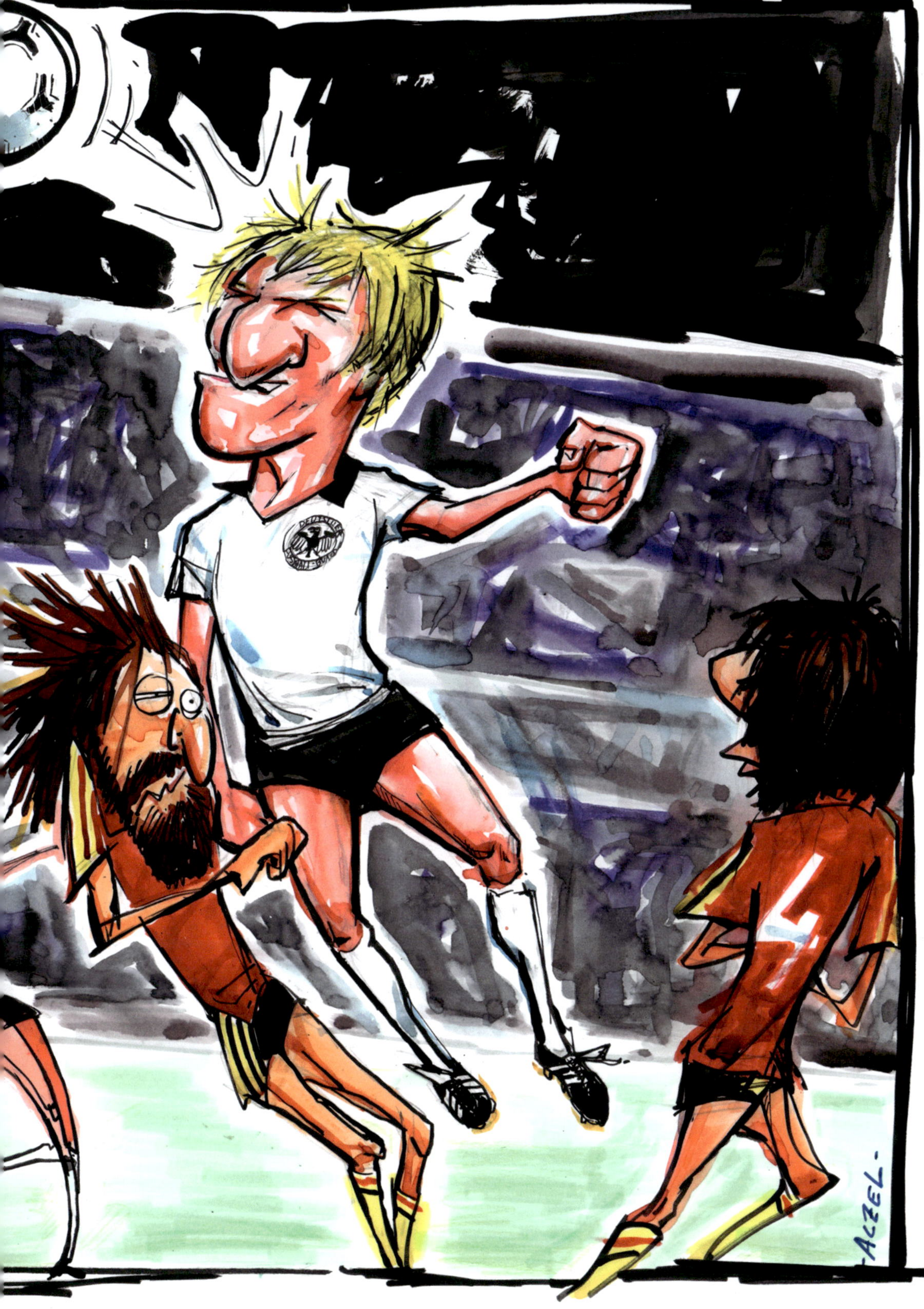
-ACZEL-

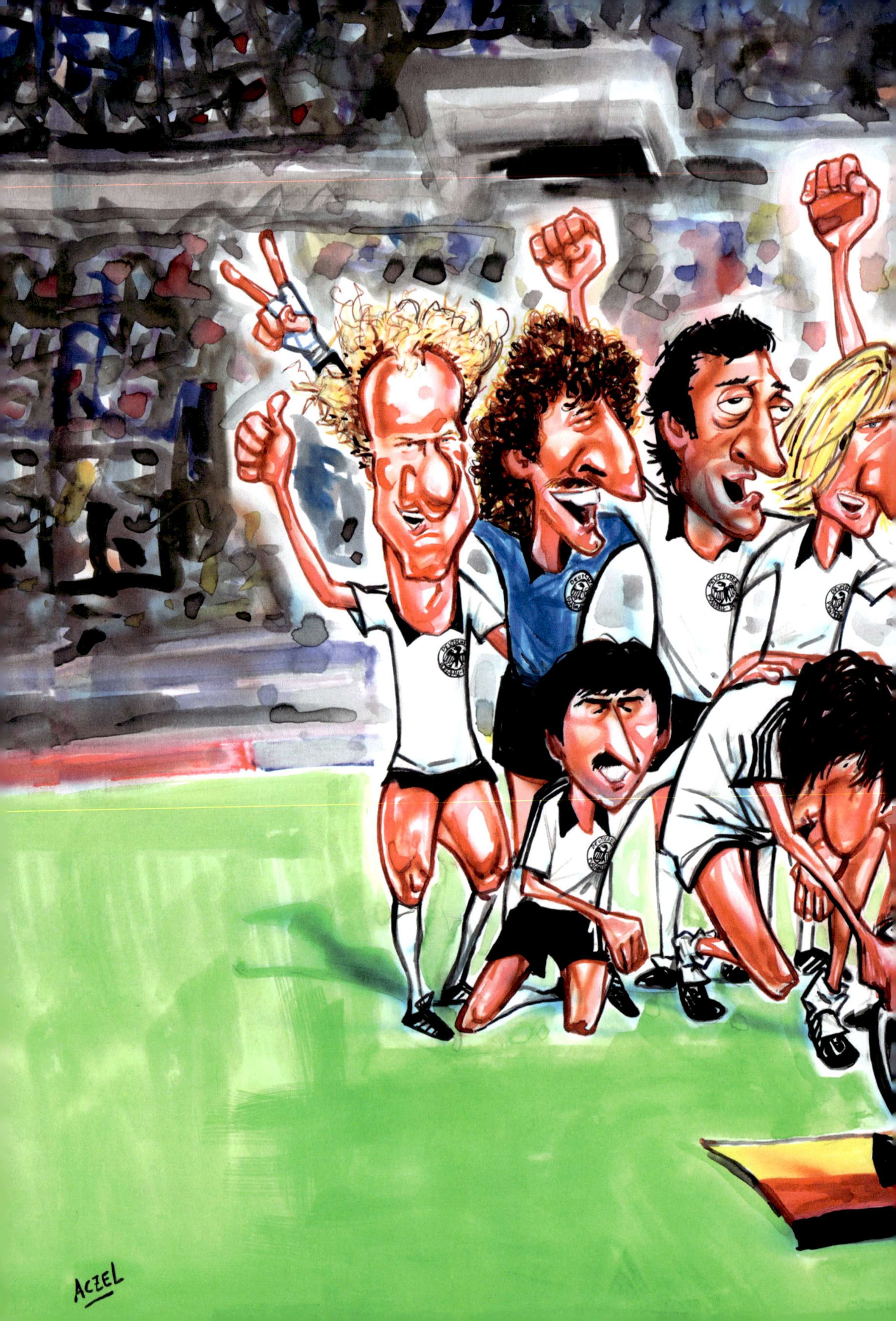
ACZEL

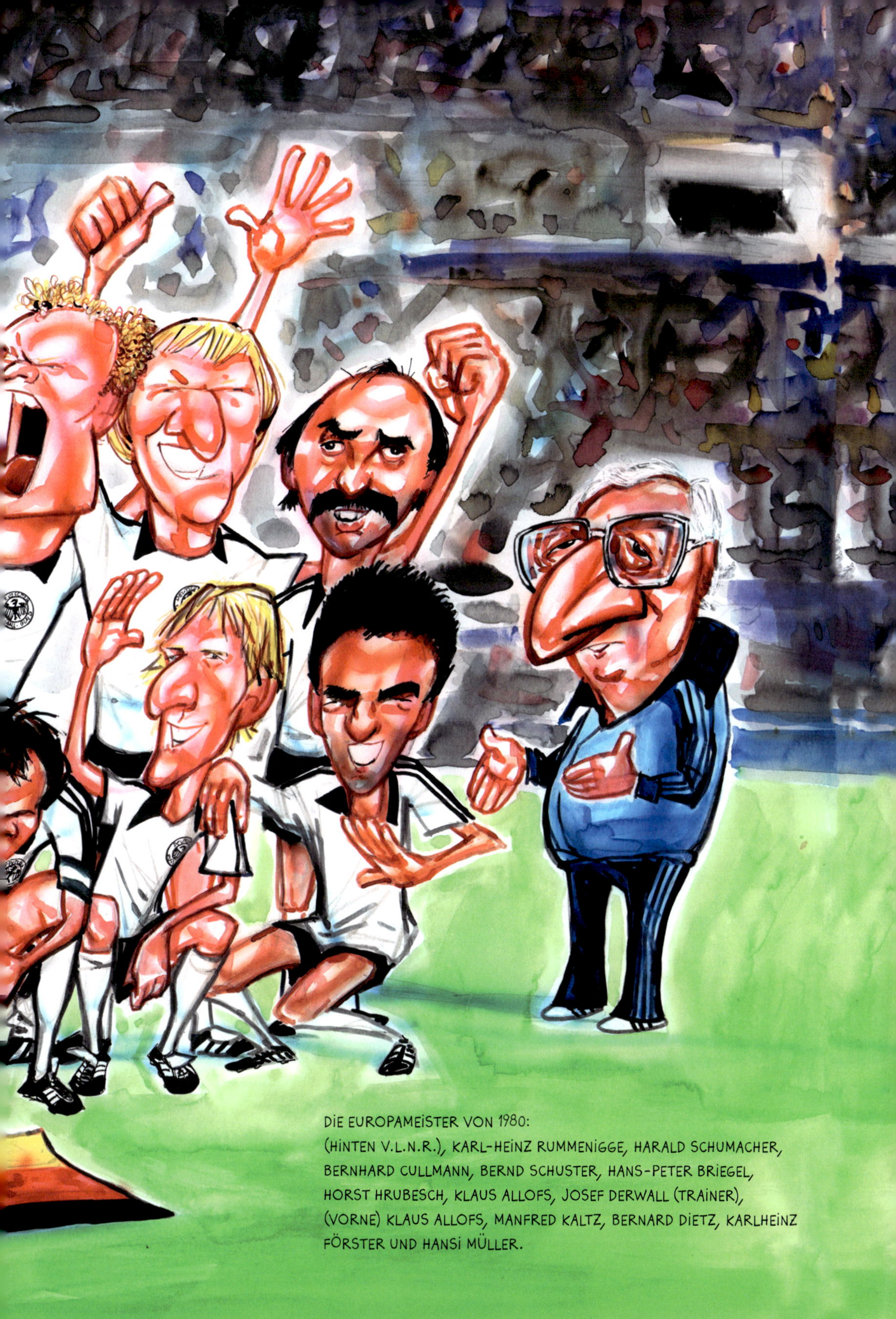

DIE EUROPAMEISTER VON 1980:
(HINTEN V.L.N.R.), KARL-HEINZ RUMMENIGGE, HARALD SCHUMACHER, BERNHARD CULLMANN, BERND SCHUSTER, HANS-PETER BRIEGEL, HORST HRUBESCH, KLAUS ALLOFS, JOSEF DERWALL (TRAINER), (VORNE) KLAUS ALLOFS, MANFRED KALTZ, BERNARD DIETZ, KARLHEINZ FÖRSTER UND HANSI MÜLLER.

KARL-HEINZ RUMMENIGGE

„ROTBÄCKCHEN"

Das junge Talent, beim FC Bayern aufgrund seiner Schüchternheit als „Rotbäckchen" verspottet, mausert sich in den achtziger Jahren zum Weltstar, der 1980 und 1981 zu „Europas Fußballer des Jahres" gekürt wird. 1984 wechselt er für 11 Millionen D-Mark zu Inter Mailand – teurer war damals nur Diego Maradona. „Mon dieu, Rümmenisch!" (Frankreichs Präsident François Mitterrand nach Rummenigges Ausgleich im Halbfinale 1982) führt die Nationalmannschaft zu zwei Vize-Weltmeisterschaften und dem Titelgewinn bei der EM 1980.

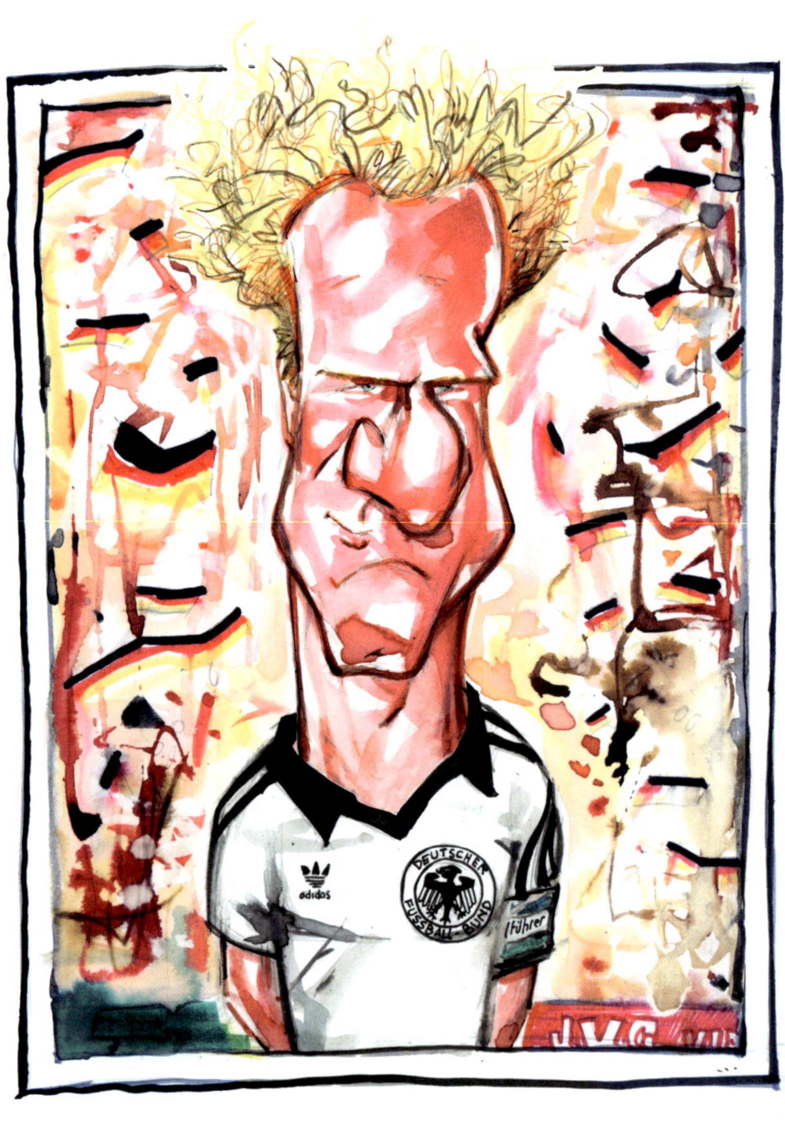

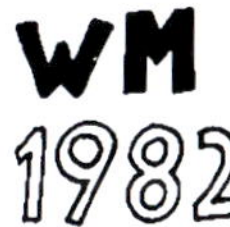

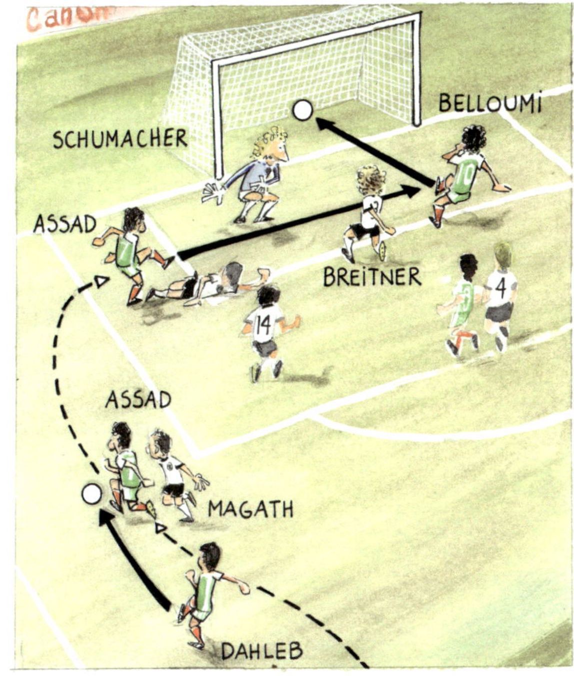

EIN WUNDERSCHÖNES TOR VON LAKHDAR BELLOUMI VERHALF ALGERIEN ZU EINER SENSATION: 2:1-SIEG GEGEN DEN GROSSEN FAVORITEN DEUTSCHLAND.

DASS DIE BRD-ELF TROTZDEM DIE ZWISCHENRUNDE ERREICHTE, VERDANKTE SIE EINEM ABGEKARTERTEN SPIEL GEGEN DEN NACHBARN AUS ÖSTERREICH. DER 1:0-ERFOLG DER DEUTSCHEN (DER AUCH DEN ÖSTERREICHERN ZUM WEITERKOMMEN REICHTE) GING ALS „SCHANDE VON GIJÓN" IN DIE GESCHICHTSBÜCHER EIN.

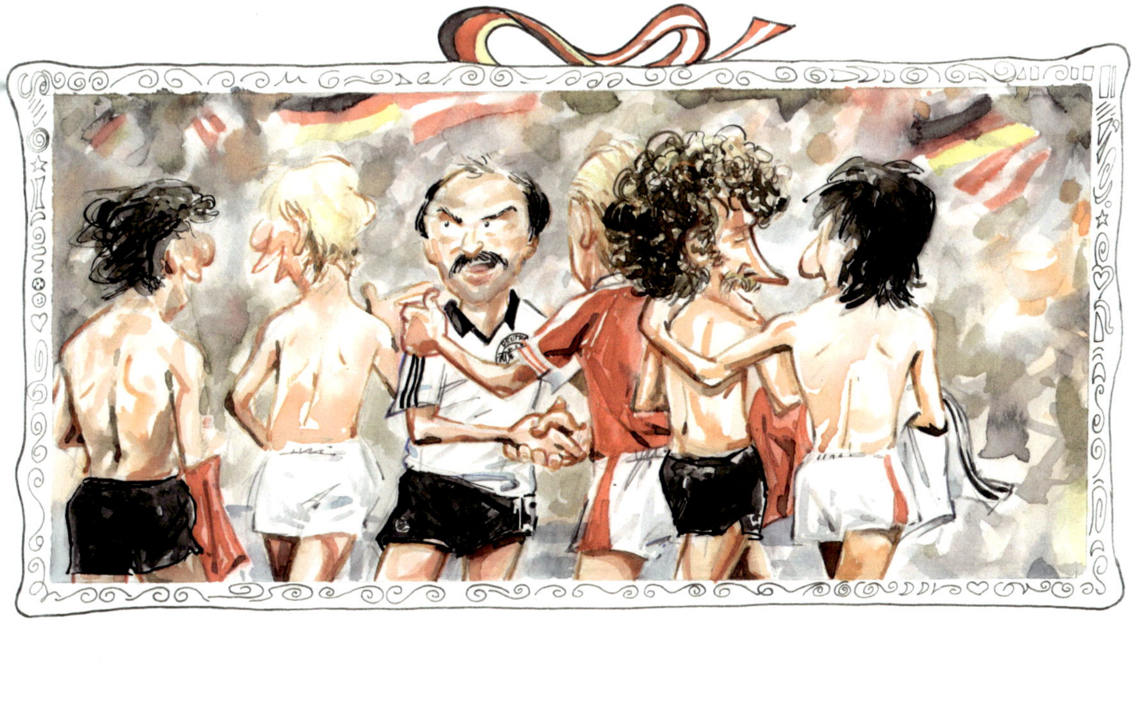

DIE NACHT VON SEVILLA

DEUTSCHLAND VS FRANKREICH HALBFINALE WM 1982

EINTRITTSKARTE

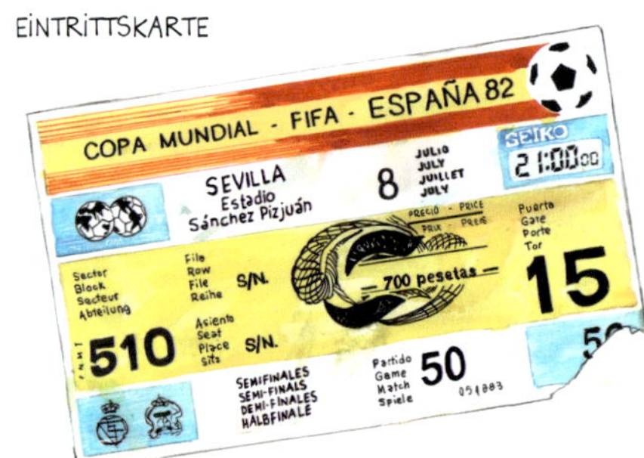

Selbst die beiden Spiele in der Zwischenrunde (0:0 gegen England, 2:1 gegen Spanien) konnten den Eindruck nicht verhindern, dass sich die DFB-Elf nur mit viel Krampf, Kampf und Wettbewerbsverzerrung ins Halbfinale gemogelt hatte. Anders die Franzosen. Nach dem 4:1-Sieg in der Zwischenrunde gegen Nordirland feierte die Fußballwelt die Geburt des „magischen Vierecks" um die Mittelfeldgenies Platini, Tigana, Giresse und Genghini. 70.000 Zuschauer strömten am 8. Juli 1982 ins Estadio Ramón Sánchez Pizjuán von Sevilla, um ihr Team zu bestaunen. Zu bestaunen gab es wahrlich viel.

DIE MANNSCHAFTSKAPITÄNE PLATINI UND KALTZ (ALS ERSATZ FÜR DEN ANGESCHLAGENEN RUMMENIGGE) TAUSCHEN DIE WIMPEL.

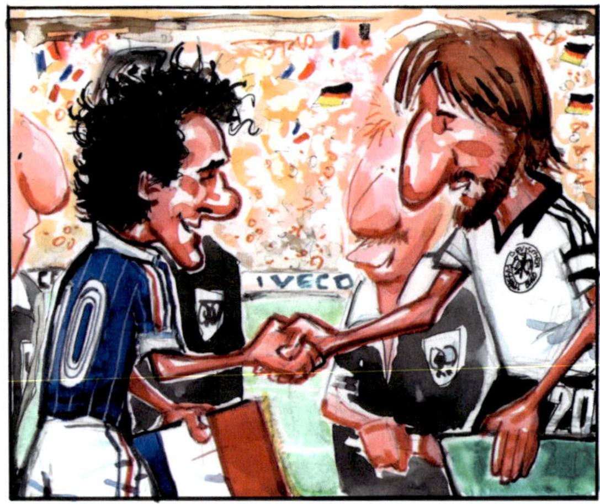

ANPFIFF IN SEVILLA, DAS SPEKTAKEL BEGINNT!

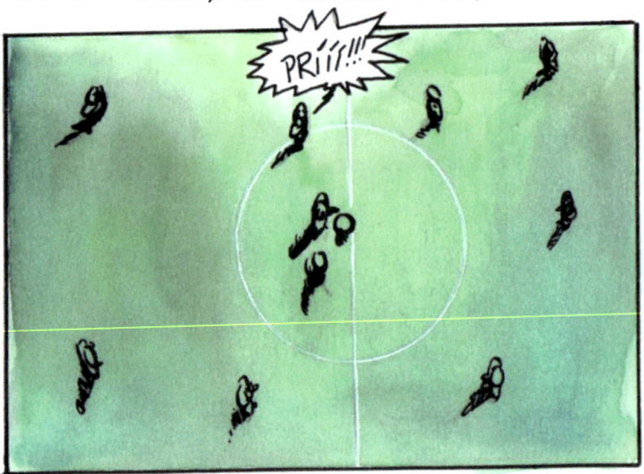

17. MINUTE

1:0

EIN MISSGLÜCKTER ABSCHLUSS VON KLAUS FISCHER IST DIE PERFEKTE VORLAGE FÜR PIERRE LITTBARSKI, UM DAS SPIEL SEINES LEBENS MIT EINEM TRAUMTOR VON DER STRAFRAUMKANTE EINZULEITEN.

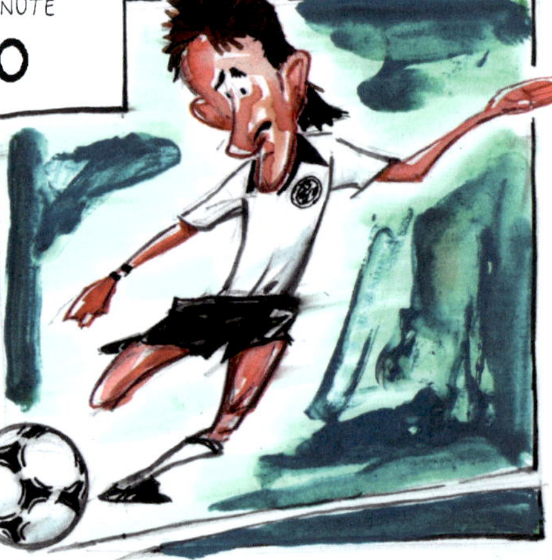

26. MINUTE

NACH EINEM ZWEIKAMPF MIT FÖRSTER GEHT ROCHETEAU IM STRAFRAUM ZU BODEN – ELFMETE

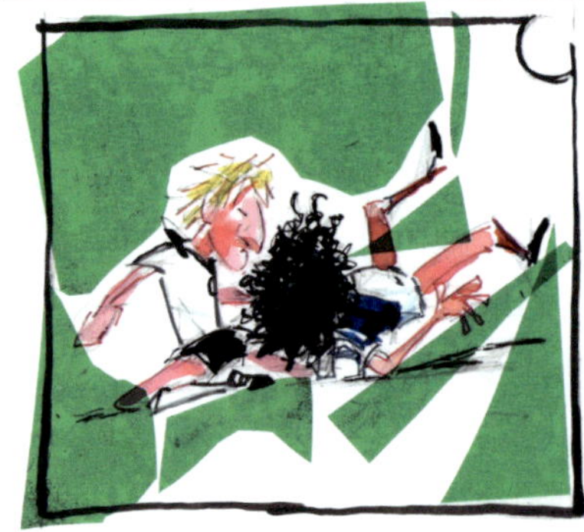

EIN KUSS FÜR DEN BALL: MICHEL PLATINI VERWANDELT DEN STRAFSTOSS SOUVERÄN. **1:1**

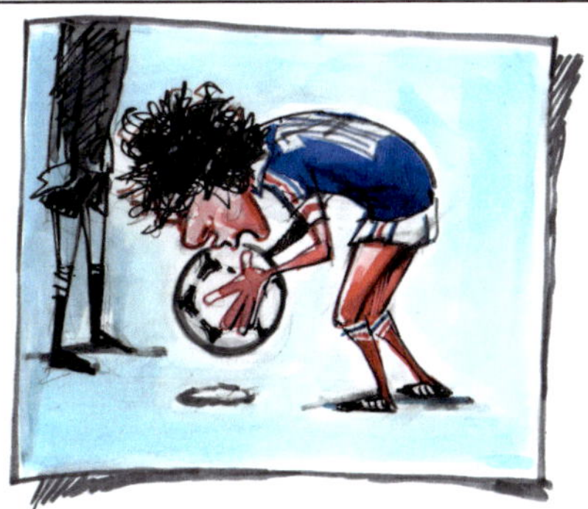

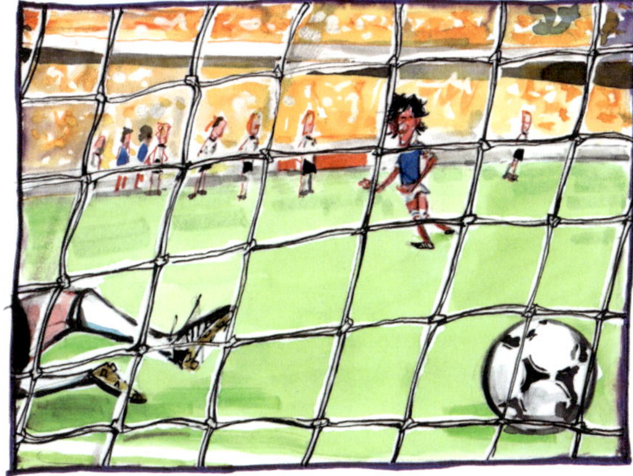

57. MINUTE

ATINI BEDIENT DEN KURZ UVOR EINGEWECHSELTEN ATTISTON. DER WEG UM TOR SCHEINT FREI. OCH DA …

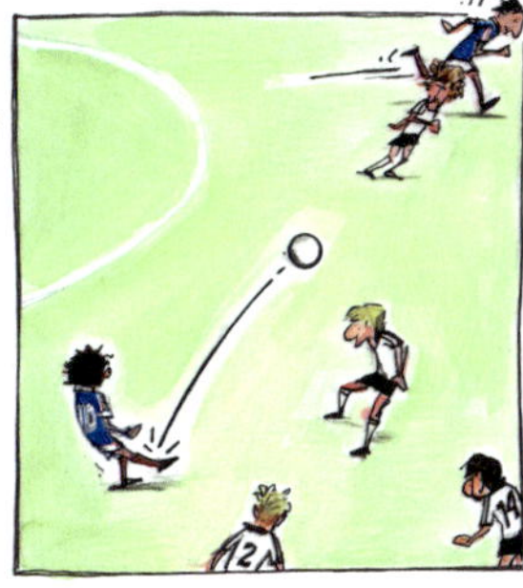

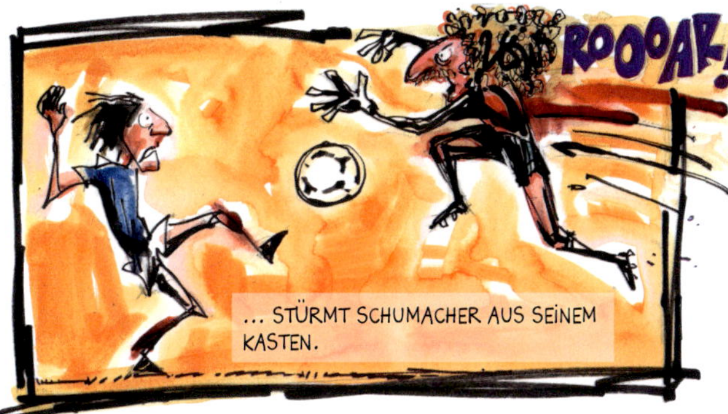

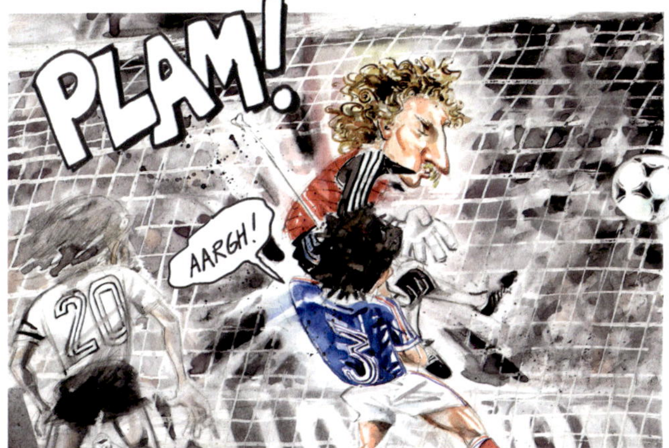

MIT DER HÜFTE VORAN KRACHT ER IN DAS GESICHT VON BATTISTON.

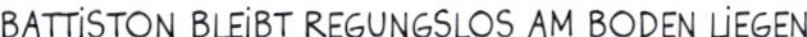

BATTISTON BLEIBT REGUNGSLOS AM BODEN LIEGEN.

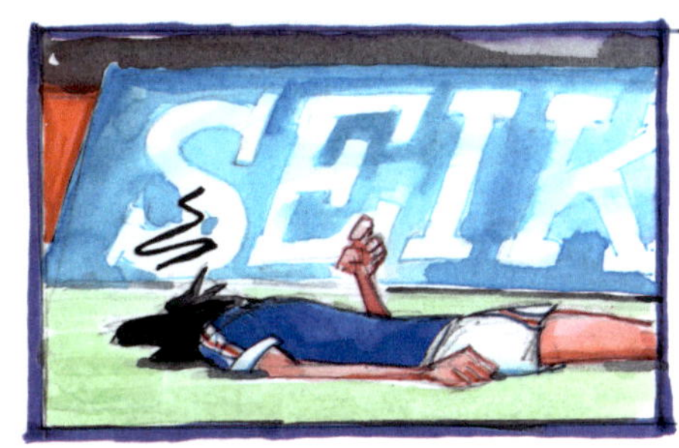

ENTSETZEN NACH DEM UNFALL. PLATINI WEICHT NICHT VON BATTISTONS SEITE, ALS DIESER MIT DER TRAGE ABTRANSPORTIERT WIRD. DER RECHTE ARM HÄNGT WIE LEBLOS HERAB. SCHUMACHER TUT SO, ALS GINGE IHN DAS GANZE NICHTS AN.

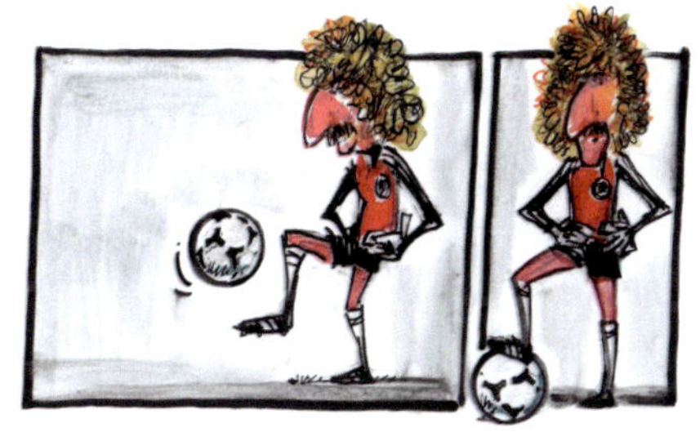

NACH DEM FOLGENSCHWEREN ZUSAMMENPRALL LIEFERN SICH BEIDE TEAMS EIN INTENSIVES, ABER GRANDIOSES SPIEL, DAS IN DER VERLÄNGERUNG ENTSCHIEDEN WERDEN MUSS.

UUUUF!

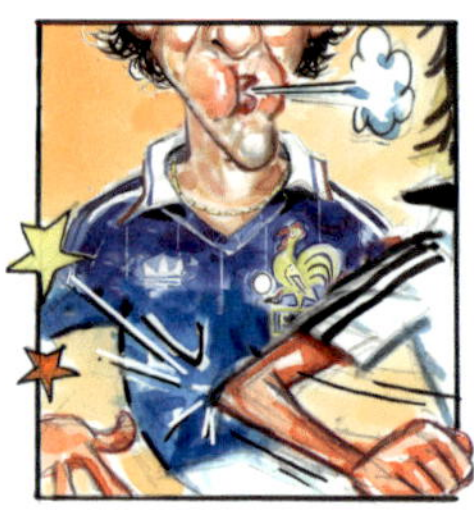

VERLÄNGERUNG

92. MINUTE

1:2

TRÉSOR GELINGT MIT EINEM VOLLEY DIE FÜHRUNG FÜR LES BLEUS.

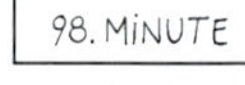

1:3

GROSSER JUBEL VON ALAIN GIRESSE UND SEINEM KOLLEGE[N] DIDIER SIX. FRANKREICH STEH[T] MIT EINEM BEIN IM FINALE.

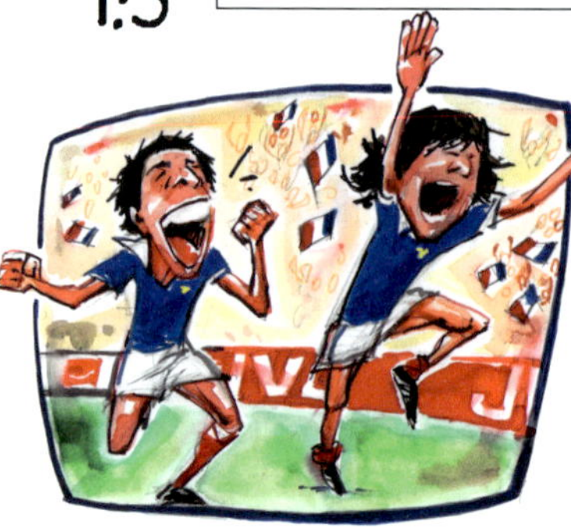

102. MINUTE

2:3

DER ANSCHLUSSTREFFER: RUMMENIGGE – ERST SEIT EIN PAAR MINUTEN IM SPIEL – SPITZELT EINE FLANKE VON LITTBARSKI INS TOR.

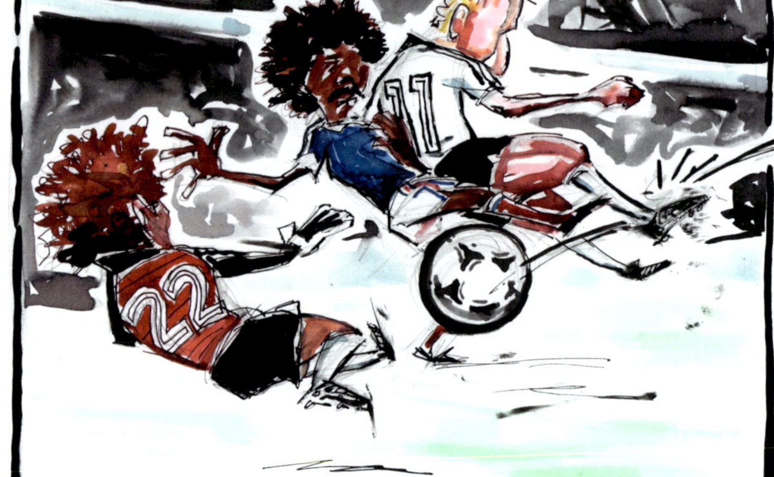

108. MINUTE

DER WICHTIGSTE FALLRÜCKZIEHER SEINER KARRIERE: SPEKTAKULÄRER ALS KLAUS FISCHER HATTE NOCH KEIN FUSSBALLER EIN TOR IM HALBFINALE ERZIELT.

3:3

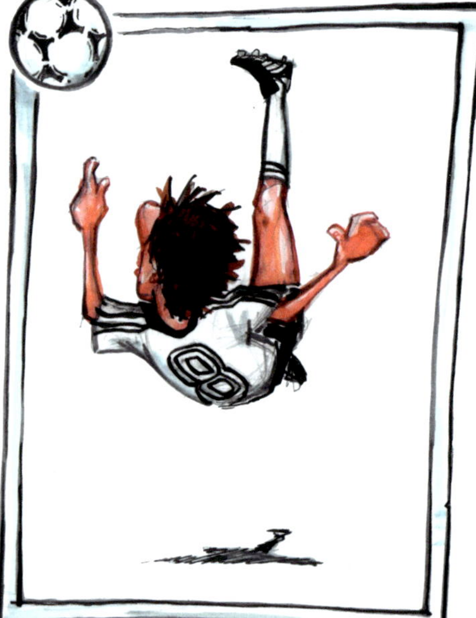

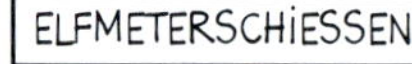

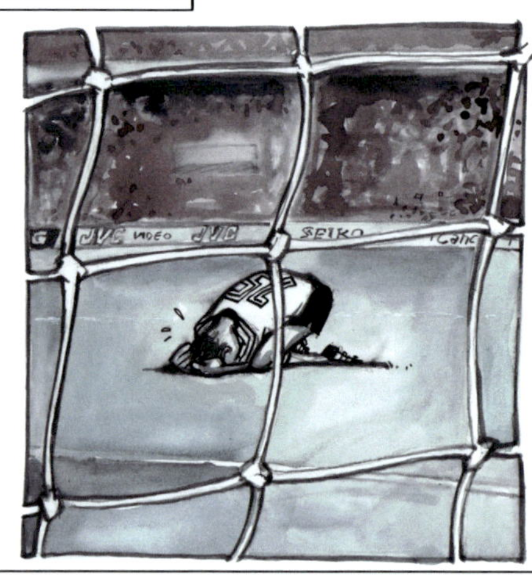

SCHRECKSEKUNDE EINES DRAMAS: ULI STIELIKE SCHEITERT MIT SEINEM VERSUCH UND SCHEINT UNTRÖSTLICH.

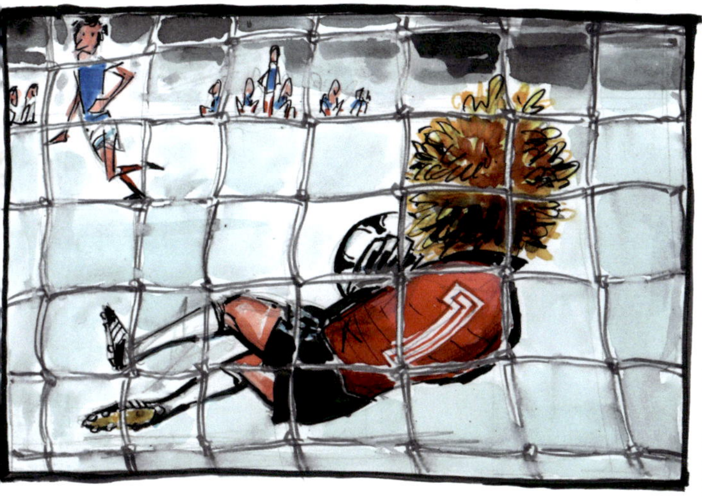

0:1 GIRESSE
1:1 KALTZ
1:2 AMOROS
2:2 BREITNER
2:3 ROCHETEAU
STIELIKE SCHEITERTE AN ETTORI
SIX SCHEITERTE AN SCHUMACHER
3:3 LITTBARSKI
3:4 PLATINI
4:4 RUMMENIGGE
BOSSIS SCHEITERTE AN SCHUMACHER
5:4 HRUBESCH

DIE VORENTSCHEIDUNG: SCHUMACHER PARIERT DEN ELFMETER VON BOSSIS. DIE CHANCE FÜR DEUTSCHLAND.

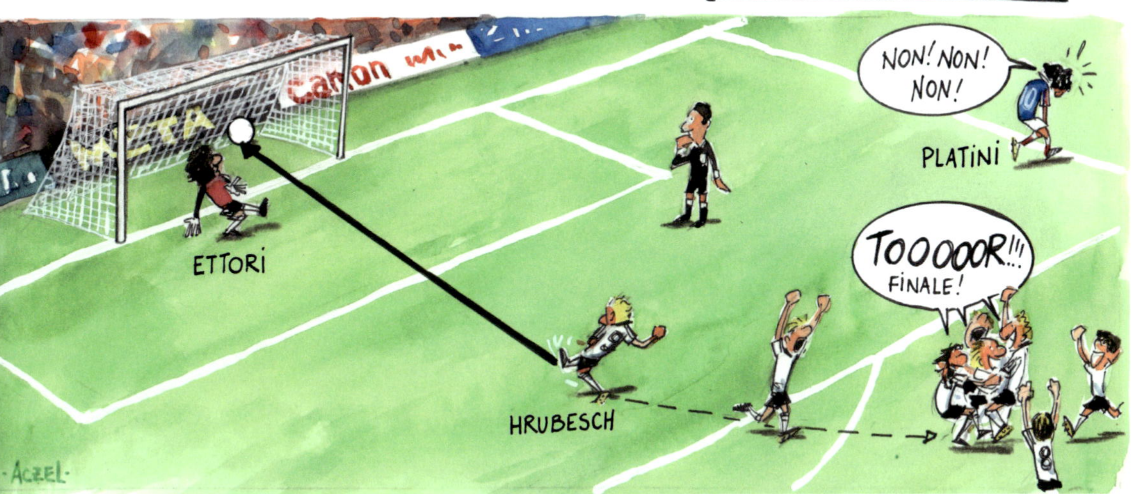

JAAAA! DIE ERLÖSUNG: HRUBESCH VERWANDELT DEN LETZTEN ELFMETER UND SCHIESST DIE DEUTSCHE MANNSCHAFT INS FINALE. WIEDER SO EIN JAHRHUNDERTSPIEL, DIESMAL ZU GUNSTEN VON DEUTSCHLAND.

NACH DEM SPIEL

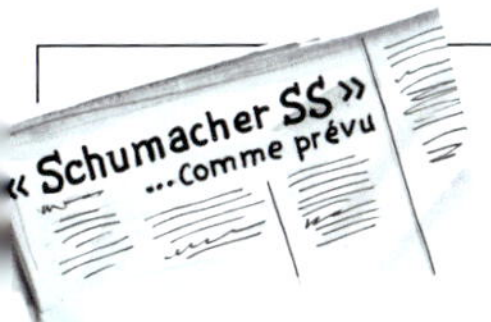

„TONI SCHUMACHER, BERUF: UNMENSCH" („L'EQUIPE")

„DIE AGGRESSION, DEREN OPFER BATTISTON WAR, WIRD DAS SYMBOL DES TRIUMPHES DER STRAFFREIHEIT FÜR GEWALT IM SPIEL SEIN, DES VERBRECHENS GEGEN DAS RECHT." (JACQUES FERRAN IN „FRANCE FOOTBALL")

„ALLES IST KRIEG. VON 1914 BIS 1940. UND 1982..."
(JEAN CAU IN „PARIS-MATCH")

„Die Deutschen sind Barbaren"

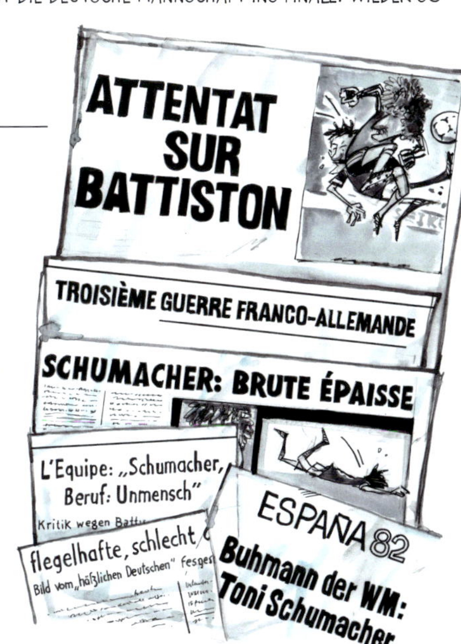

ATTENTAT SUR BATTISTON

TROISIÈME GUERRE FRANCO-ALLEMANDE

SCHUMACHER: BRUTE ÉPAISSE

L'Equipe: „Schumacher, Beruf: Unmensch"
Kritik wegen Batt

flegelhafte, schlecht
Bild vom „häßlichen Deutschen"

ESPAÑA 82
Buhmann der WM: Toni Schumacher

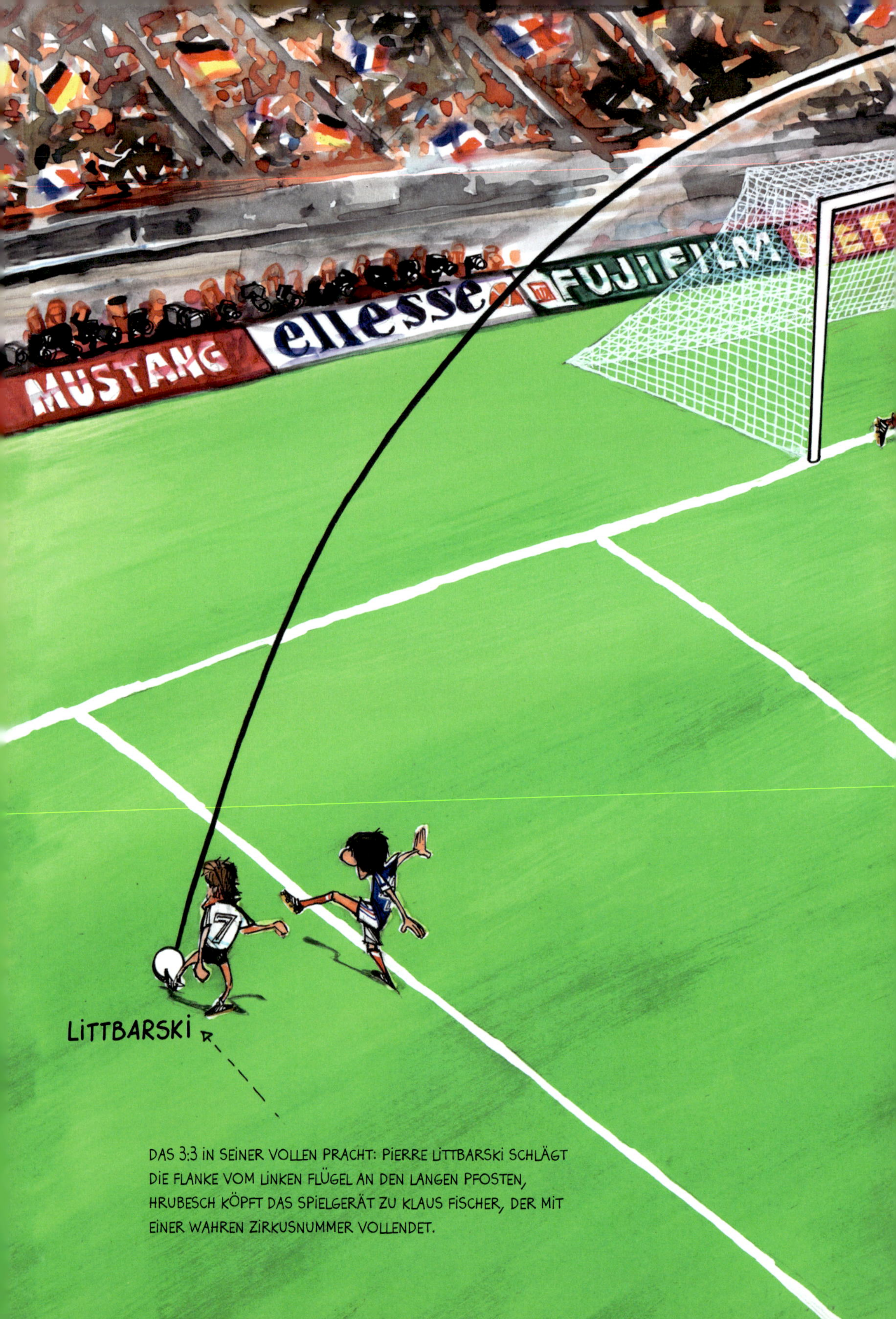

DAS 3:3 IN SEINER VOLLEN PRACHT: PIERRE LITTBARSKI SCHLÄGT DIE FLANKE VOM LINKEN FLÜGEL AN DEN LANGEN PFOSTEN, HRUBESCH KÖPFT DAS SPIELGERÄT ZU KLAUS FISCHER, DER MIT EINER WAHREN ZIRKUSNUMMER VOLLENDET.

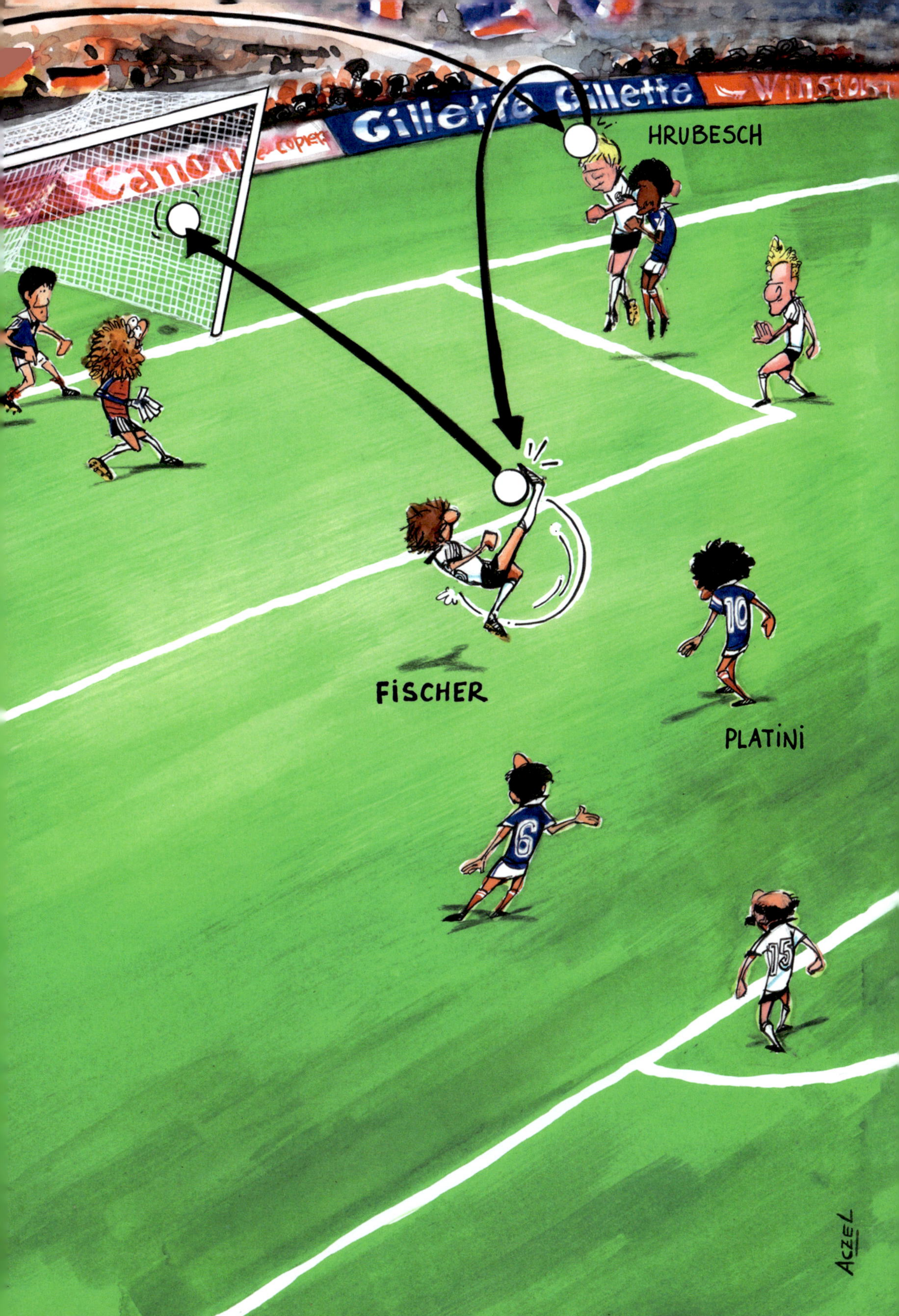
Gillette
HRUBESCH
FISCHER
PLATINI
ACZEL

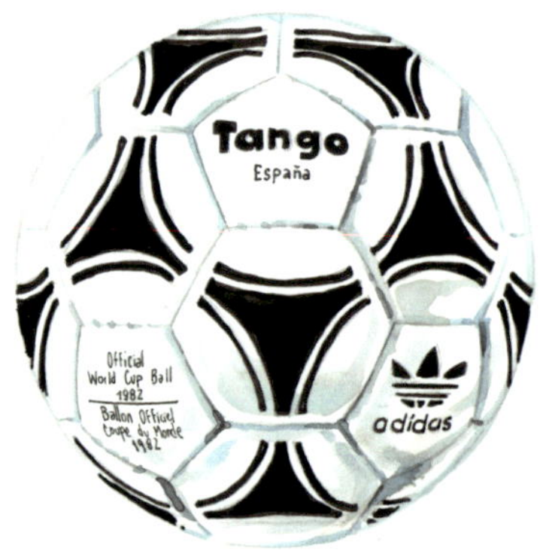

DER BALL DER WM 1982

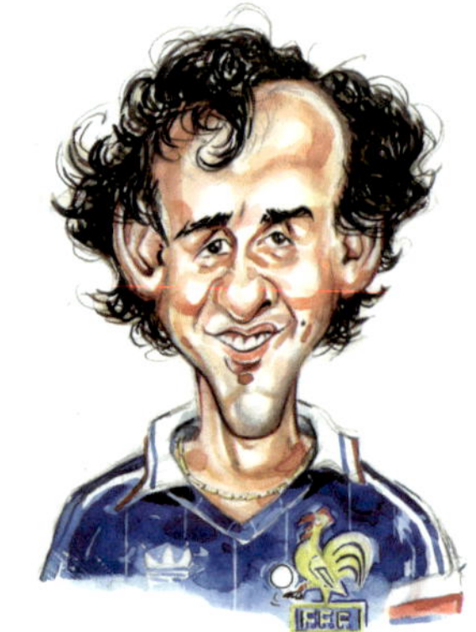

ERINNERUNGEN EINES GESCHLAGENEN: „DIE GEFÜHLE EINES GANZEN LEBENS HABE ICH IN DIESEM EINEN GEWALTIGEN FUSSBALLSPIEL ERLEBT. AUCH WENN WIR VERLOREN HABEN, SO WAR ICH DOCH DARSTELLER IN EINEM GROSSEN DRAMA."

MICHEL PLATINI

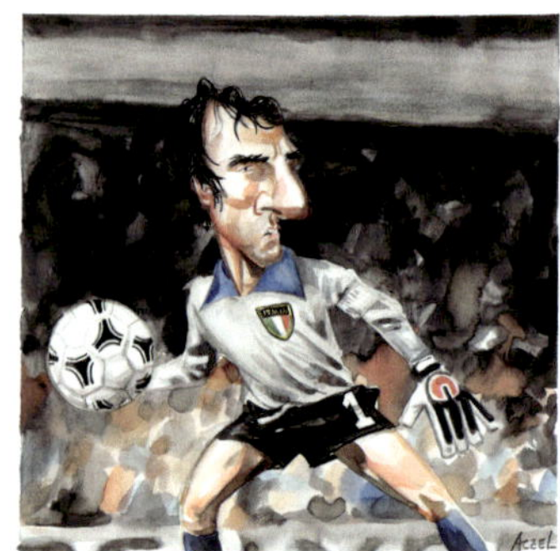

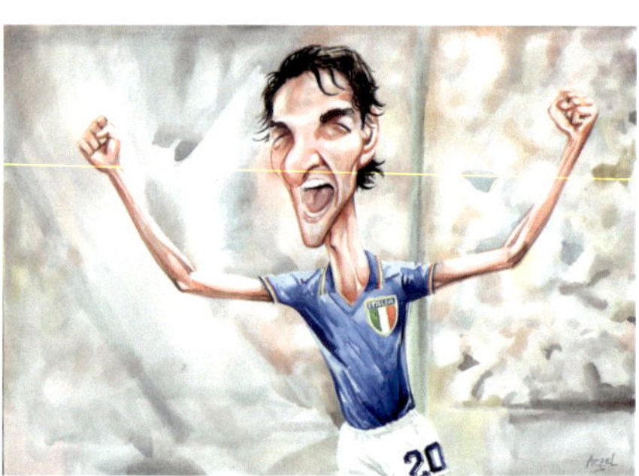

120 UNGLAUBLICHE INTENSIVE MINUTEN, DAZU EIN NERVENAUFREIBENDES ELFMETERSCHIESSEN UND DER NACHHALL DES VERHEERENDEN MEDIENECHOS NACH DEM EINZUG INS ENDSPIEL VON MADRID HATTEN DIE DEUTSCHE NATIONALMANNSCHAFT SICHTBAR GESCHWÄCHT. DIE ITALIENER UM TORWARTLEGENDE DINO ZOFF UND AUSNAHMESTÜRMER PAOLO ROSSI WAREN MIT EINEM 2:0-SIEG GEGEN POLEN VERGLEICHSWEISE EINFACH INS FINALE EINGEZOGEN. EIN KRÄFTEVORTEIL, DER SICH BEIM UNGEFÄHRDETEN 3:1-SIEG DER „AZZURRI" KLAR BEMERKBAR MACHTE.

DAS FINALE 11. JULI 1982

ITALIEN 3:1 DEUTSCHLAND

ESTADIO SANTIAGO BERNABEU, MADRID
ZUSCHAUER: 90.000
SCHIEDSRICHTER: ARNALDO CEZAR COELHO (BRASILIEN)

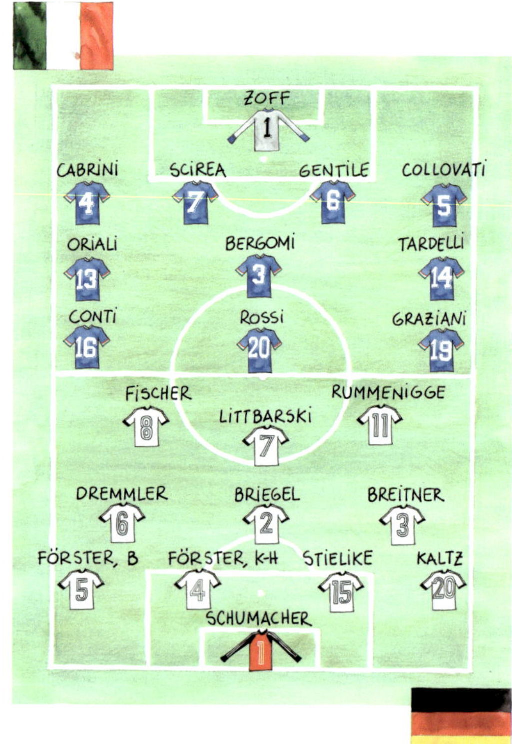

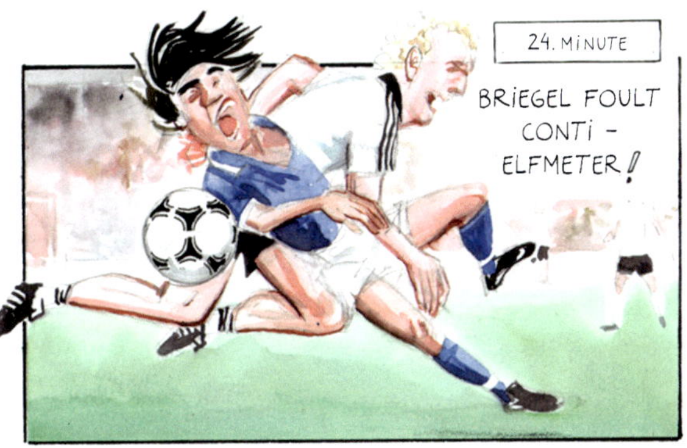
24. MINUTE
BRIEGEL FOULT CONTI – ELFMETER!

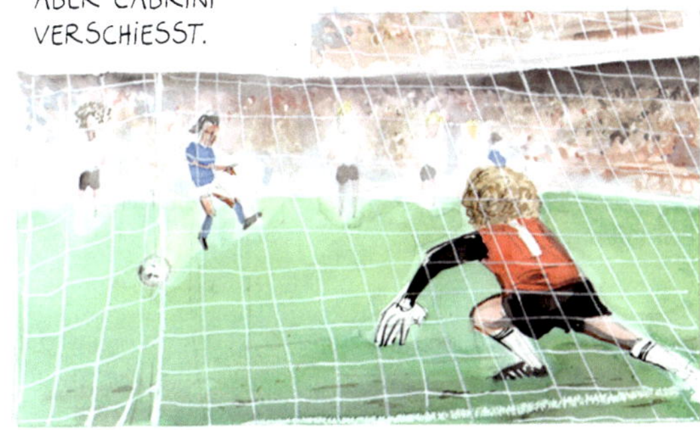
ABER CABRINI VERSCHIESST.

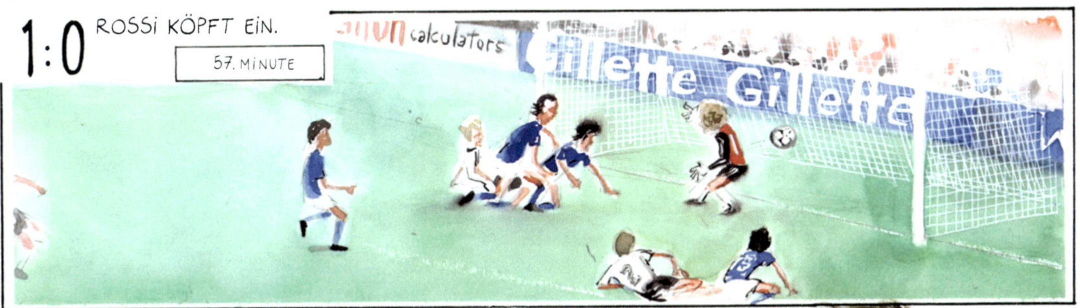
1:0
ROSSI KÖPFT EIN.
57. MINUTE
calculators
Gillette Gillette

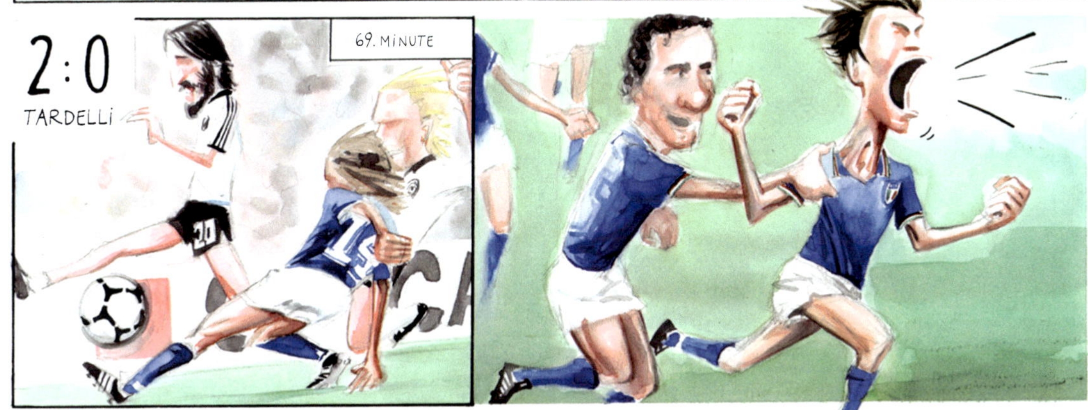
2:0
TARDELLI
69. MINUTE

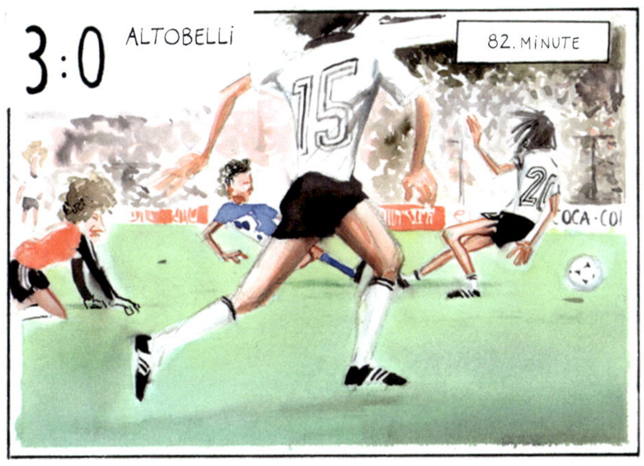
3:0
ALTOBELLI
82. MINUTE

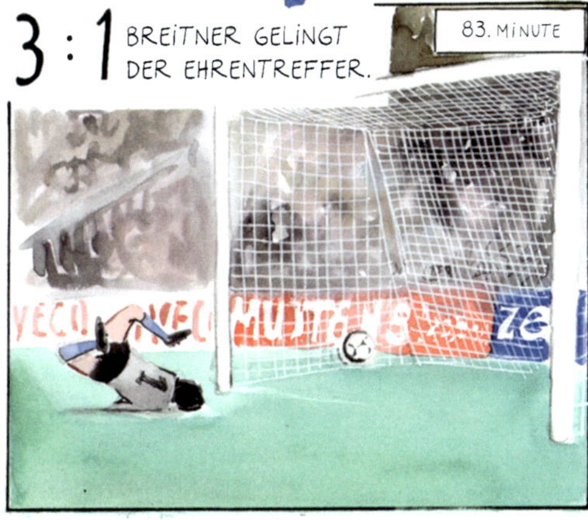
3:1
BREITNER GELINGT DER EHRENTREFFER.
83. MINUTE

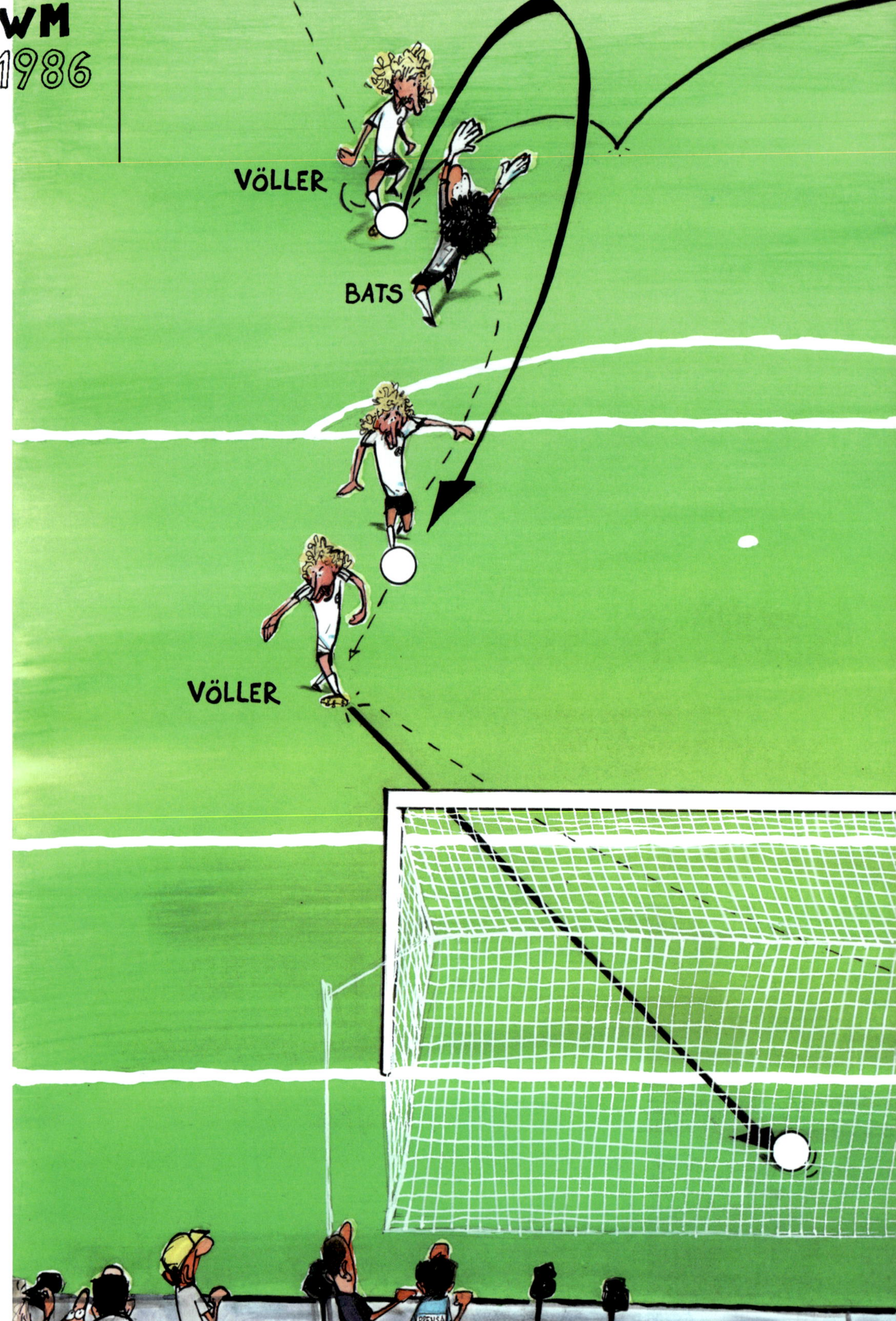
WM
1986
VÖLLER
BATS
VÖLLER
PRENSA

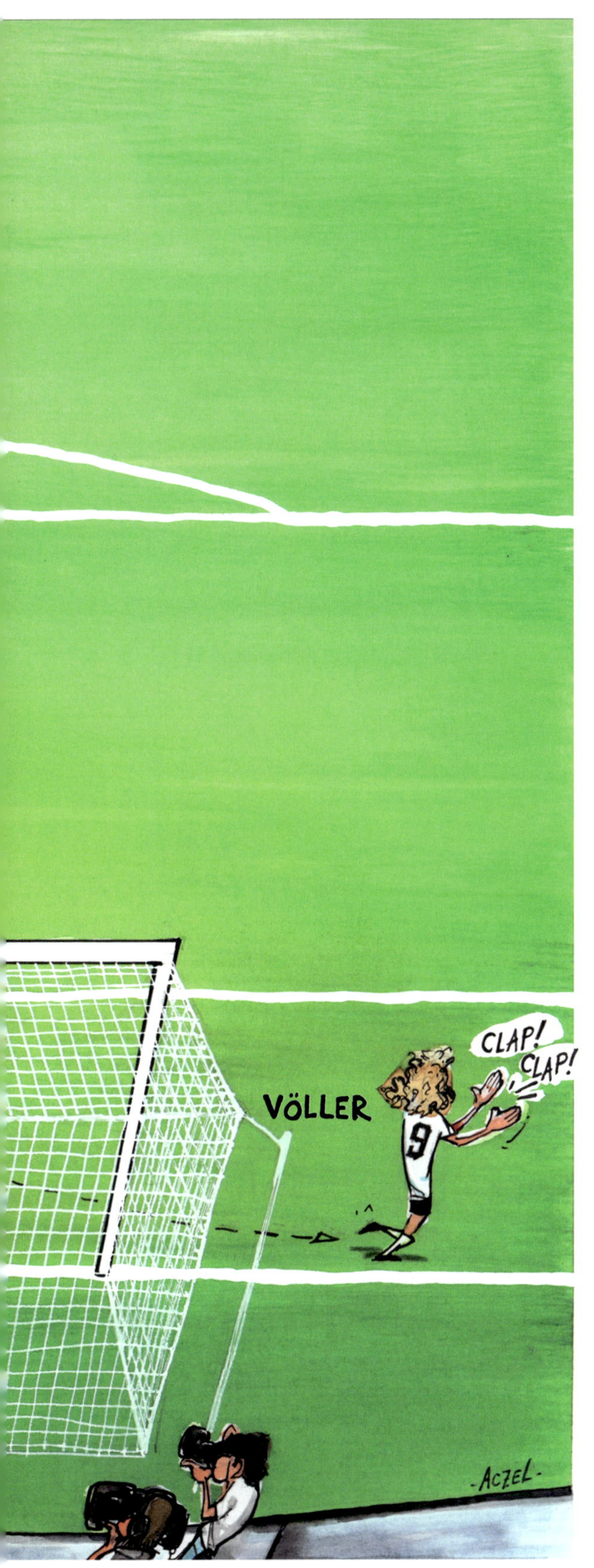

1986

WM-HALBFINALE

WIEDER EIN HALBFINALE GEGEN FRANKREICH UND PLATINI, WIEDER EIN DEUTSCHER SIEG. FÜR DIE ENTSCHEIDUNG SORGT RUDI VÖLLER MIT DEM 2:0 IN DER 90. MINUTE. ERST EIN FRECHER LUPFER GEGEN TORWART BATS, DANN DER LÄSSIGE ABSCHLUSS.

RUDI VÖLLER

„TANTE KÄTHE"

Einer der besten und beliebtesten Stürmer der deutschen Fußball-Geschichte. Angesichts Völlers Lockenpracht fühlte sich Nationalmannschaftskollege Thomas Berthold an eine „Tante Käthe" erinnert. „Rudi Nazionale" hingegen hieß der Angreifer während seiner Zeit beim AS Rom. Sein Debüt für die DFB-Auswahl gab er 1982, bei der WM vier Jahre später schoss er drei Tore; die Krönung seiner Karriere war der Gewinn der WM 1990 in Italien. Spätestens seit seiner Zeit als Bundestrainer weiß jeder im Lande, dass es nur einen Rudi Völler gibt.

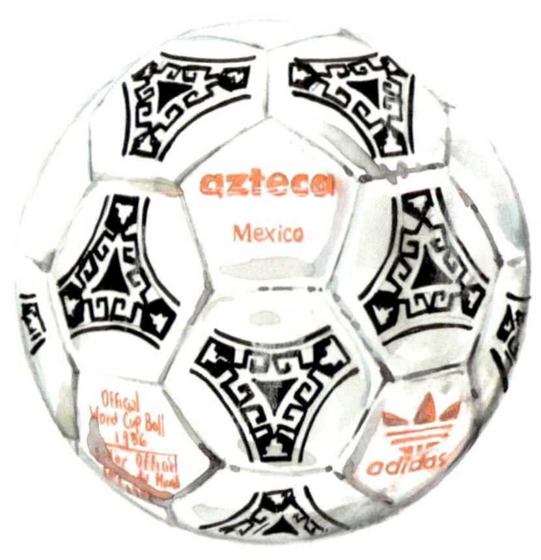

DER BALL DER WM 1986

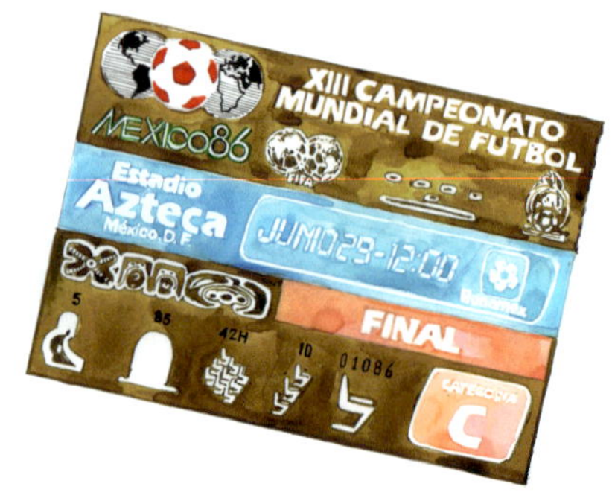

EINTRITTSKARTE FÜR DAS ENDSPIEL

DAS FINALE 29. JUNI 1986

ARGENTINIEN 3:2 DEUTSCHLAND

ESTADIO AZTECA, MEXIKO CITY
ZUSCHAUER: 114.600
SCHIEDSRICHTER: ROMUALDO ARPPI FILHO (BRASILIEN)

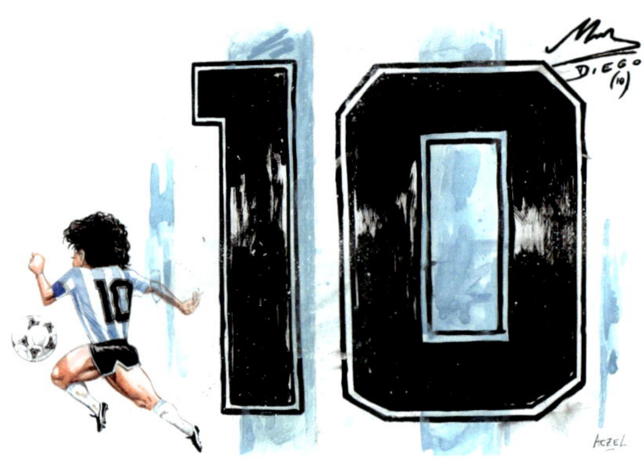

MARADONA MAGIC:
EIN GENIALER MOMENT VON „EL DIEZ" REICHTE, UM DIE HOFFNUNGEN DER DEUTSCHEN IM FINALE IM KEIM ZU ERSTICKEN. DURCH SPÄTE TORE VON RUMMENIGGE UND VÖLLER HATTE DIE BRD DIE 2:0-FÜHRUNG DER ARGENTINIER EGALISIERT, EHE MARADONA BURRUCHAGA MIT EINEM TRAUMPASS AUF DIE REISE SCHICKTE – DEM 3:2 IN DER 84. MINUTE HATTE DIE DEUTSCHE MANNSCHAFT NICHTS MEHR ENTGEGENZUSETZEN.

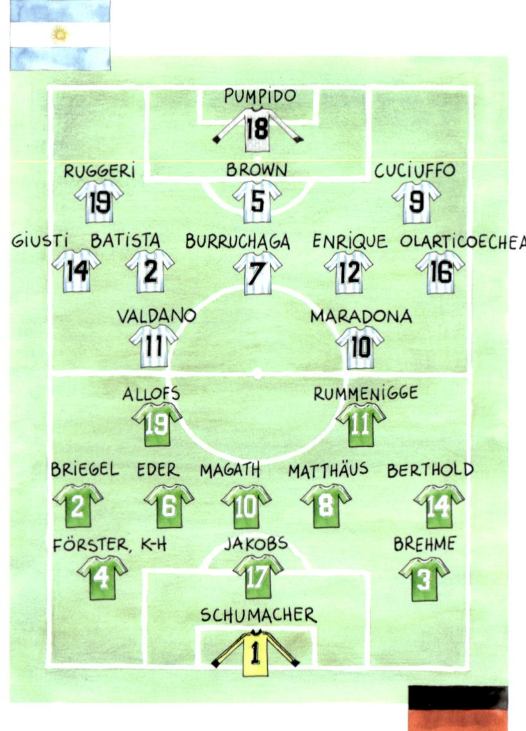

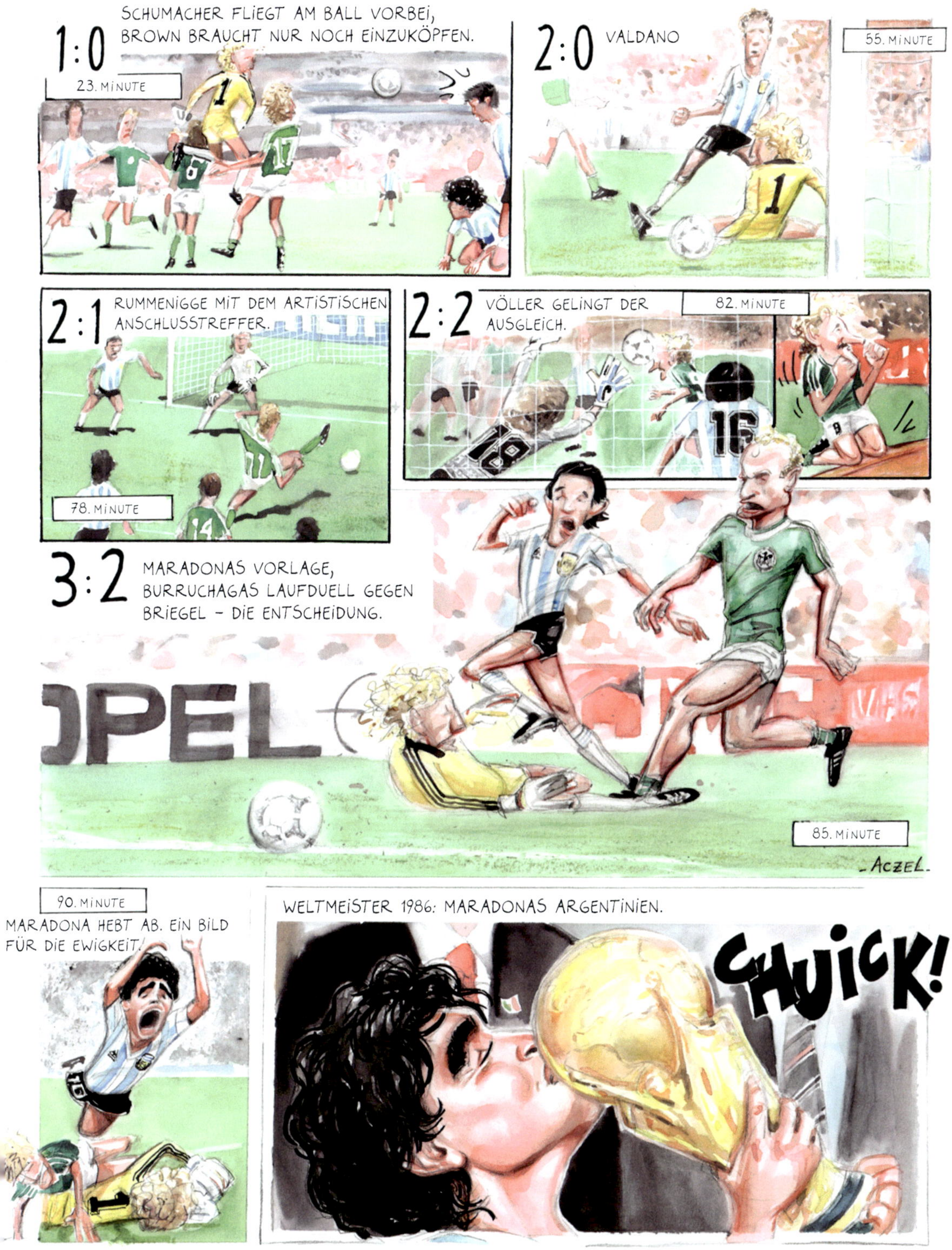

1:0 SCHUMACHER FLIEGT AM BALL VORBEI, BROWN BRAUCHT NUR NOCH EINZUKÖPFEN.

23. MINUTE

2:0 VALDANO

55. MINUTE

2:1 RUMMENIGGE MIT DEM ARTISTISCHEN ANSCHLUSSTREFFER.

78. MINUTE

2:2 VÖLLER GELINGT DER AUSGLEICH.

82. MINUTE

3:2 MARADONAS VORLAGE, BURRUCHAGAS LAUFDUELL GEGEN BRIEGEL – DIE ENTSCHEIDUNG.

85. MINUTE

– ACZEL –

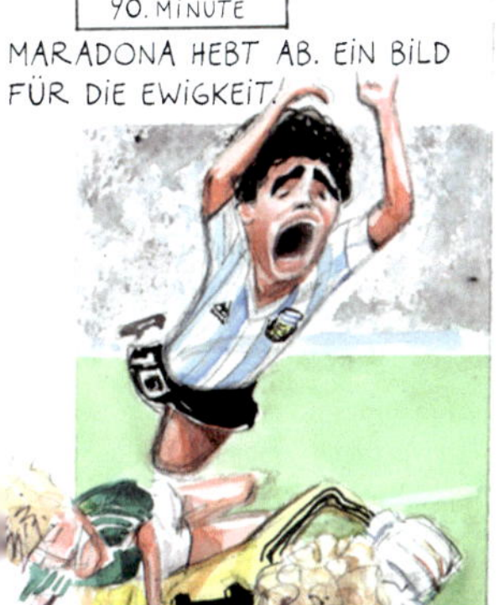

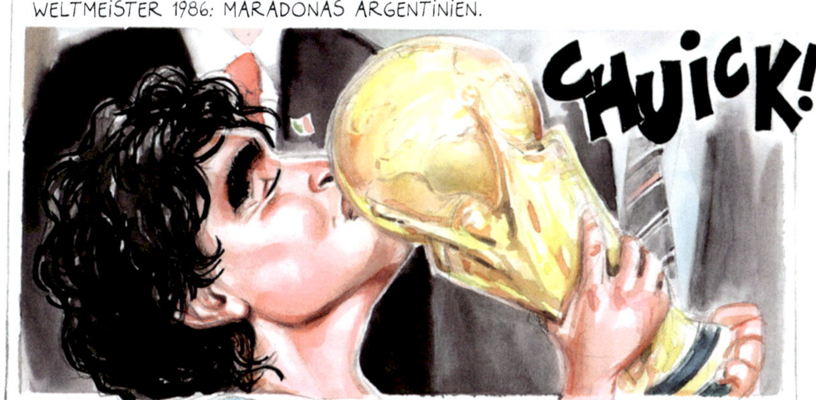

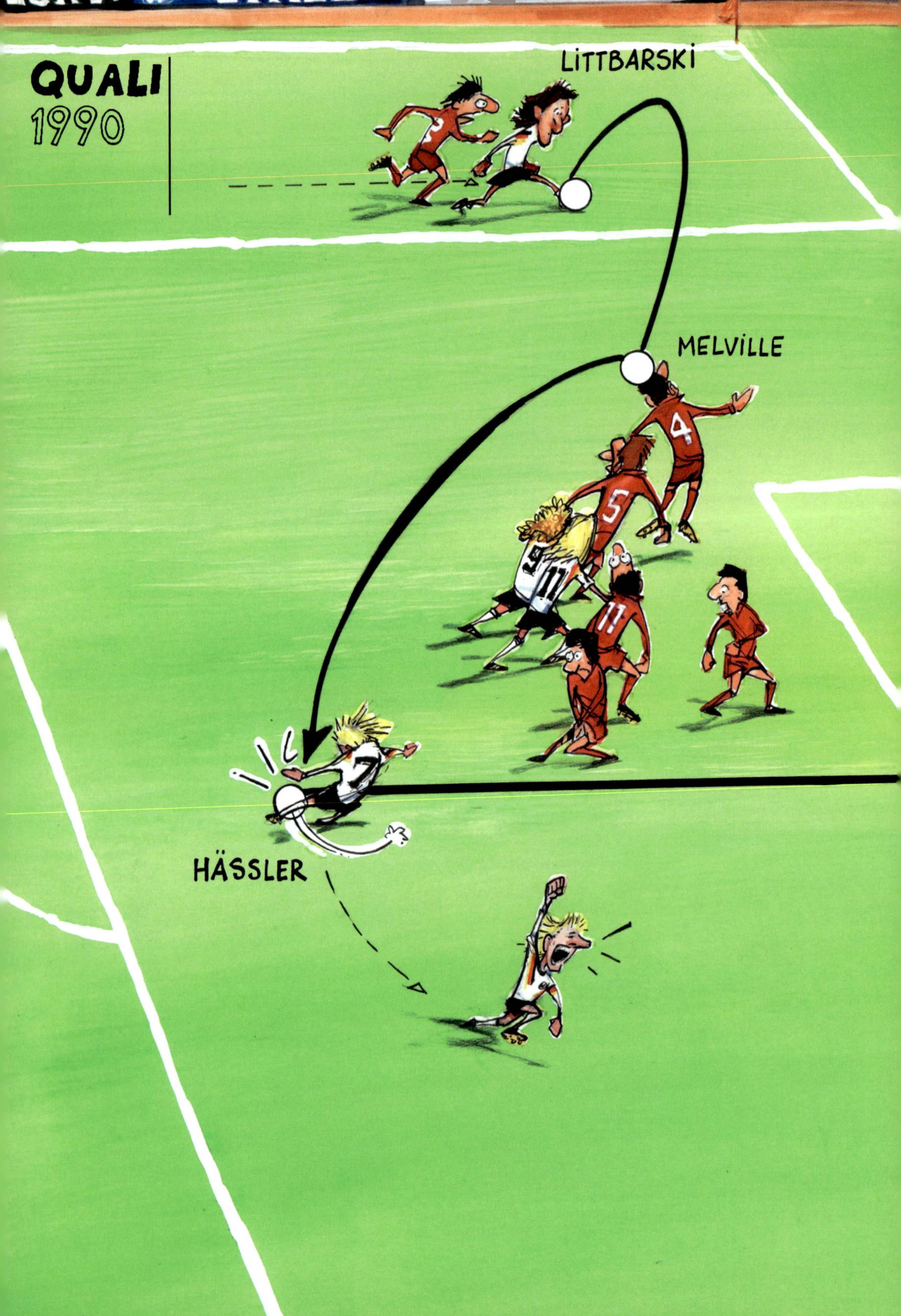
QUALI
1990
LITTBARSKI
MELVILLE
HÄSSLER

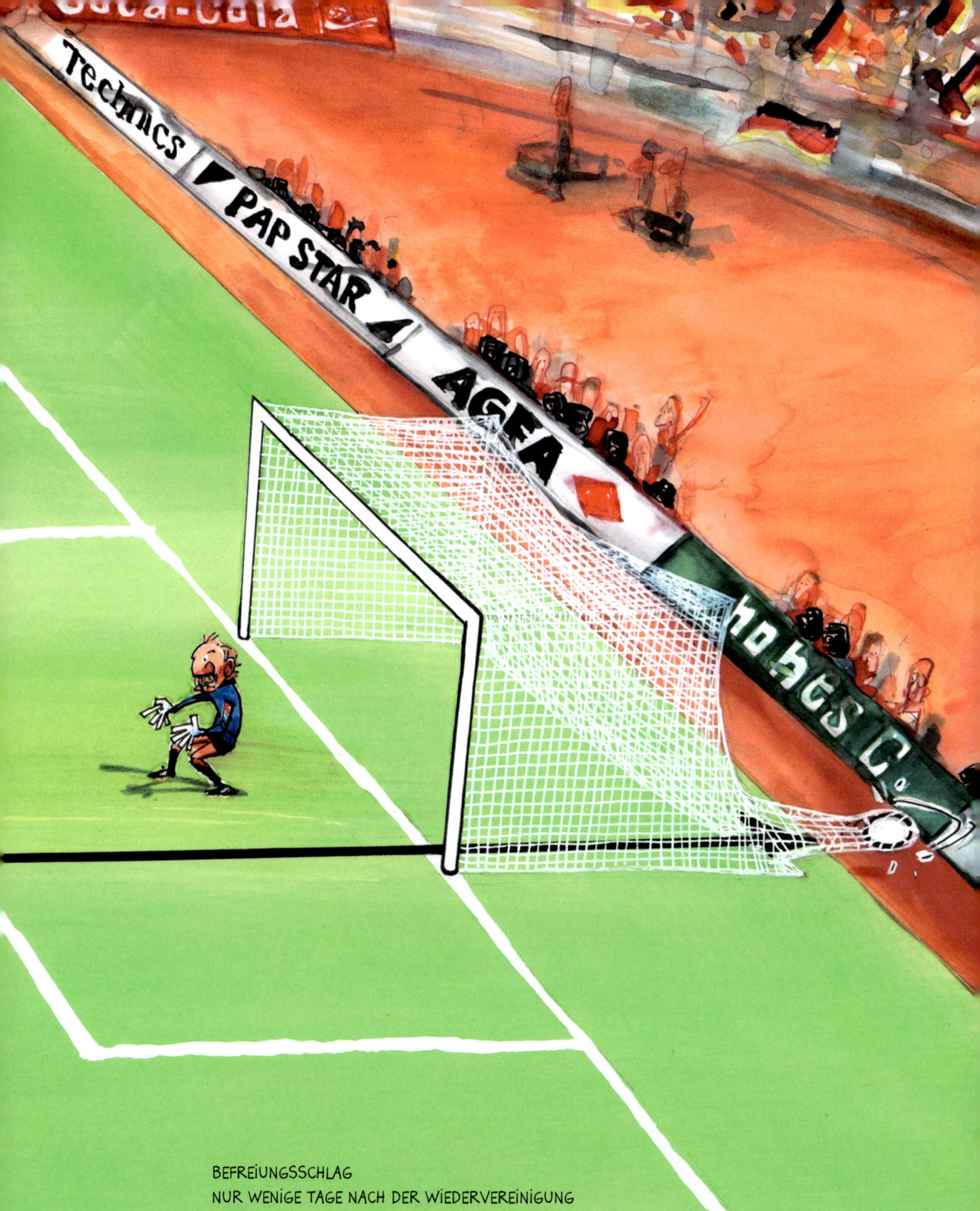

BEFREIUNGSSCHLAG
NUR WENIGE TAGE NACH DER WIEDERVEREINIGUNG BRAUCHTE DEUTSCHLAND EINEN SIEG GEGEN WALES, UM SICH FÜR DAS WELTTURNIER IN ITALIEN ZU QUALIFIZIEREN. ERST EIN HERRLICHER VOLLEYTREFFER VON THOMAS „ICKE" HÄSSLER SORGTE FÜR KLARHEIT.

DIE 1980ER IM ÜBERBLICK

„BREITNER AUF BRIEGEL, BRIEGEL AUF STIELIKE – NAMEN, DIE MIR GERADE AUF DER ZUNGE LIEGEN UND DORT EINEN SEHR EKLIGEN BEIGESCHMACK HINTERLASSEN."

(DER ENGLISCHE TV-REPORTER HUGH JOHNS MUSS SICH ÜBERWINDEN, DEN NICHTANGRIFFSPAKT ZWISCHEN DEUTSCHLAND UND ÖSTERREICH BEI DER WM 1982 ZU KOMMENTIEREN)

„ETWA 40.000 PERSONEN ANGEBLICH VON 26 DEUTSCHEN UND ÖSTERREICHISCHEN STAATSBÜRGERN BETROGEN"

(SCHLAGZEILE DER ZEITUNG „EL COMERCIO DE GIJÓN" NACH DEM SKANDALSPIEL BEI DER WM 1982 – DER BERICHT WURDE IN DER RUBRIK „POLIZEIBERICHT" VERÖFFENTLICHT)

„ICH KANN MICH NICHT UM DIE REAKTIONEN DER ZUSCHAUER KÜMMERN, DAS IST DAS RISIKO DER LEUTE, WENN SIE FÜR 800 MARK HIERHER FLIEGEN ZUM SPIEL. GENAUSO WIE ES MEIN RISIKO IST, HIERHERZUKOMMEN ALS SPIELER, UM DANN VIELLEICHT FRÜH AUSZUSCHEIDEN."

(NATIONALSPIELER WOLFGANG DREMMLER NACH DER „SCHANDE VON GIJÓN")

„NICHT SELTEN WURDE UM 20.000 BIS 30.000 MARK GEPOKERT. ANDERE BUMSTEN BIS ZUM MORGENGRAUEN UND KAMEN WIE NASSE LAPPEN ZUM TRAINING GEKROCHEN. WIEDER ANDERE GOSSEN REICHLICH WHISKY IN SICH REIN, SCHLIMMER ALS QUARTALSSÄUFER."

(AUSZUG AUS TONI SCHUMACHERS MEMOIREN „ANPFIFF" ÜBER DIE ATMOSPHÄRE IM DEUTSCHEN LAGER BEI DER WM 1982)

„MARADONA WEINT FREUDENTRÄNEN FÜR ARGENTINIEN. DER BESTE FUSSBALLER DER WELT HAT DEUTSCHLAND ZERSTÖRT."

(DIE ENGLISCHE ZEITUNG THE SUN NACH DEM WM-FINALE VON 1986)

„ICH HABE GEHALTEN WIE EIN ARSCH, SONST WÄREN WIR WELTMEISTER."

(TONI SCHUMACHER NACH SEINEM LETZTEN SPIEL BEI EINER WELTMEISTERSCHAFT – DEM ENDSPIEL 1986 GEGEN ARGENTINIEN)

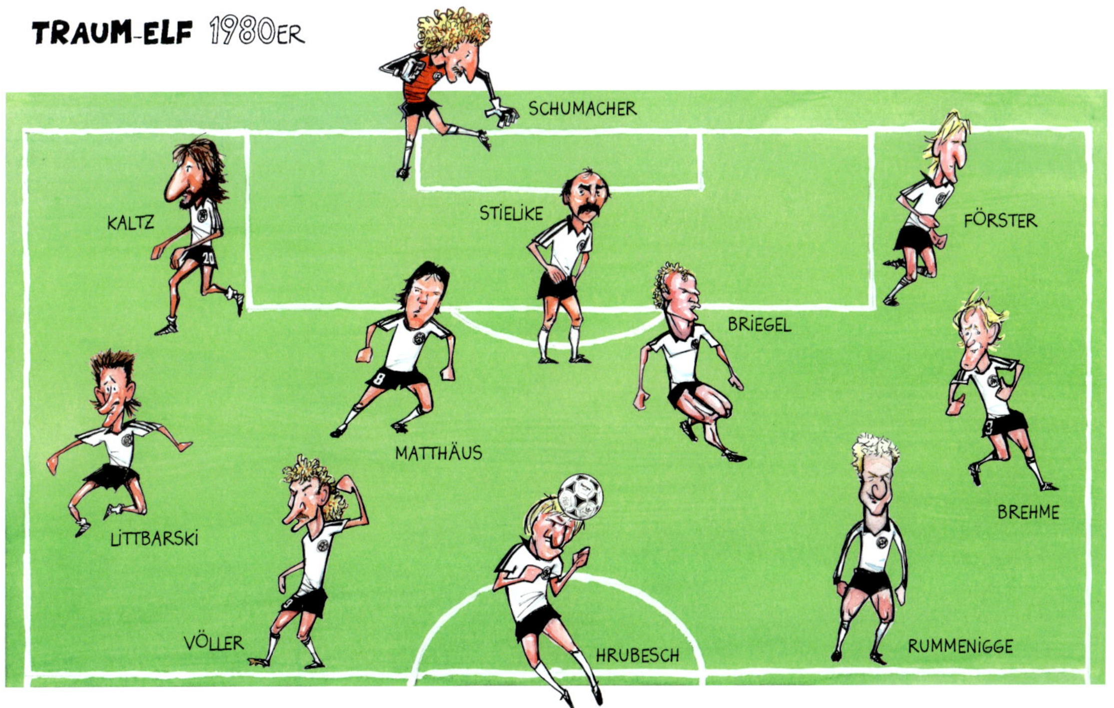

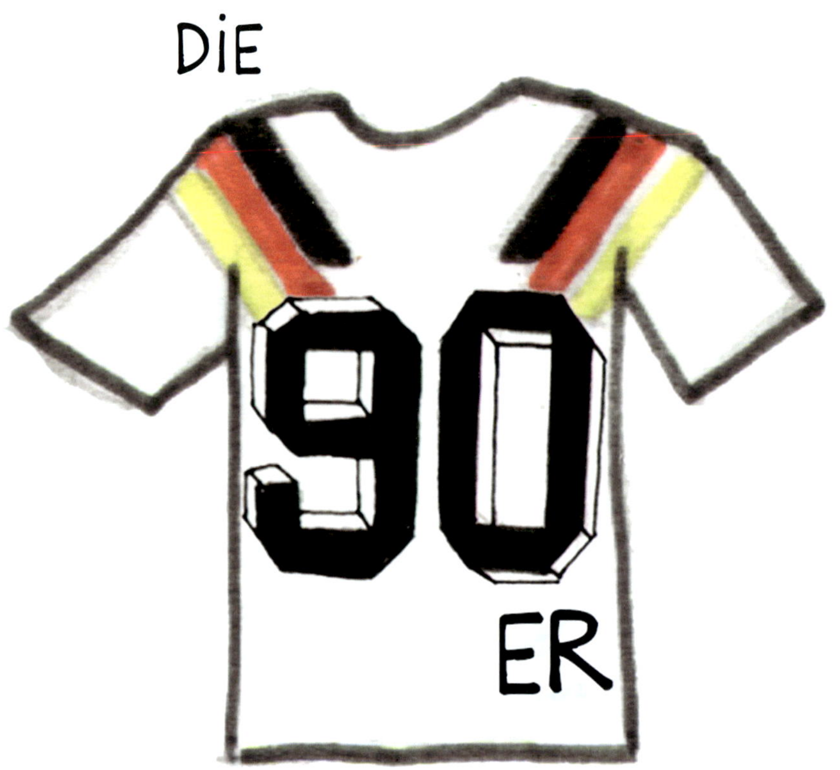

AUF JAHRE HINAUS UNSCHLAGBAR

Das neue Jahrzehnt begann für die Deutschen gleich mit den ganz großen Gefühlen. Erst die Wiedervereinigung, dann der große Triumph bei der Weltmeisterschaft in Italien. Unter der Führung von Weltfußballer Lothar Matthäus und Teamchef Franz Beckenbauer schwang sich die DFB-Elf in den Fußball-Olymp auf. Vier Jahre nach dem Sieg von Rom war der Star die Mannschaft und Oliver Bierhoff der erste Golden-Goal-Schütze der Geschichte. So schön die 90er-Jahre begonnen hatten, so hässlich endeten sie: der Beginn des deutschen Rumpelfußballs.

DIE HELDEN VON ROM

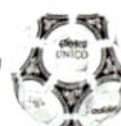

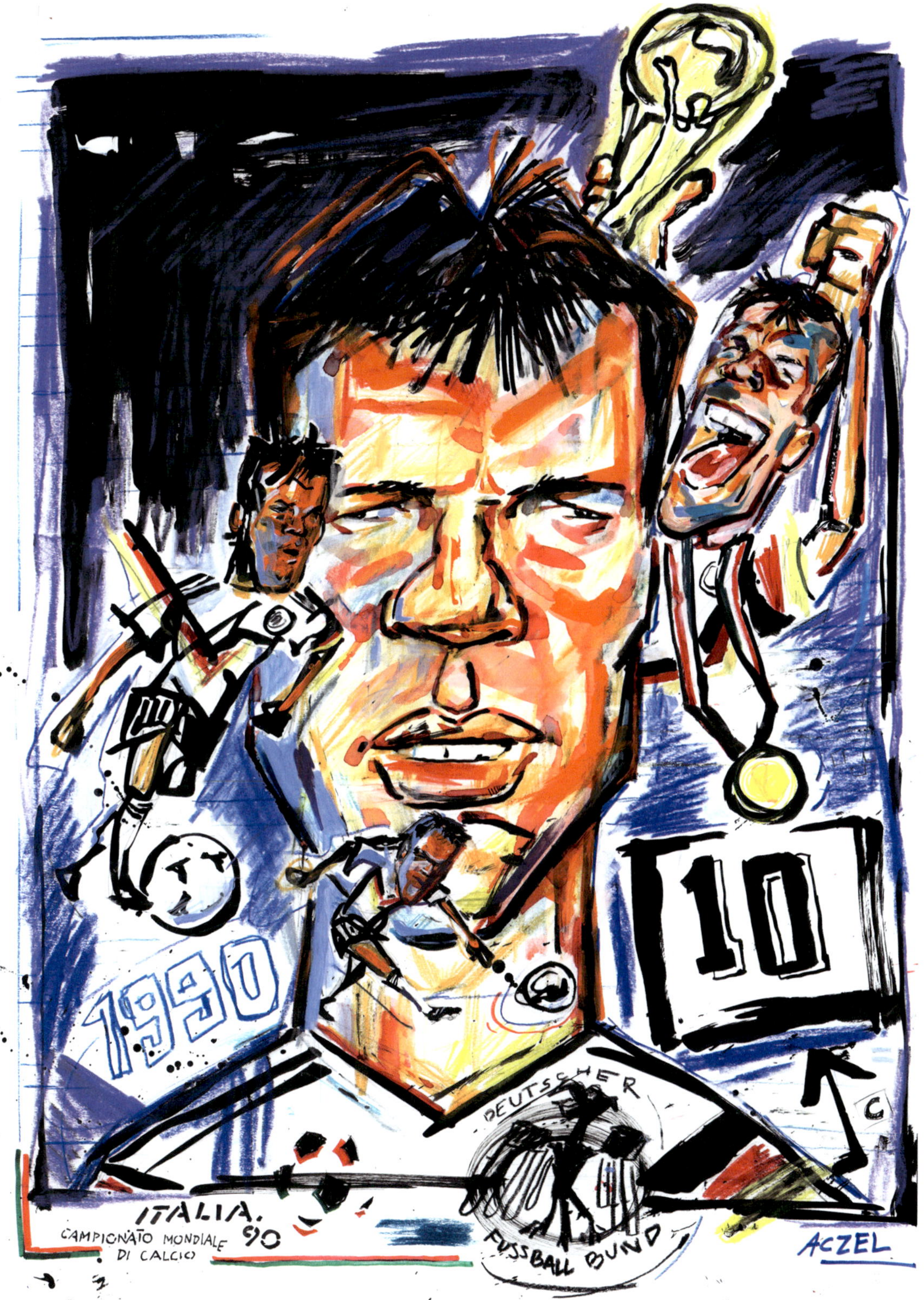

„IL GRANDE"

UNUMSTRITTENER LEITWOLF AUF DEM RASEN, UMSTRITTENE FIGUR ABSEITS DES RASENS: „IL GRANDE", WIE SIE LOTHAR MATTHÄUS IN ITALIEN NOCH HEUTE NENNEN, WURDE IN DEN 90ERN ENDGÜLTIG ZUM GESICHT DES DEUTSCHEN FUSSBALLS.

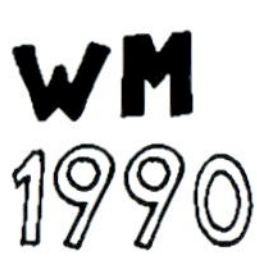

DAS VIELLEICHT BESTE SPIEL SEINER NATIONALMANNSCHAFTSKARRIERE: BEIM 4:1-AUFTAKTSIEG GEGEN JUGOSLAWIEN SCHLOSS MATTHÄUS SEIN FANTASTISCHES SOLO MIT EINEM FULMINANTEN DISTANZSCHUSS AB.

LOTHAR MATTHÄUS

Man mag von Lothar Matthäus halten, was man will, wenn es darum geht, die besten deutschen Fußballer aller Zeiten zu ehren, kommt man um ihn nicht herum. Sein Debüt in der Nationalmannschaft gab er 1980, erst zwei Jahrzehnte und 150 Länderspiele später beendete er seine internationale Laufbahn. „Loddar“ ist Europameister, Weltmeister, Weltfußballer und Urheber zahlreicher unvergesslicher Sentenzen („Ein Lothar Matthäus gehört in den Sportteil und nicht auf die Klatschseiten. Daran arbeite ich.“).

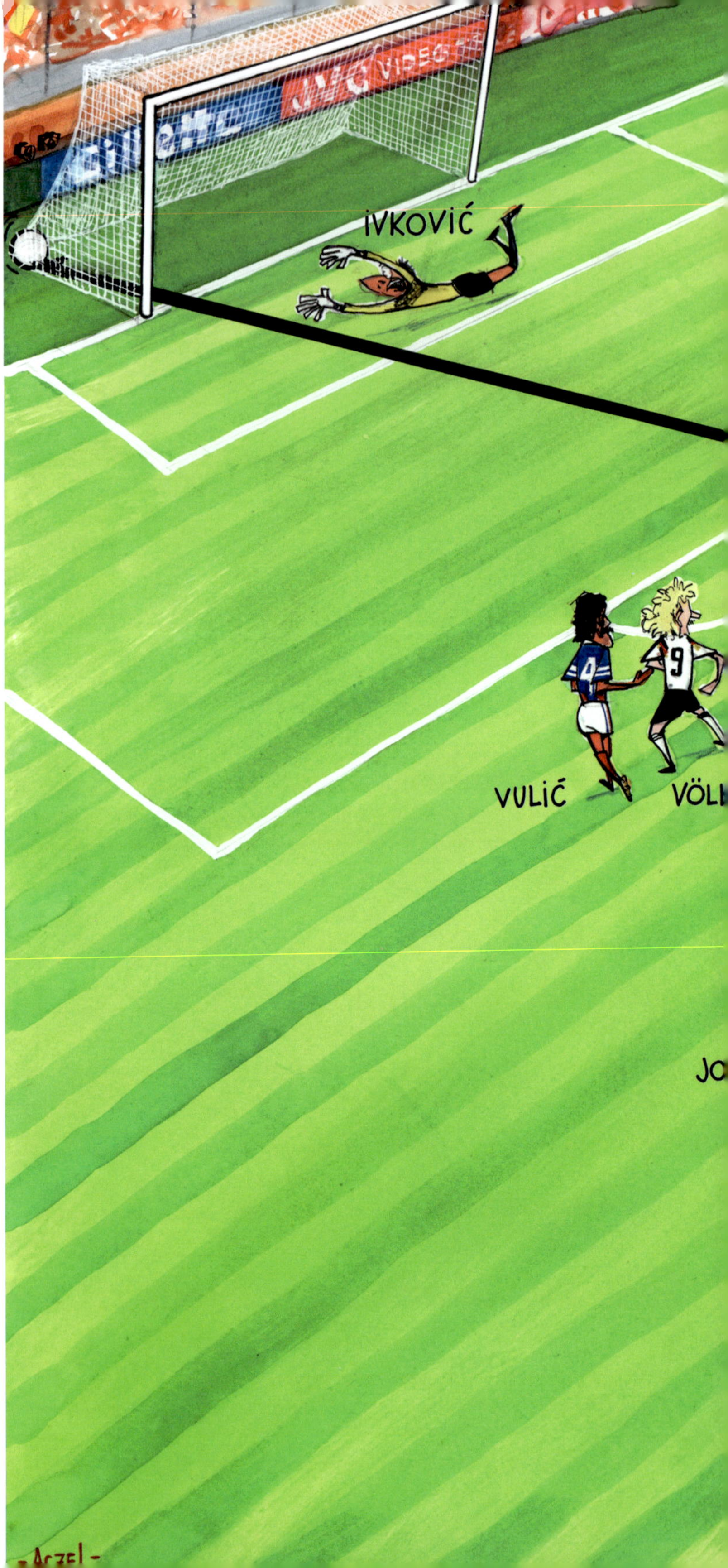

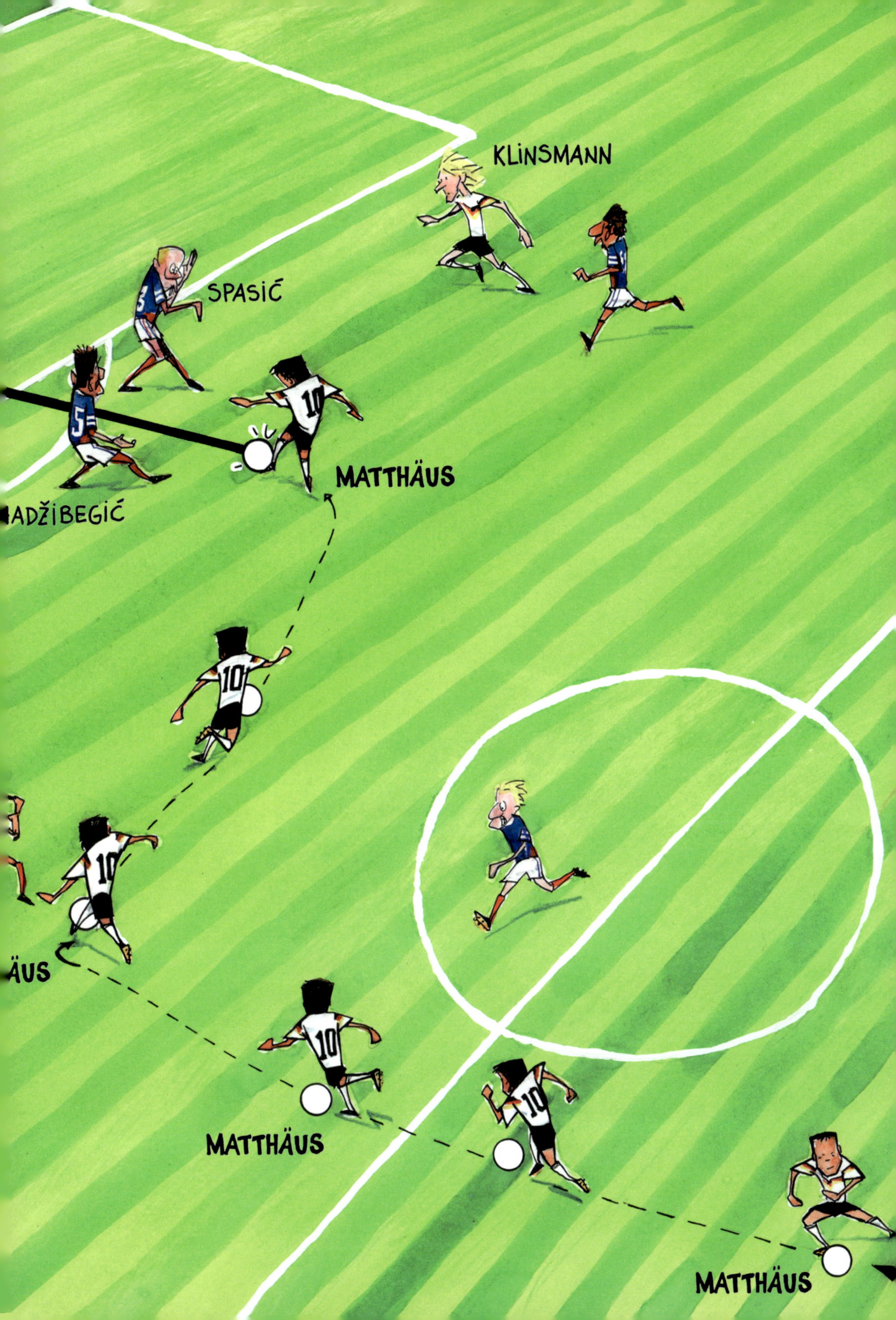
KLINSMANN
SPASIĆ
MATTHÄUS
ADŽIBEGIĆ
ÄUS
MATTHÄUS
MATTHÄUS

ERZRIVALEN

DEUTSCHLAND VS NIEDERLANDE

ACHTELFINALE WM 1990

DER VIZE-WELTMEISTER VON 1986 GEGEN DEN AMTIERENDEN EUROPAMEISTER HOLLAND – DAS K.O-SPIEL DER BEIDEN RIVALEN WURDE ZUM VORGEZOGENEN WM-FINALE.

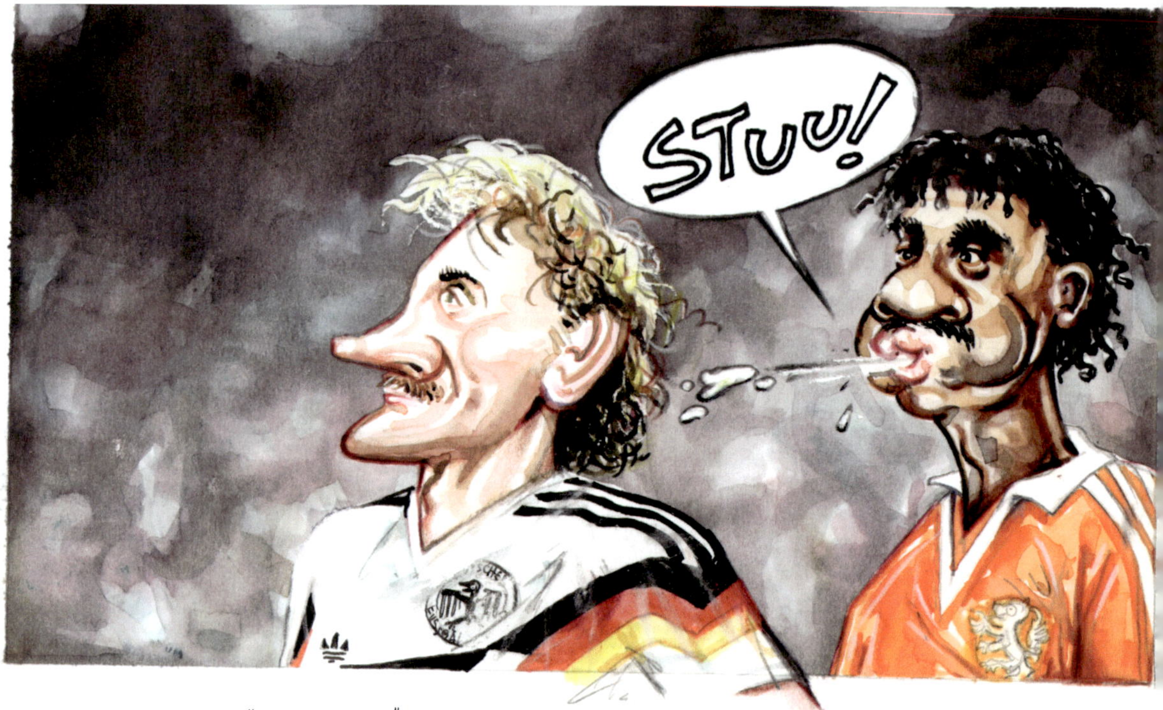

„SCHICKT DEN MANN ZURÜCK IN DIE PAMPA!", KOMMENTIERTE HERIBERT FASSBENDER DEN NICHT-PFIFF DES ARGENTINISCHEN SCHIEDSRICHTERS JUAN CARLOS LOUSTAU. HOLLANDS SUPERSTAR FRANK RIJKAARD SPUCKT RUDI VÖLLER IN DIE LOCKENPRACHT. ZUM DANK DAFÜR FLOG AUCH „TANTE KÄTHE" VOM PLATZ. DER SKANDAL DIESER WM.

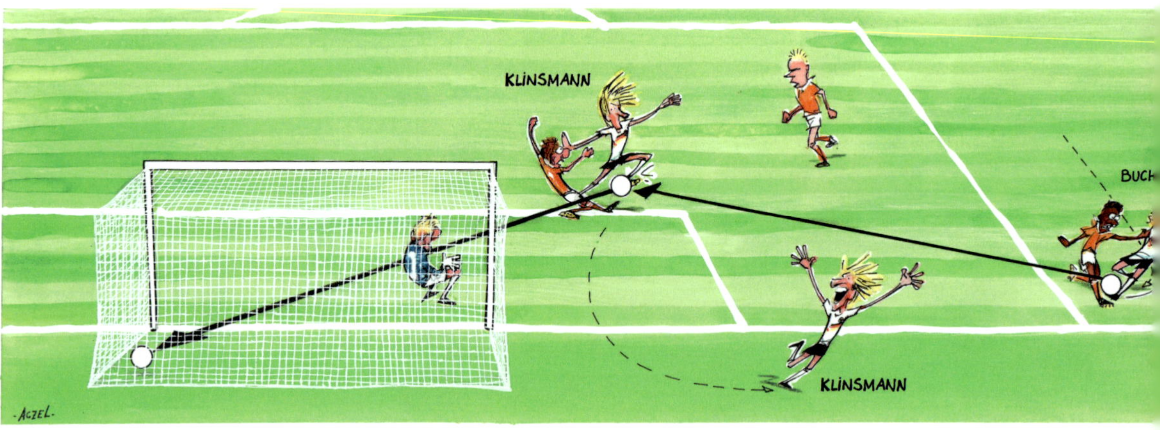

DER AUSFALL IHRES BESTEN DEFENSIVSPIELERS HATTE FÜR DIE HOLLÄNDER FATALE FOLGEN. VÖLLERS STURMPARTNER JÜRGEN KLINSMANN MACHTE DAS SPIEL SEINES LEBENS UND STÜRMTE DEN GEGNER FAST IM ALLEINGANG AN DIE WAND. KURZ NACH DER HALBZEIT GELANG IHM DAS 1:0.

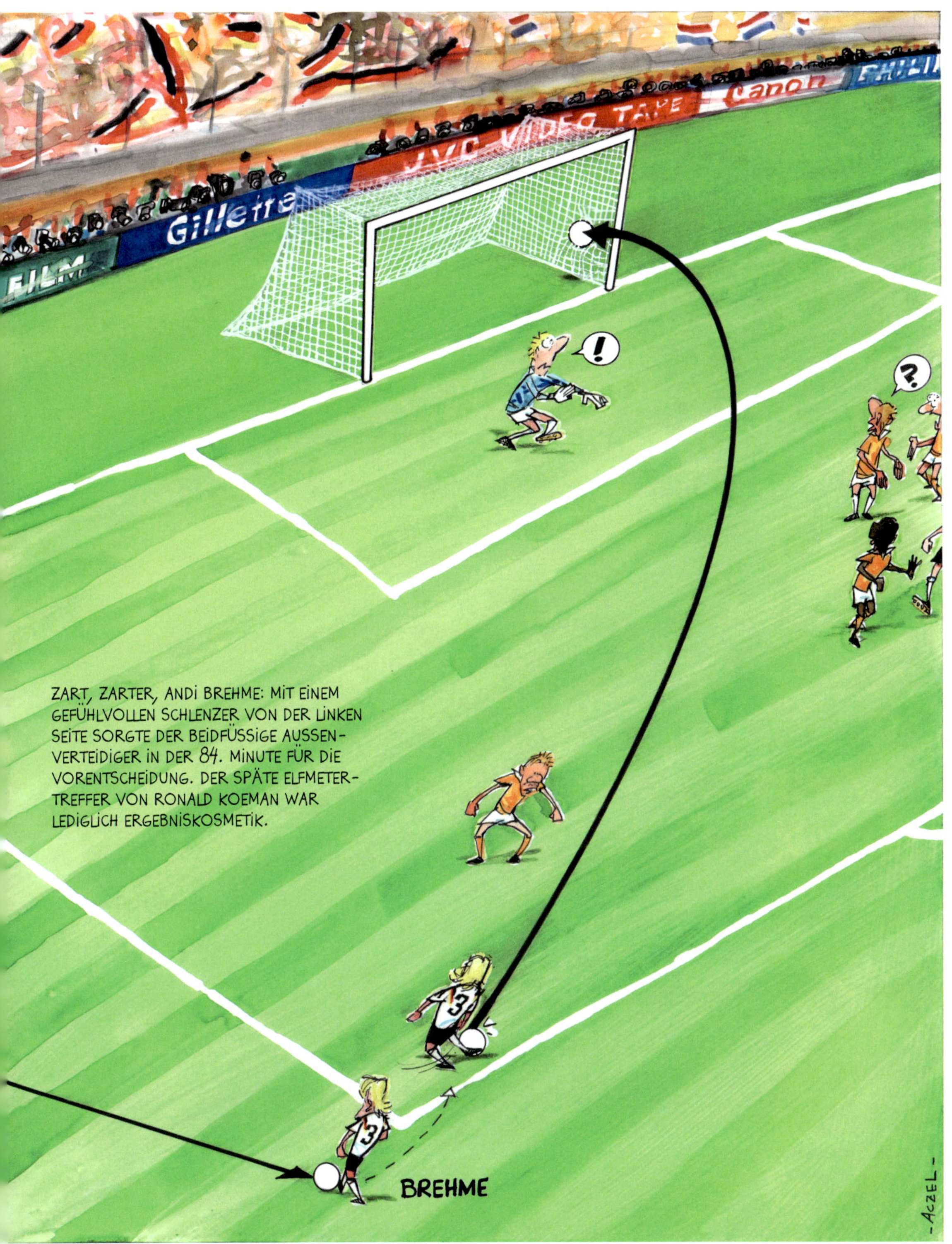
Gillette
JVC VIDEO TAPE
Canon
FILM
!
?
ZART, ZARTER, ANDI BREHME: MIT EINEM GEFÜHLVOLLEN SCHLENZER VON DER LINKEN SEITE SORGTE DER BEIDFÜSSIGE AUSSEN-VERTEIDIGER IN DER 84. MINUTE FÜR DIE VORENTSCHEIDUNG. DER SPÄTE ELFMETER-TREFFER VON RONALD KOEMAN WAR LEDIGLICH ERGEBNISKOSMETIK.
3
3
BREHME
-ACZEL-

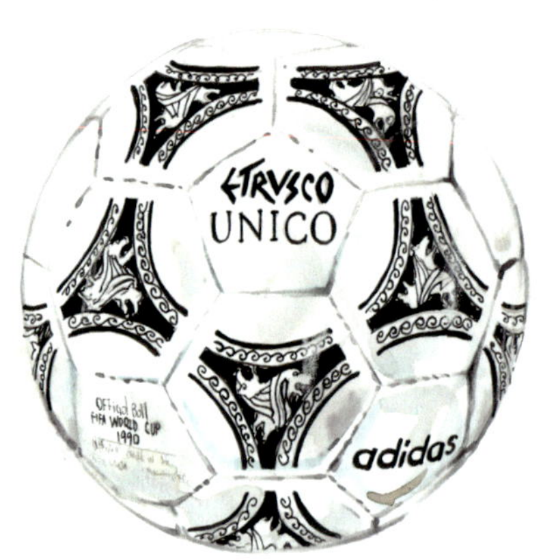

DER BALL DER WM 1990

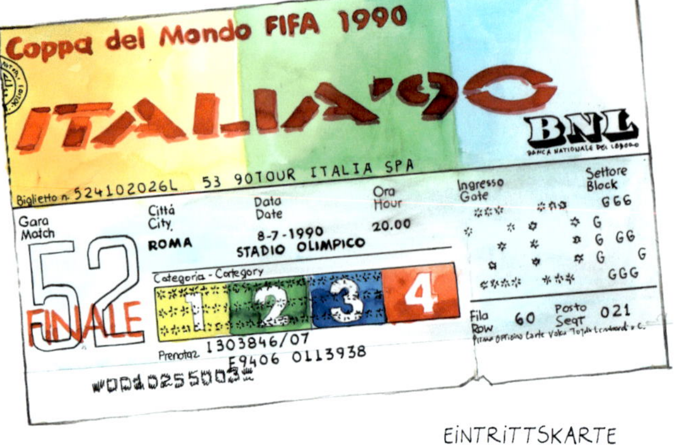

EINTRITTSKARTE
WM 1990

DAS FINALE 8. JULI 1990

DEUTSCHLAND 1:0 ARGENTINIEN

STADIO OLIMPICO, ROM
ZUSCHAUER: 73.603
SCHIEDSRICHTER: EDGARDO CODESAL MENDEZ (MEXIKO

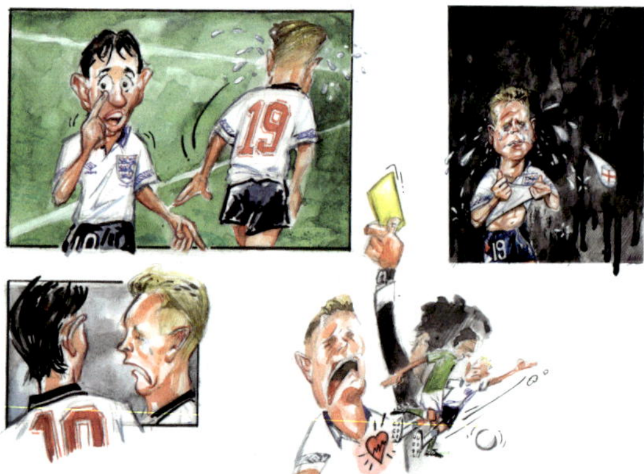

FÜR ENGLISCHE FUSSBALLFANS IST DIE WELTMEISTERSCHAFT IN ITALIEN UNTRENNBAR MIT DEN KROKODILSTRÄNEN VON SUPERSTAR PAUL GASCOIGNE VERBUNDEN. GAZZA, EINER DER BESTEN SPIELER DIESES TURNIERS, ERHIELT IM HALBFINALE GEGEN DEUTSCHLAND DIE ZWEITE GELBE KARTE DES WETTBEWERBS, FÜR EIN MÖGLICHES FINALE WÄRE ER DAMIT GESPERRT GEWESEN. DIE BILDER DES WEINENDEN MITTELFELDGENIES GINGEN UM DIE WELT. AM ENDE SOLLTE SEIN KOLLEGE GARY LINEKER RECHT BEHALTEN, DER SCHON LÄNGST GEWUSST HATTE, DASS NACH 90 MINUTEN MIT 22 MÄNNERN MEISTENS DIE DEUTSCHEN GEWINNEN.

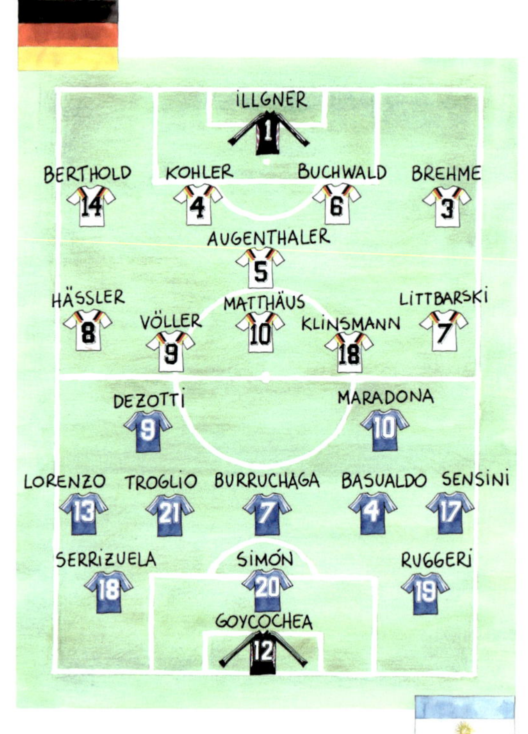

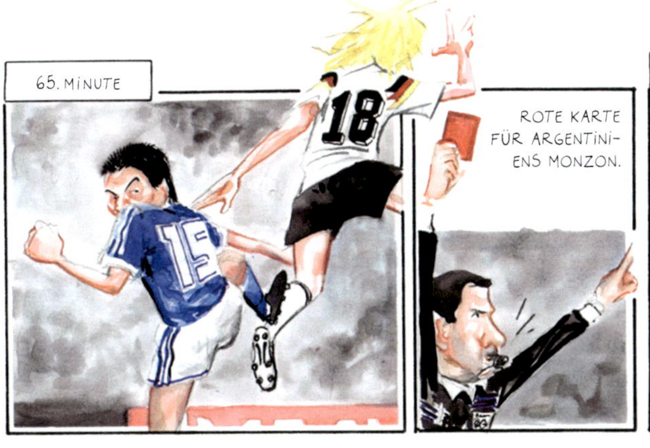
65. MINUTE
ROTE KARTE FÜR ARGENTINIENS MONZON.

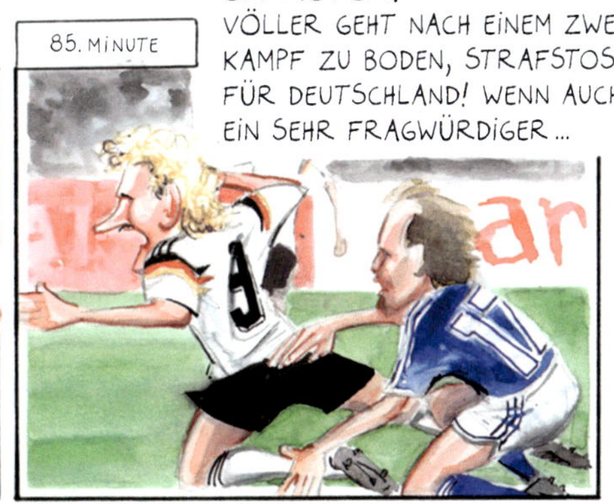
85. MINUTE
ELFMETER!
VÖLLER GEHT NACH EINEM ZWEIKAMPF ZU BODEN, STRAFSTOSS FÜR DEUTSCHLAND! WENN AUCH EIN SEHR FRAGWÜRDIGER ...

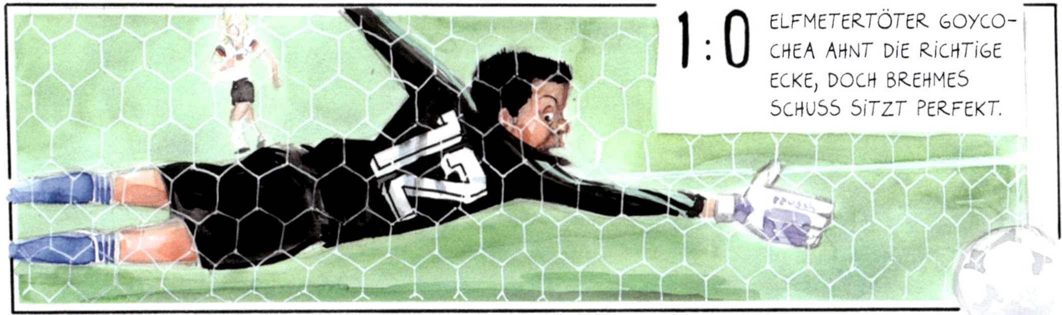
1:0
ELFMETERTÖTER GOYCOCHEA AHNT DIE RICHTIGE ECKE, DOCH BREHMES SCHUSS SITZT PERFEKT.

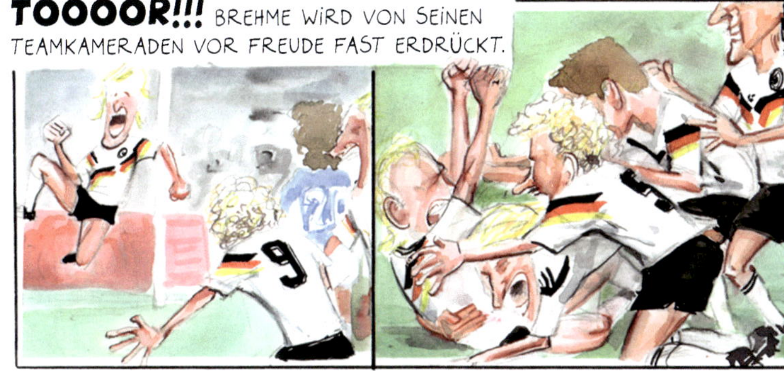
TOOOOR!!! BREHME WIRD VON SEINEN TEAMKAMERADEN VOR FREUDE FAST ERDRÜCKT.

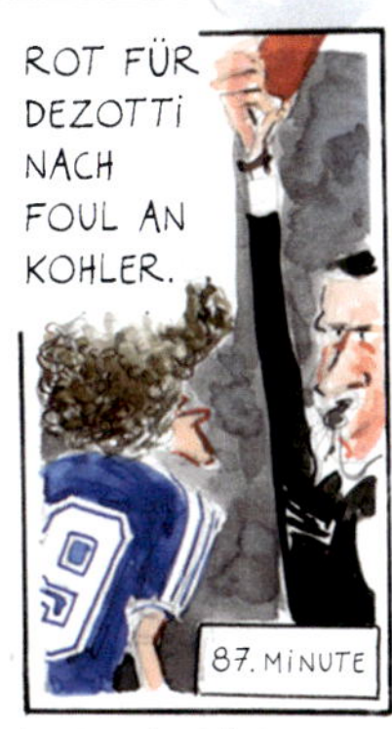
ROT FÜR DEZOTTI NACH FOUL AN KOHLER.
87. MINUTE

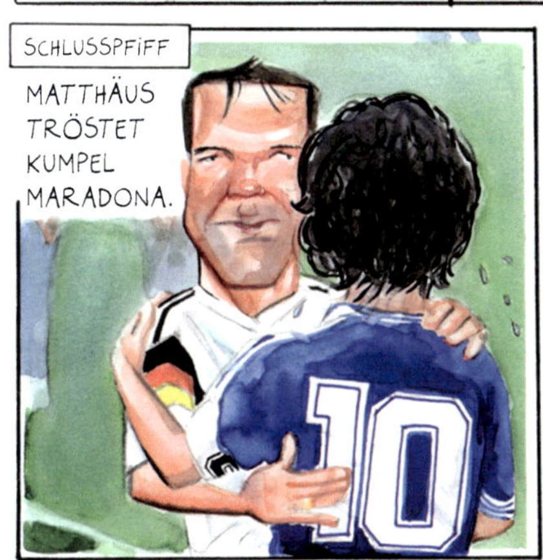
SCHLUSSPFIFF
MATTHÄUS TRÖSTET KUMPEL MARADONA.

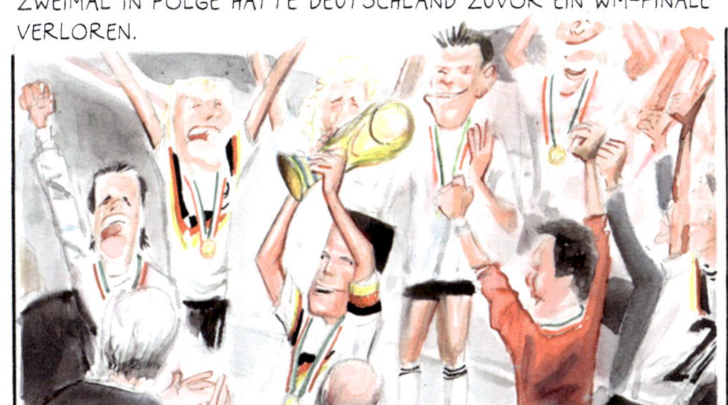
DANN FEIERT ER DEN WICHTIGSTEN TITEL SEINER KARRIERE. ZWEIMAL IN FOLGE HATTE DEUTSCHLAND ZUVOR EIN WM-FINALE VERLOREN.

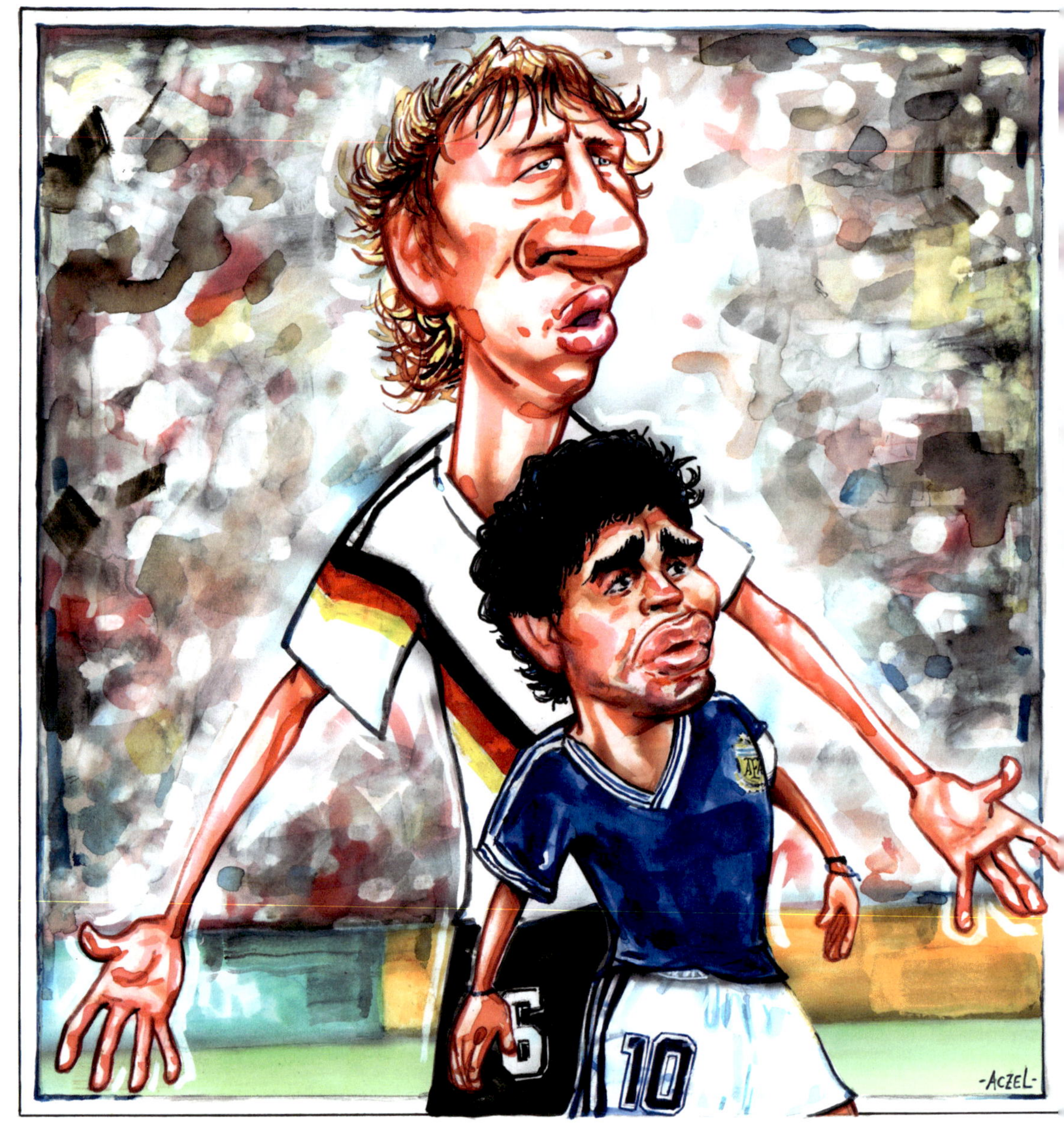

DiEGO VS DiEGO

DER GEBÜRTiGE BERLiNER UND WAHL-SCHWABE GUiDO BUCHWALD iST EiNE DER GANZ GROSSEN ENTDECKUNGEN DER WELTMEiSTERSCHAFT 1990. WEiL ER NiCHT NUR SUPERSTARS WiE DiEGO MARADONA KALTSTELLT, SONDERN DARÜBER HiNAUS SELBST MiT OFFENSiVEN MEiSTERLEiSTUNGEN GLÄNZT, VERPASSEN iHM SEiNE MiTSPiELER DEN ADELSTiTEL „DiEGO".

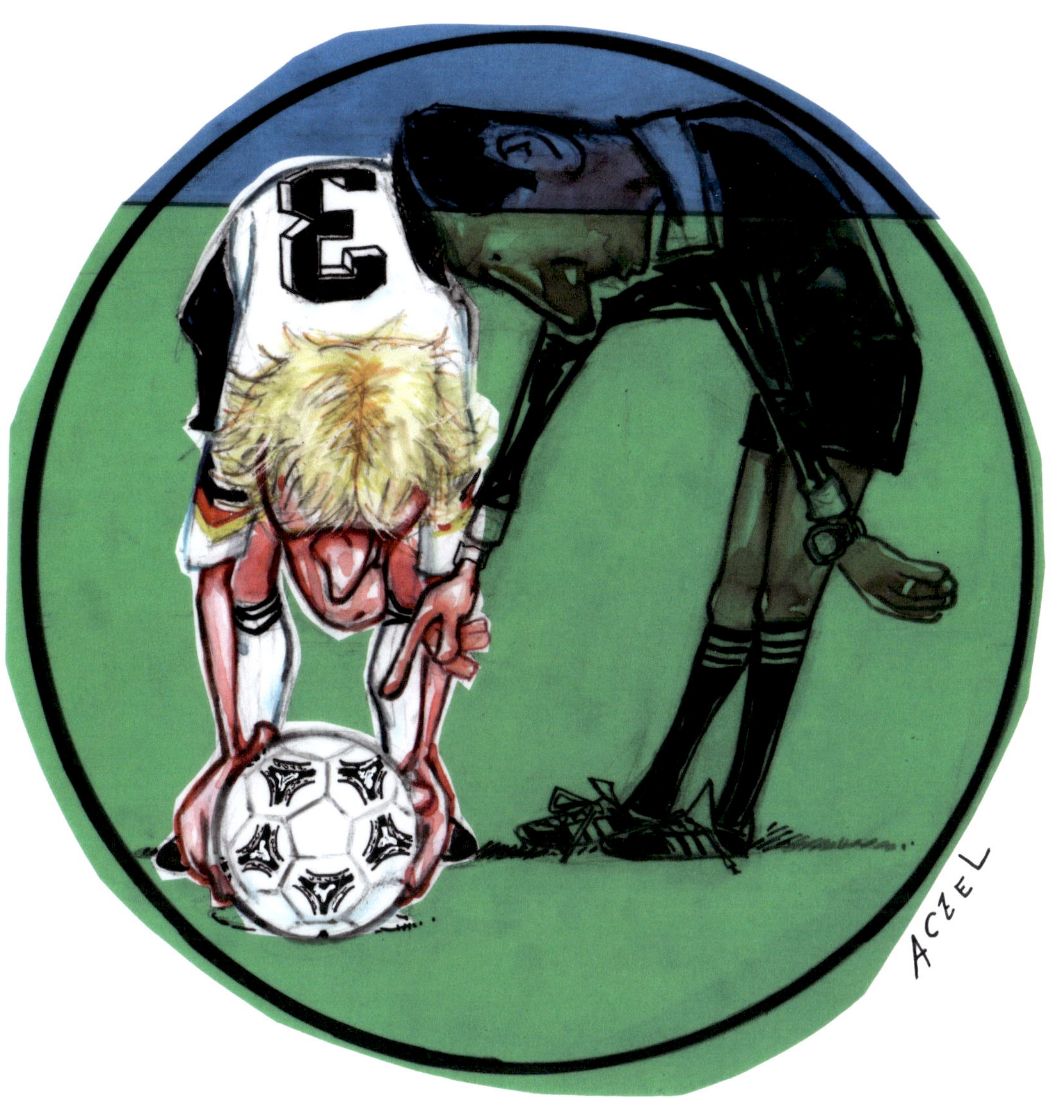

DIE ENTSCHEIDENDE SZENE IM WM-FINALE VON ROM. SCHIEDSRICHTER EDGARDO CODESAL HAT AUF ELFMETER ENTSCHIEDEN. EIGENTLICHER SCHÜTZE: LOTHAR MATTHÄUS. DOCH DEM IST ZUR HALBZEIT EIN STOLLEN AUS DEM SCHUH GEBROCHEN. ALSO ÜBERLÄSST ER SEINEM FREUND ANDREAS BREHME DIE EHRENWERTE AUFGABE. NACH MINUTENLANGEN PROTESTEN DER ARGENTINIER KANN SICH BREHME ENDLICH DEN BALL ZURECHTLEGEN ...

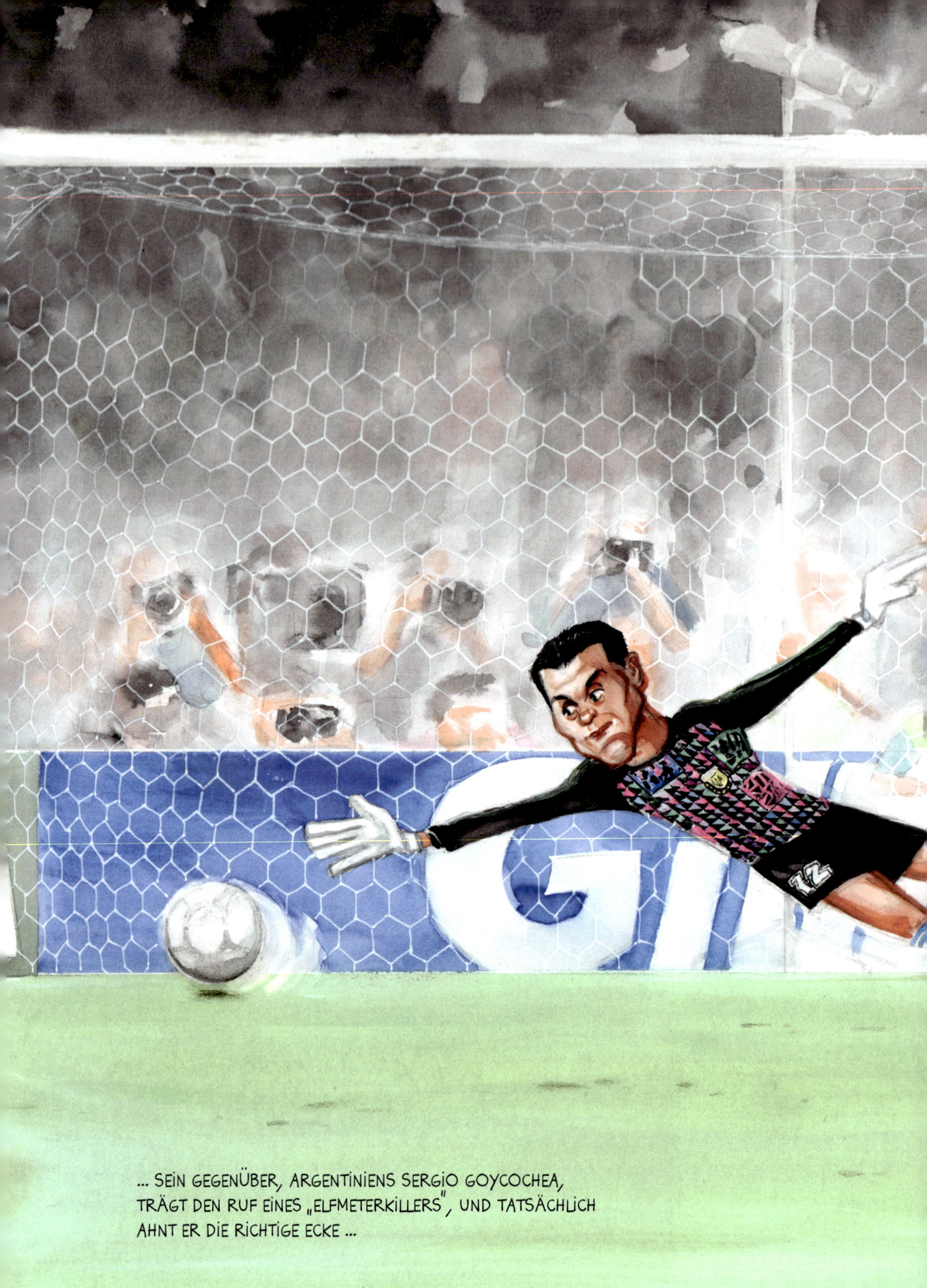
... SEIN GEGENÜBER, ARGENTINIENS SERGIO GOYCOCHEA, TRÄGT DEN RUF EINES „ELFMETERKILLERS", UND TATSÄCHLICH AHNT ER DIE RICHTIGE ECKE ...

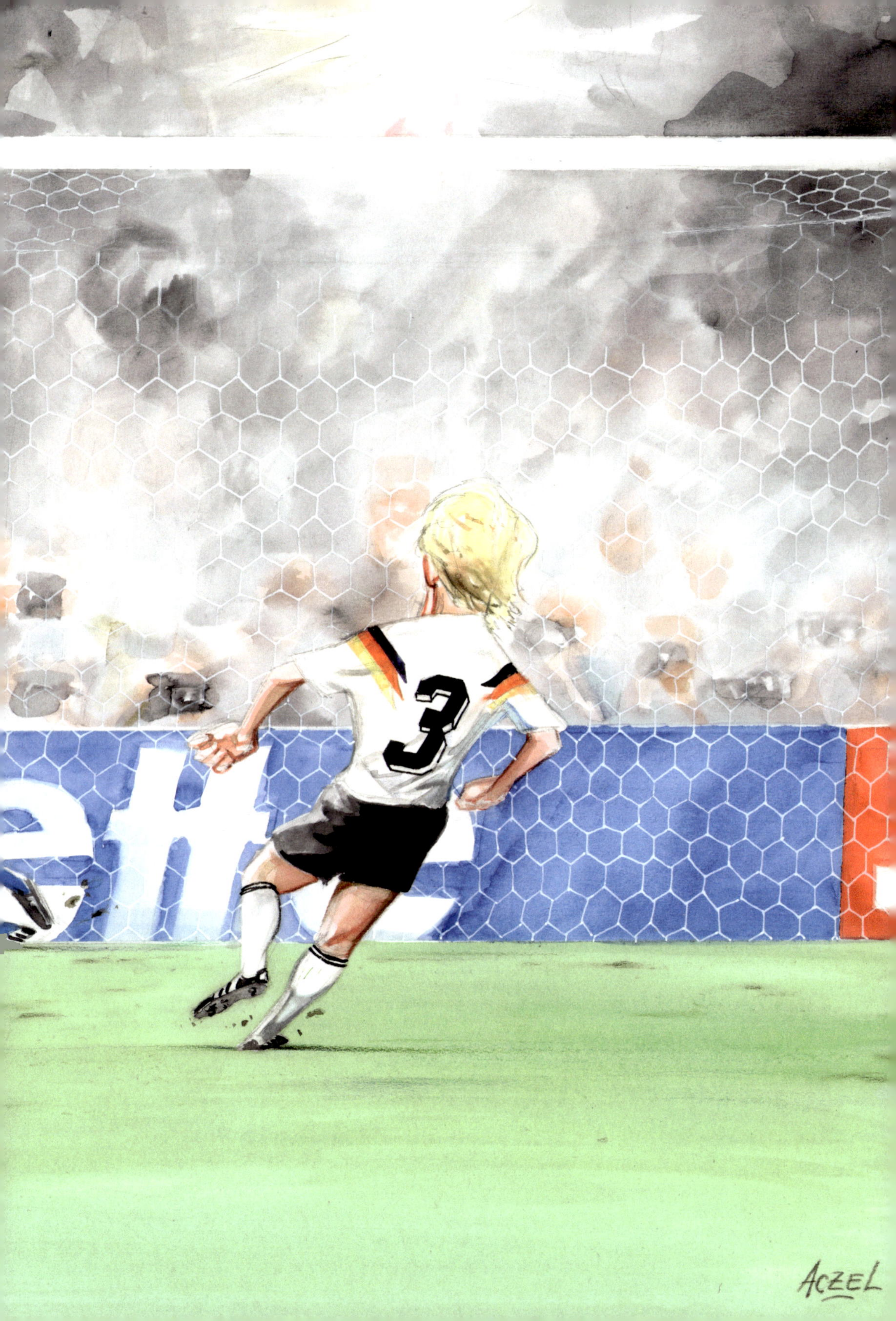
ACZEL

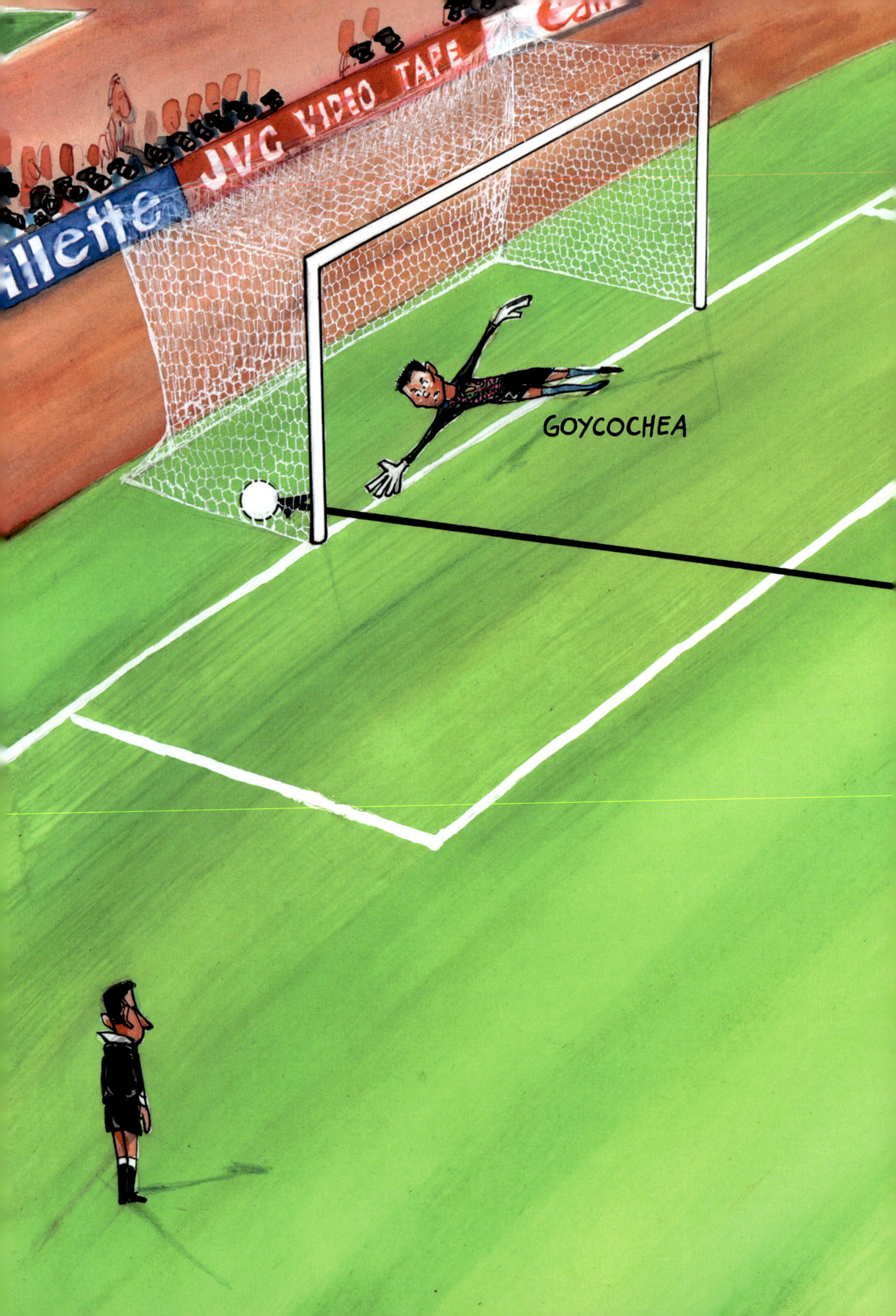
JVC VIDEO TAPE
GOYCOCHEA

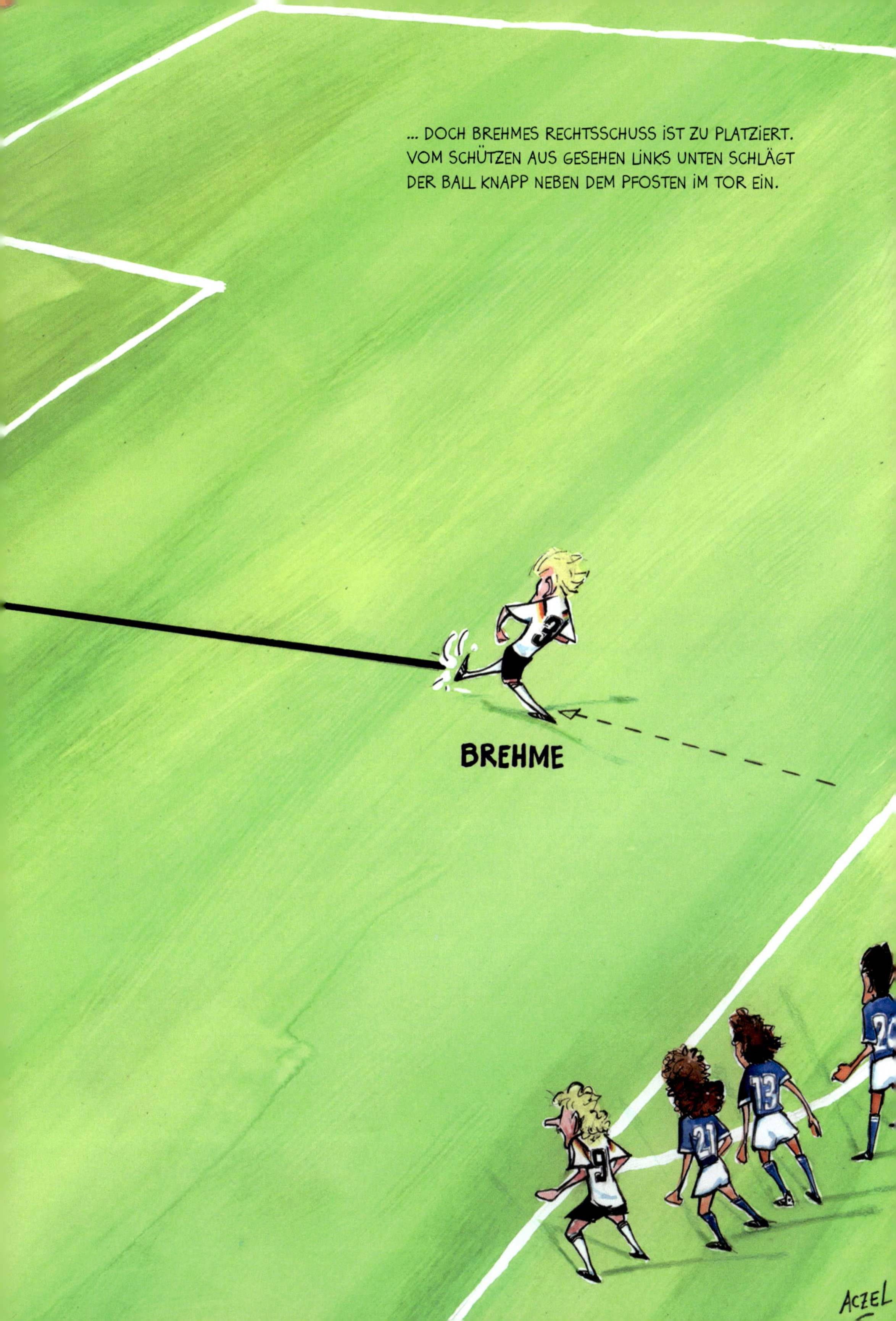
... DOCH BREHMES RECHTSSCHUSS IST ZU PLATZIERT.
VOM SCHÜTZEN AUS GESEHEN LINKS UNTEN SCHLÄGT
DER BALL KNAPP NEBEN DEM PFOSTEN IM TOR EIN.
BREHME
ACZEL

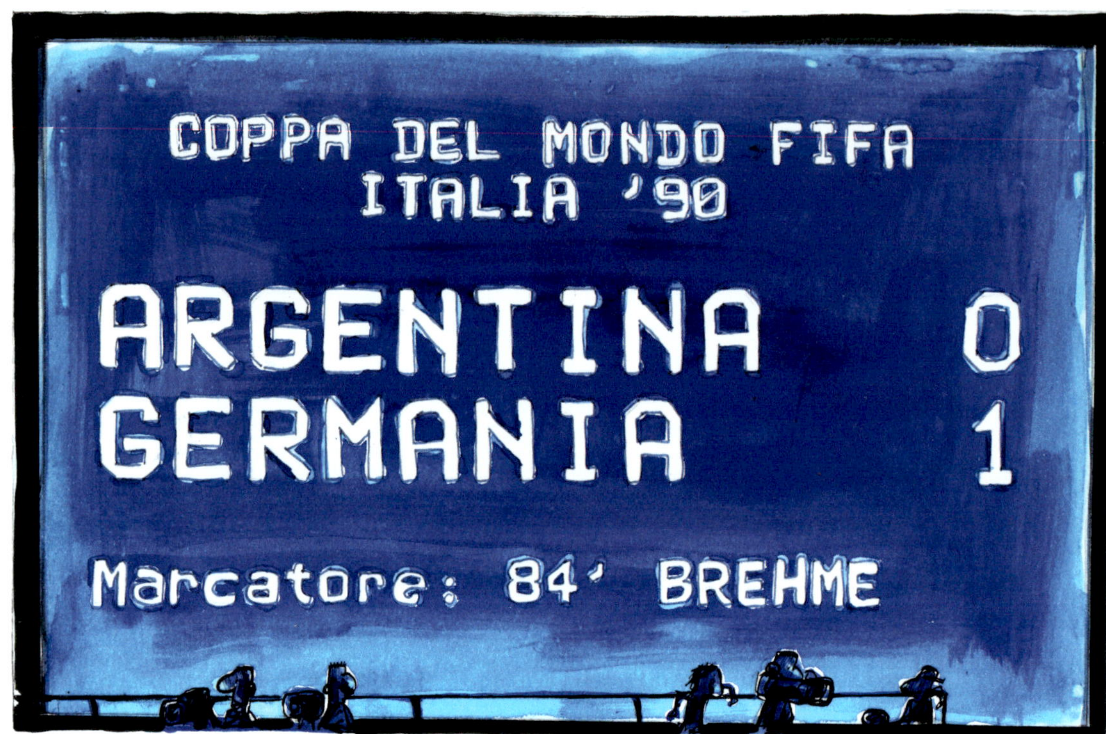

ALS DER KAISER SPAZIEREN GING

Eine der ikonischsten Szenen der deutschen Fußball-Geschichte: der Kaiser gedankenverloren und allein auf dem Rasen des Olympiastadions von Rom, der Blick in die Ferne gerichtet, die Medaille um den Hals, weit weg von seiner feiernden Mannschaft. „Ich wollte halt einfach allein sein und habe die Gelegenheit genutzt, dem ganzen Trubel zu entkommen. Das Feld war frei und so bin ich da lang gegangen und habe über alles Mögliche nachgedacht."
Bei der anschließenden Pressekonferenz legt Beckenbauer seinem Nachfolger Berti Vogts ein dickes Ei ins Nest, als er sagt, die deutsche Auswahl werde nach der Wiedervereinigung mit den Spielern aus Ostdeutschland „auf Jahre hinaus unschlagbar" sein …

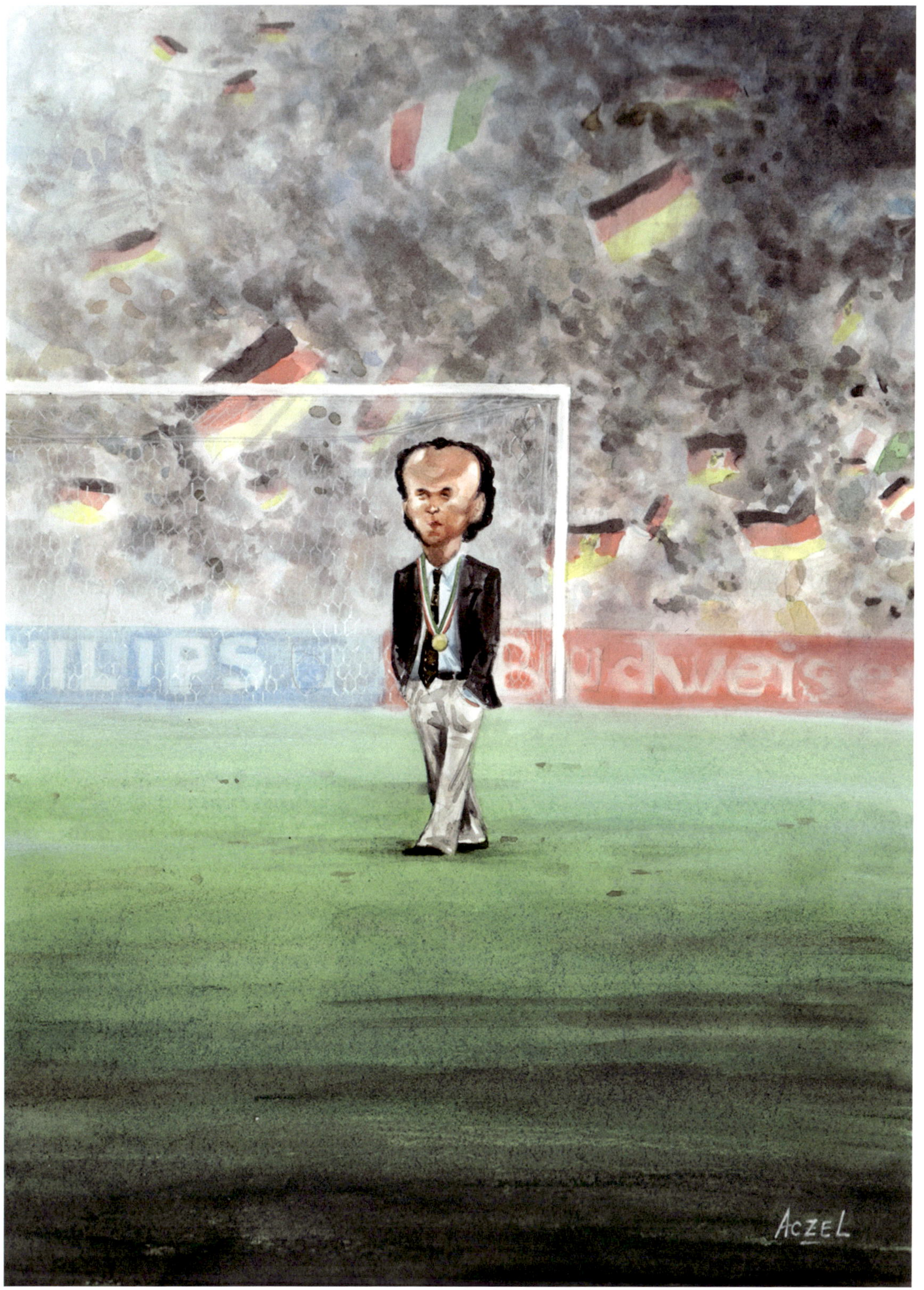
HILIPS
ACZEL

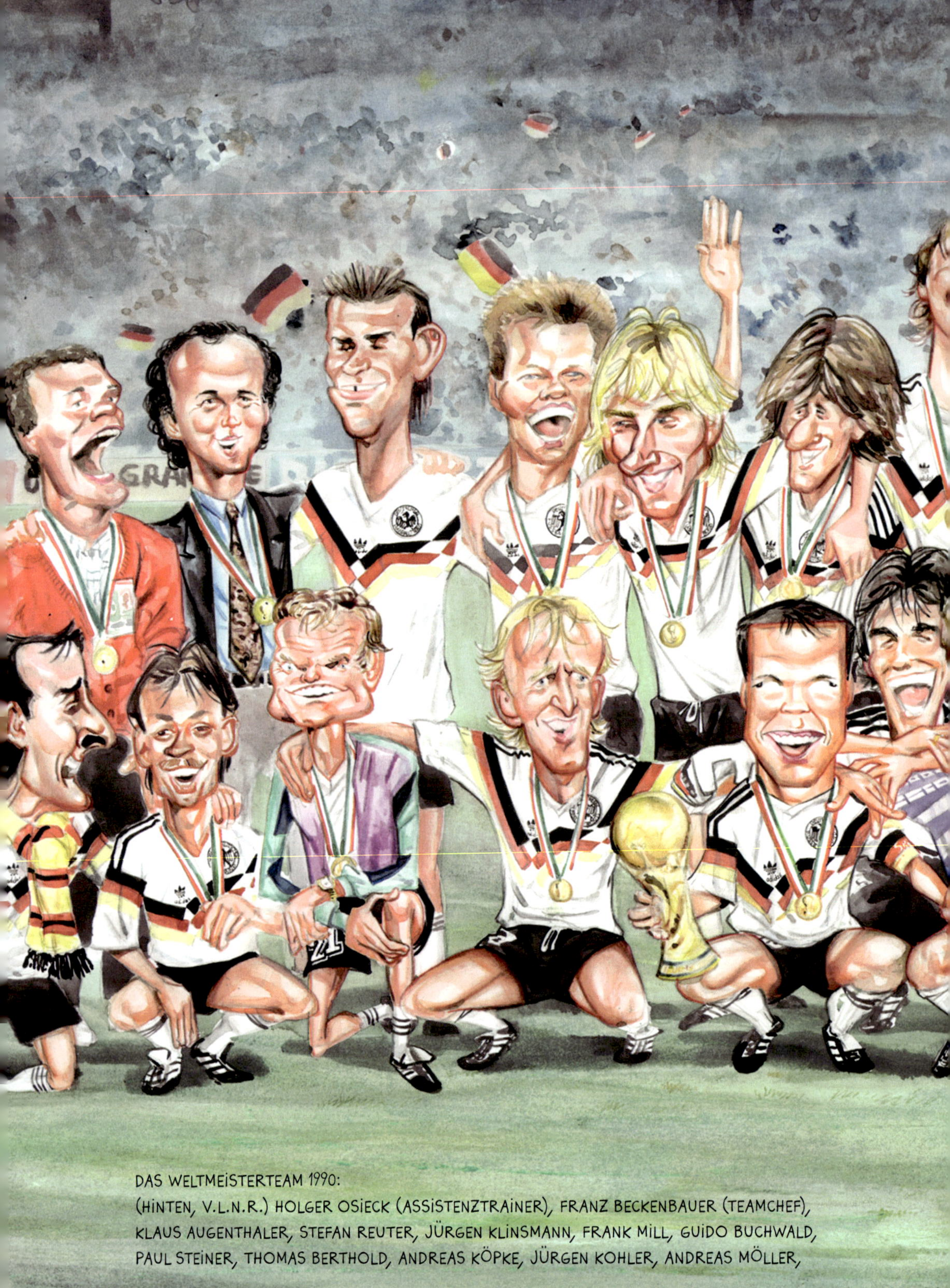

DAS WELTMEISTERTEAM 1990:
(HINTEN, V.L.N.R.) HOLGER OSIECK (ASSISTENZTRAINER), FRANZ BECKENBAUER (TEAMCHEF), KLAUS AUGENTHALER, STEFAN REUTER, JÜRGEN KLINSMANN, FRANK MILL, GUIDO BUCHWALD, PAUL STEINER, THOMAS BERTHOLD, ANDREAS KÖPKE, JÜRGEN KOHLER, ANDREAS MÖLLER,

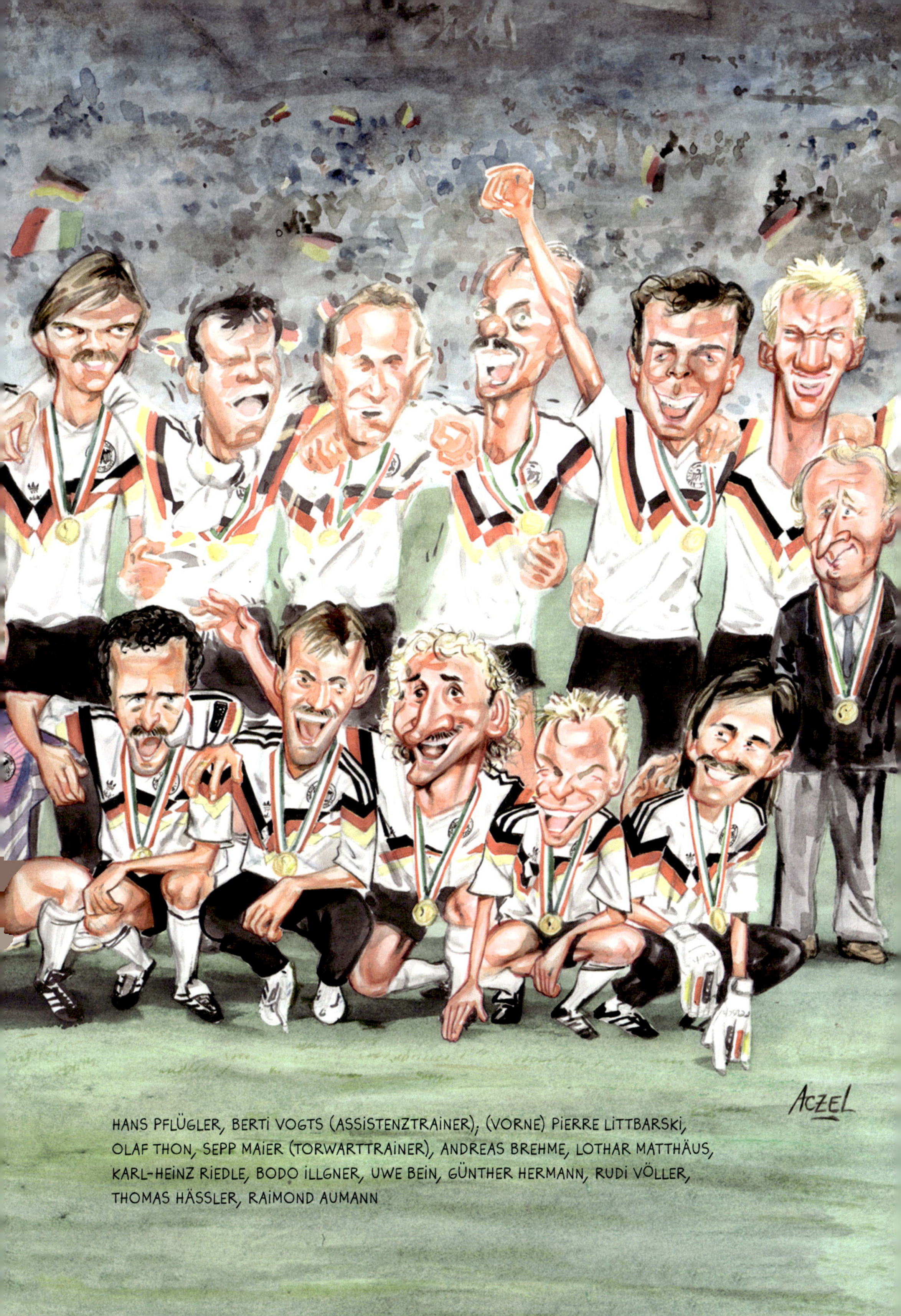

HANS PFLÜGLER, BERTI VOGTS (ASSISTENZTRAINER); (VORNE) PIERRE LITTBARSKI, OLAF THON, SEPP MAIER (TORWARTTRAINER), ANDREAS BREHME, LOTHAR MATTHÄUS, KARL-HEINZ RIEDLE, BODO ILLGNER, UWE BEIN, GÜNTHER HERMANN, RUDI VÖLLER, THOMAS HÄSSLER, RAIMOND AUMANN

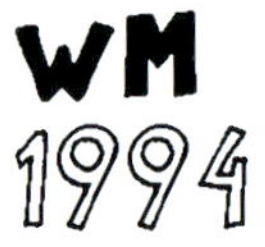

F*CK YOU

EFFENBERG ZEIGT STINKEFINGER

WEIL ER WÄHREND DES DRITTEN WM-GRUPPENSPIELS GEGEN SÜDKOREA GNADENLOS AUSGEPFIFFEN WIRD, ZEIGT STEFAN EFFENBERG DEN DEUTSCHEN FANS DEN STINKEFINGER. NACH EINEM NÄCHTLICHEN TELEFONAT MIT DFB-PRÄSIDENT EIGIDIUS BRAUN WIRFT BUNDESTRAINER BERTI VOGTS SEINEN TIGER AUS DER MANNSCHAFT.

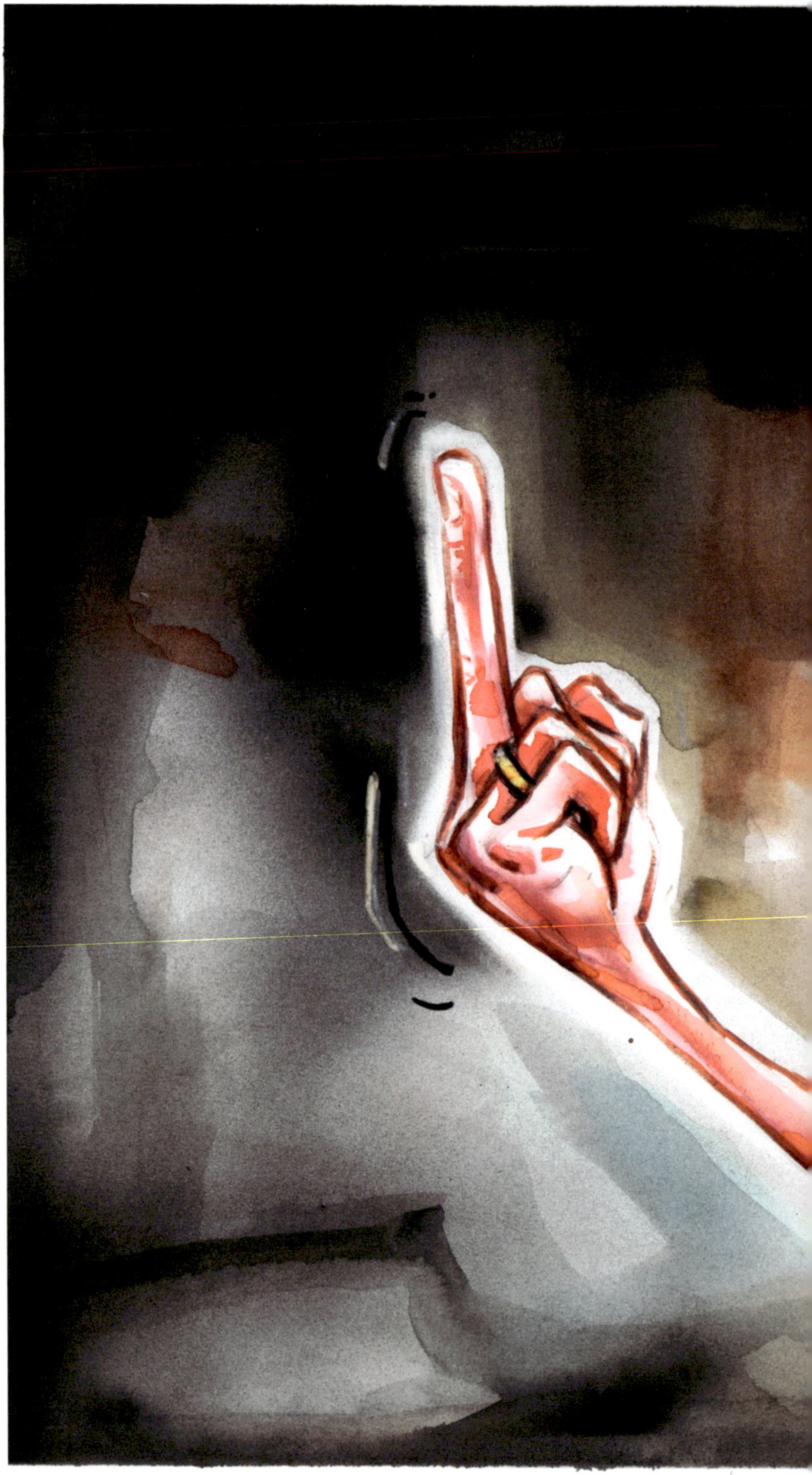

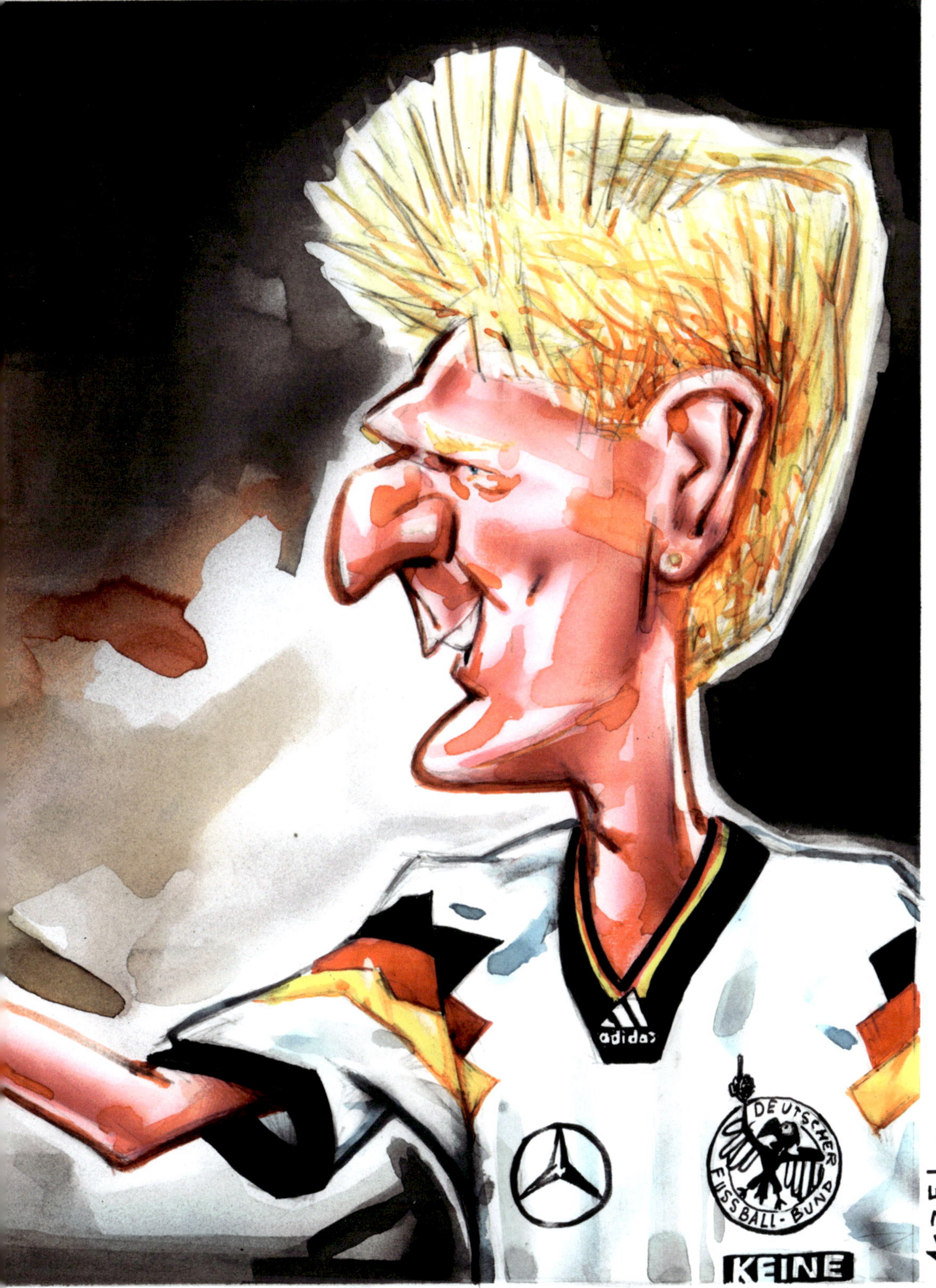
adidas
DEUTSCHER
FUSSBALL-BUND
KEINE
-ACZEL-

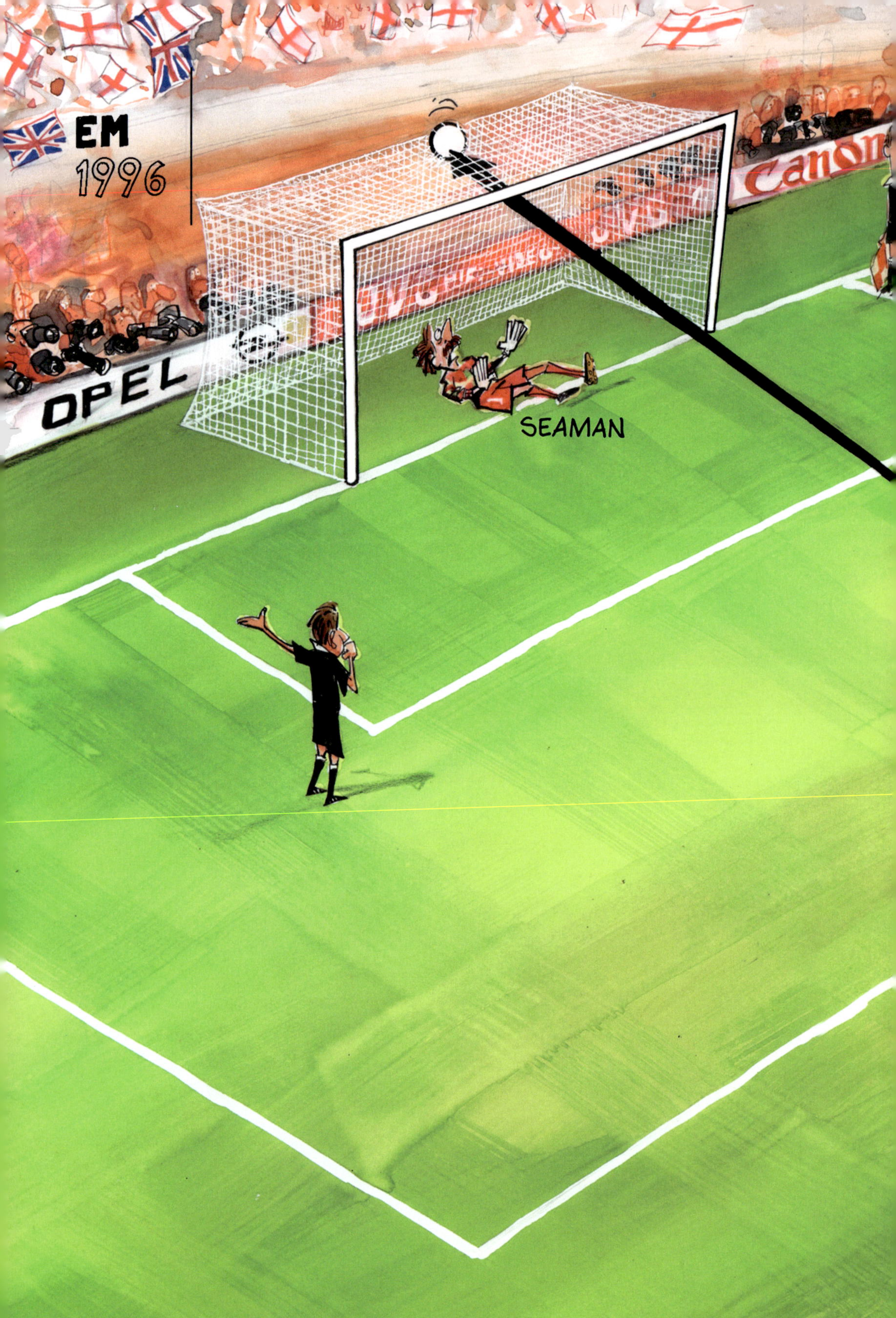
EM
1996
OPEL
Canon
SEAMAN

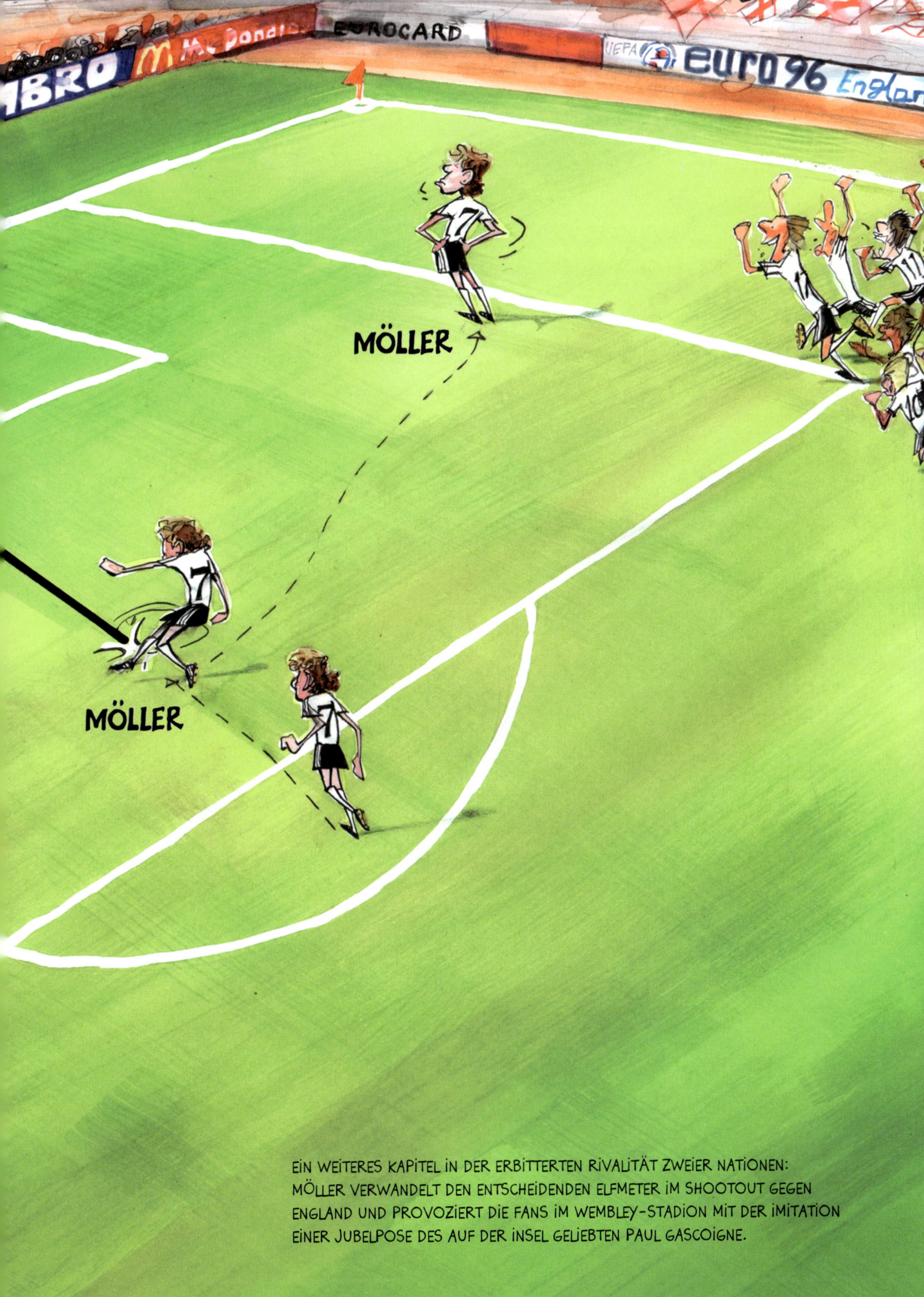

EIN WEITERES KAPITEL IN DER ERBITTERTEN RIVALITÄT ZWEIER NATIONEN: MÖLLER VERWANDELT DEN ENTSCHEIDENDEN ELFMETER IM SHOOTOUT GEGEN ENGLAND UND PROVOZIERT DIE FANS IM WEMBLEY-STADION MIT DER IMITATION EINER JUBELPOSE DES AUF DER INSEL GELIEBTEN PAUL GASCOIGNE.

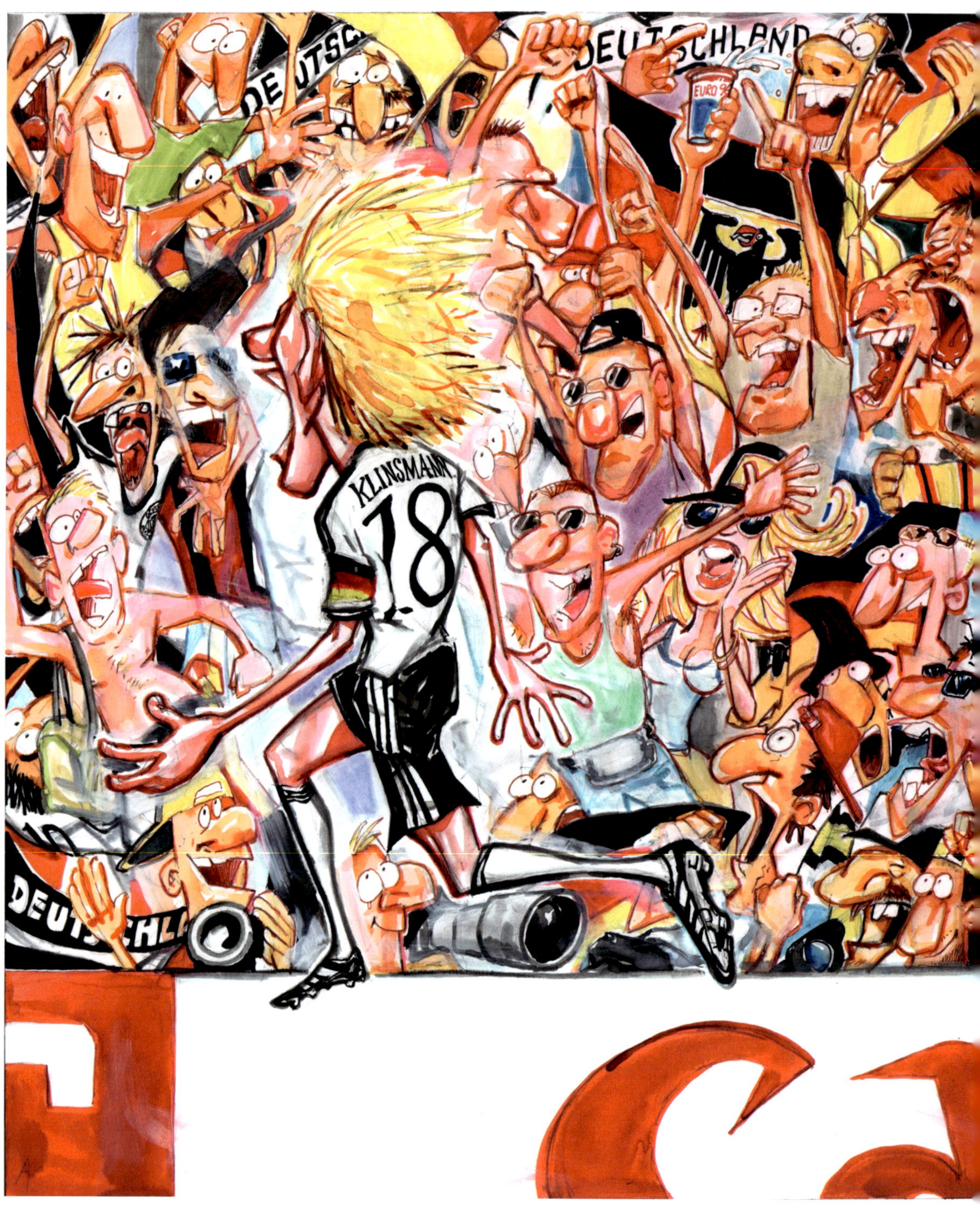

FLEISCHGEWORDENER JUBEL: KLINSMANN LÄUFT NACH SEINEM TRAUMTOR GEGEN RUSSLAND AUF DIE FOTOGRAFEN UND FANS ZU.

JÜRGEN KLINSMANN

„FLIPPER" MACHT DEN DIVER

Dem Bäckersohn aus Göppingen hat man im Laufe seiner Karriere viele Spitznamen verpasst. „Flipper" riefen ihn die Kollegen, weil ihm an manchen Tagen der Ball vom Fuß sprang wie in einem Flipperautomaten. „Diver" riefen sie auf der Insel, weil er im Trikot der Tottenham Hotspur so oft im Strafraum zu Boden ging. Doch immer wieder bewies der „Schwabenpfeil" auch, was für ein außergewöhnlicher Sportler er war. Aus „Flipper" wurde ein Welt- und Europameister, und als er seine Tore in England mit einem Diver über den nassen Rasen zelebrierte, dichtete The Observer: „Ein blonder Sonnenstrahl hat die dunklen Wolken über der White Hart Lane durchbrochen." Bei der Europameisterschaft 1996 in England befreite sich Klinsmann aus dem Schatten seines langjährigen Rivalen Lothar Matthäus und führte die Mannschaft zum Turniersieg. Jahre später hatte er als Bundestrainer einen entscheidenden Anteil daran, dass die WM 2006 zu einem deutschen „Sommermärchen" wurde.

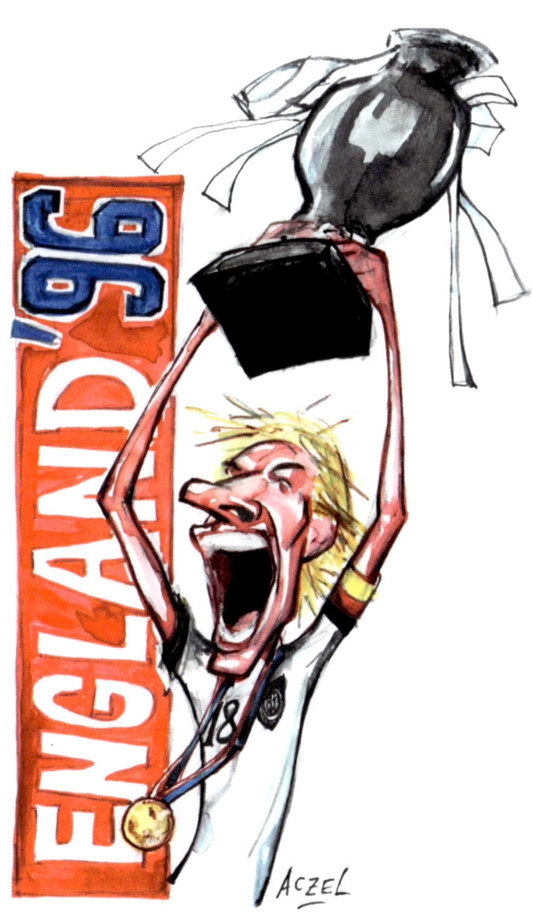

JÜRGEN KLINSMANN RECKT AM 30. JUNI 1996 IM WEMBLEY-STADION DEN EM-POKAL IN DIE HÖHE.

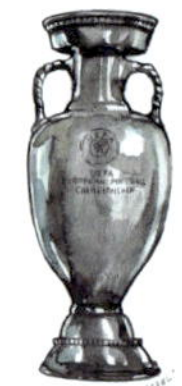

FINALE EM 1996

DEUTSCHLAND VS TSCHECHIEN

SONNTAG, 30. JUNI 1996, WEMBLEY, LONDON, ENGLAND

VOR DEM ANPFIFF

JÜRGEN KLINSMANN, KAPITÄN DER DEUTSCHEN MANNSCHAFT, BEGRÜSST QUEEN ELIZABETH II. VOR DEM ENDSPIEL UM DIE EUROPAMEISTERSCHAFT.

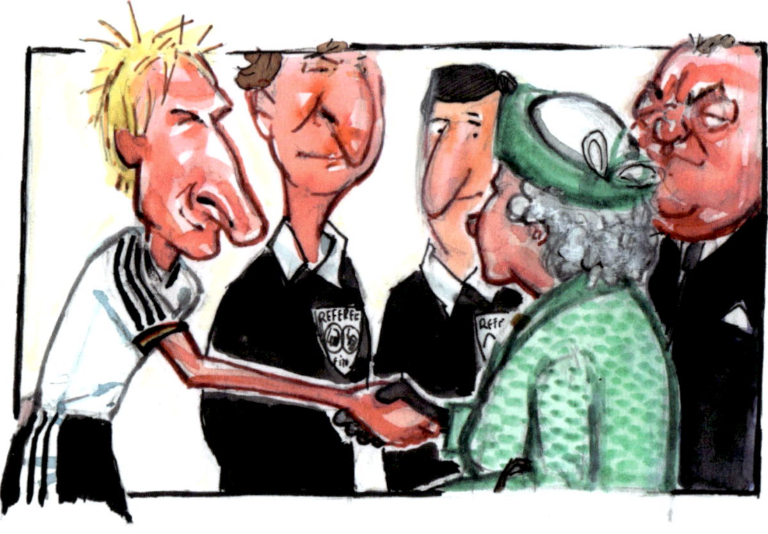

UMSTRITTENES FOUL VON SAMMER AN POBORSKY.

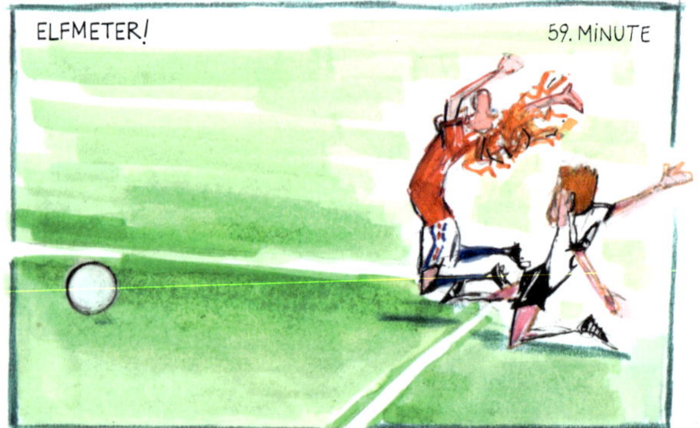

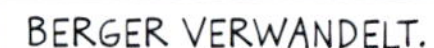

BERGER VERWANDELT.

0:1

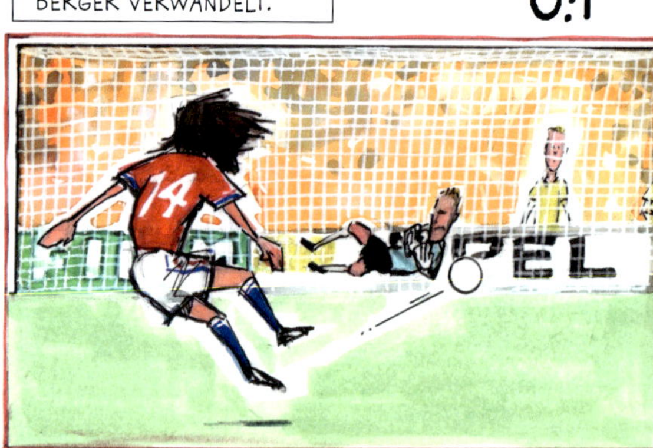

DER MANN IM GELBEN LEIBCHEN HINTER DEM TOR IST OLIVER BIERHOFF

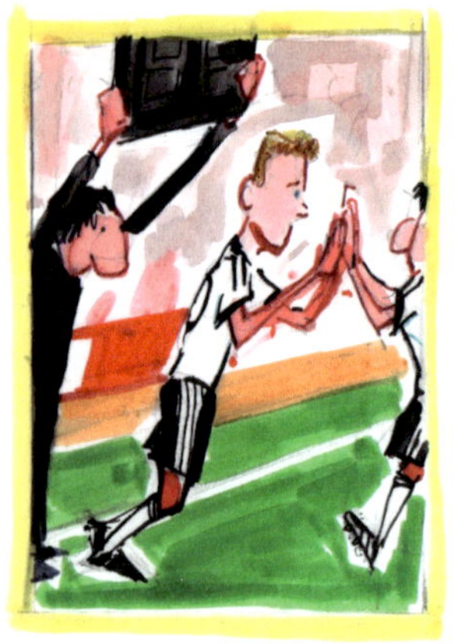

„DER STAR IST DIE MANNSCHAFT" LAUTET DAS CREDO VON BUNDESTRAINER BERTI VOGTS. DOCH AN DIESEM ABEND SOLLTE DER STERN EINES EINZELNEN HELLER STRAHLEN ALS ALLE ANDEREN. NACH 69 MINUTEN SCHICKT VOGTS OLIVER BIERHOFF AUFS FELD. NUR VIER MINUTEN SPÄTER TRITT ZIEGE EINEN FREISTOSS IN DEN STRAFRAUM …

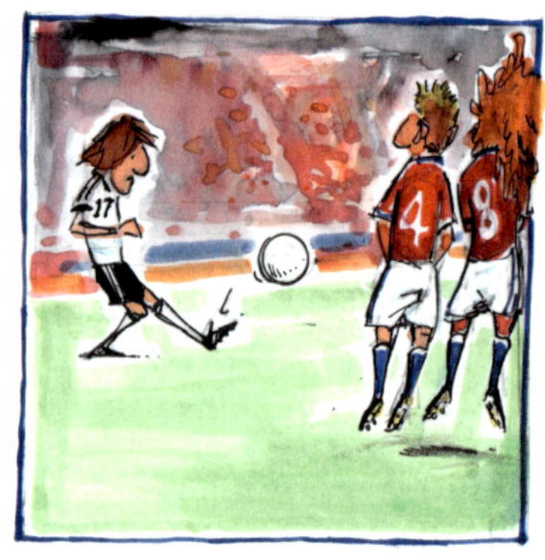

… BIERHOFF LÖST SICH VON SEINEM VERTEIDIGER UND NUTZT DIE LÜCKE EISKALT PER KOPF ZUM AUSGLEICH. DOCH DAMIT NICHT GENUG …

73. MINUTE

1:1

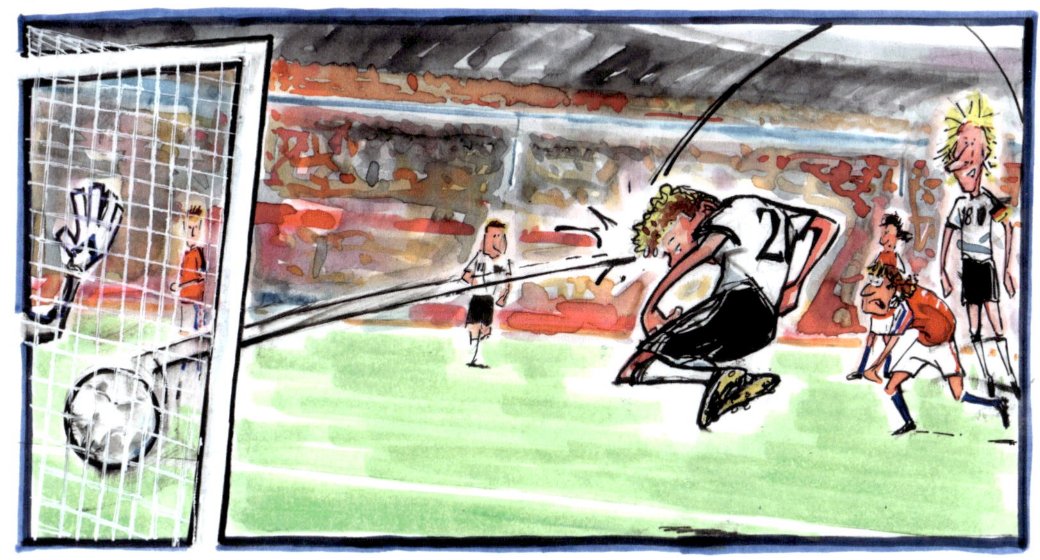

… IN DER NACHSPIELZEIT BEKOMMT BIERHOFF DEN BALL MIT DEM RÜCKEN ZUM TOR, DREHT SICH BLITZSCHNELL UND ZIEHT AB. DER BALL GEHT AN TSCHECHIENS TORWART PETR KOUBA VORBEI INS TOR. DAS ERSTE GOLDEN GOAL DER GESCHICHTE!

95. MINUTE

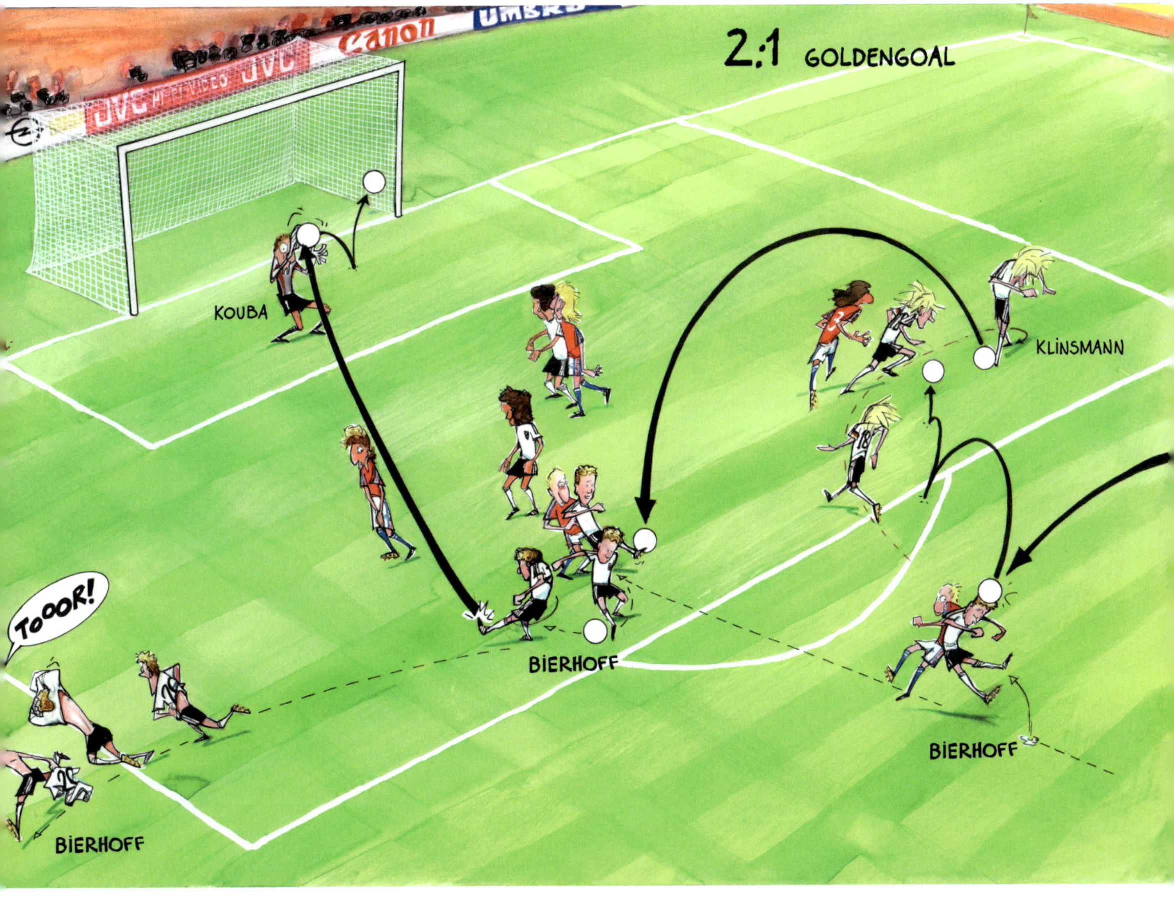

2:1 GOLDENGOAL

Canon
JVC
UMBRO
KOUBA
KLINSMANN
BIERHOFF
BIERHOFF
TOOOR!
BIERHOFF

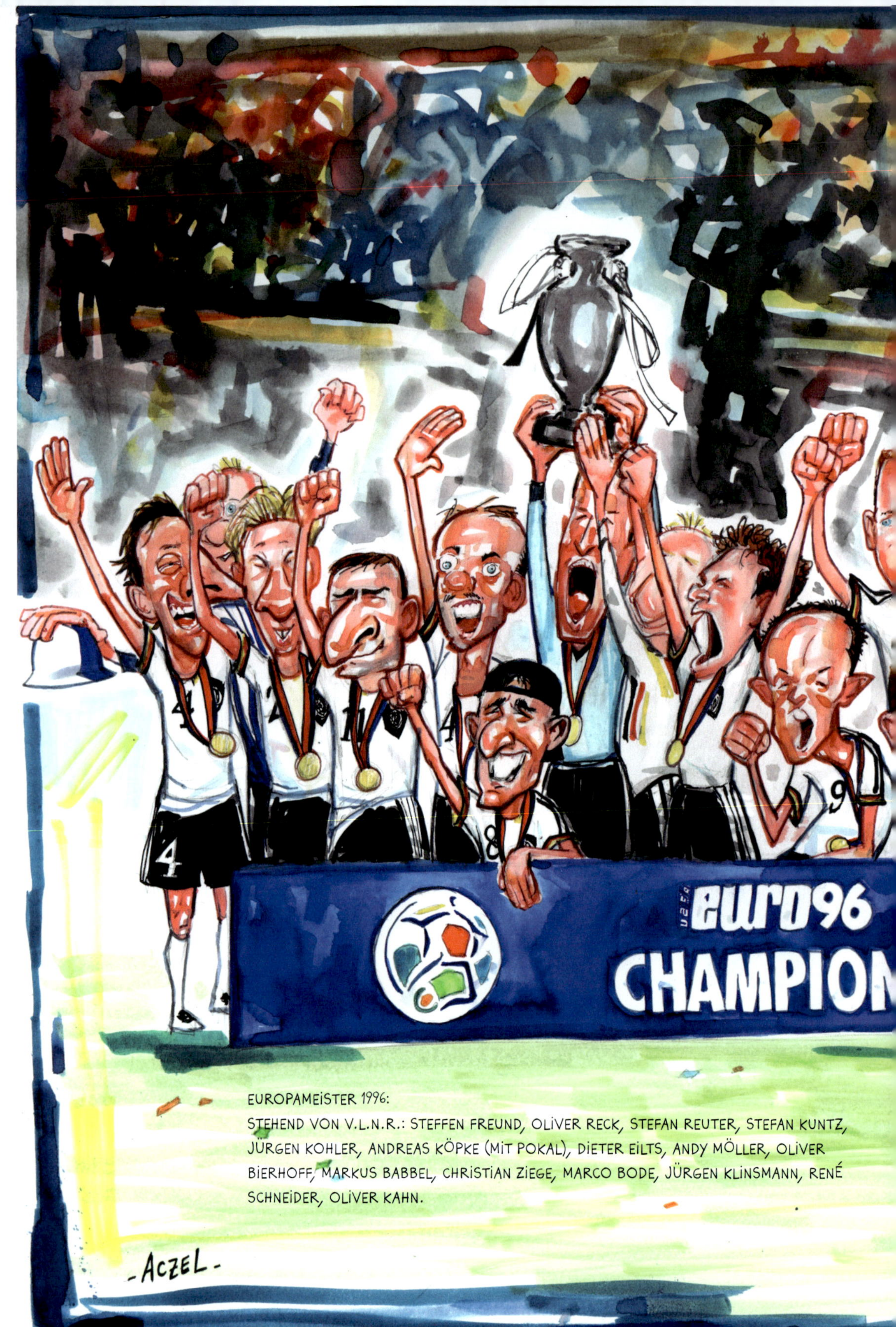

EUROPAMEISTER 1996:

STEHEND VON V.L.N.R.: STEFFEN FREUND, OLIVER RECK, STEFAN REUTER, STEFAN KUNTZ, JÜRGEN KOHLER, ANDREAS KÖPKE (MIT POKAL), DIETER EILTS, ANDY MÖLLER, OLIVER BIERHOFF, MARKUS BABBEL, CHRISTIAN ZIEGE, MARCO BODE, JÜRGEN KLINSMANN, RENÉ SCHNEIDER, OLIVER KAHN.

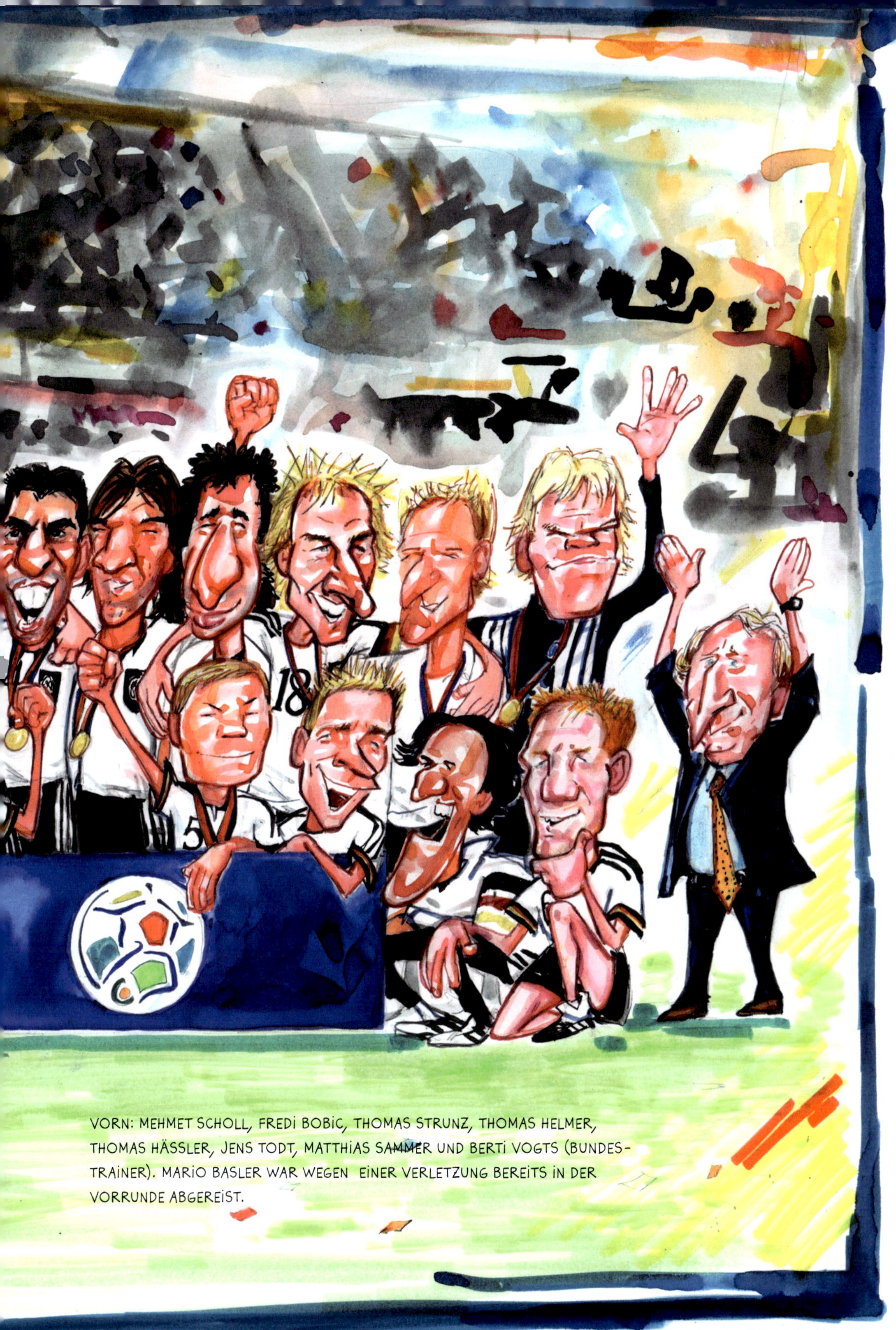

VORN: MEHMET SCHOLL, FREDI BOBIC, THOMAS STRUNZ, THOMAS HELMER, THOMAS HÄSSLER, JENS TODT, MATTHIAS SAMMER UND BERTI VOGTS (BUNDESTRAINER). MARIO BASLER WAR WEGEN EINER VERLETZUNG BEREITS IN DER VORRUNDE ABGEREIST.

MATTHIAS SAMMER

„FEUERKOPF"

Dieser Mann ist so gut, dass er gleich zwei Nationalmannschaften seinen Stempel aufdrückt. Matthias Sammer, 1967 als Sohn des Fußballers Klaus Sammer in Dresden geboren, durchläuft die Kaderschmieden der DDR, steigt bei Dynamo Dresden zum Nationalspieler auf und gehört zur letzten Elf einer Nation, die es bald darauf schon nicht mehr geben sollte: die letzten beiden Treffer in der Geschichte der DDR-Nationalelf bei einem 2:0-Sieg gegen Belgien am 12. September 1990 erzielt Sammer. Dann nominiert ihn Berti Vogts für die Auswahl des wiedervereinigten Deutschlands. Nach seiner Feuertaufe bei der Europameisterschaft 1992 avanciert der „Feuerkopf" genannte Hitzkopf Sammer vier Jahre später zum wichtigsten Spieler einer Mannschaft, die am Ende Europameister wird. Nach Franz Beckenbauer und Lothar Matthäus hat es keinen besseren Libero in der deutschen Fußballgeschichte gegeben. Die Karriere von Europas Fußballer des Jahres 1996 endet früh, weil er sich bei einer Knie-OP 1997 eine bakterielle Infektion zuzieht, die ihm die Teilnahme an der WM 1998 kostet.

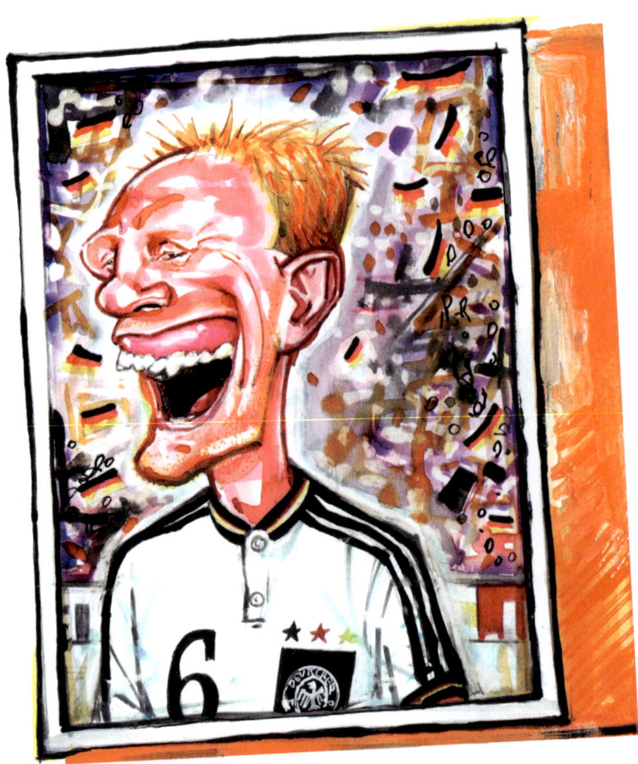

PEINLICHKEITEN DER DEKADE

DEUTSCHLAND VS BULGARIEN (WM 1994)

LETSCHKOW KÖPFT DAS ENTSCHEIDENDE TOR FÜR BULGARIEN BEIM 2:1-VIERTELFINALSIEG GEGEN DEN AMTIERENDEN WELTMEISTER DEUTSCHLAND. DER UM EINEN KOPF KLEINERE ICKE HÄSSLER, DER DEN BULGAREN VERFOLGT, HAT KEINE CHANCE, DEN BALL ZU VERTEIDIGEN.

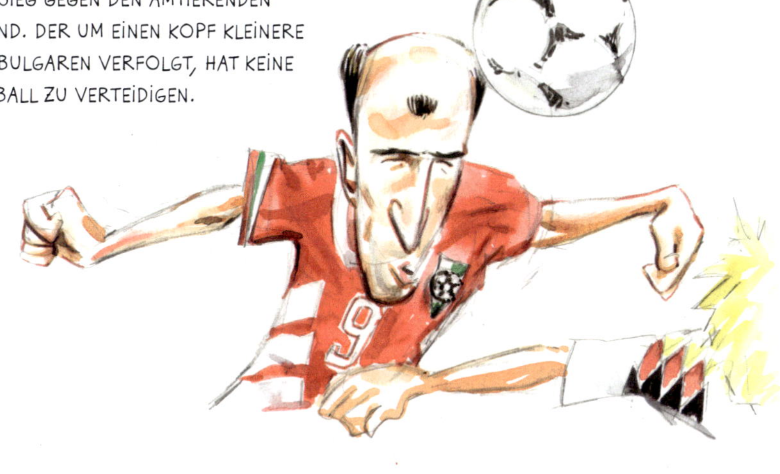

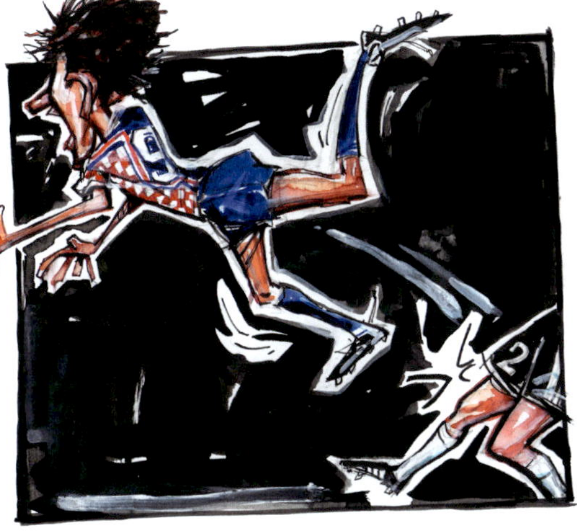

DEUTSCHLAND VS KROATIEN (WM 1998)

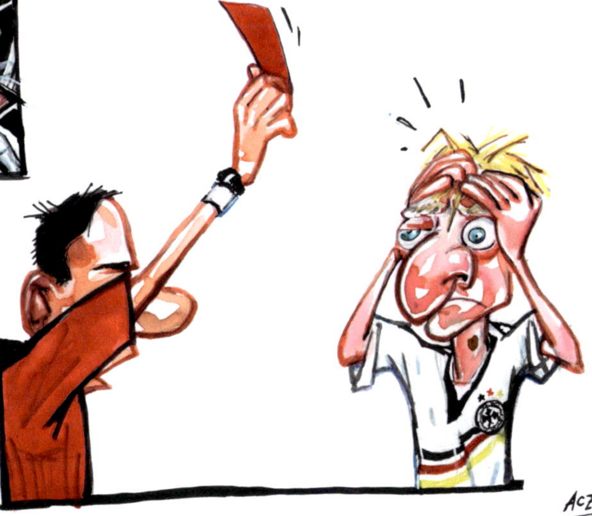

WÖRNS KANN ES NICHT FASSEN:
NACH SEINER ATTACKE GEGEN SUKER ZEIGT DER UNPARTEIISCHE DEM DEUTSCHEN MANN-DECKER DIE ROTE KARTE. SEINE MANNSCHAFT MUSS DIE RESTLICHEN 50 MINUTEN MIT EINEM SPIELER WENIGER AUSKOMMEN.

DIE 1990ER IM ÜBERBLICK

„SO, DEN MACHST DU JETZT REIN,
DANN SIND WIR WELTMEISTER."

(RUDI VÖLLER ZU ANDREAS BREHME VOR DEM ELFMETER
IM WM-FINALE 1990)

„FÜR DIE WM 90 RECHT VIEL SCHWEIN,
SCHIESST VIELE TORE – UND LASST KEINES REIN."

(AUFSCHRIFT AUF DEM GLÜCKSSCHWEIN IM MANNSCHAFTSBUS DER DFB-ELF)

„HELMUT, SENK DEN STEUERSATZ!"

(DIE DEUTSCHEN WELTMEISTER BEGRÜSSEN HELMUT KOHL IN DER KABINE)

„ACHTUNG! SURRENDER!"

(DER DAILY MIRROR VOR DEM EM-HALBFINALE 1996
ZWISCHEN DEUTSCHLAND UND ENGLAND)

„SOLL ICH DEN KIRSTEN MITNEHMEN, DEN HERRLICH,
DEN RIEDLE ODER DOCH DEN BIERHOFF?"
„NIMM DEN BIERHOFF. ER WIRD ES DIR EINES TAGES DANKEN."

(DIALOG ZWISCHEN BERTI VOGTS UND SEINER FRAU MONIKA VOR DER EUROPAMEISTERSCHAFT 1996)

„DER BUNDESTRAINER HAT MIR DIE RICHTIGE WUT GEGEBEN, UM IM ENDSPIEL REINZUHAUEN."

(OLIVER BIERHOFF ÜBER SEINEN LEGENDÄREN AUFTRITT IM EM-FINALE 1996)

TRAUM-ELF 1990ER

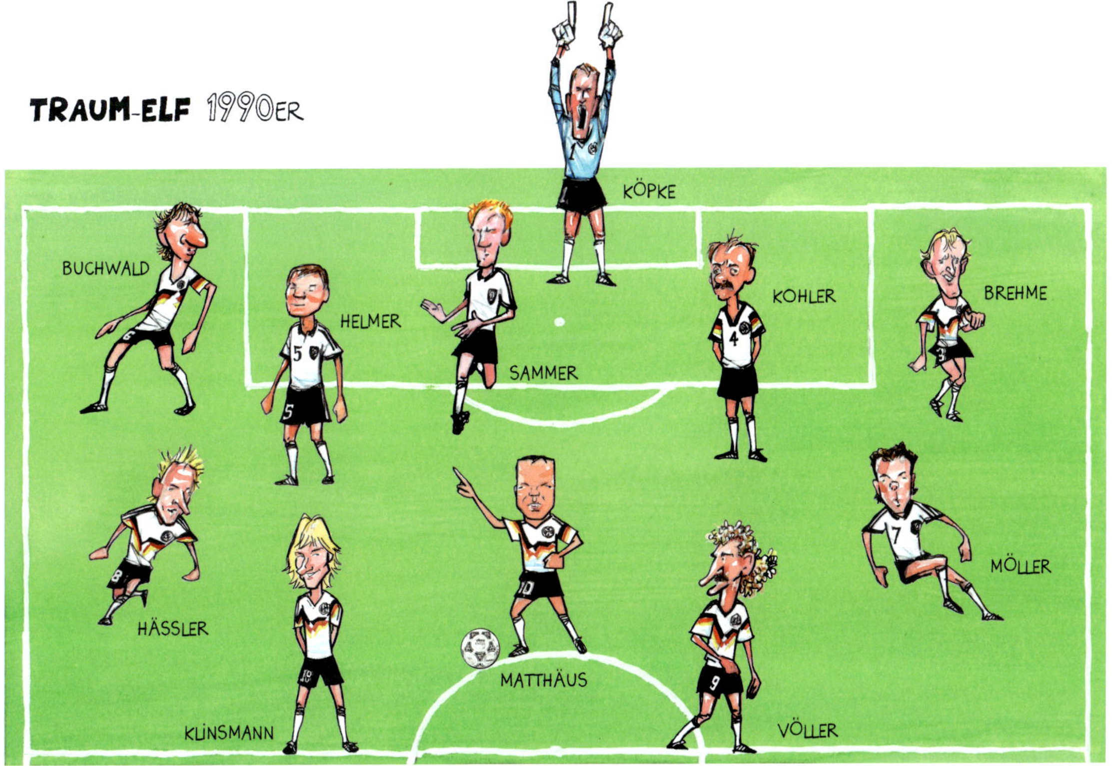

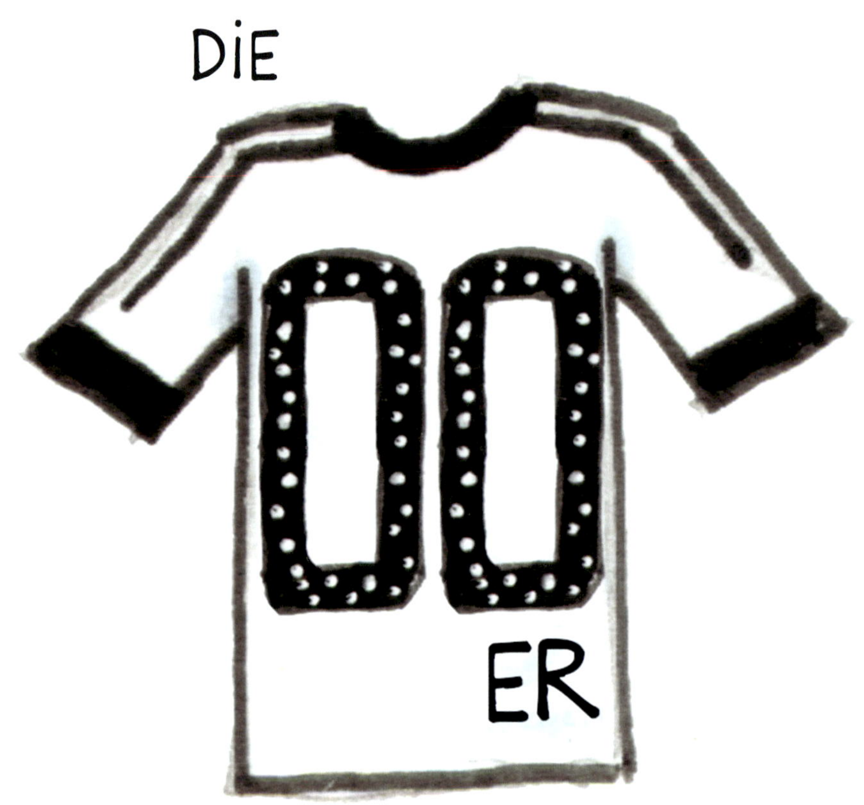

RUMPELFUSSBALL UND ANDERE MÄRCHEN

Das neue Jahrtausend beginnt für den deutschen Fußball mit dem großen Crash: der Titelverteidiger scheidet bei der Europameisterschaft in Belgien und Holland bereits in der Vorrunde aus. Der Vize-Weltmeisterschaft zwei Jahre später zum Trotz: es sind dunkle "Rumpelfußball"-Jahre für die DFB-Auswahl. Die große Befreiung aus der Lethargie gelingt erst 2006 bei der Weltmeisterschaft im eigenen Land. Deutschland feiert ein großes Sommermärchen – der Startschuss in eine neue und viel schönere Ära.

SCHLAND UNTER: DEUTSCHLAND FEIERT SICH SELBST

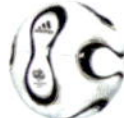

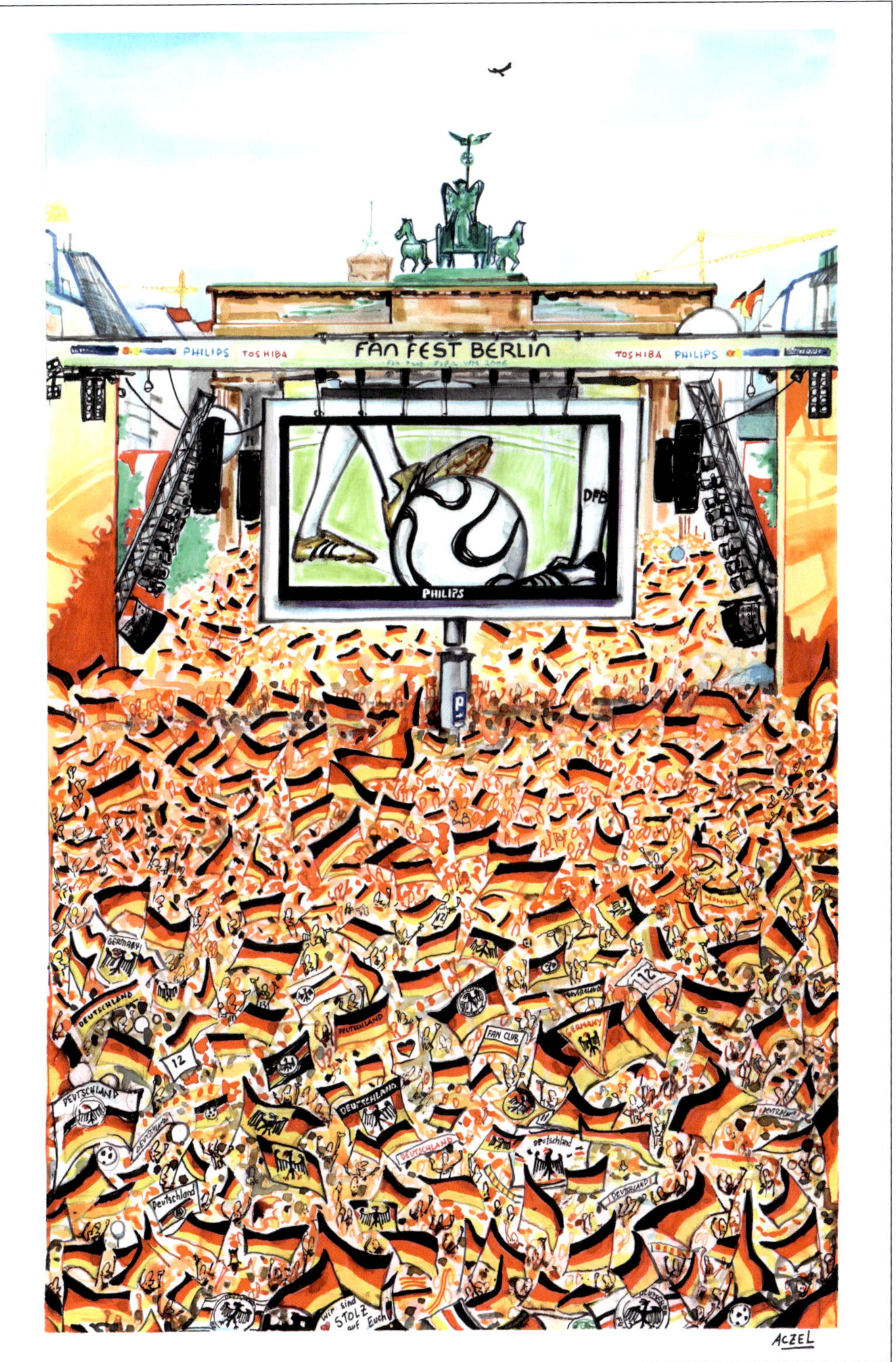

SOMMERMÄRCHEN:
EIN MONAT VOLLER SONNE, SOMMER, TRAUMFUSSBALL. BEI DER WM 2006 FEIERTE DEUTSCHLAND EIN GIGANTISCHES VOLKSFEST UND VOR ALLEM SICH SELBST. DIE WELT ZU GAST BEI FREUNDEN …

MICHAEL BALLACK

„DER CAPITANO"

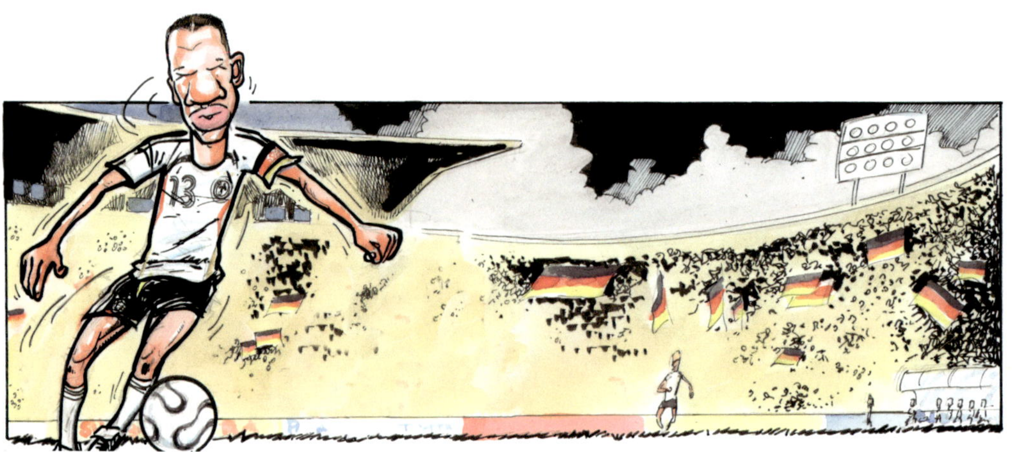

Als Franz Beckenbauer nach dem Gewinn der WM 1990 mit Blick auf die gerade erfolgte Wiedervereinigung davon fabulierte, die deutsche Elf werde auf Jahre hinaus nicht zu besiegen sein, da ahnte er noch nicht, dass in Chemnitz ein Teenager über die Fußballplätze stürmte, der einige Jahre später zu einem der besten DFB-Kicker seiner Generation aufsteigen würde. Kind des DDR-Fußballs und der Wiedervereinigung, Produkt einer harten Schule, Ausbildung unter Otto Rehhagel beim 1. FC Kaiserslautern mit anschließendem Meisterbrief – als das neue Jahrtausend begann, war Michael Ballack zu einem fantastischen Mittelfeldspieler gereift. Mit Bayer Leverkusen mischte er die Champions League auf, ehe er beim FC Bayern und dem FC Chelsea Titel hamsterte und dem Weltfußball seinen Stempel aufdrückte. Herausragende Eigenschaft des 1,89 Meter großen Mittelfeldlenkers: sein Kopfballspiel. Zum „Capitano" stieg der gebürtige Görlitzer bei der WM im eigenen Land auf, als er zum Gesicht des „Sommermärchens" wurde. 2002, 2004 und 2006 wurde Ballack ins Allstar-Team des Turniers gewählt.

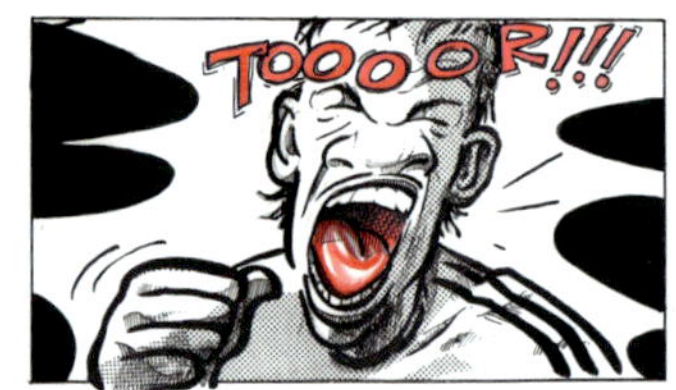

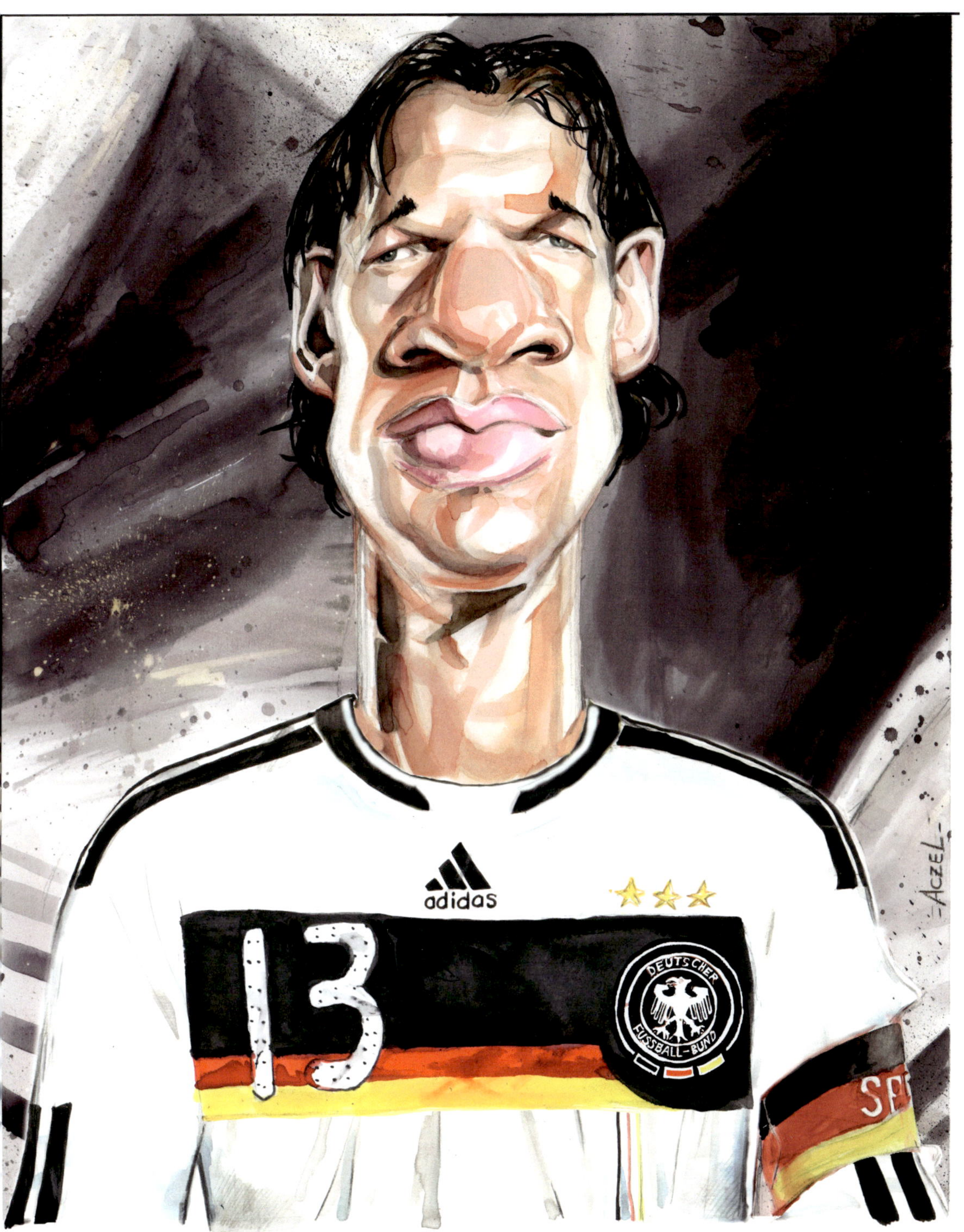

DIE ZWEITBERÜHMTESTE NUMMER 13 DER DEUTSCHEN FUSSBALLGESCHICHTE. WIE SCHON GERD MÜLLER MACHTE MICHAEL BALLACK DER NUMMER ALLE EHRE. DER GANZ GROSSE TITEL BLIEB DEM DREIFACHEN FUSSBALLER DES JAHRES ALLERDINGS VERWEHRT.

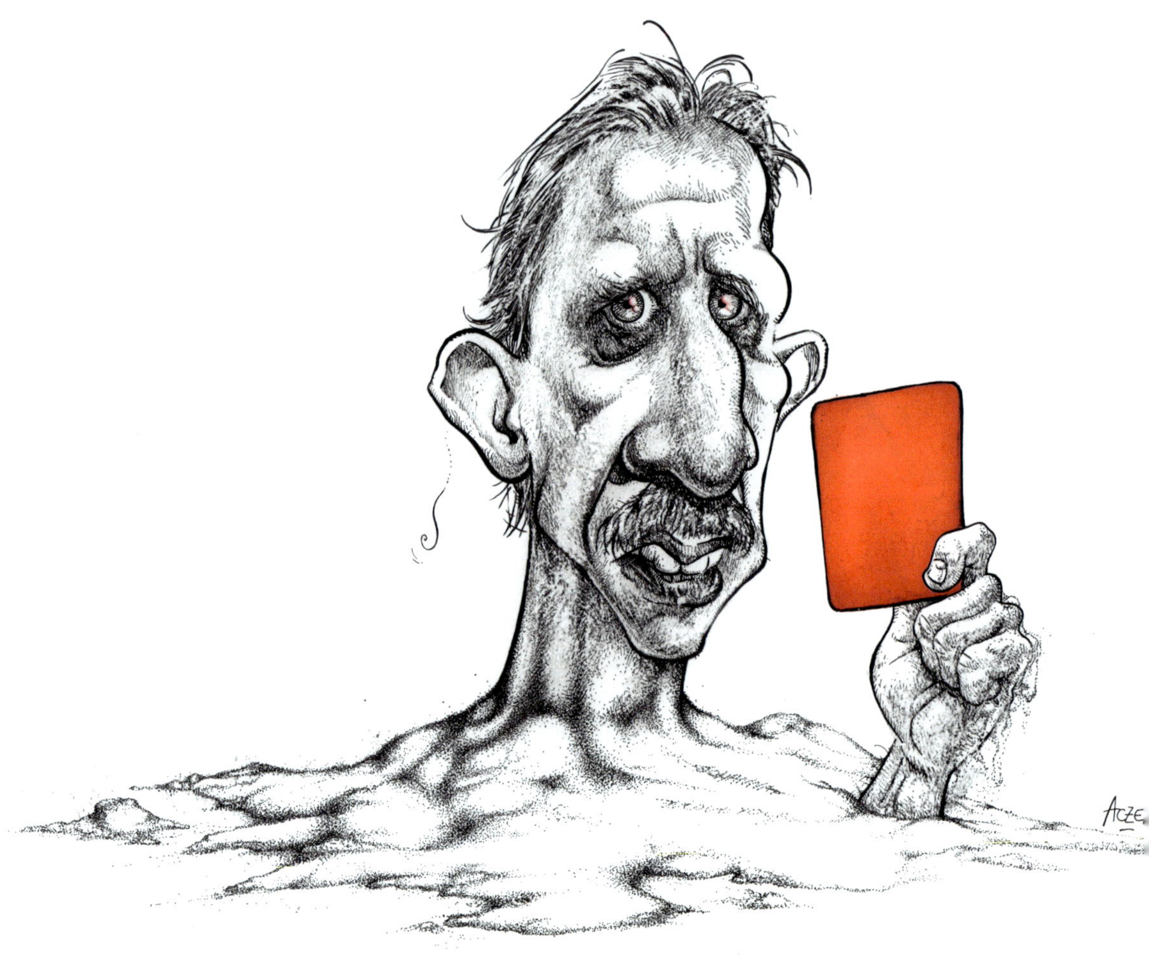

KOKS-AFFÄRE

„Ich tue das, weil ich ein absolut reines Gewissen habe!" Mit dieser Aussage stürzt Christoph Daum sich und den deutschen Fußball, den er als zukünftiger Bundestrainer eigentlich wieder zu Glanz und Gloria führen sollte, in die Krise. Um die von Uli Hoeneß gestreuten Kokain-Vorwürfe zu entkräften, unterzieht sich Daum einer Haarprobe – die positiv ausfällt. Daum verliert seinen Trainerposten bei Bayer Leverkusen, der DFB muss weiter nach einem geeigneten Kandidaten suchen ...

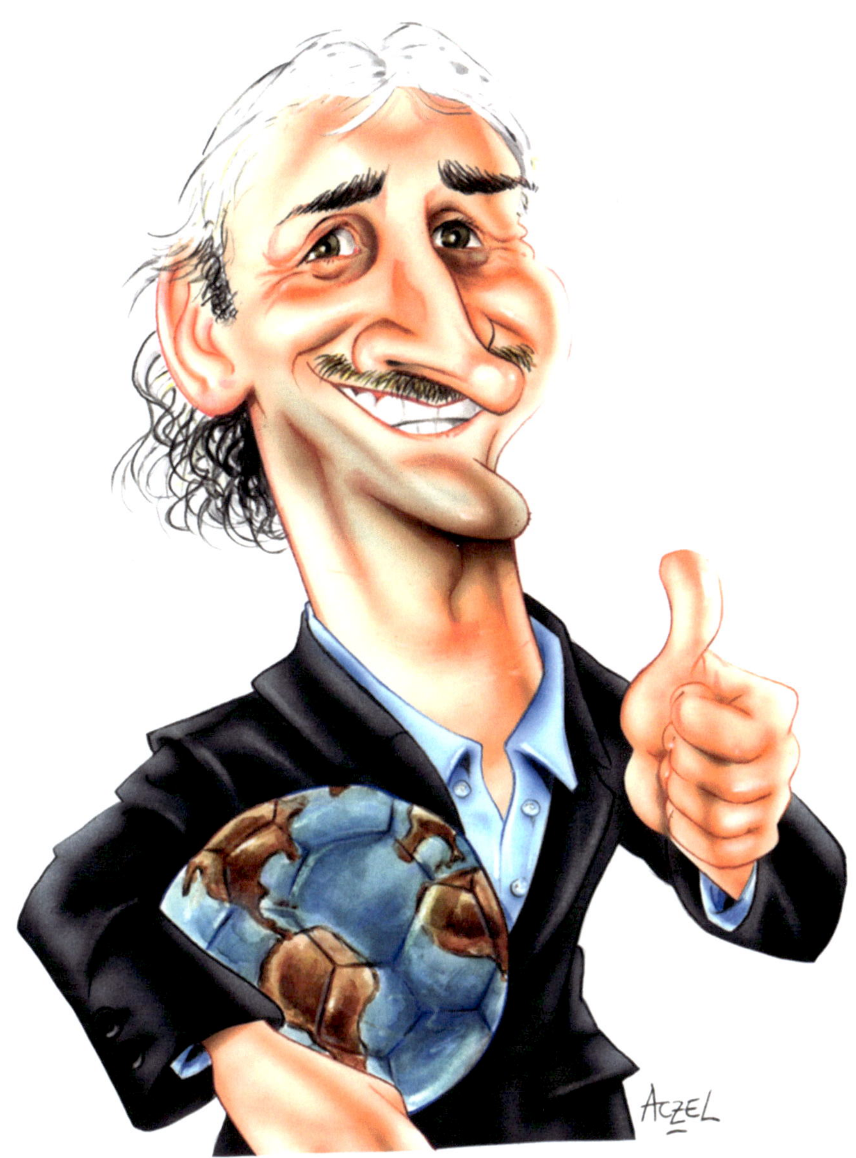

RUUUUUUUDiiiii!!!

ES GIBT NUR EIN RUDI VÖLLER

...und findet ihn in dem Mann, der den Posten nach der EM 2000 eigentlich nur interimsmäßig übernommen hat. Rudi Völler, schon als Spieler äußerst populär, erweist sich inmitten der größten Krise der deutschen Nationalmannschaft als Glücksfall. Seine Mannschaft spielt zwar keinen schönen Fußball, doch Völler war beim Volk so beliebt, dass es der Liebe für die deutsche Auswahl keinen Abbruch tut.

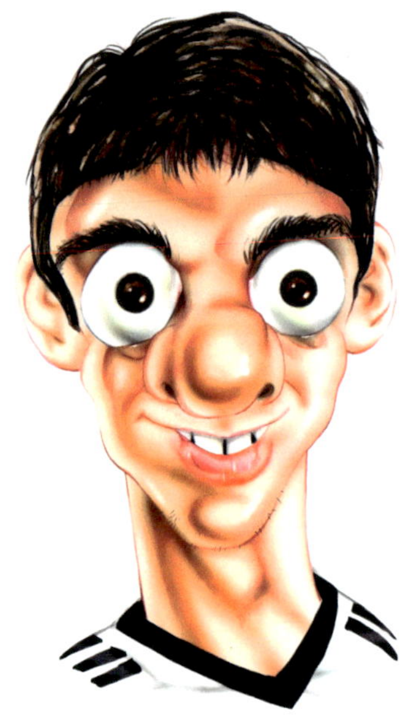

Die Nuller Jahre sind die Jahre der Sehnsucht nach frischen Talenten. Das größte Talent seiner Generation ist ein junger Mann, den sie aufgrund seiner Raffinesse und Spielkunst „Basti Fantasti" nennen: Die Erwartungen an ihn waren so gigantisch, dass Sebastian Deisler ihnen niemals gerecht werden konnte. 2002 verpasst er die WM aufgrund einer Verletzung, später erkrankt der begnadete Spielmacher an Depressionen und muss seine Laufbahn zum Entsetzen ganz Fußballdeutschlands 2007 beenden.

WM 2002

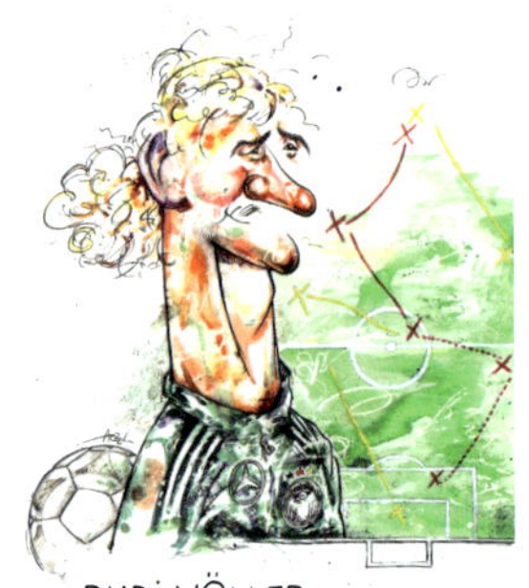

RUDI VÖLLER

RUDIS RÜBEN:
MIT DIESEM KADER ZIEHT DEUTSCHLAND BEI DER WM INS FINALE EIN. DER AUSWAHL UM CARSTEN JANCKER, CHRISTIAN ZIEGE UND DIDI HAMANN HATTE MAN IM VORFELD NICHT MAL DIE K.O.-RUNDE ZUGETRAUT.

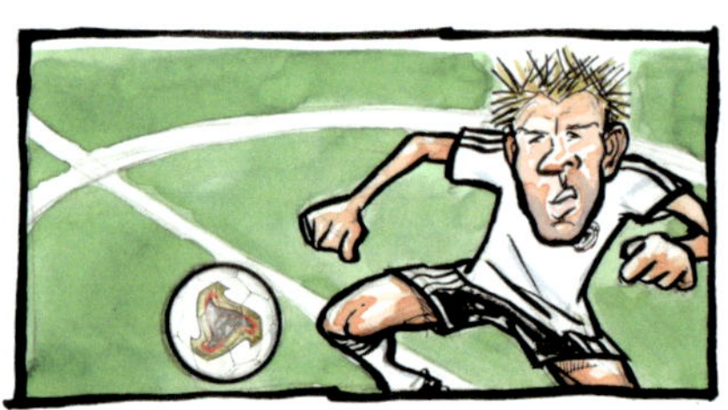

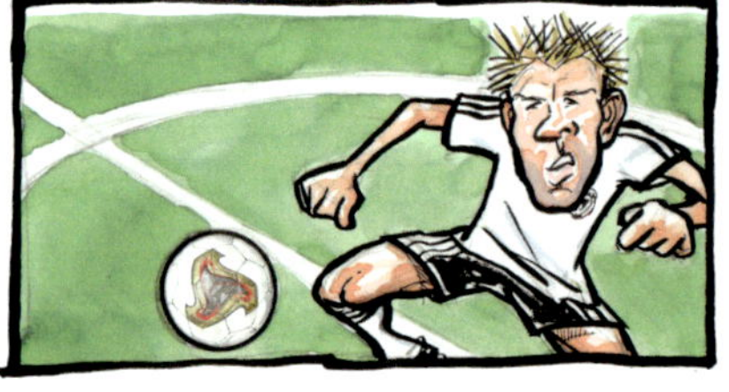

SCHNEIDER

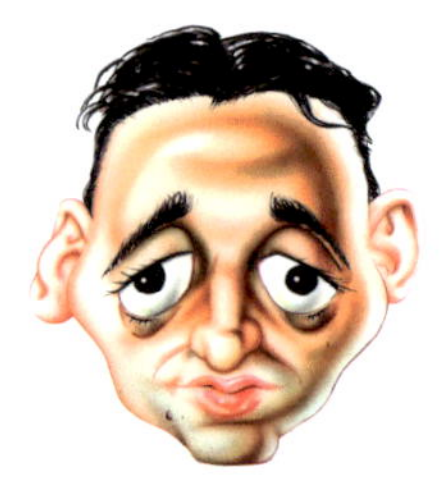

NEUVILLE

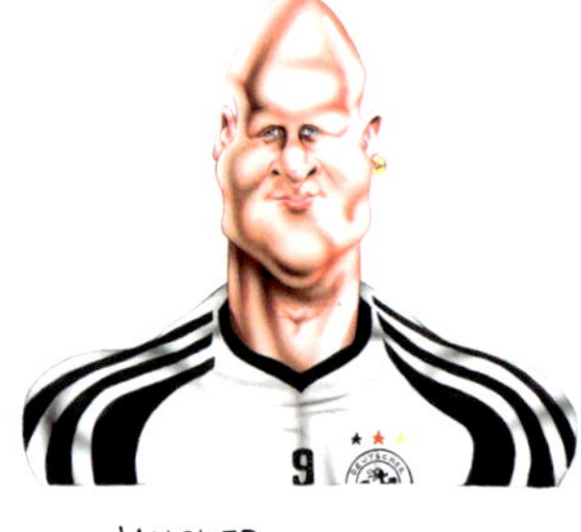

JANCKER

JEREMIES

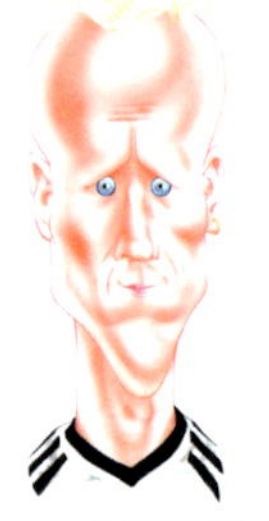

RAMELOW

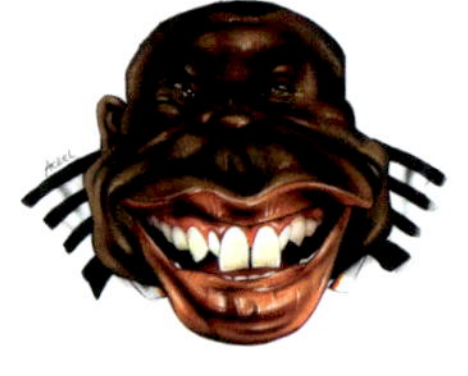

ASAMOAH

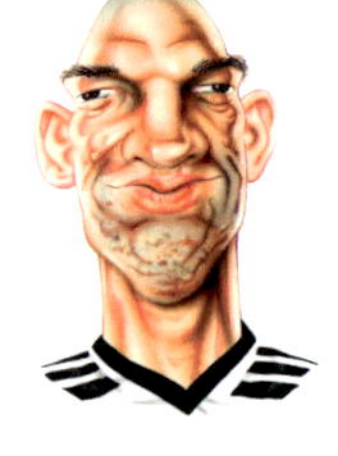

ZIEGE

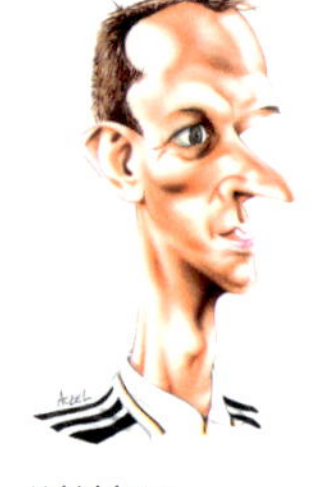

HAMANN

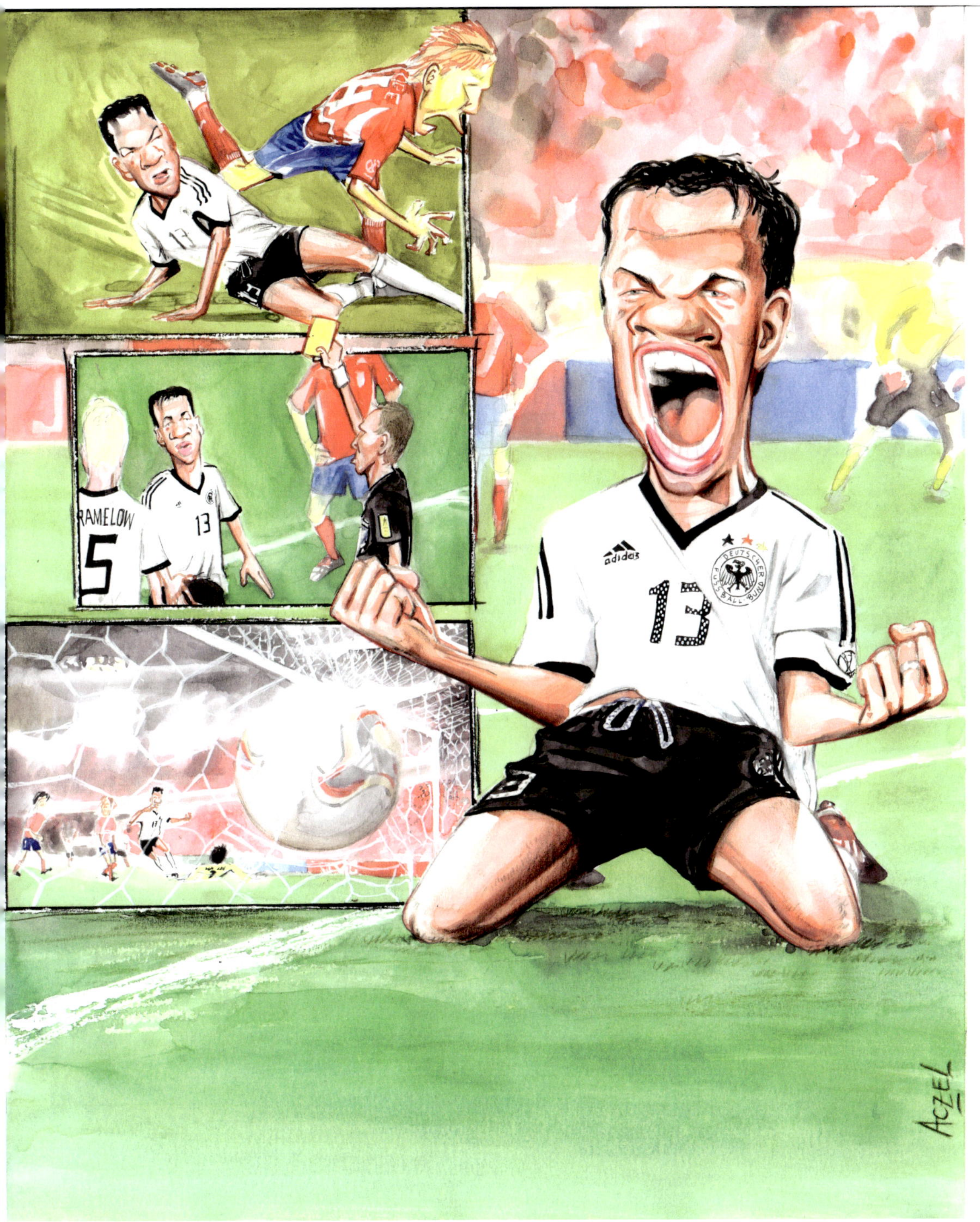

BALLACK FÜR DEUTSCHLAND

SO SEHEN SIEGER AUS. IM WM-HALBFINALE 2002 GEGEN GASTGEBER SÜDKOREA SIEHT BALLACK NACH EINEM FOUL GEGEN LEE CHUN-SOO DIE ZWEITE GELBE KARTE DES TURNIERS UND WEISS IN DIESEM MOMENT, DASS ER DAMIT FÜR EIN MÖGLICHES ENDSPIEL GESPERRT IST. UNBEEINDRUCKT DAVON ERZIELT ER VIER MINUTEN SPÄTER DAS ENTSCHEIDENDE 1:0.

OLIVER KAHN

„DER TITAN"

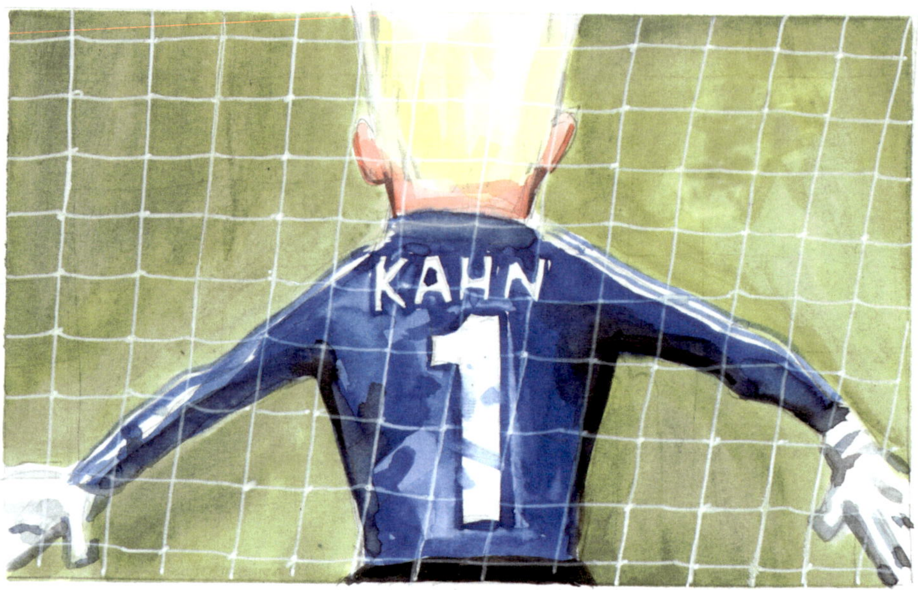

Lange muss sich Oliver Kahn gedulden, ehe er zwischen den Pfosten der Nationalmannschaft zeigen darf, was für ein außergewöhnlicher Keeper er ist. Beim FC Bayern längst zu einem der besten Torhüter gereift, erlebt Kahn die Weltmeisterschaften 1994 und 1998 sowie die EM 1996 nur als Ersatzmann, erst bei der enttäuschenden Europameisterschaft 2000 ist er erstmals Stammtorwart. Von seinen Mitspielern geliebt, von seinen Gegnern gefürchtet, erarbeitet sich der ehrgeizige Karlsruher das Image eines brodelnden „Vul-Kahns", der zu unglaublichen Paraden imstande ist, jederzeit zum Ausbruch bereit. Den Ruf eines schier unüberwindlichen „Titans" verdient er sich mit bei der WM 2002 in Japan und Südkorea. Kein anderer Torwart vor und nach ihm dominierte so sehr ein Weltturnier.

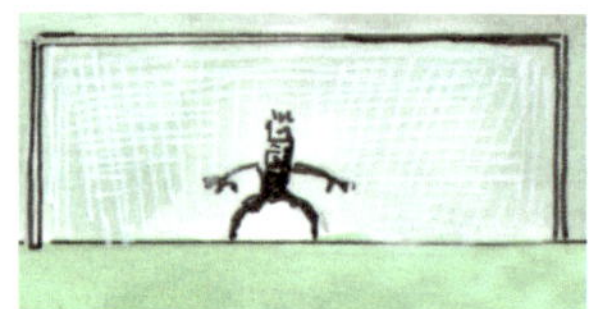

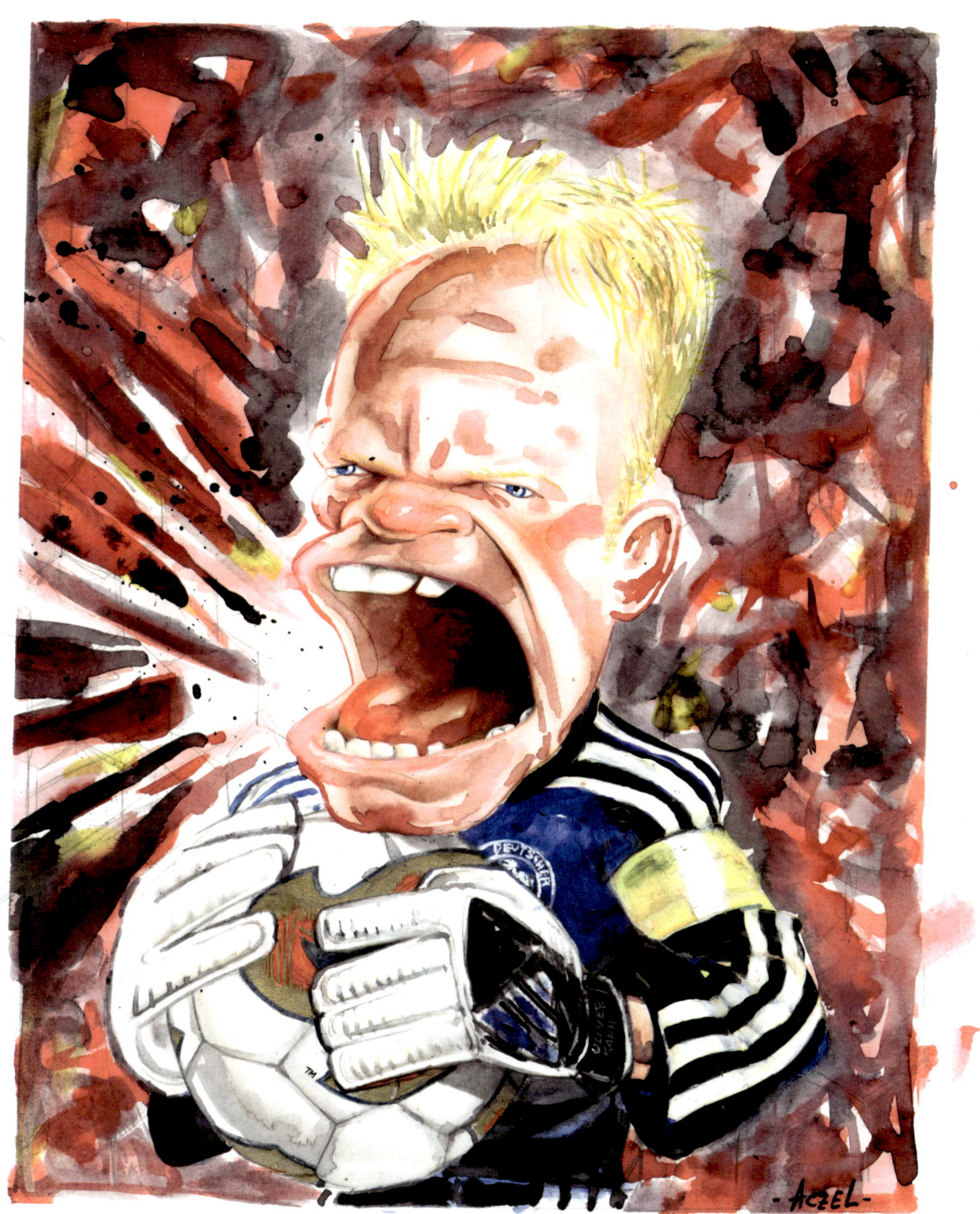

DER BERÜHMT-BERÜCHTIGTE DEUTSCHE TORHÜTER OLIVER KAHN IST DER EINZIGE TORWART, DER JEMALS DEN GOLDENEN BALL ALS BESTER SPIELER DES TURNIERS ERHIELT, OBWOHL SEIN FEHLER IM FINALE BRASILIEN ZUM TRIUMPH VERHALF.

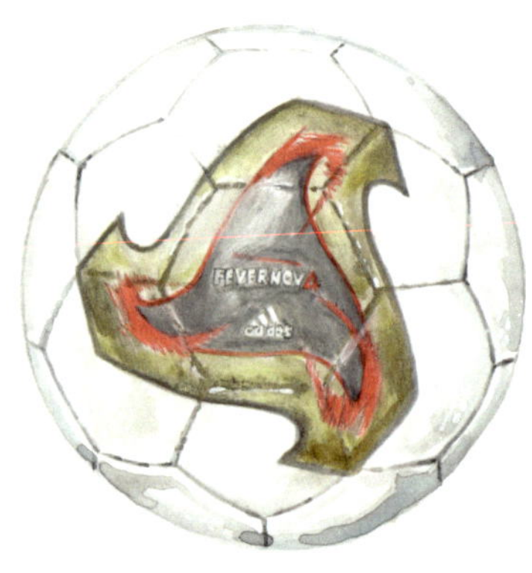

WM BALL 2002

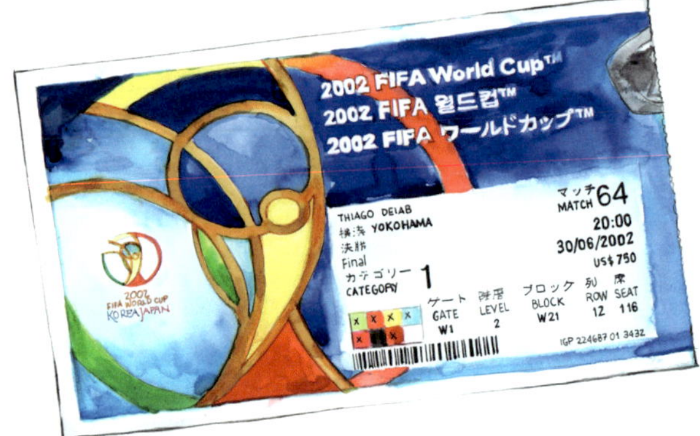

EINTRITTSKARTE WM 2002

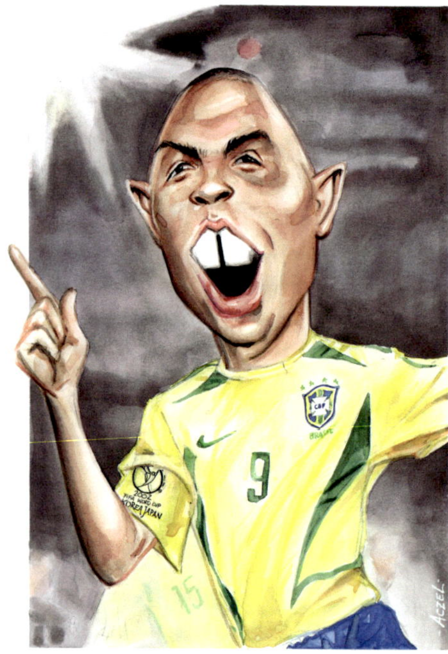

RONALDO IST 2002 BEIM FÜNFTEN WM-TITEL BRASILIENS DER GROSSE STAR DES TURNIERS.

DAS FINALE 30. JUNI 2002

DEUTSCHLAND 0:2 BRASILIEN

INTERNATIONAL STADIUM, YOKOHAMA
ZUSCHAUER: 69.029
SCHIEDSRICHTER: PIERLUIGI COLLINA (ITALIEN)

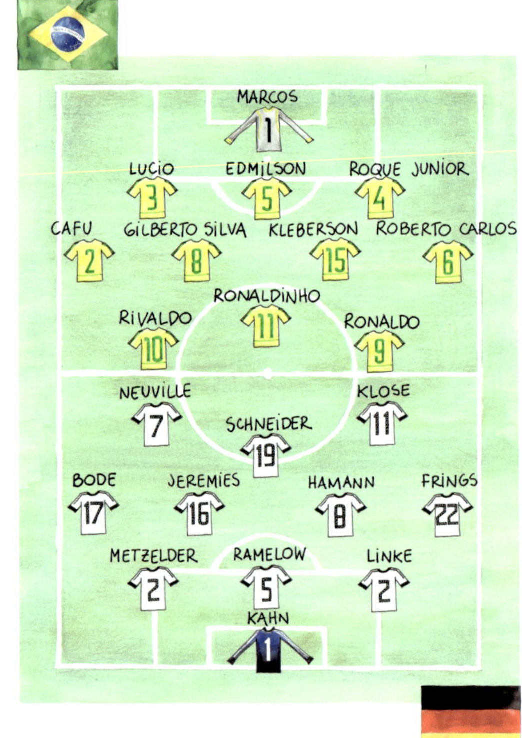

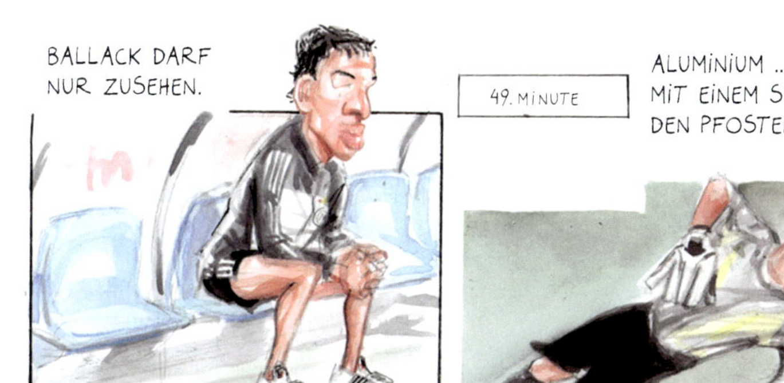

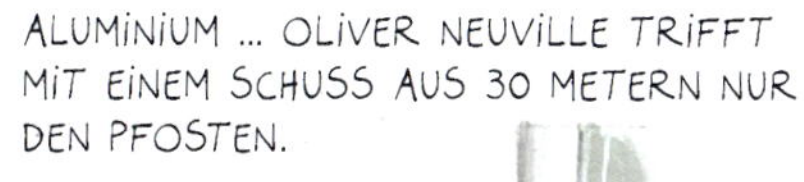

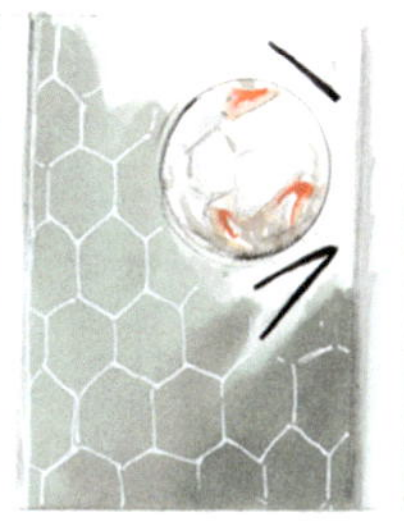

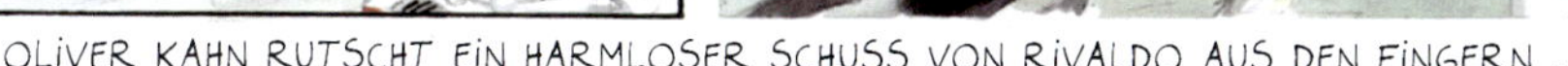

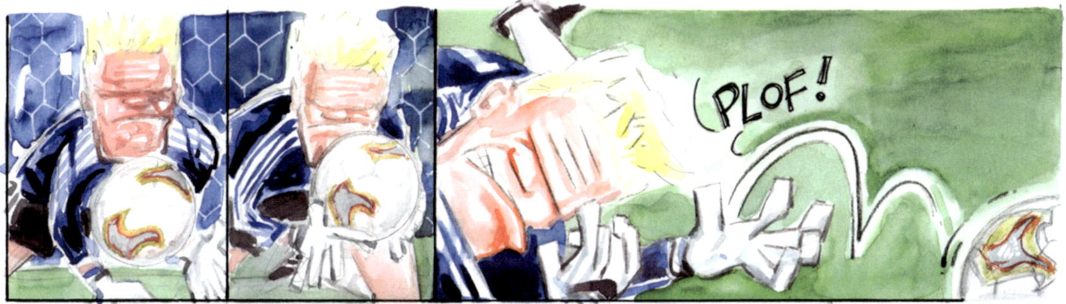

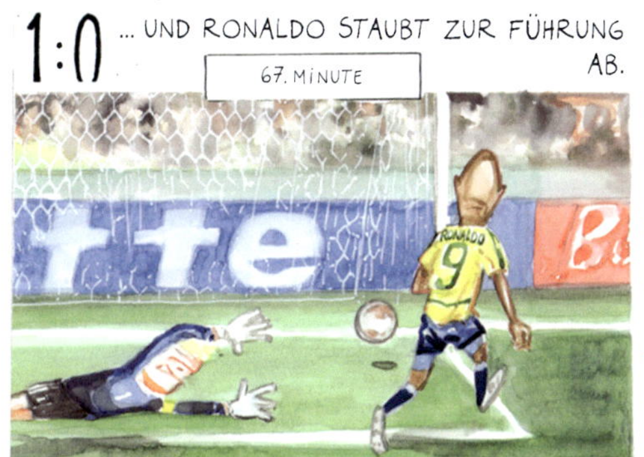

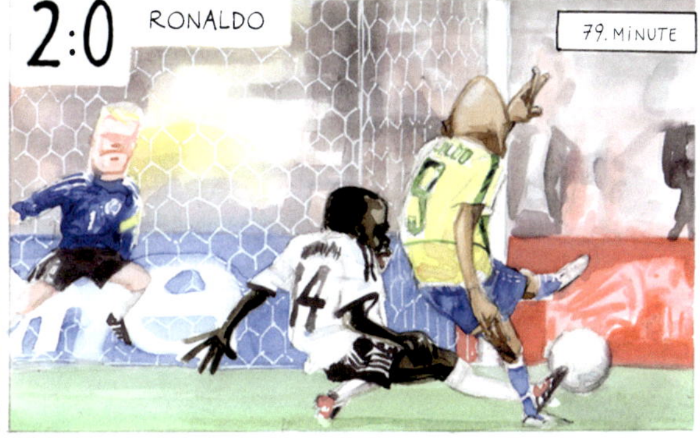

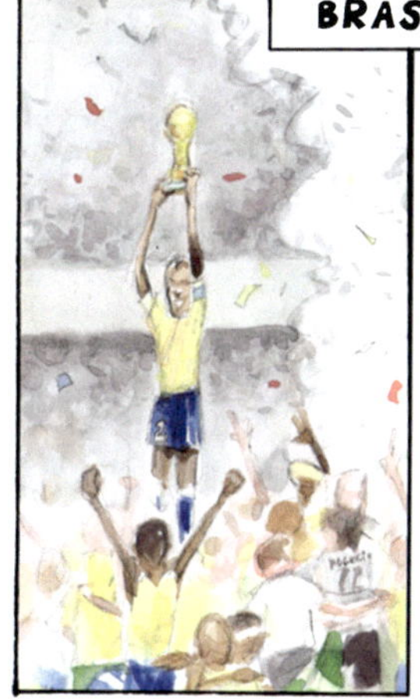

Lag es an der Frisur von Superstar Ronaldo oder doch an den Führungsqualitäten von Kapitän Cafu? Bei der WM in Japan und Südkorea setzt sich am Ende der Topfavorit durch. Kleines Happy End: Kahn wird trotzdem zum besten Spielers des Turniers gewählt. Und vielleicht hielt er Rivaldos Fernschuss nur deshalb nicht fest, weil er mit einem Kapselriss im Finger angetreten war?

DIE MENSCHWERDUNG DES TITANS

ES GEHÖRT ZU SEINER GESCHICHTE, DASS AUSGERECHNET ER, DIE FEHLERLOSE SIEGERMASCHINE, IM ENDSPIEL GEGEN BRASILIEN MIT EINEM FEHLGRIFF DIE NIEDERLAGE EINLEITET: ER KANN RIVALDOS SCHUSS NICHT FESTHALTEN, RONALDO STAUBT AB. MIT HÄNGENDEM KOPF LEHNT DER TITAN NACH DEM SPIEL AM TORPFOSTEN UND MUSS VON SCHIEDSRICHTER PIERLUIGI COLLINA GETRÖSTET WERDEN.

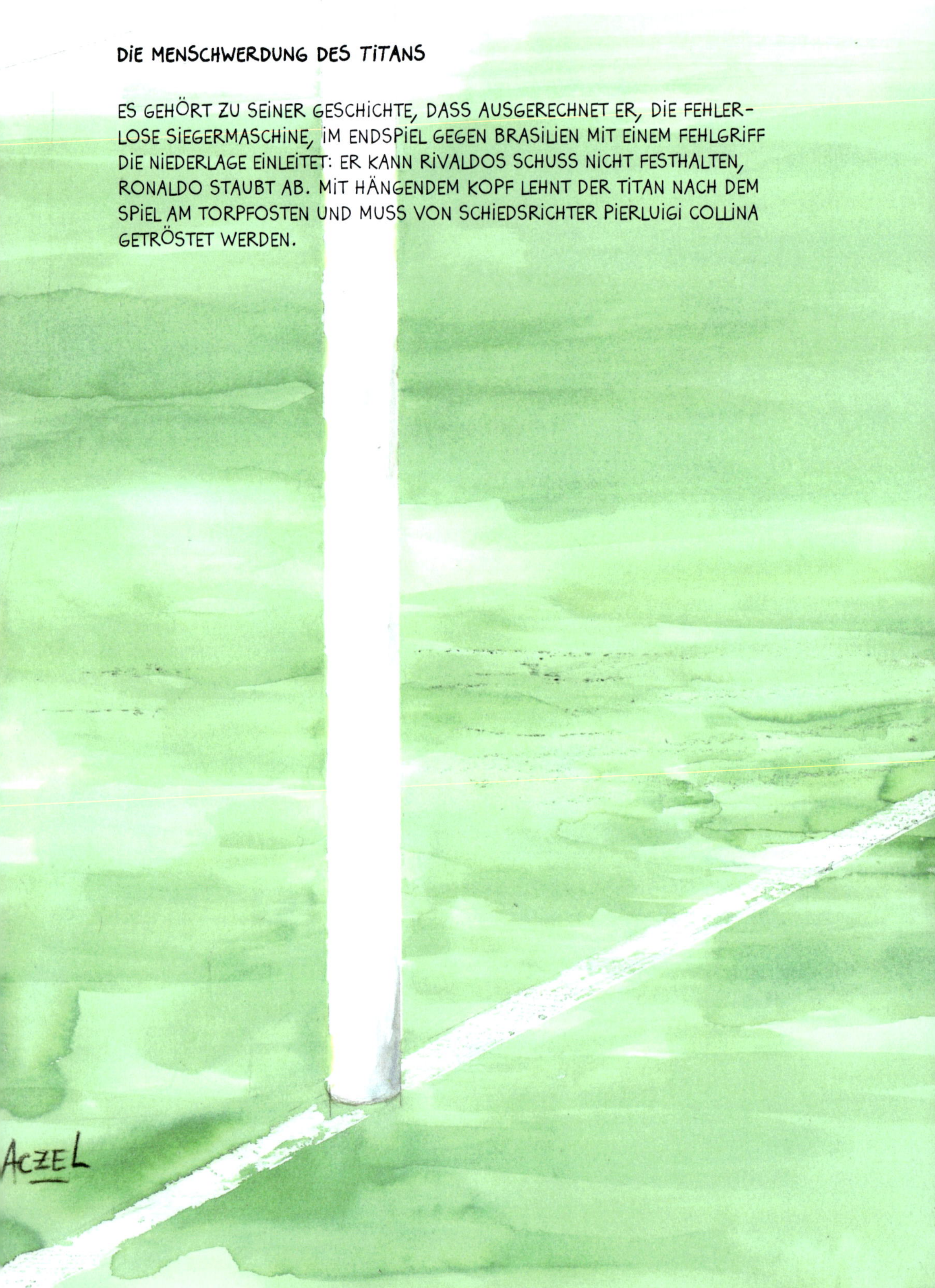

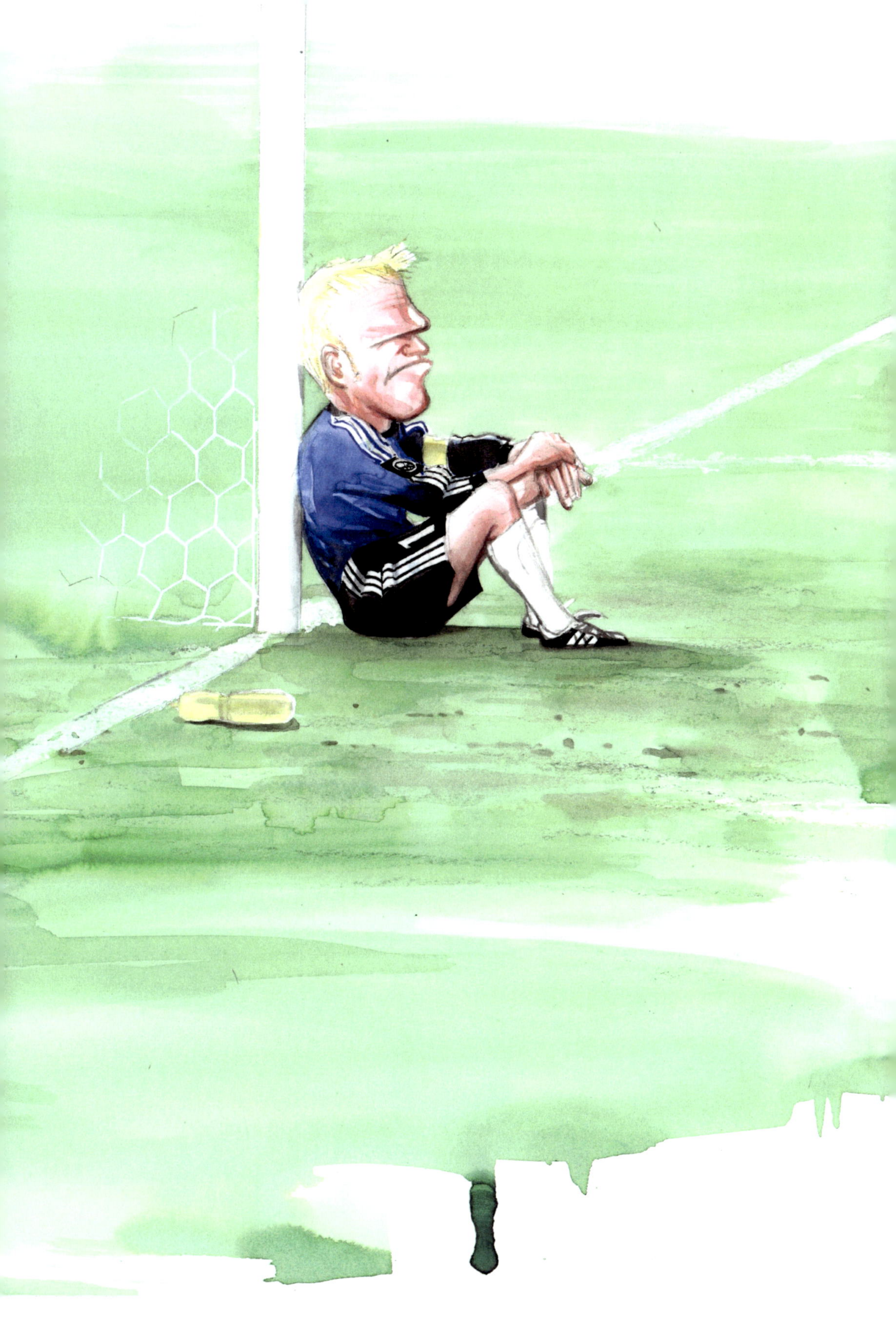

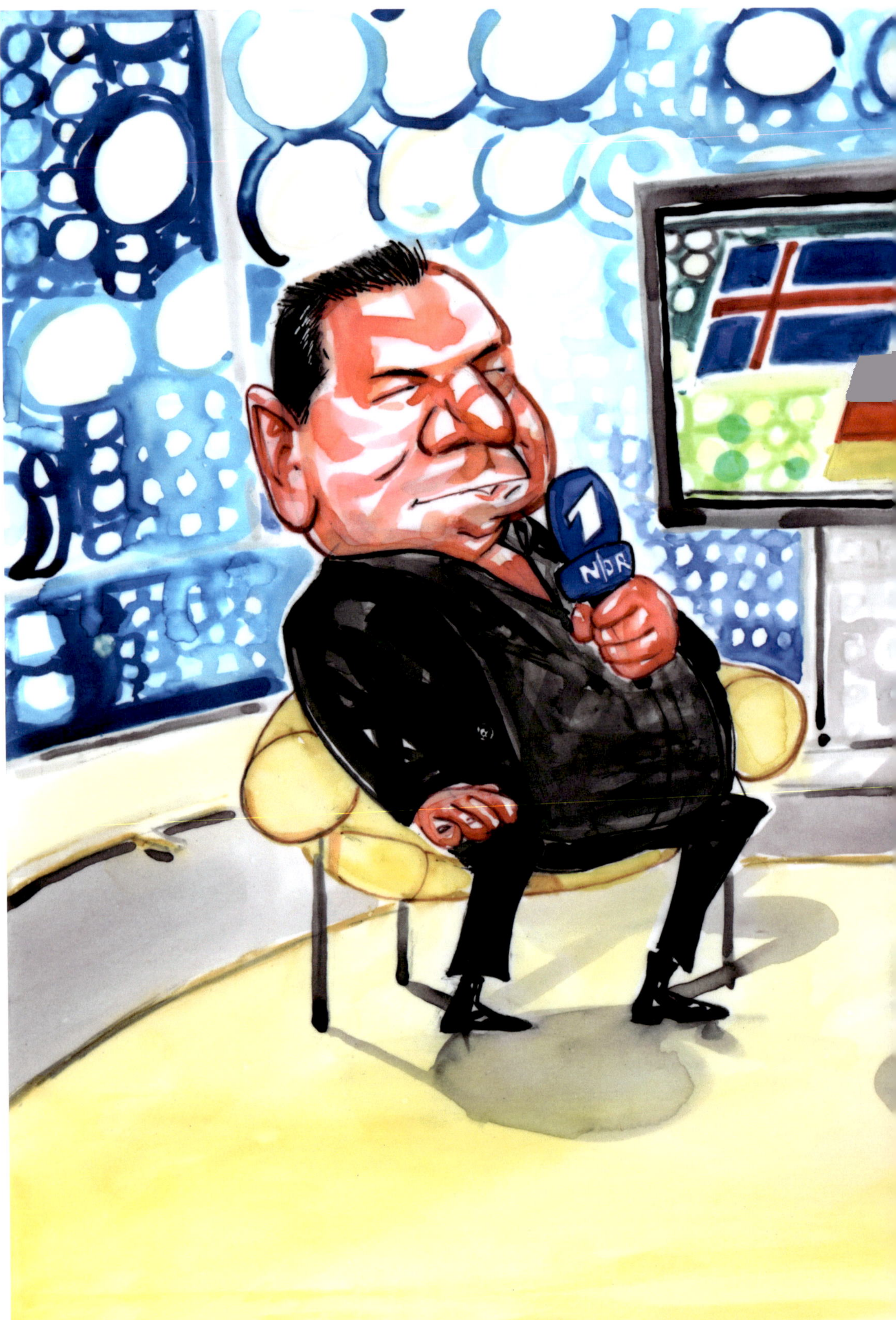
NDR

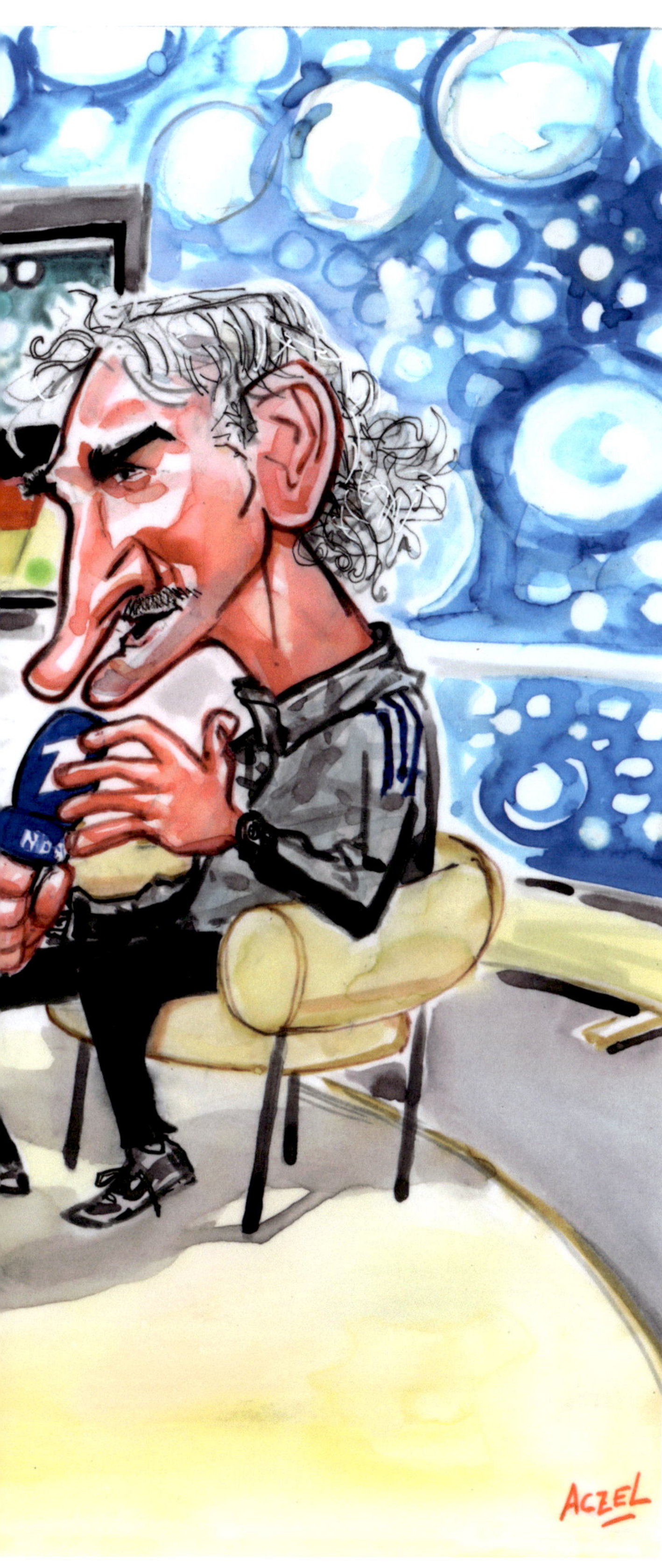

WEISSBIER-WUTREDE

KÄSE, SCHEISSDRECK UND DREI WEIZENBIER

Die Vize-Weltmeisterschaft 2002 hatte darüber hinweggetäuscht, dass der deutsche Fußball ziemlich in der Krise steckte. Das zeigt sich in der Qualifikation für die EM 2004. Am drittletzten Spieltag kommt die DFB-Auswahl nicht über ein 0:0 gegen Island hinaus, was dem TV-Experten Günter Netzer zu einer Generalkritik veranlasst. Nationaltrainer Rudi Völler platzt im anschließenden Interview darauf der Kragen. Der seine Schimpftriade abbekommt, ist der diensthabende Moderator: „Du sitzt hier locker bequem auf deinem Stuhl und hast drei Weizenbier getrunken." Dem altgedienten Hartmann verhalf das viel zitierte Interview zu einem Werbevertrag mit einer Brauerei.

SCHWEINSTEIGER UND PODOLSKI

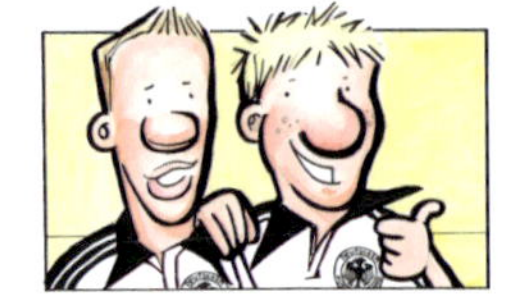

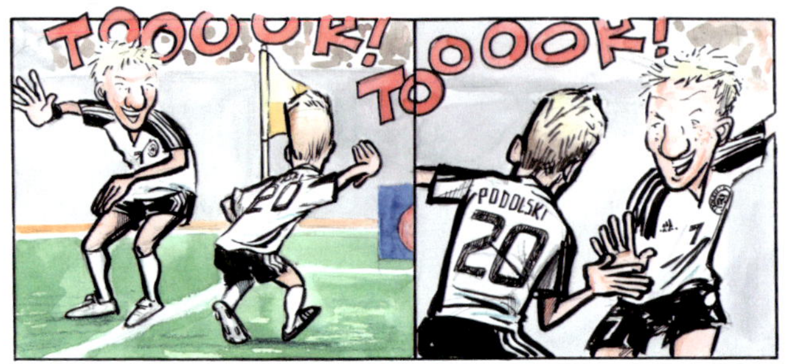

TRAUMDUO

„SO EIN DUO WIRD ES NICHT MEHR GEBEN, DAS WAR EIN UNIKAT": SCHWEINI UND POLDI WERDEN IN DEN NULLER JAHREN ZU EINER DEUTSCHEN MARKE DER BESONDEREN ART.

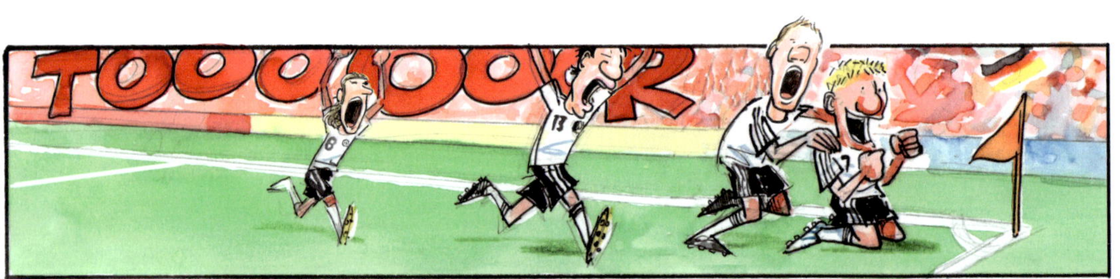

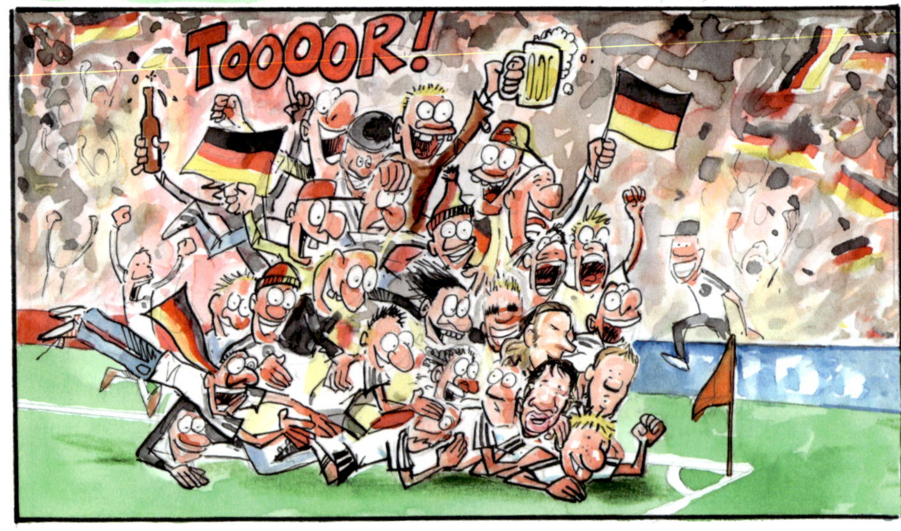

DIE BEIDEN YOUNGSTERS BERAUSCHEN MIT SPEKTAKULÄREM FUSSBALL UND ERFRISCHENDER LEICHTIGKEIT.

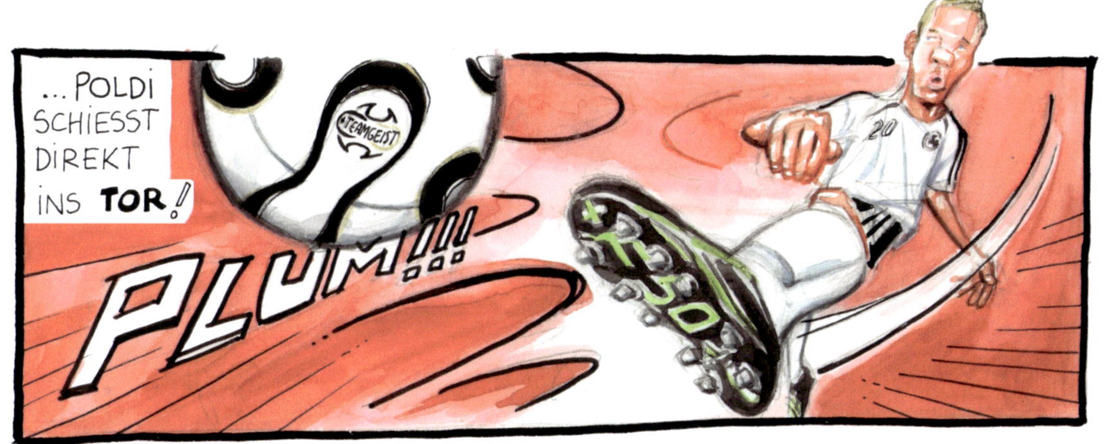

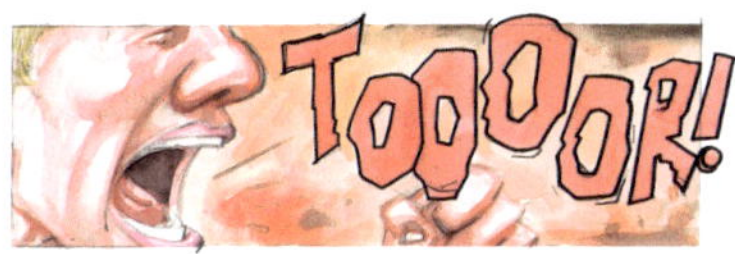

LUKAS PODOLSKI

Der Senkrechtstarter seiner Generation. Ohne ein einziges Länderspiel bestritten zu haben und gerade einmal ein halbes Jahr nach seinem ersten Auftritt als Profi für den 1. FC Köln wird Lukas Podolski für die EM 2004 nominiert. Gemeinsam mit dem ein Jahr älteren Bastian Schweinsteiger wird er im letzten Vorbereitungsspiel gegen Ungarn eingewechselt: der Beginn einer neuen Ära, von der damals niemand zu träumen wagt. Mit seiner Unbekümmertheit und knallharter linker Klebe spielte sich „Poldi" schnell in die Herzen der deutschen Fußballfans.

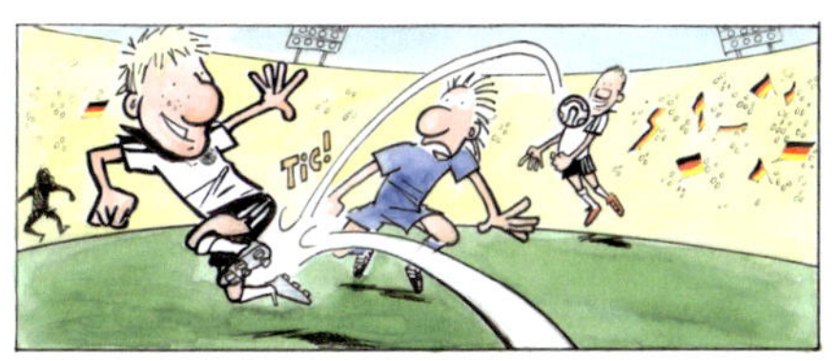

BASTIAN SCHWEINSTEIGER

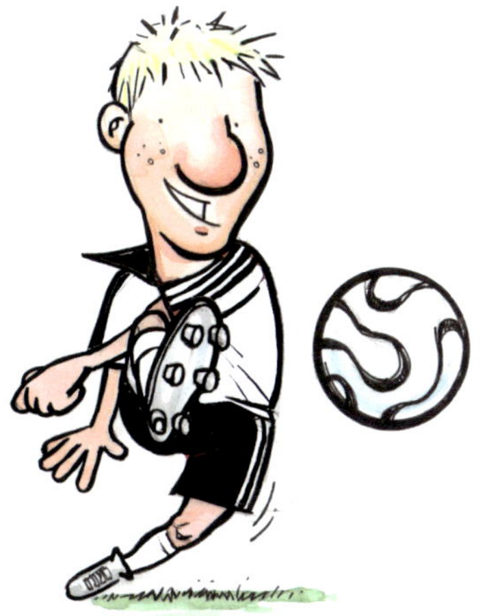

Die beiden größten Talente ihrer Generation geben am 6. Juni 2004 gemeinsam ihr Länderspieldebüt. Mit dem Adler auf der Brust bald zu einem national gefeierten Duo zusammengewachsen, spielen beide Kicker später auch beim FC Bayern in einer Mannschaft. Bei der Krönung ihrer Karrieren – dem WM-Titel 2014 in Brasilien – ragt vor allem Schweinsteiger heraus. Als sich sein Kumpel von der großen Bühne verabschiedet, kann Poldi mit Fug und Recht sagen: „So etwas wie uns wird es nie wieder geben."

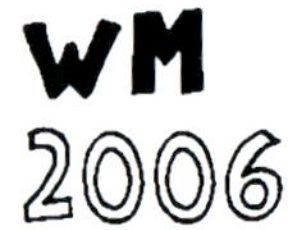

EIN SOMMERMÄRCHEN

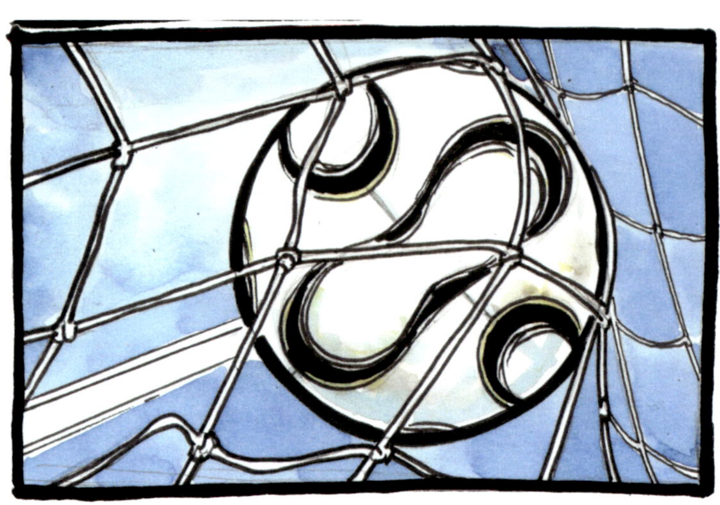

EIN SOMMER BEI FREUNDEN

Die WM in Deutschland wird zum schönsten Fußballturnier der Geschichte. Ein Sommermärchen mit durchgehend schönem Wetter, das das Gastgeberland nachhaltig verändert.

DYNAMISCH AUCH AN DER SEITENLINIE: JÜRGEN KLINSMANN ALS TRAINER.

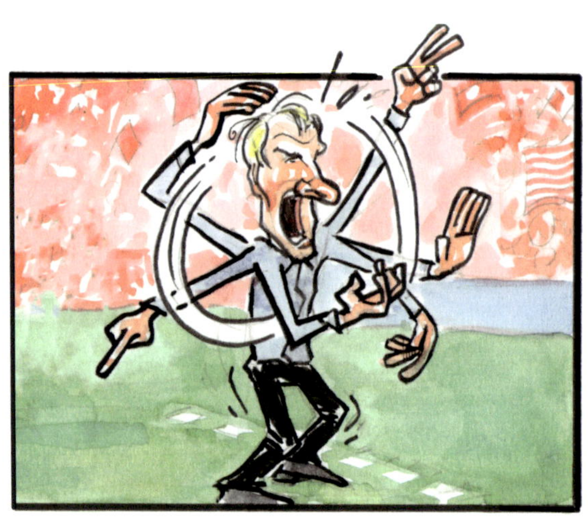

TRAUMTORE GLEIC
IM ERSTEN SPIE

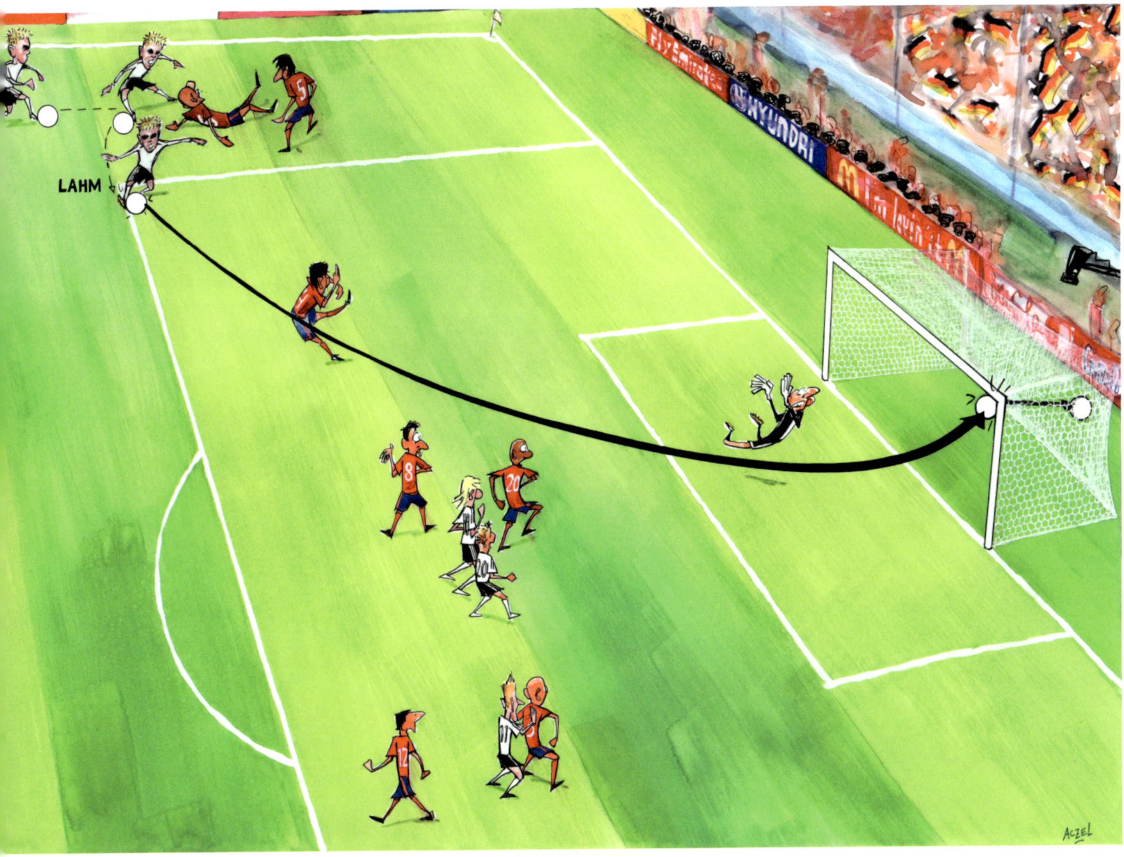

LAHM

ACZEL

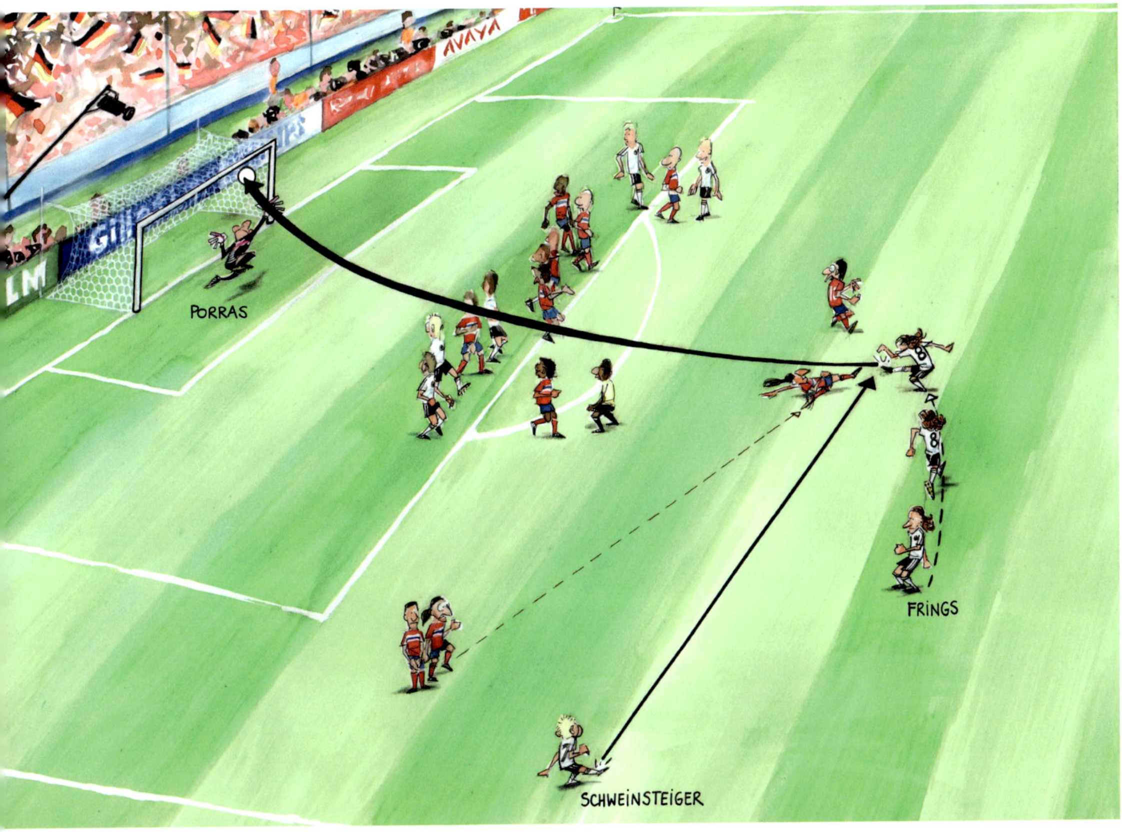

PORRAS

FRINGS

SCHWEINSTEIGER

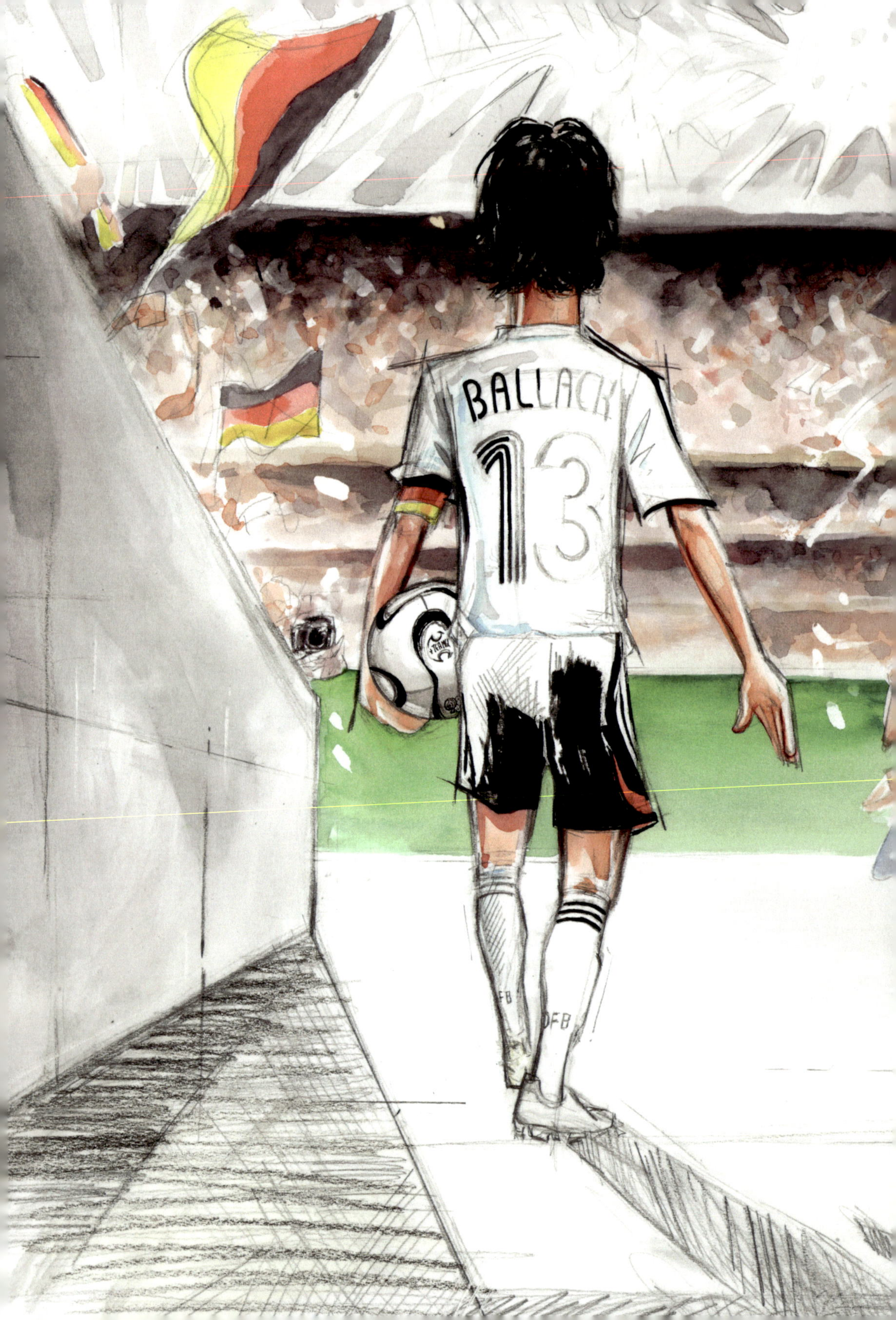
BALLACK
13
DFB

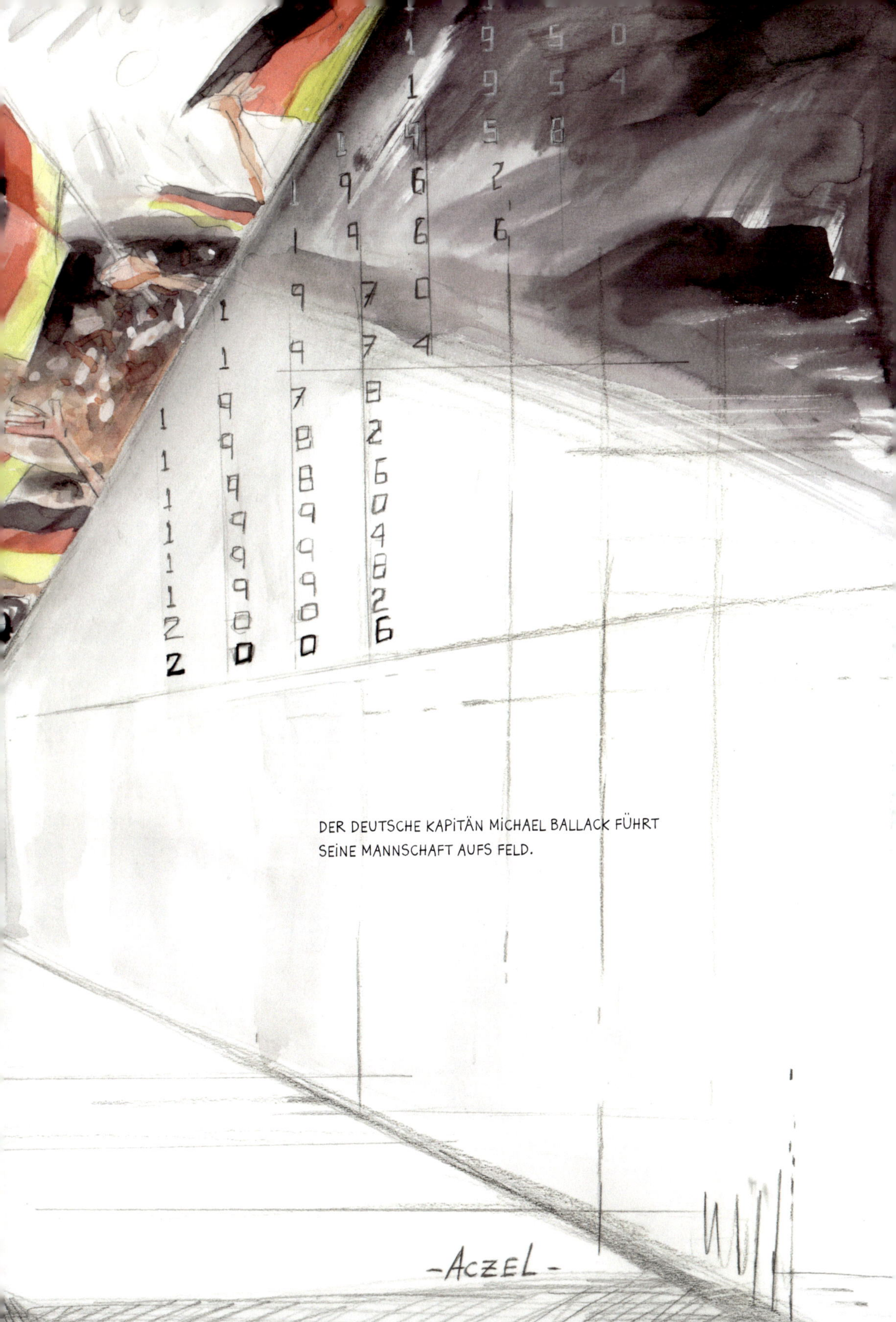
1950
1954
1958
1962
1966
1970
1974
1978
1982
1986
1990
1994
1998
2002
2006
DER DEUTSCHE KAPITÄN MICHAEL BALLACK FÜHRT
SEINE MANNSCHAFT AUFS FELD.
-ACZEL-

MIT DAVID ODONKOR HATTEN NICHT MAL DIE EXPERTEN GERECHNET. IM ENTSCHEIDENDEN SPIEL GEGEN POLEN BEREITET DER PFEILSCHNELLE DORTMUNDER DAS SIEGTOR VOR UND RECHTFERTIGT SEINE NOMINIERUNG DURCH JÜRGEN KLINSMANN.

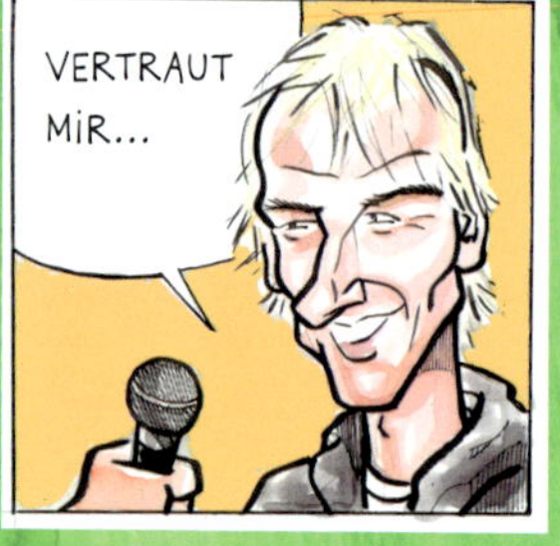

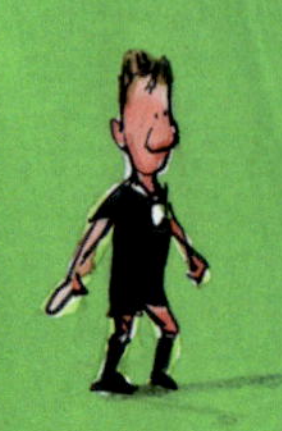

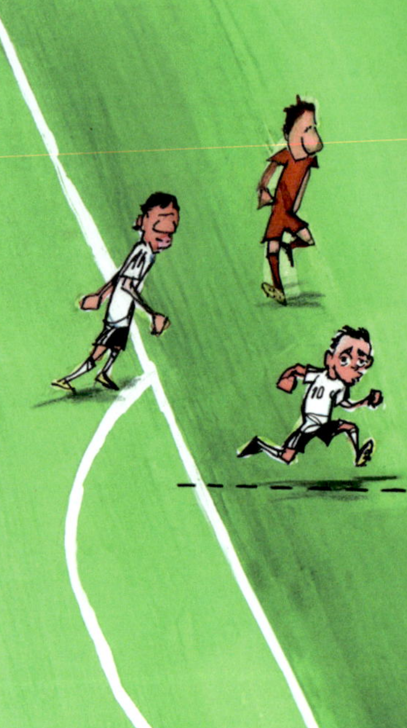

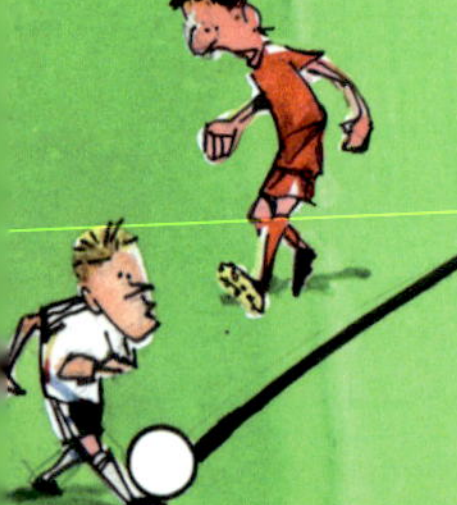

SCHNEIDER

IM ZWEITEN SPIEL IN GRUPPE A STEHT ES NACH 90 MINUTEN NOCH IMMER 0:0. DANN SCHICKT BERND SCHNEIDER DAVID ODONKOR AUF DIE REISE. SEINE FLANKE IN DIE MITTE SPITZELT OLIVER NEUVILLE INS TOR. DEUTSCHLAND IST VORZEITIG WEITER.

ODONKOR

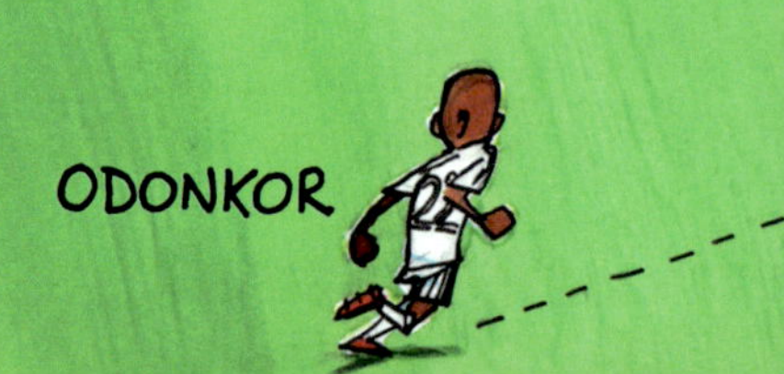

ACZEL

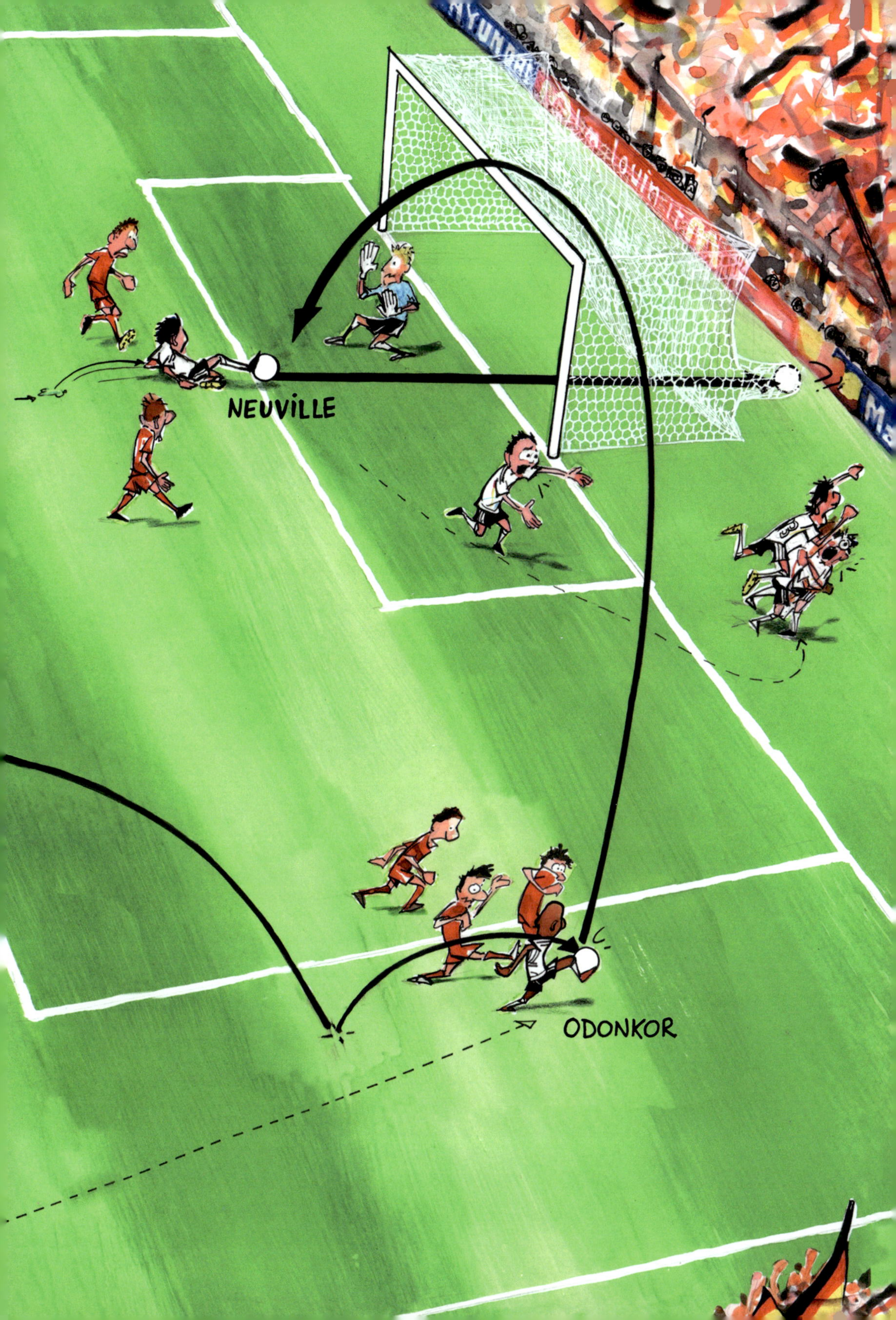
NEUVILLE
ODONKOR

MIROSLAV KLOSE

„SALTO MORTALE"

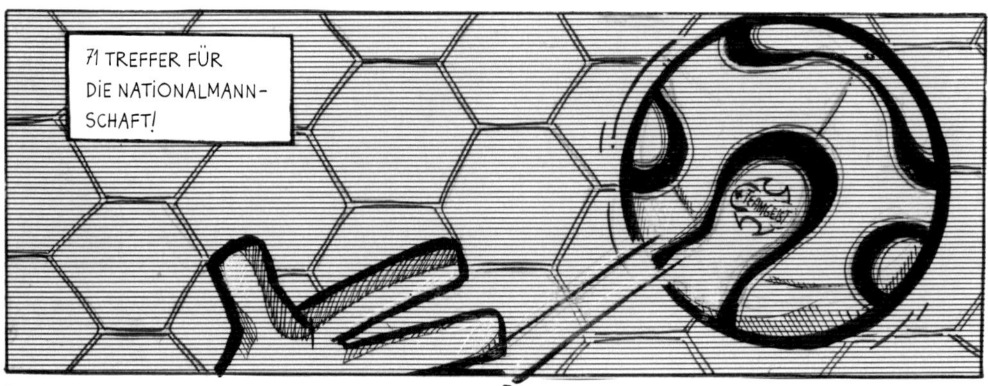

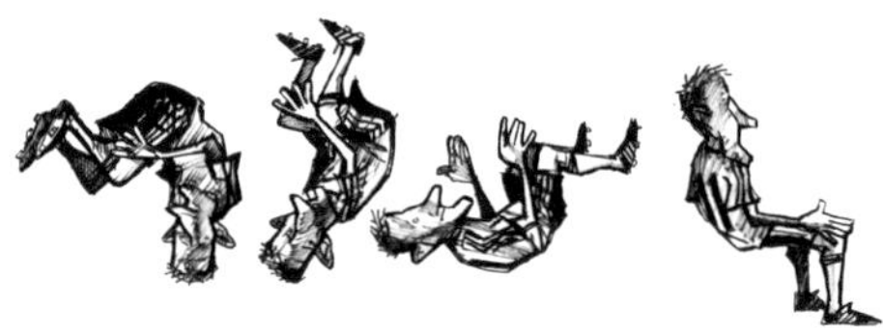

Keiner jubelte wie Miroslav Klose, der Stürmer mit der vermutlich ungewöhnlichsten Vita der deutschen Nationalmannschaftsgeschichte. „Mirek", wie der im polnischen Opole geborene Klose von seinen Landsleuten genannt wird, spielt noch mit 18 Jahren in der Bezirksliga für die SG Blaubach-Diedelkopf, ehe er 1999 vom 1. FC Kaiserslautern unter Otto Rehhagel verpflichtet wird. Bereits ein Jahr später macht der Kopfballspezialist sein erstes Länderspiel für Deutschland, bei der WM 2002 gewinnt er mit fünf Treffern (alle per Kopf) den Silbernen Schuh für die zweitmeisten Tore. Seine großartige internationale Karriere endete mit dem Sieg bei der Weltmeisterschaft 2014, wo er mit einem Tor gegen Brasilien zum alleinigen WM-Torschützenkönig aller Zeiten aufsteigt, damit den Brasilianer Ronaldo überholend. Auf den standesgemäßen Salto verzichtet er allerdings nach diesem Tor ...

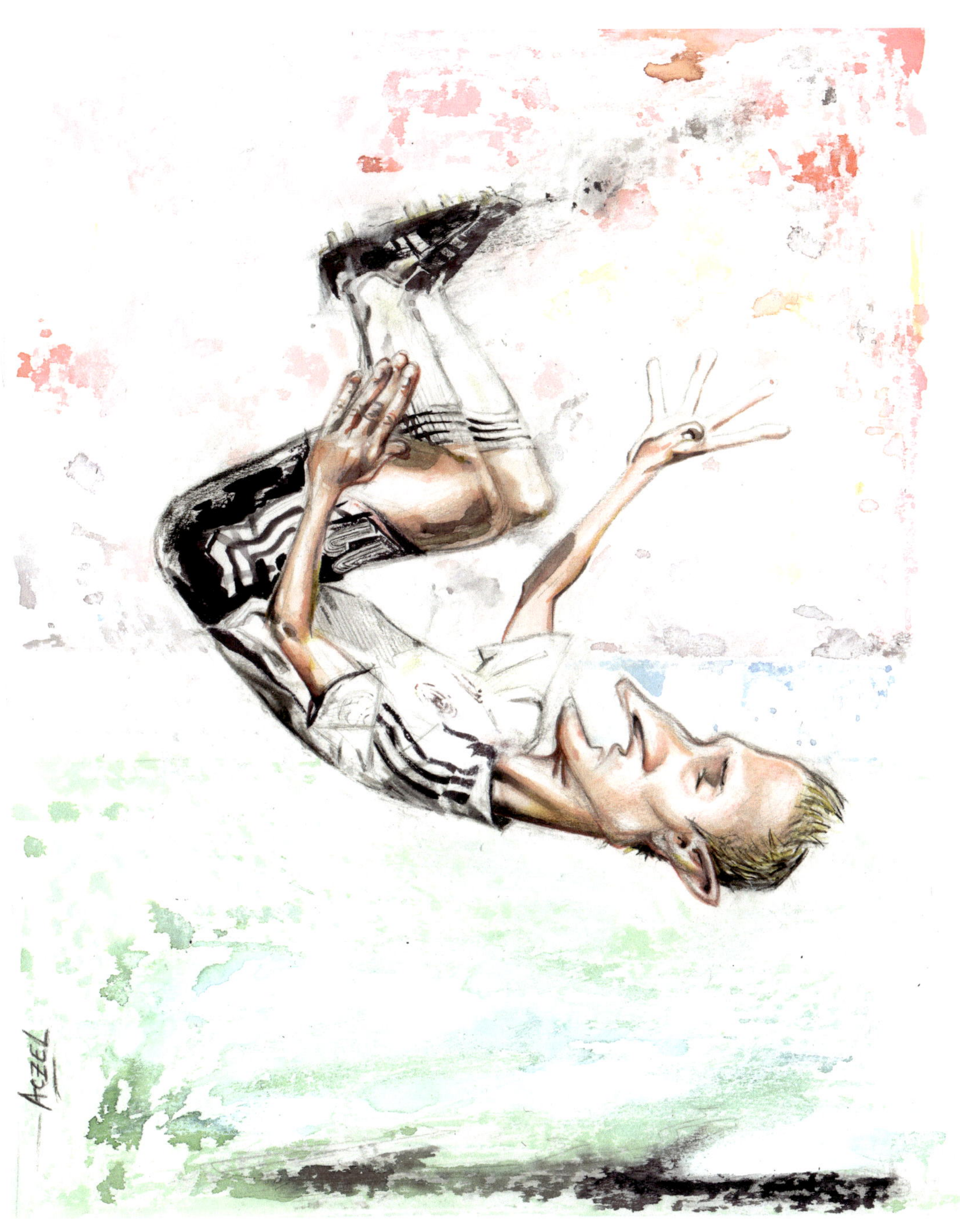

DER REKORDMANN: IN 137 LÄNDERSPIELEN ERZIELT KLOSE 71 TREFFER – MEHR ALS JEDER ANDERE DEUTSCHE NATIONALSPIELER. UND 87 SIEGE FÜR DIE DFB-AUSWAHL HAT NUR LOTHAR MATTHÄUS GESCHAFFT.

DEUTSCHLAND
VS
ARGENTINIEN

30. JUNI 2006, BERLIN

DAS MÄRCHEN WIRD DRAMATISCH

ARGENTINIENS AYALA TRIFFT ZUR FÜHRUNG, DOCH ZEHN MINUTEN VOR DEM SCHLUSS-PFIFF ERLÖST KLOSE DIE DEUTSCHEN FANS MIT SEINEM KOPFBALL ZUM 1:1.

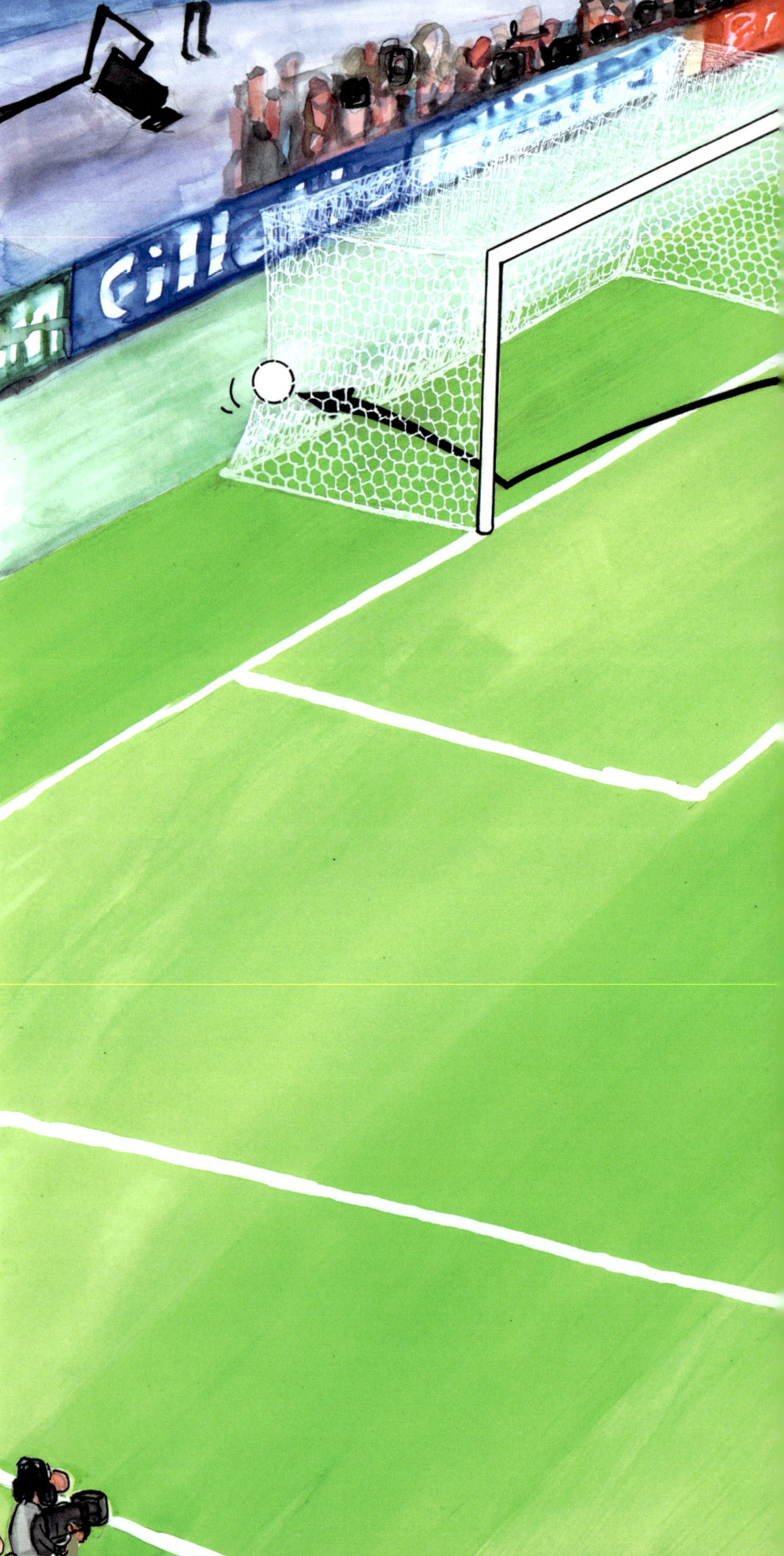

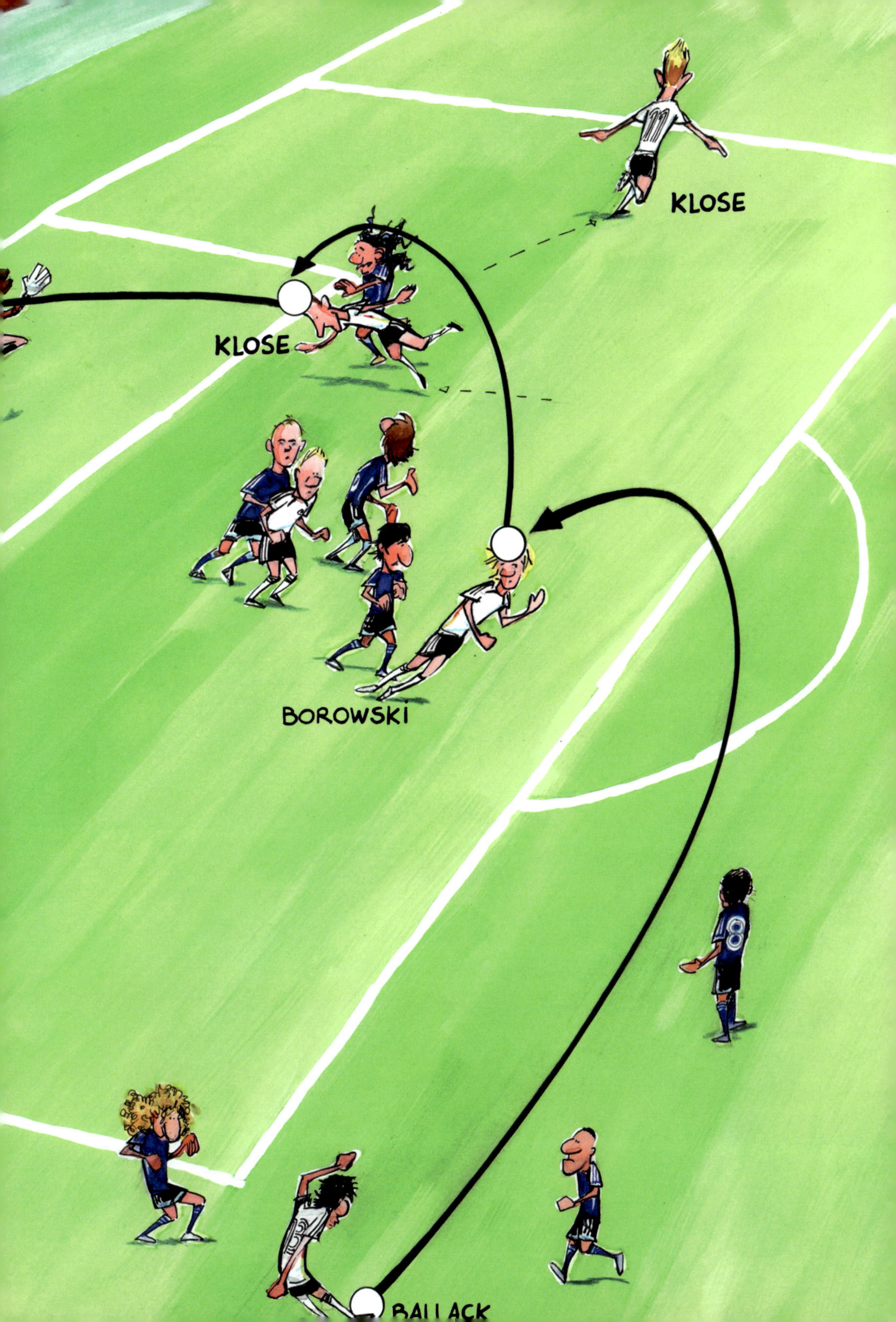
KLOSE
KLOSE
BOROWSKI
BALLACK

VOR DEM ELFMETERSCHIESSEN GEGEN ARGENTINIEN ERHÄLT DFB-TORWART JENS LEHMANN EINEN MYSTERIÖSEN ZETTEL. DANACH PARIERT ER ZWEI ELFMETER.

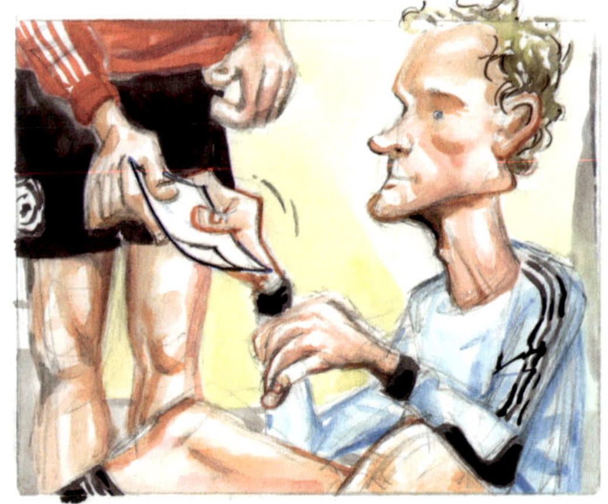

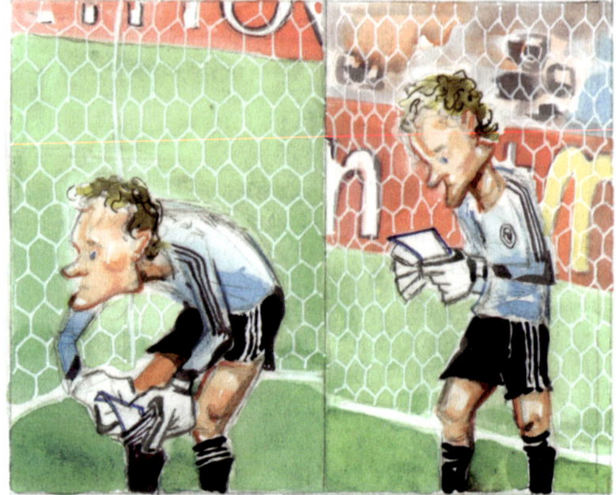

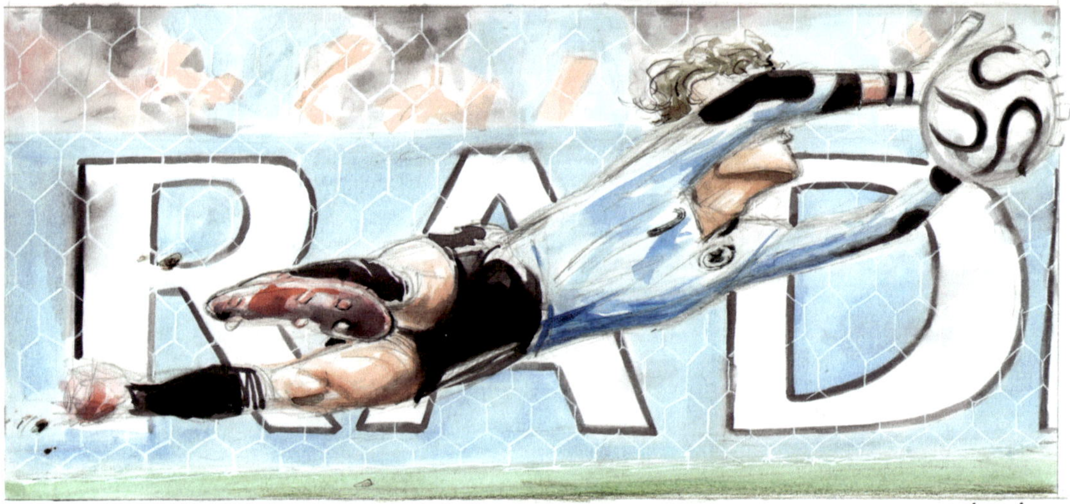

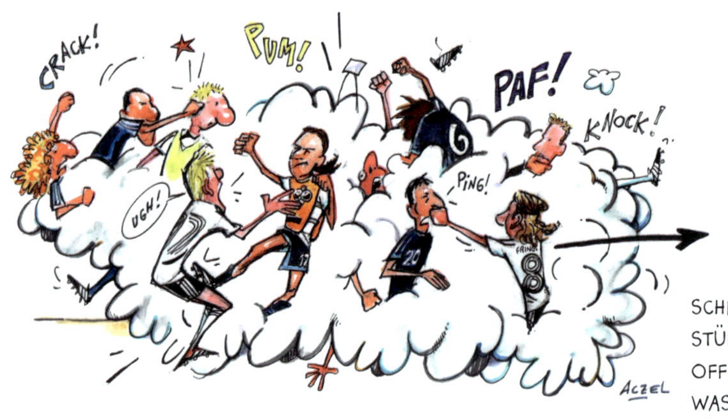

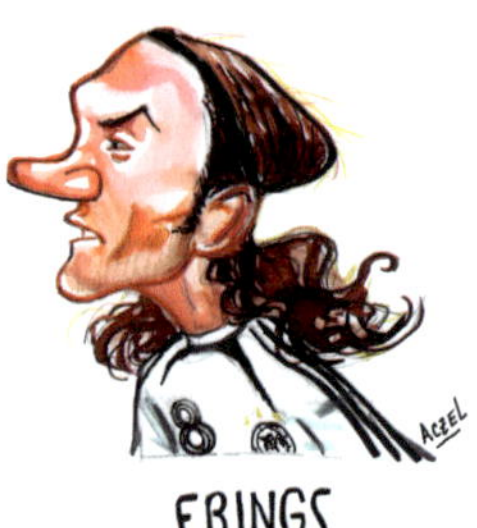

FRINGS

SCHLECHTE VERLIERER: NACH DEM AUSSCHEIDEN STÜRZTEN SICH ARGENTINISCHE SPIELER UND OFFIZIELLE AUF DIE DEUTSCHE MANNSCHAFT – WAS ZU EINER SPERRE FÜR TORSTEN FRINGS FÜHRT.

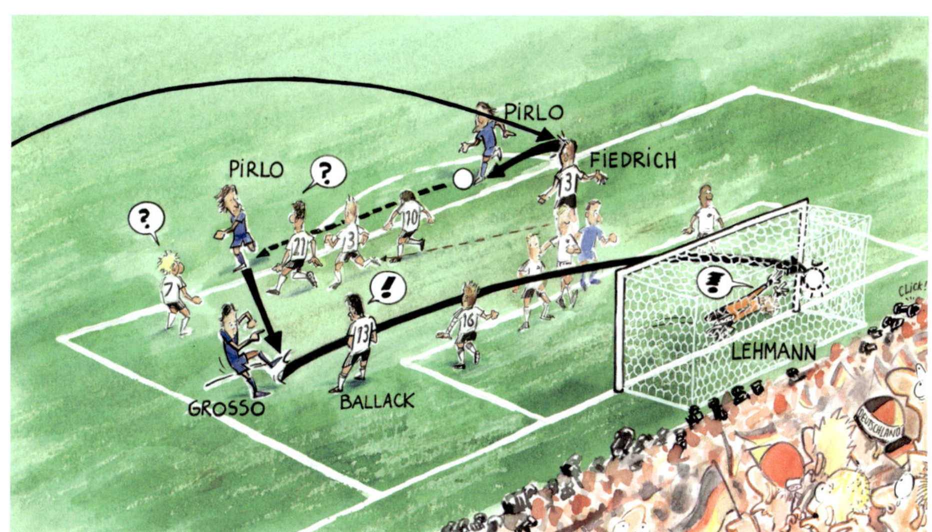

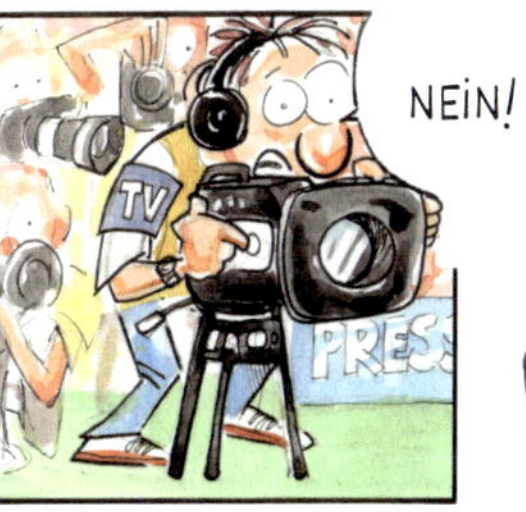

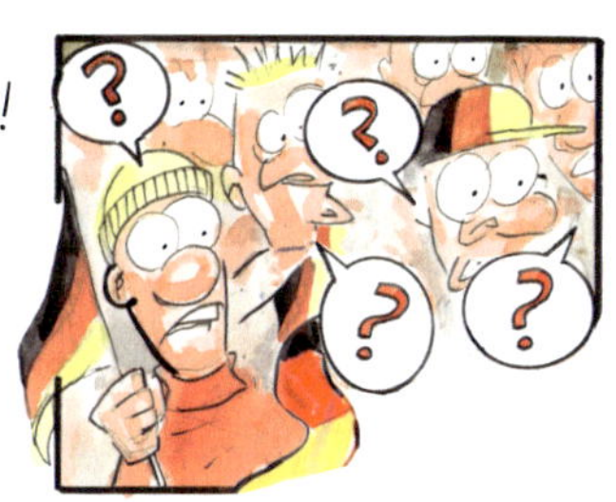

KEIN HAPPY END: DAS SOMMERMÄRCHEN ENDET MIT EINEM TOR VON ITALIENS GROSSO IN DER VERLÄNGERUNG DES HALBFINALS. ITALIEN HOLT SICH SPÄTER GEGEN FRANKREICH AUCH DEN TITEL.

EIN SCHLAND IM SIEGESTAUMEL

Public Viewings gibt es auch schon in den Jahren zuvor, doch was sich während der Fußball-WM 2006 in Deutschland abspielt, sucht seinesgleichen. Riesige Fanfeste an allen zwölf Auftragungsorten, Traumwetter und berauschende Spiele sorgen das gesamte Turnier über für nicht abreißende Begeisterung – ein weltweiter Imagegewinn für Deutschland.

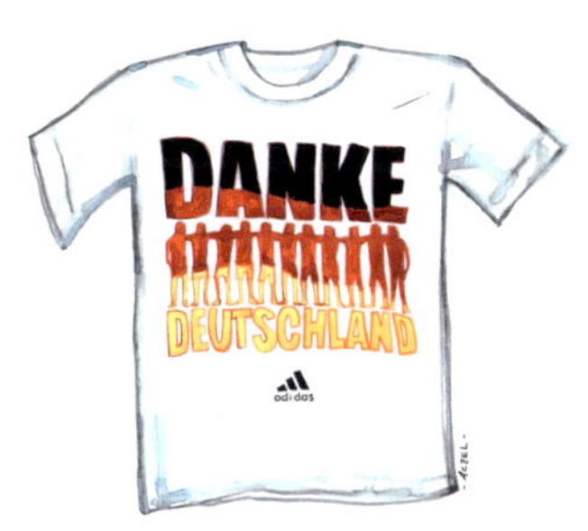

SCHWARZ-ROT-GEIL:
DIE WM 2006 SORGT FÜR EINEN DEUTSCHLAND-HYPE, WIE ES IHN SEIT DER WIEDERVEREINIGUNG NICHT MEHR GEGEBEN HATTE.

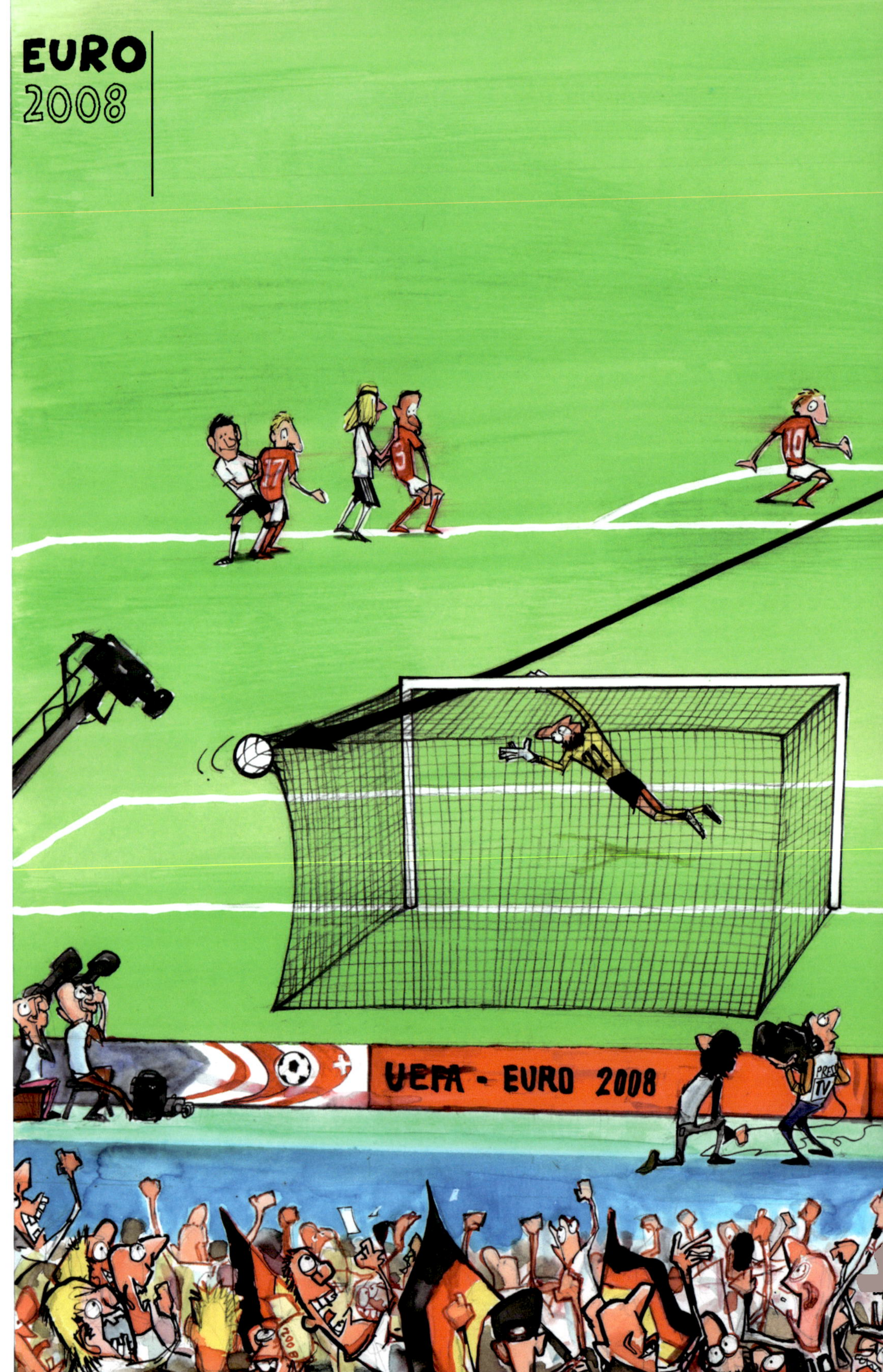
EURO
2008
UEFA - EURO 2008
PRESS
TV

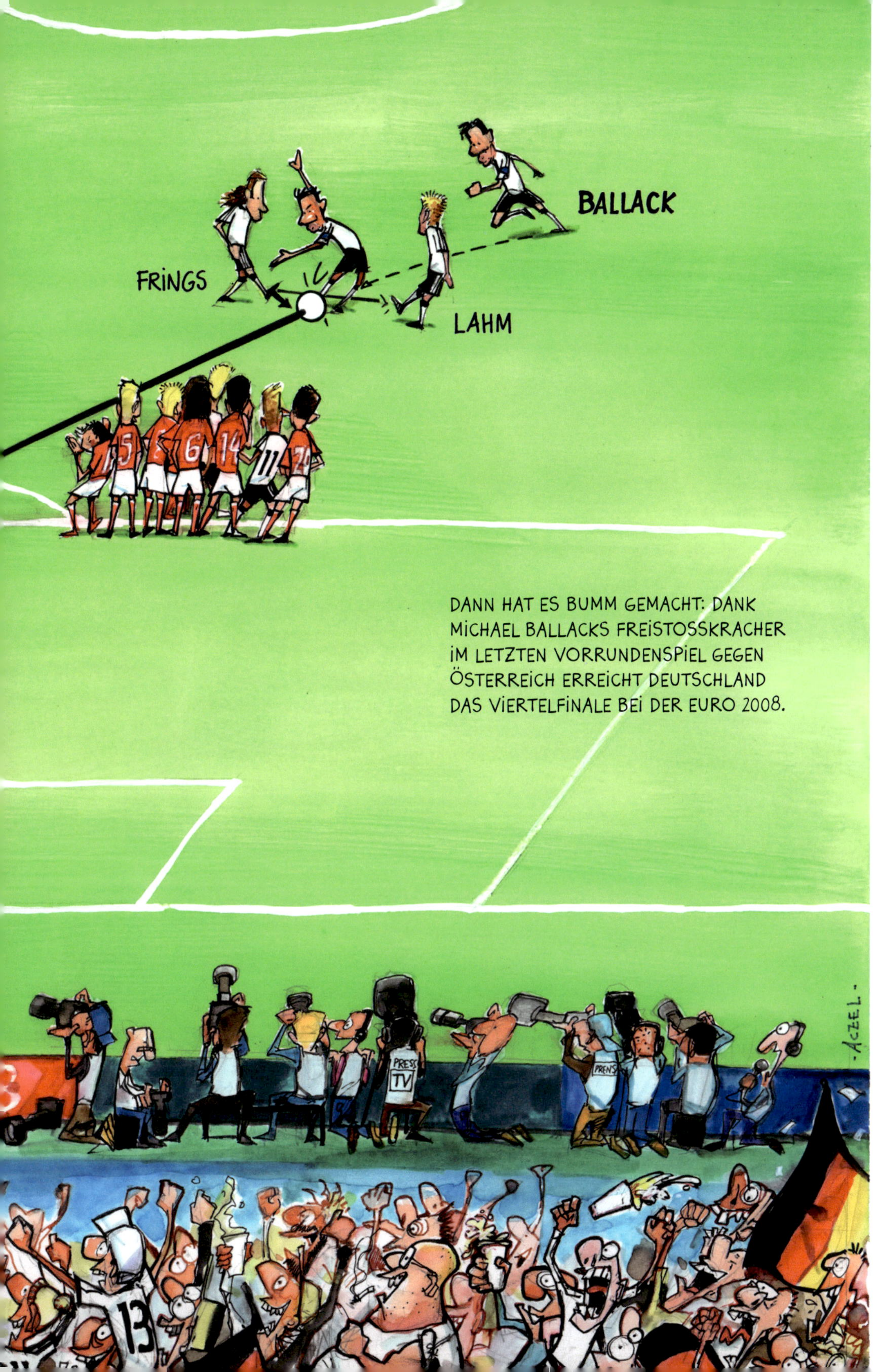

FRINGS

BALLACK

LAHM

DANN HAT ES BUMM GEMACHT: DANK MICHAEL BALLACKS FREISTOSSKRACHER IM LETZTEN VORRUNDENSPIEL GEGEN ÖSTERREICH ERREICHT DEUTSCHLAND DAS VIERTELFINALE BEI DER EURO 2008.

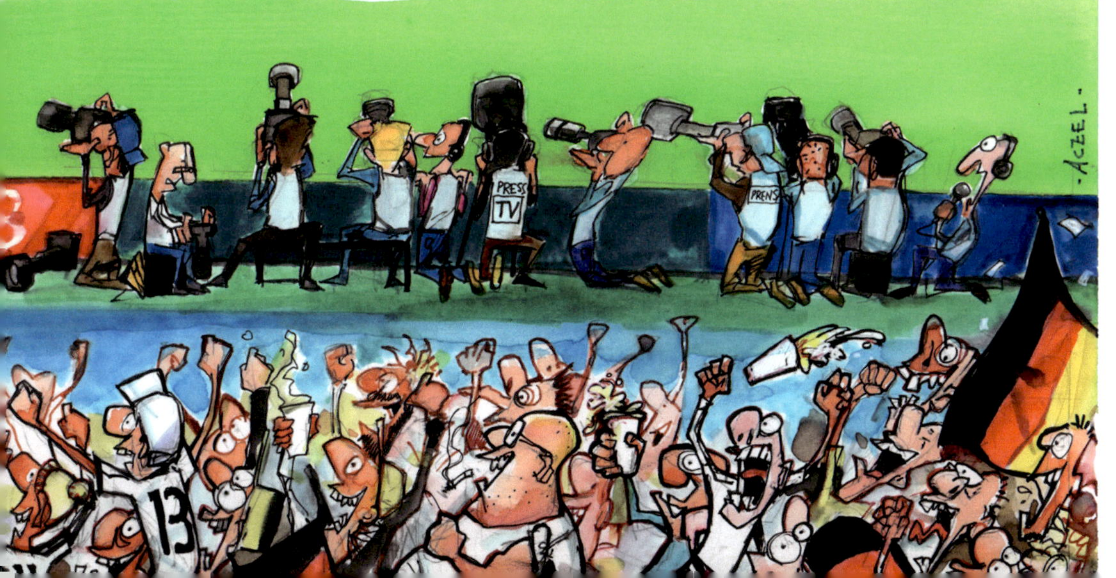

LAHM VS TÜRKEI – HALBFINALE EM
BEIM STAND VON 2:2 FASST SICH PHILIPP LAHM EIN HERZ UND SCHIESST DEUTSCHLAND IN LETZTER MINUTE INS FINALE VON WIEN.

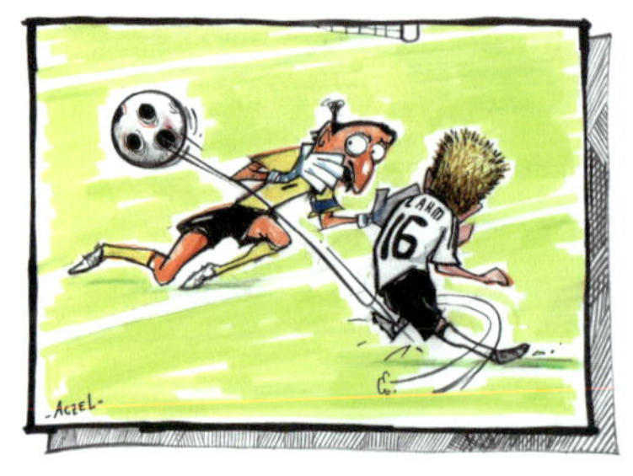

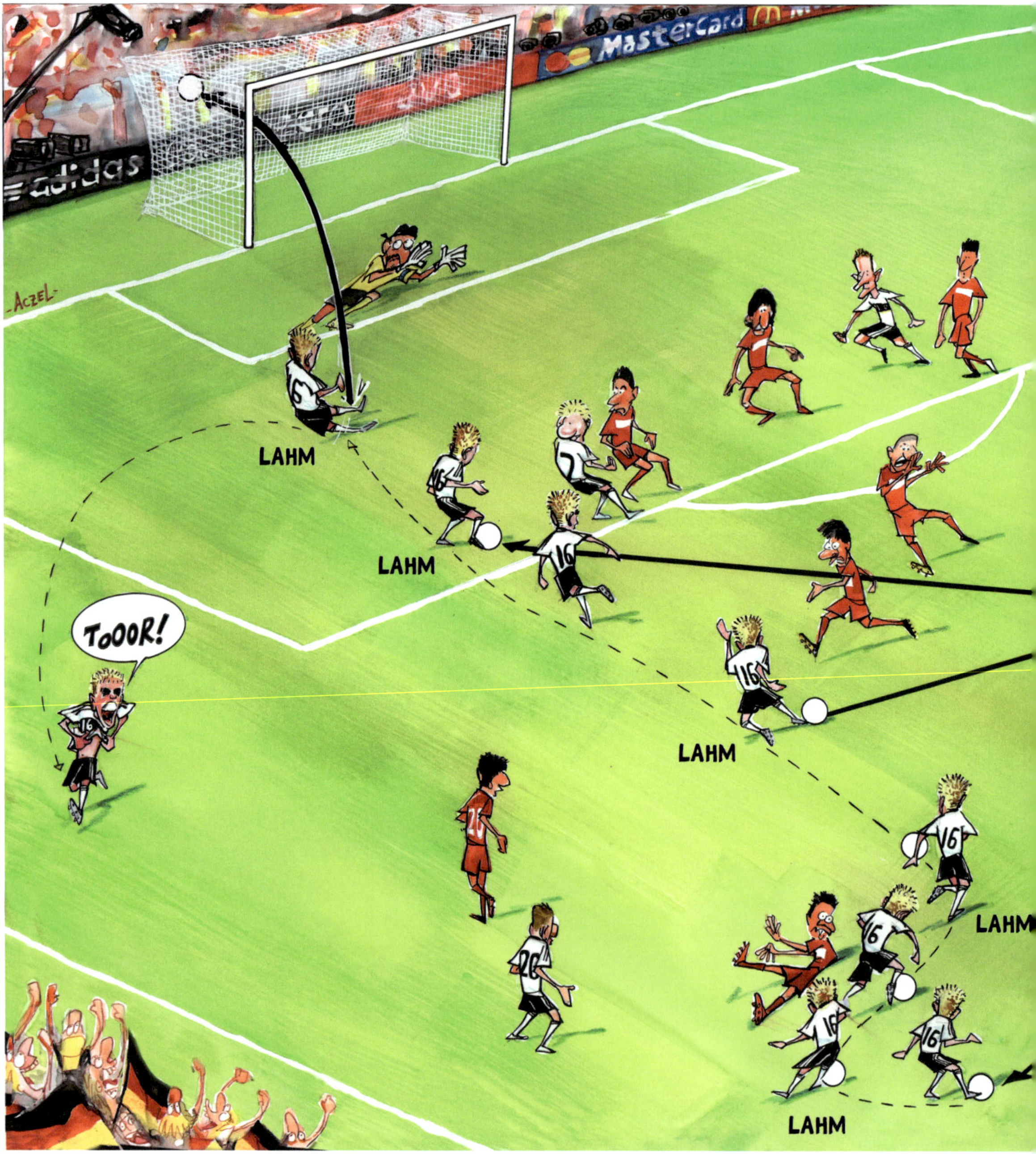

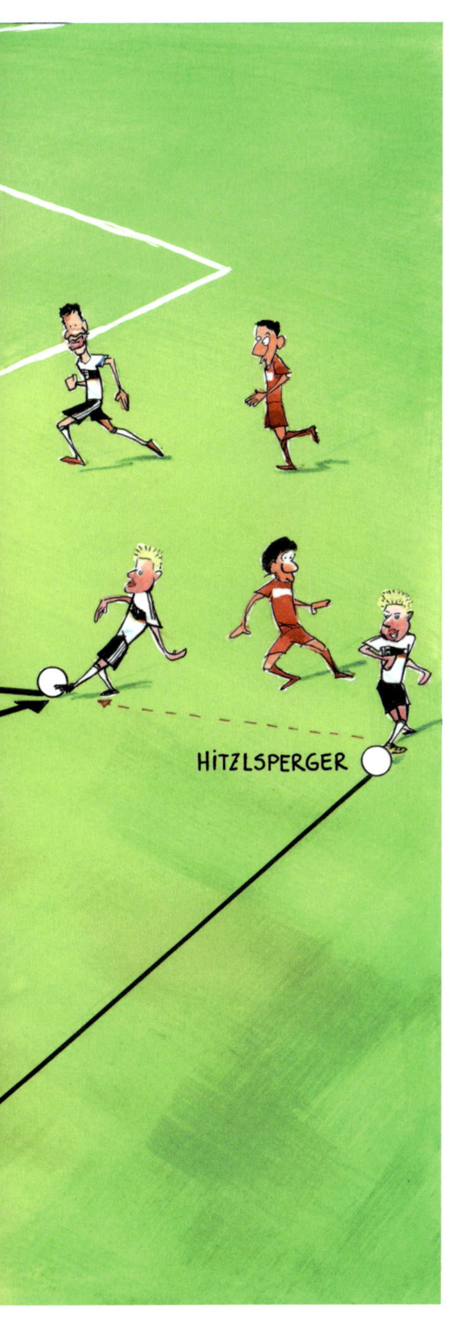

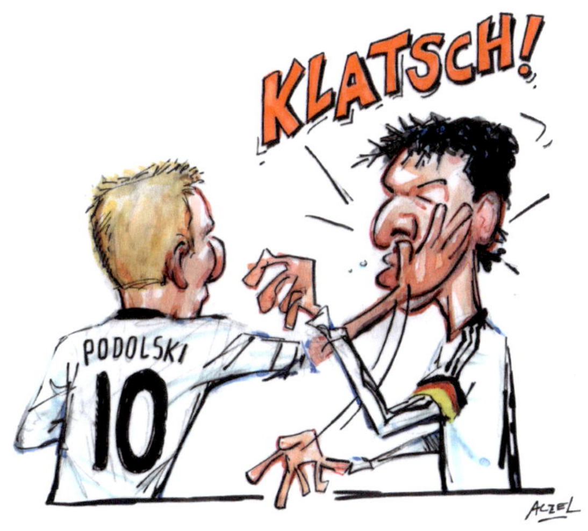

OHRFEIGEN-SKANDAL

Das Ende der Nuller Jahre sind wieder eine Zeitenwende im deutschen Fußball. Fast ein Jahrzehnt lang gibt Michael Ballack den Ton in der Nationalmannschaft an, doch spätestens nach der EM 2008 bröckelt seine Autorität als Capitano. Zum Eklat kommt es beim WM-Qualifikationsspiel gegen Wales, als Podolski seinem Kapitän eine Ohrfeige verpasst. „Lukas ist ein junger Spieler, der noch viel zu lernen hat", gibt Ballack anschließend zu Protokoll – dabei hat sein Kollege bereits an zwei Weltmeisterschaften und einer EM teilgenommen. Poldi und der Capitano sprechen sich noch in der Nacht aus, doch die Watschn von Cardiff ist der Anfang vom Ende von Ballacks Status als Anführer des deutschen Fußballs. Die WM ein Jahr später verpasst er aufgrund einer Verletzung. Ohne den streitbaren Ballack spielt Deutschland so schön wie lange nicht.

DIE 2000ER IM ÜBERBLICK

„DIE FANTASIE, DIE SCHLAUHEIT UND DER BRASILIANISCHE FUNKEN HABEN GESIEGT. VERLOREN HABEN DIE DEUTSCHE NÜCHTERNHEIT UND GERADLINIGKEIT. BRASILIEN IST FÜNFMALIGER WELTMEISTER, WEIL RONALDO WIEDER DA IST. DEUTSCHLAND MUSSTE INS GRAS BEISSEN, WEIL KAHN ‚DER SCHRECKLICHE' AUCH NUR EIN MENSCH IST, DER FEHLER MACHT."

(AS, BRASILIEN, ÜBER DEN SIEG DER SELECAO IM WM-FINALE 2002)

„DEUTSCHLAND IST IM PARADIES UND JÜRGEN KLINSMANN IST DER PROPHET. ALS JENS LEHMANN DEN ELFMETER VON ESTÉBAN CAMBIASSO HIELT, ÖFFNETE ER NICHT NUR DIE TORE INS HALBFINALE, SONDERN BESIEGELTE AUCH DIE DEUTSCHE REVOLUTION. DER WM-TRAUM GEHT WEITER UND NÄHRT DAS ENTHUSIASTISCHE DELIRIUM VON MILLIONEN VON MENSCHEN. VON HAMBURG BIS BAYERN SCHEINEN DIE DEUTSCHEN PLÖTZLICH INS JAHR 1989 ZURÜCKGEKEHRT ZU SEIN, ALS SIE SICH NACH DEM FALL DER MAUER UND DEM ENDE DER TEILUNG ALS ‚GLÜCKLICHSTES VOLK DER WELT' FÜHLTEN."

(CORRIERE DELLA SERA, ITALIEN, NACH DEM SIEG DER DEUTSCHEN IM VIERTELFINALE DER WM 2006)

„ALLES IN ALLEM SIND SIE NICHT SO SCHLECHT, DIE DEUTSCHEN. UNSERE ANGELSÄCHSISCHEN BRÜDER WAREN PATRIOTISCH UND LEIDENSCHAFTLICH, ABER SIND RÜCKSICHTSVOLL, UNAGGRESSIV UND FREUNDLICH GEBLIEBEN. IHRE FUSSBALLER WAREN UNTERHALTSAM, UND IHRE FANS HABEN PARTY GEFEIERT. FANTASTISCH."

(THE TIMES, ENGLAND, BILANZIERT DIE WM 2006)

„ES WÄRE ZU EINFACH ZU SAGEN, DASS DIE WELTMEISTERSCHAFT DEUTSCHLAND ERMÖGLICHT HAT, SICH SELBST WIEDER ZU MÖGEN. DIESER PROZESS WAR VON SEHR LANGER DAUER, UND WIR KÖNNEN DIE SCHWIERIGKEITEN NUR AHNEN. ABER BEIM BETRACHTEN DER VERRÜCKTEN AUSGELASSENHEIT, DIE NACH DEM ERFOLG DES GASTGEBERLANDES IM KLEINEN FINALE ÜBER PORTUGAL IN DEN STRASSEN VON BERLIN AUSBRACH, KOMMT MAN KAUM DARAN VORBEI FESTZUSTELLEN, DASS DIESES LAND IN DEN VERGANGENEN FÜNF WOCHEN EINE UNUMKEHRBARE UND GRUNDLEGENDE VERÄNDERUNG DURCHGEMACHT HAT."

(THE GUARDIAN, ENGLAND, FREUT SICH MIT DEM DEUTSCHEN SOMMERMÄRCHEN)

„DAS GLÜCK IST DAS EIGENTUM DER DEUTSCHEN. DER FUSSBALL HAT SICH IN 25 JAHREN NICHT VERÄNDERT. ER IST SO GRAUSAM WIE EH UND JE. ES GILT NOCH IMMER DER SATZ VON GARY LINEKER, WONACH IM FUSSBALL ELF GEGEN ELF SPIELEN UND AM ENDE DIE DEUTSCHEN GEWINNEN."

(LA VANGUARDIA, SPANIEN, NACH DEM DEUTSCHEN HALBFINAL-SIEG BEI DER EURO 2008)

TRAUM-ELF 2000ER

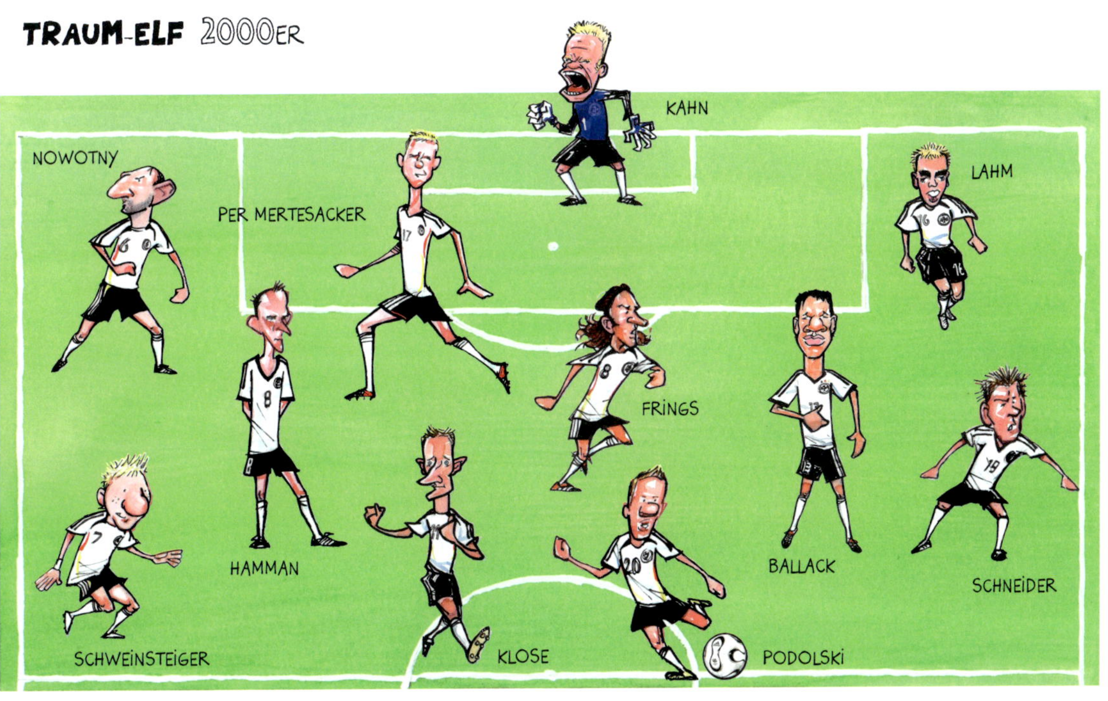

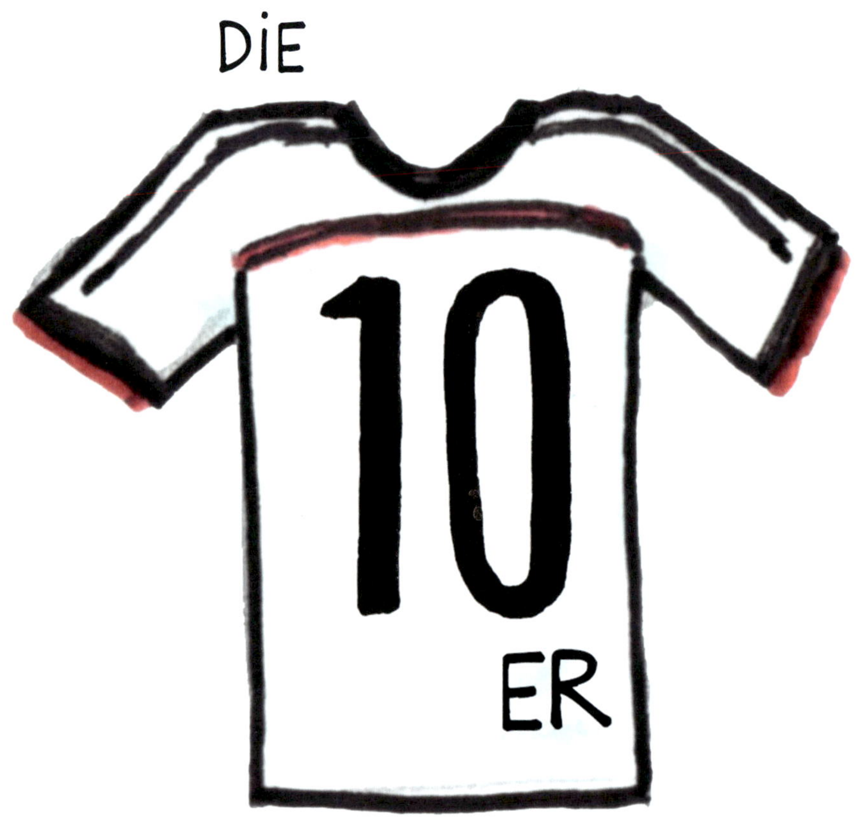

1:7

Berauschender Fußball, eine völlig neue Spielkunst und am Ende die Krönung einer Goldenen Generation: in der ersten Hälfte der 2010er-Jahre ist der deutsche Fußball so erfolgreich und prägend wie seit den 70er-Jahren nicht mehr. Unvergessen die Auftritte bei der WM 2014 in Brasilien, als die Jungs von Jogi Löw erst den Gastgeber aus dem Maracanã schießen und schließlich Mario Götze beweisen darf, dass er besser als Lionel Messi ist. Zumindest für diesen einen schönen Tag im Juli 2014.

MACH IHN!

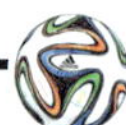

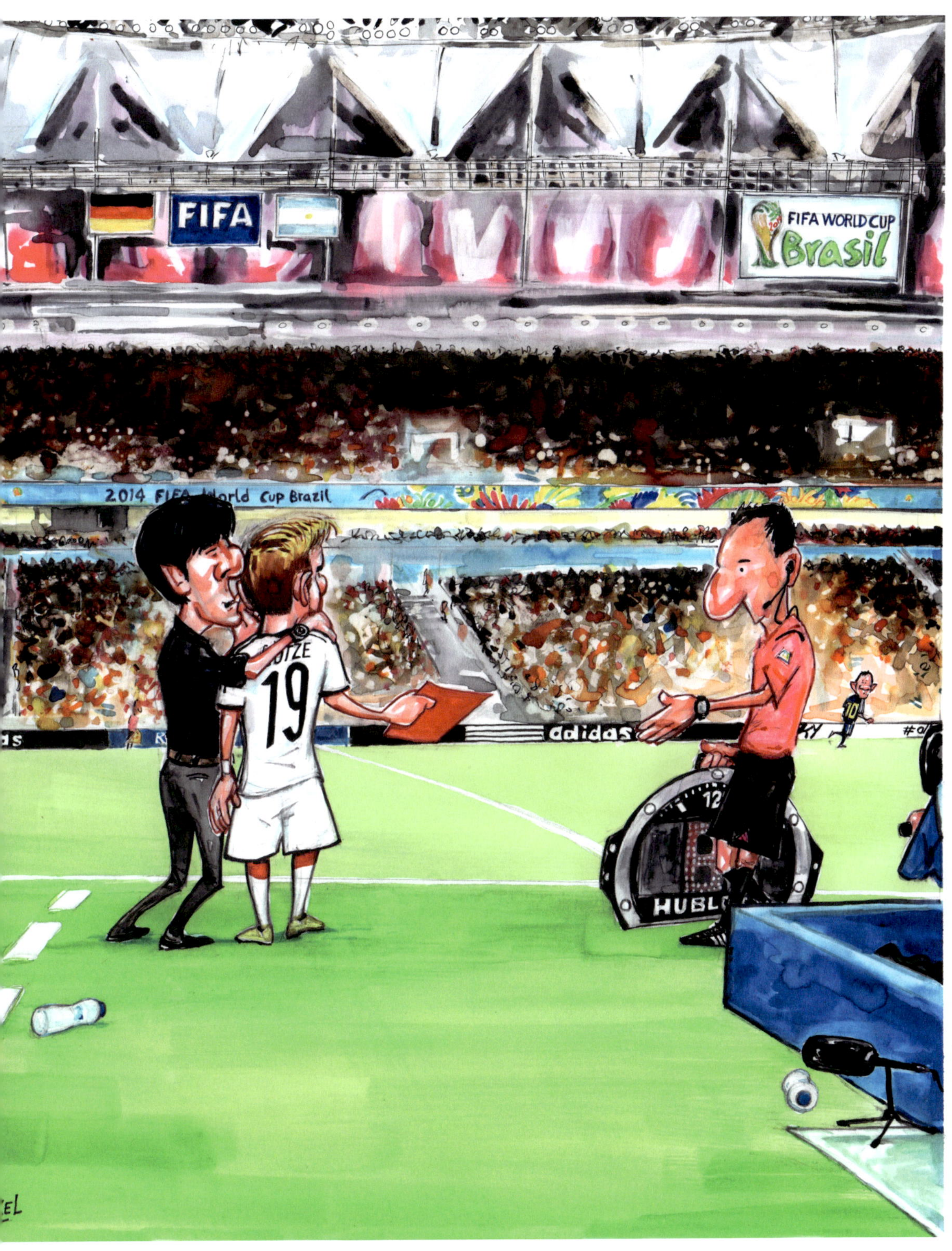

„ZEIG DER WELT, DASS DU BESSER BIST ALS MESSI." – MIT DIESEN WORTEN SCHICKT BUNDESTRAINER LÖW MARIO GÖTZE IM WM-FINALE AUF DEN RASEN. DER LIEFERT DEN BEWEIS IN DER NACHSPIELZEIT.

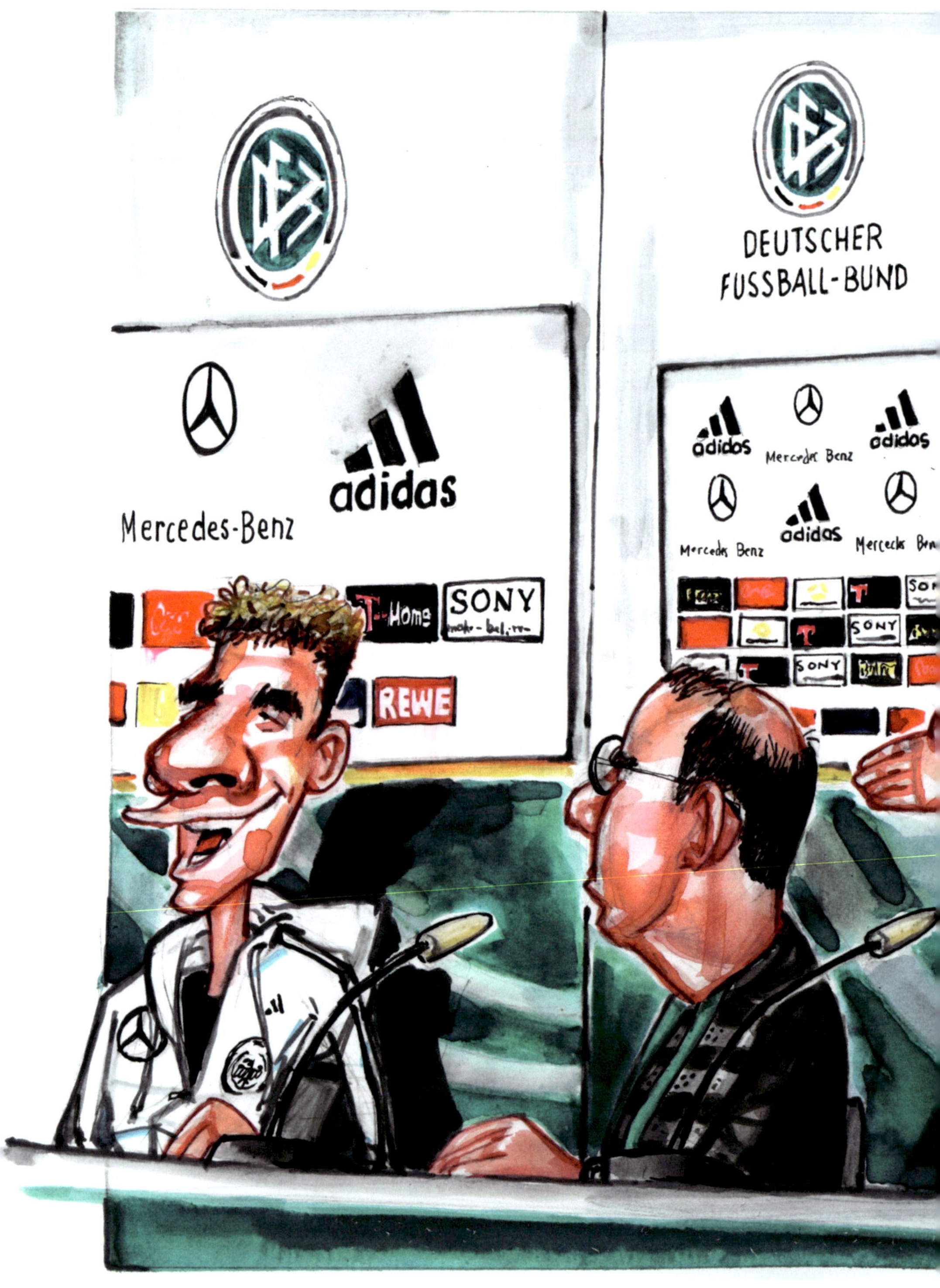
DEUTSCHER
FUSSBALL-BUND
Mercedes-Benz
adidas
T-Home
SONY
REWE
adidas
Mercedes Benz
adidas
Mercedes Benz
adidas
SONY
SONY

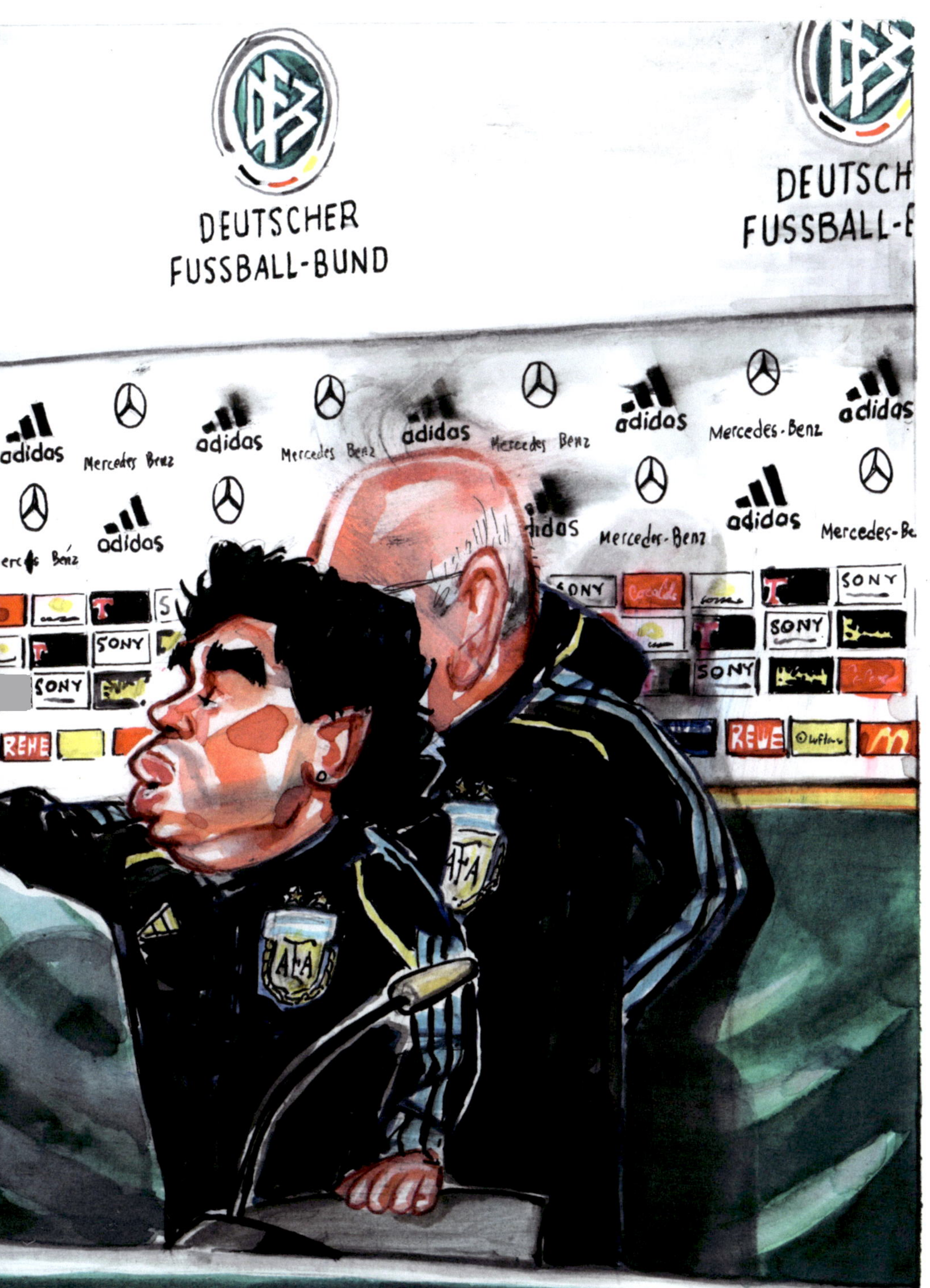

MAJESTÄTSBELEIDIGUNG:
WER WAR DER JUNGE UNBEKANNTE, DER SICH DA EINFACH ZU IHM AUFS PODIUM SETZTE? ENTRÜSTET BRICHT DIEGO DIE PRESSEKONFERENZ KURZERHAND AB. SPÄTER KEGELT DER UNBEKANNTE NAMENS THOMAS MÜLLER MARADONAS ELF AUS DEM WM-TURNIER.

THOMAS MÜLLER

„RADIO MÜLLER"

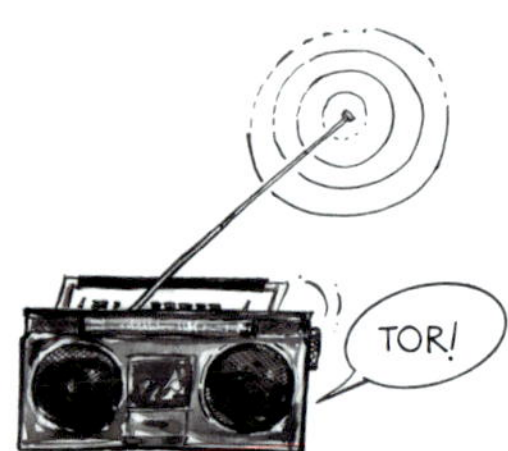

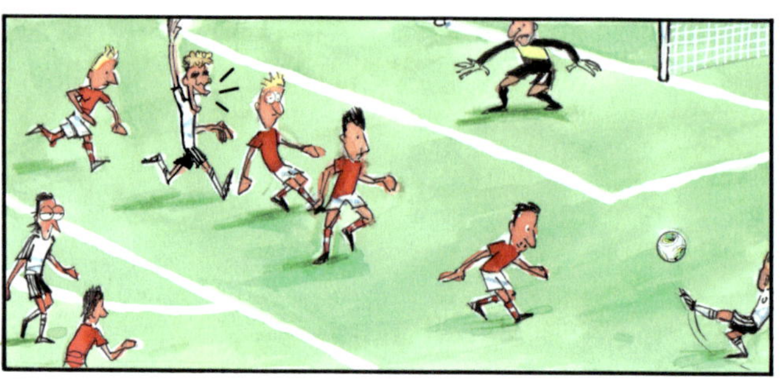

SEINEN SPITZNAMEN HAT SICH THOMAS MÜLLER REDLICH VERDIENT.

Knapp dreieinhalb Jahrzehnte nach Gerd Müller macht sich sein Namensvetter Thomas daran, in die riesigen Fußstapfen zu treten, die der unvergessene Torjäger in der DFB-Auswahl und beim FC Bayern hinterlassen hat. Was damals unmöglich erschien und heute immer noch unwirklich klingt: Thomas Müller ist dieses Kunststück tatsächlich gelungen. Bei den Bayern kommt Müller inzwischen auf zwölf Deutsche Meisterschaften – und ist damit Rekordmeister beim Rekordmeister. Für die Nationalmannschaf ist der „Raumdeuter", wie er aufgrund seiner hohen Spielintelligenz genannt wird, noch immer aktiv. Einen anderen Spitznamen – „Radio Müller" – trägt der charismatische Offensivmann, weil er nicht nur auf dem Platz, sondern auch abseits des Rasens sehr gern und sehr viel kommuniziert. Müllers Stern ging gleich bei seinem ersten großen Einsatz, der WM 2010, für die Nationalmannschaft auf, als er sich mit fünf Toren und drei Vorlagen den „Goldenen Schuh" verdient, eine Leistung, die vor ihm nur Miroslav Klose und Namensvetter Gerd geschafft haben.

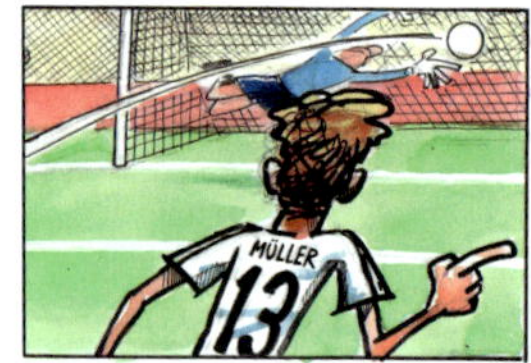

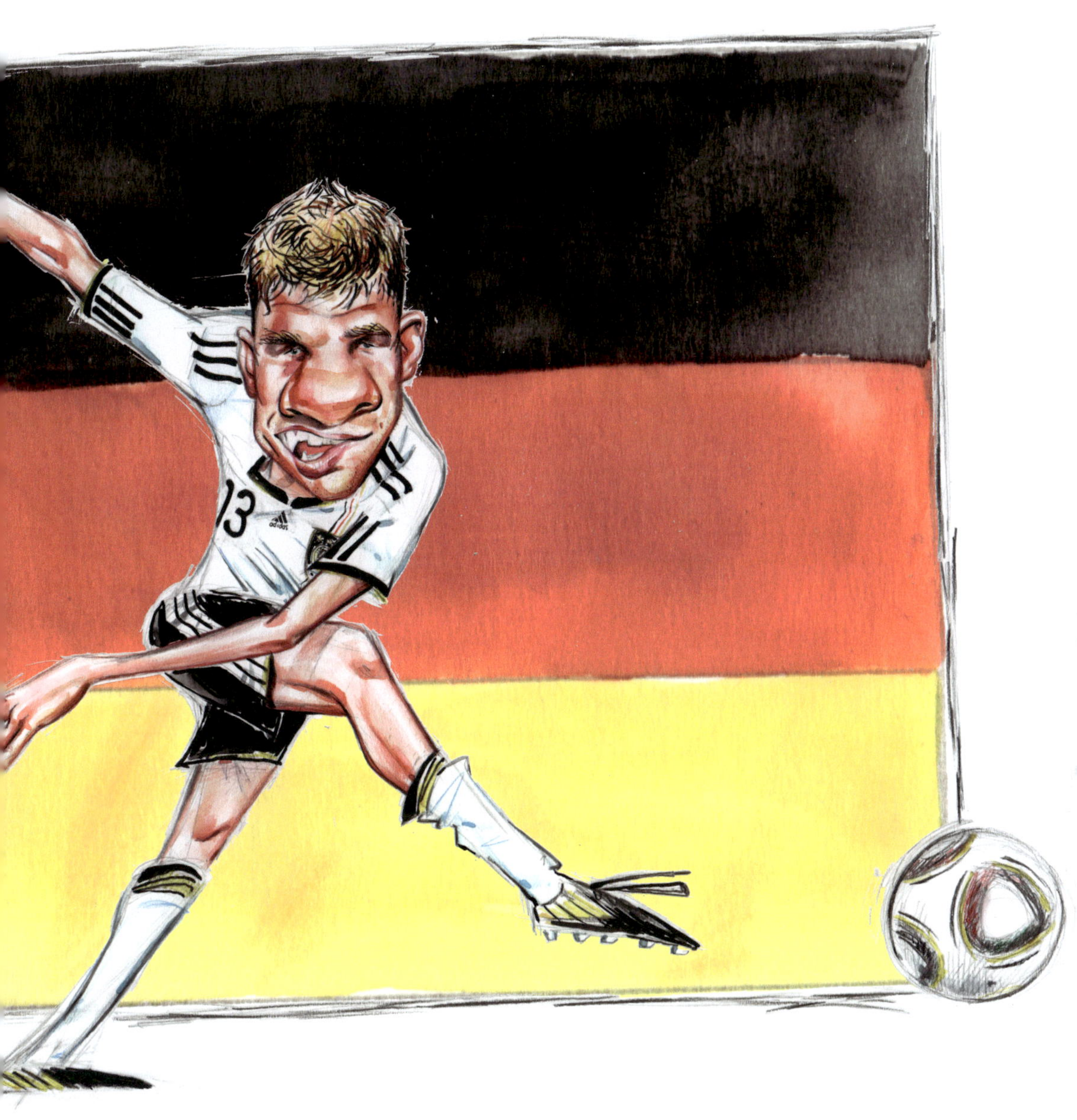

ENDLICH WIEDER EIN MÜLLER IM DEUTSCHEN TEAM. THOMAS MÜLLER WURDE MIT FÜNF TREFFERN TORSCHÜTZENKÖNIG DER WM 2010.

INTERNE STREITIGKEITEN

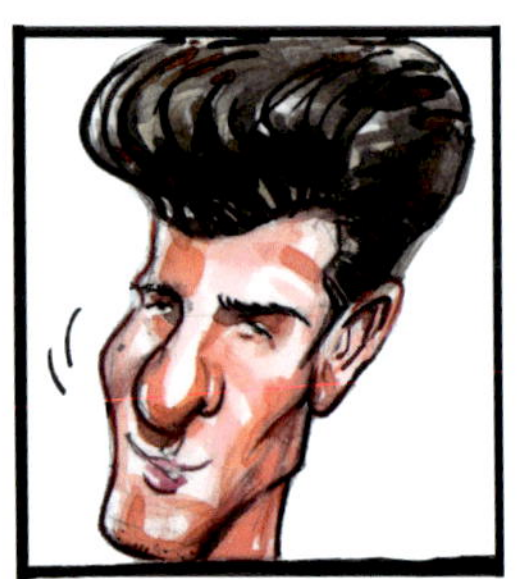

WÄHREND MARIO GOMEZ TROTZ ZAHLREICHER PANNEN IMMER GESETZT IST, WIRD KEVIN KURANYI IMMER WIEDER AUSSEN VOR GELASSEN. SEINE NATIONALMANNSCHAFTSKARRIERE KOMMT VOLLENDS ZUM ERLIEGEN, ALS ER DAS STADION AUS FRUST ÜBER SEINE NICHT NOMINIERUNG IN DER HALBZEITPAUSE VERLÄSST.

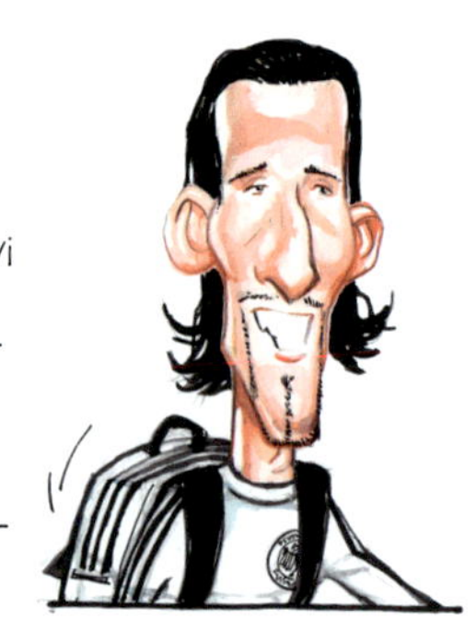

STREIT UM DIE KAPITÄNSBINDE

BOATENGS TRITT BEENDET BALLACKS WM-TRÄUME

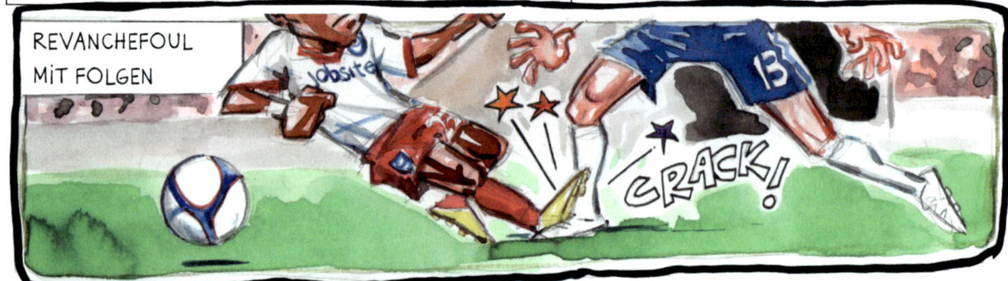

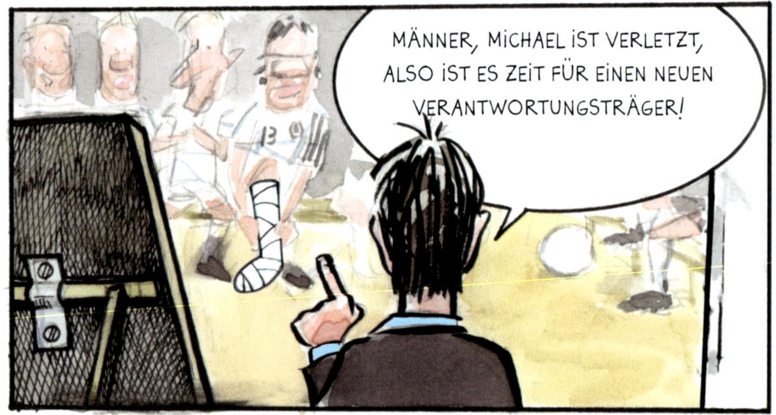

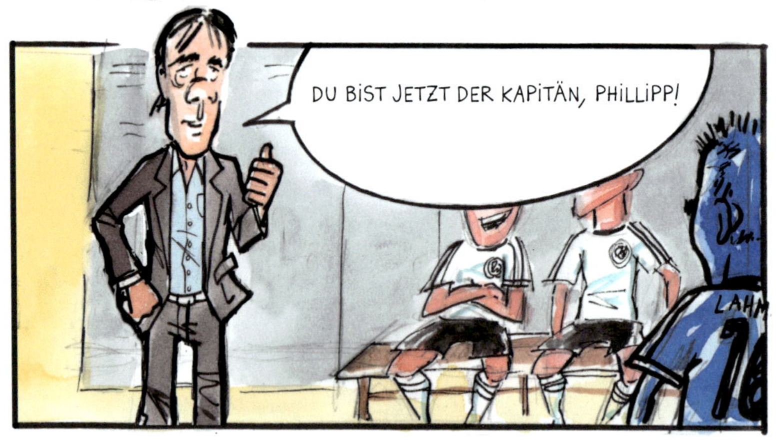

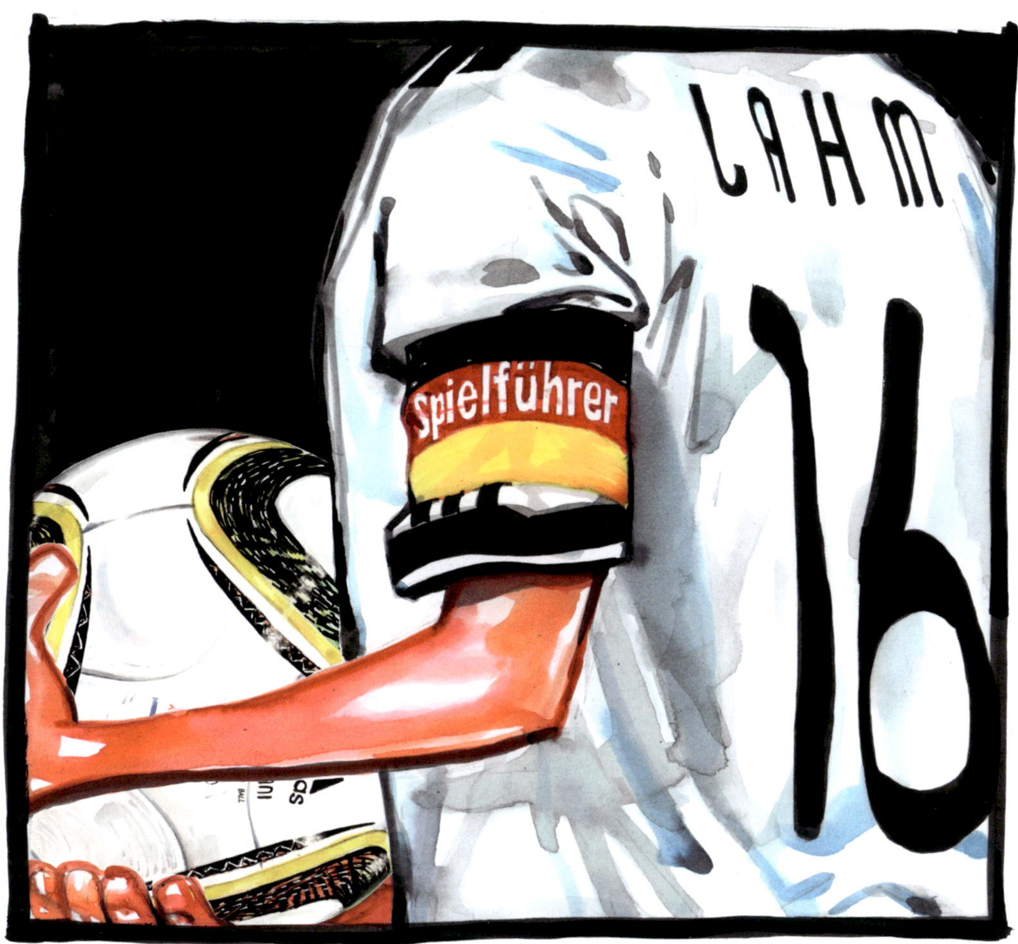

DER KLEINE GROSSE

Wer weiß, ob Philipp Lahms Karriere auch dann so kometenhaft verlaufen wäre, wenn da nicht Kevin-Prince Boateng gewesen wäre. Als Spieler vom FC Portsmouth hat der noch eine Rechnung mit dem Chelsea-Spieler Michael Ballack offen. Boatengs Frustfoul im FA-Cup-Finale im Mai 2010 bedeutet das WM-Aus für Ballack. Die Kapitänsbinde in der Nationalelf übernimmt an seiner statt der stille 1,70 Meter-Mann Lahm. Deutschland spielt danach einen Fußball, wie man ihn von einer DFB-Auswahl seit vielen Jahren nicht mehr gesehen hat. Und Ballack macht nie wieder ein Spiel für die Nationalmannschaft. Der neue Boss heißt Philipp Lahm.

WM 2010

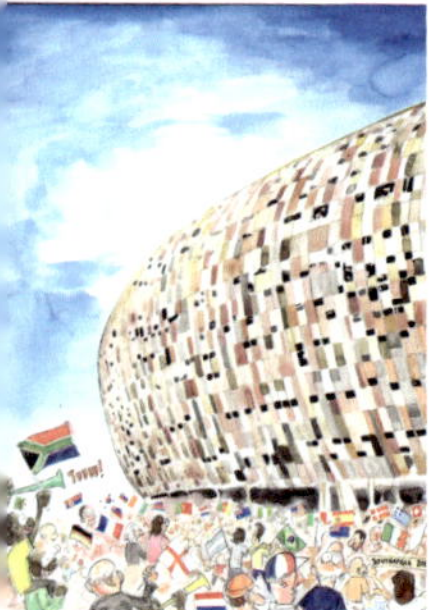

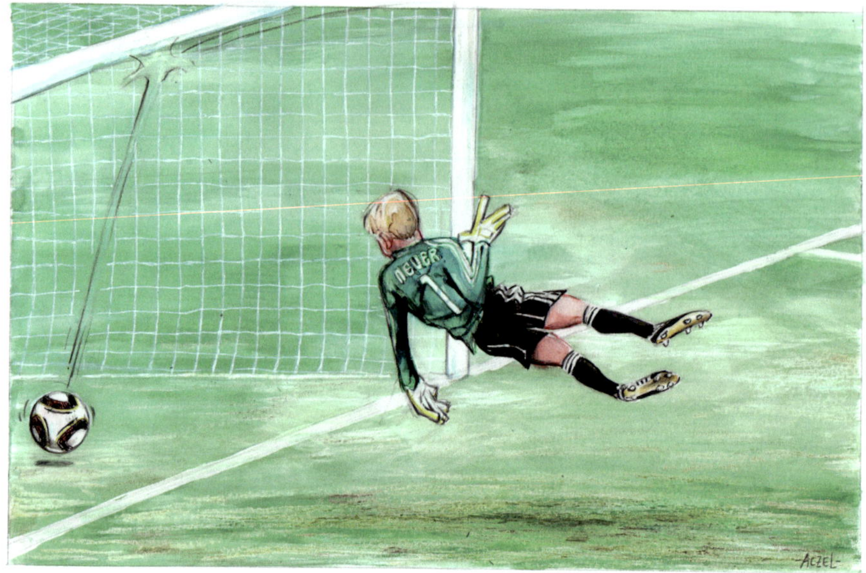

DIE RACHE FÜR WEMBLEY: LAMPARD ÜBERWINDET NEUER IM ACHTELFINALE 2010, DOCH DER SCHIRI GIBT DAS TOR NICHT.

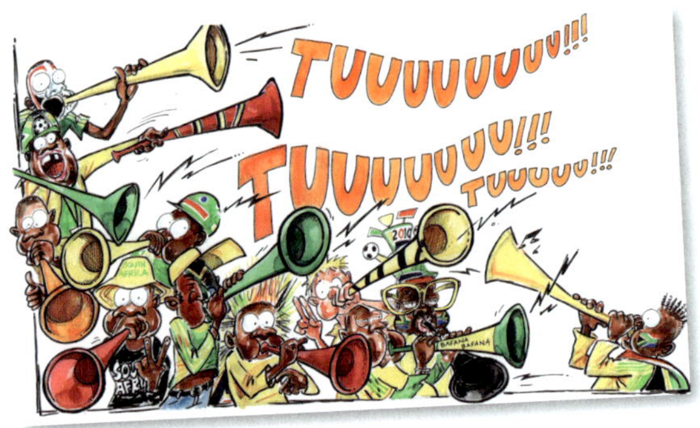

STÄNDIGER BEGLEITER BEI DER ERSTEN WM AUF DEM AFRIKANISCHEN KONTINENT: DIE NERVTÖTENDEN VUVUZELAS. FÜR EUROPÄISCHE OHREN STELLT DIE INSTRUMENTALE BEGLEITUNG DER LOKALEN FANKULTUR EINE HERAUSFORDERUNG DAR. DIE WM IN SÜDAFRIKA WIRD TROTZDEM EIN ERFOLG. DIE DEUTSCHE MANNSCHAFT GEWINNT MIT TEILWEISE SPEKTAKULÄREM FUSSBALL DIE BRONZEMEDAILLE.

AUGEN AUF: VÖLLIG UNBEDRÄNGT KÖPFT PUYOL NACH ECKE VON XAVI ZUM 1:0-ENDSTAND IM HALBFINALE GEGEN DEUTSCHLAND EIN.

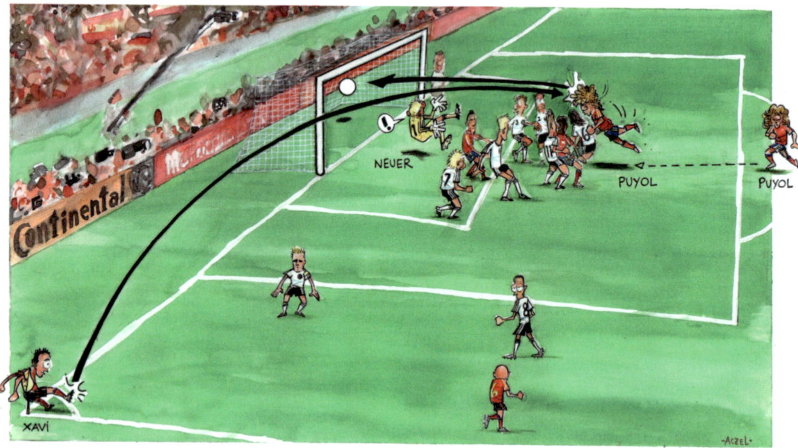

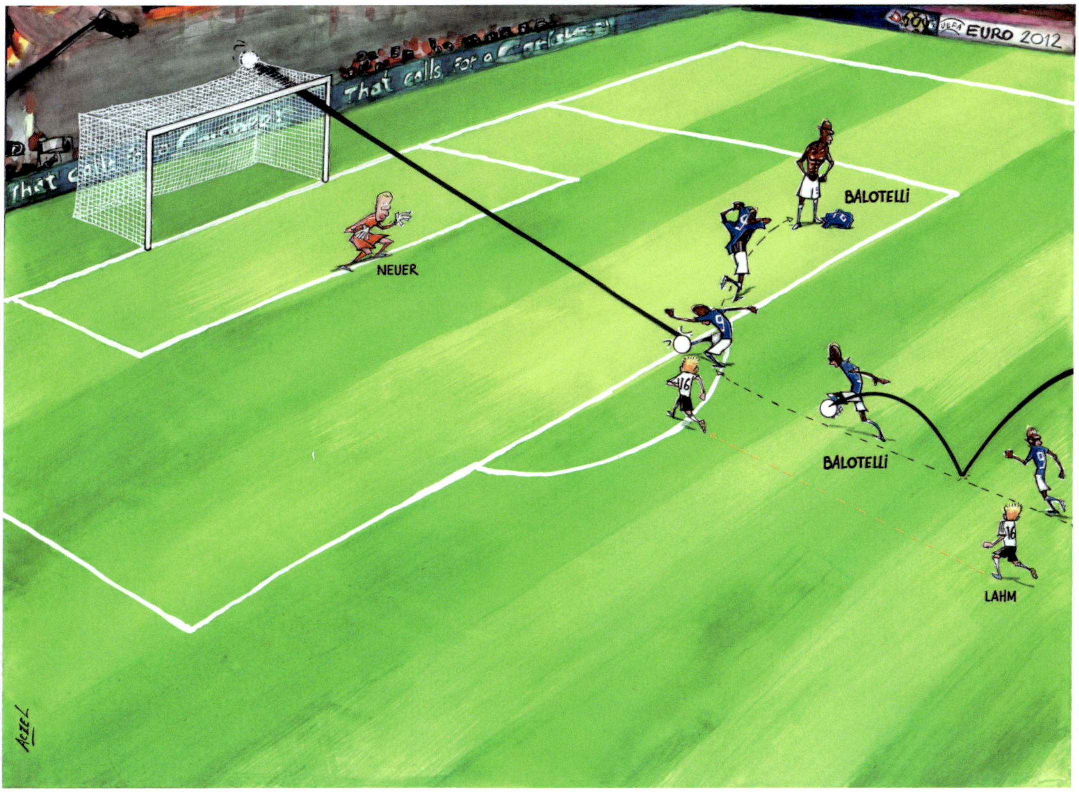

EURO 2012

BALOTELLI LÄSST DIE MUSKELN SPIELEN – MIT SEINEM DOPPELPACK IN DER ERSTEN HALBZEIT BESIEGELT DER ITALIENER IM ALLEINGANG DAS AUS DER DEUTSCHEN MANNSCHAFT IM HALBFINALE DER EUROPAMEISTERSCHAFT.

DAS SPRUNGGELENK DER NATION
PECHVOGEL REUS

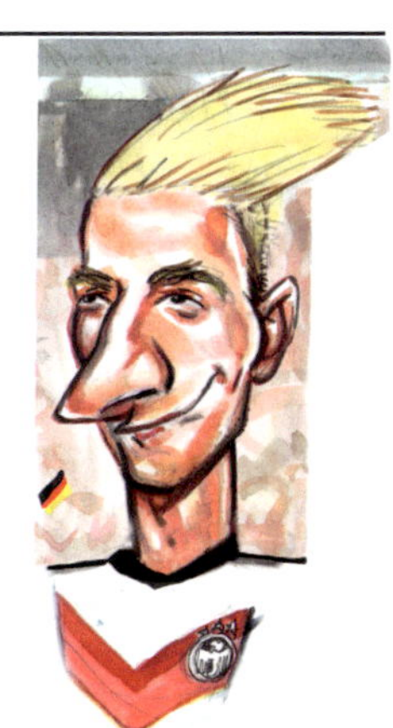

DAS LETZTE TESTSPIEL VOR DER WELTMEISTERSCHAFT 2014: DEUTSCHLAND GEGEN ARMENIEN, ENDSTAND 6:1 – ABER DIE MANNSCHAFT VERLIERT IHREN HOFFNUNGSTRÄGER. MARCO REUS ERLEIDET BEI EINEM LEICHTEN ZWEIKAMPF EINEN TEILRISS DES VORDEREN SYNDESMOSEBANDES OBERHALB DES LINKEN SPRUNGGELENKS – DAS AUS FÜR DIE WM.

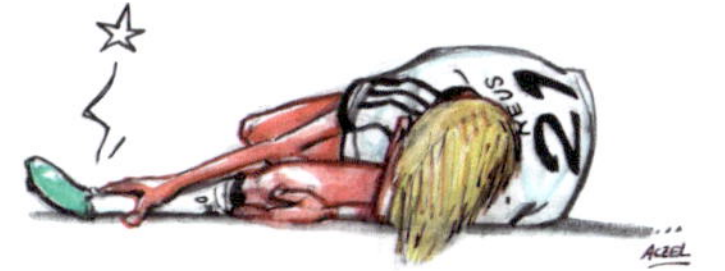

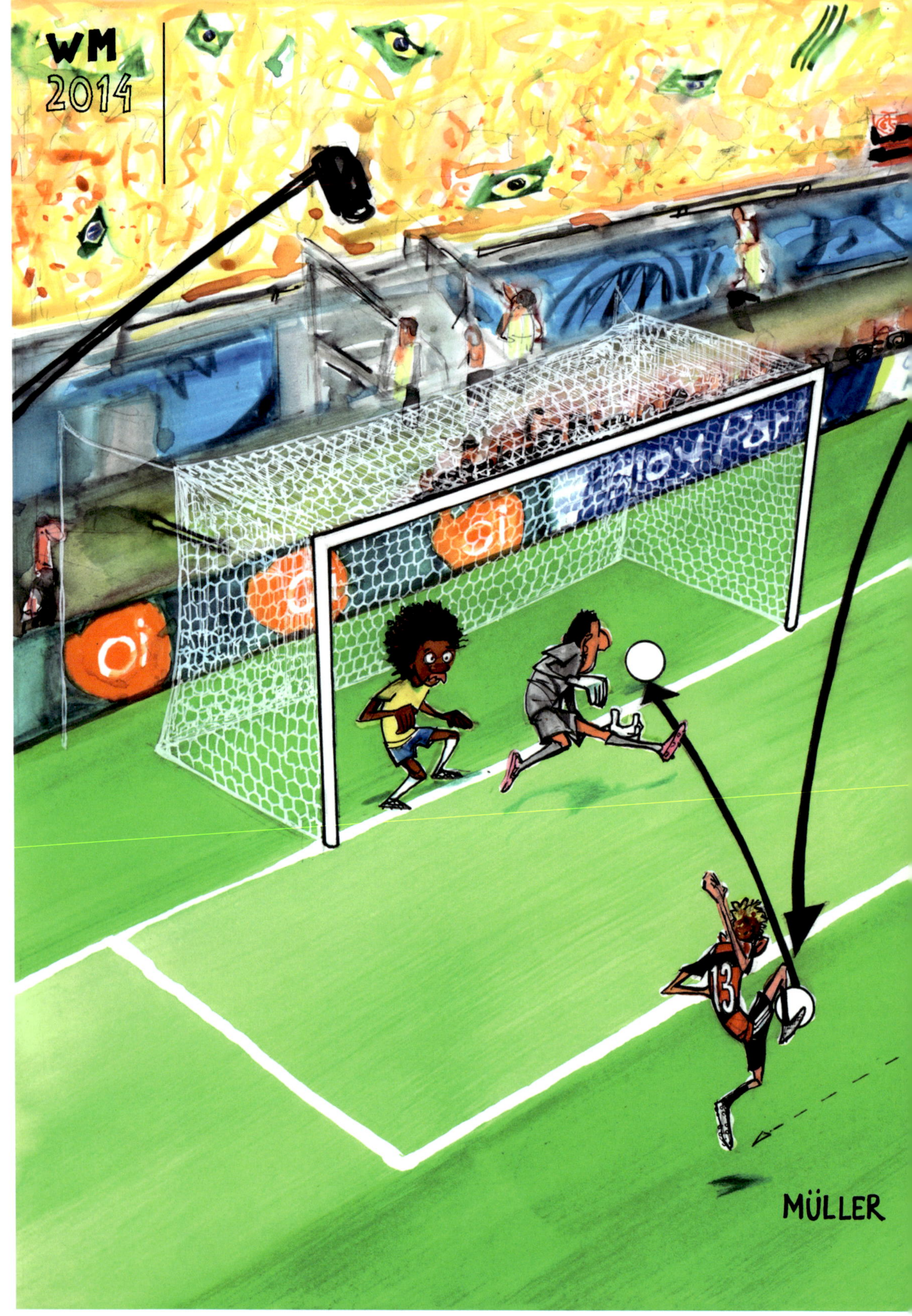
WM
2014
oi
oi
oi
oi
MÜLLER

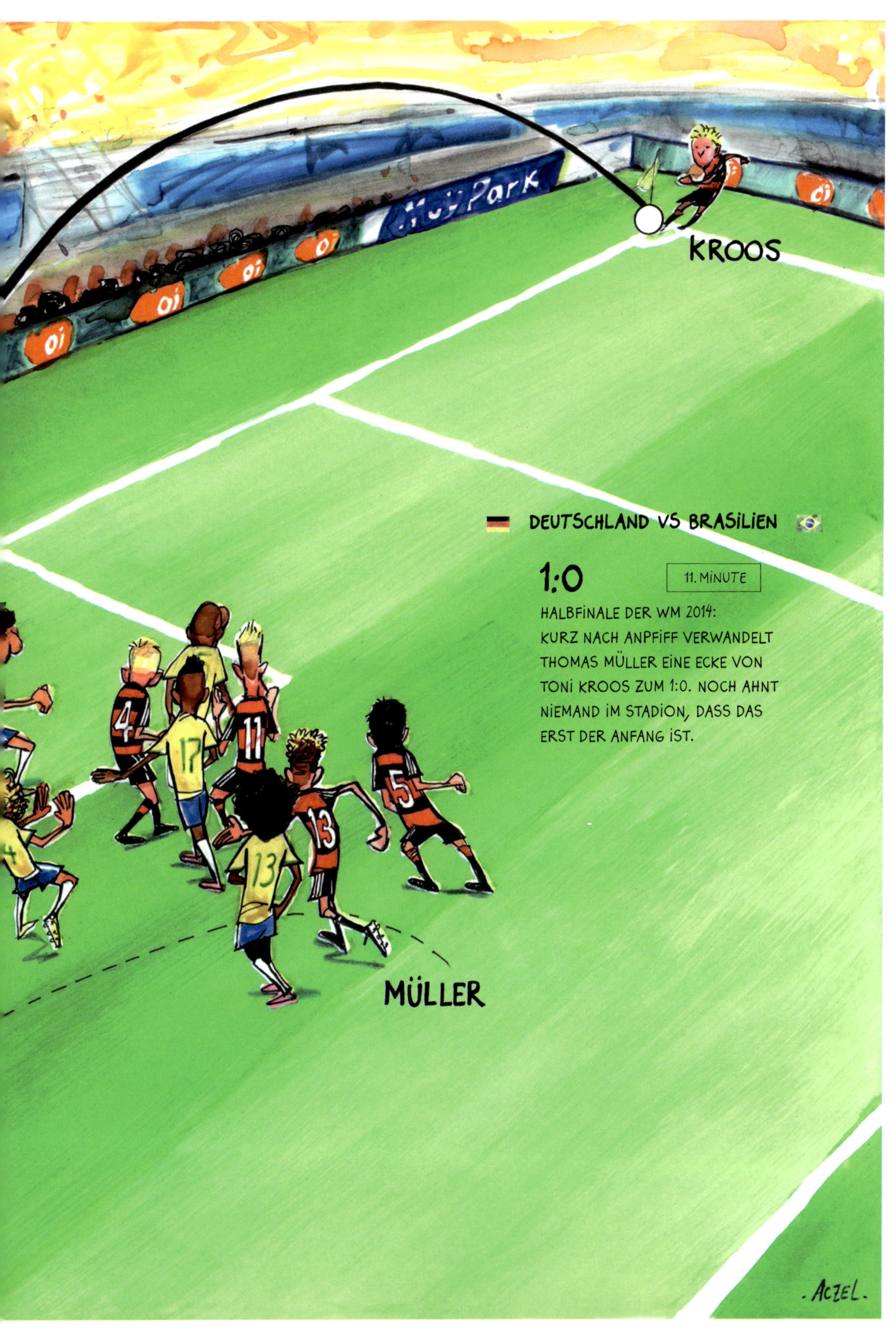
KROOS
DEUTSCHLAND VS BRASILIEN
1:0
11. MINUTE
HALBFINALE DER WM 2014:
KURZ NACH ANPFIFF VERWANDELT
THOMAS MÜLLER EINE ECKE VON
TONI KROOS ZUM 1:0. NOCH AHNT
NIEMAND IM STADION, DASS DAS
ERST DER ANFANG IST.
MÜLLER
ACZEL

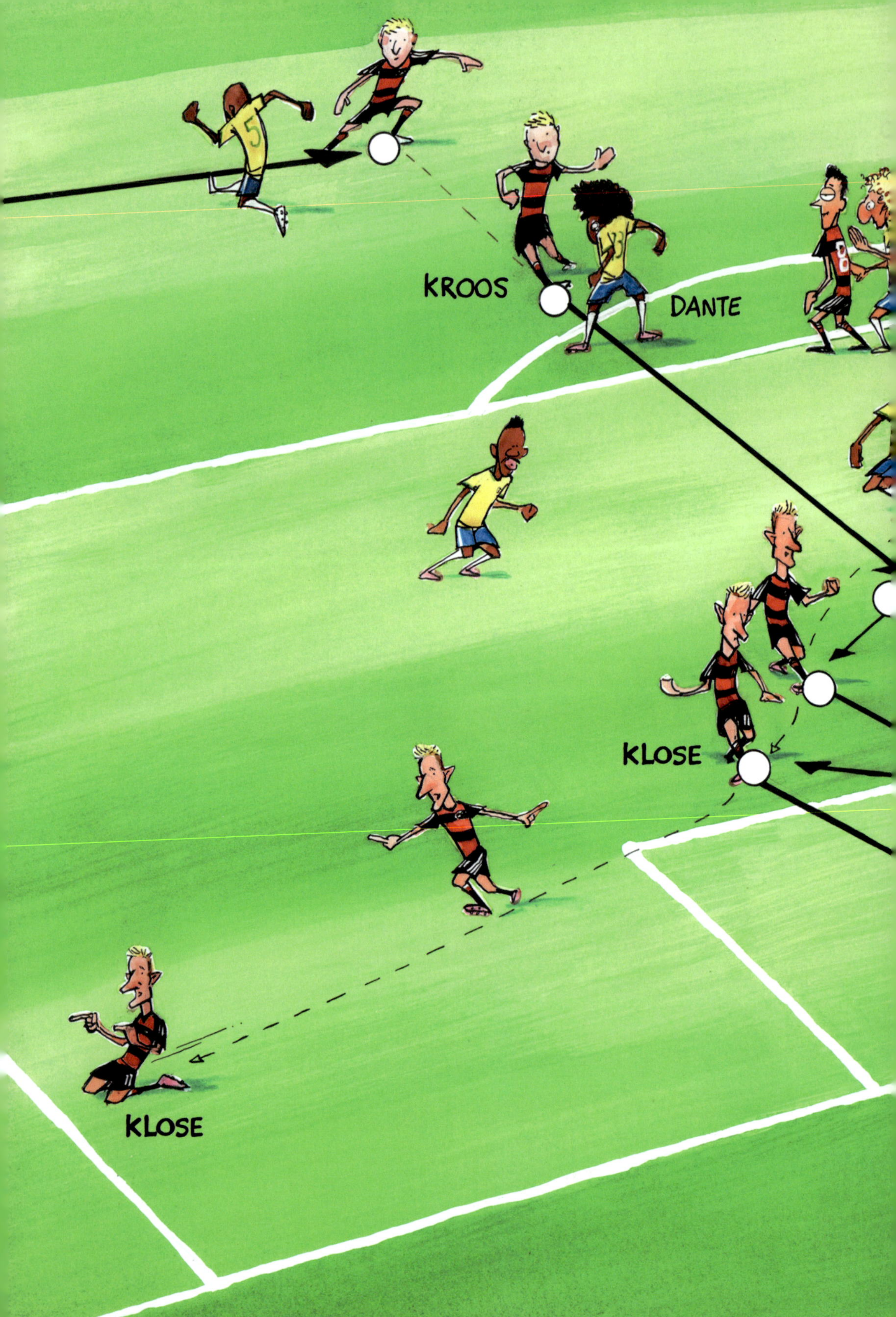
KROOS
DANTE
KLOSE
KLOSE

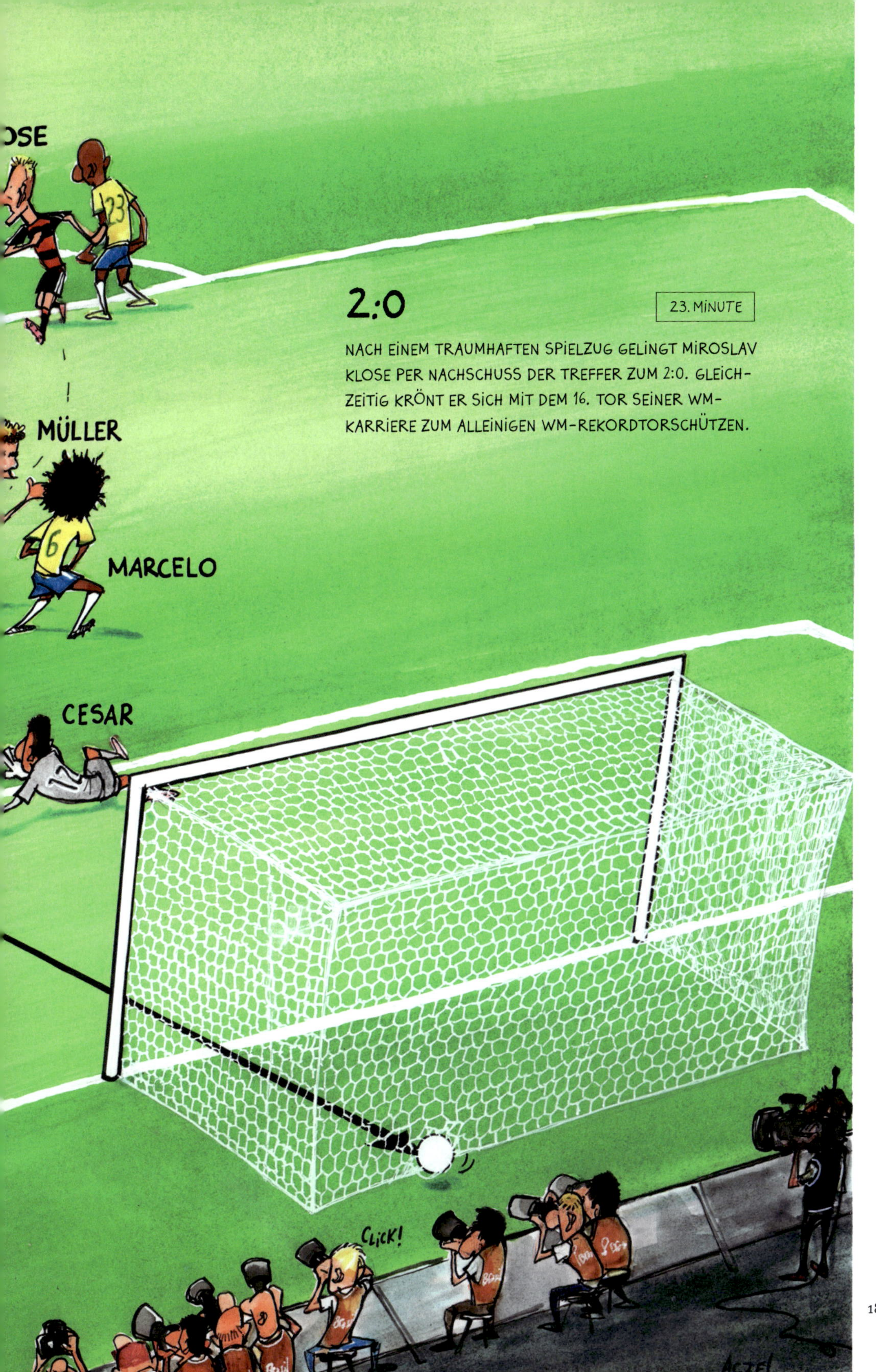
MÜLLER
MARCELO
CESAR
2:0
23. MINUTE
NACH EINEM TRAUMHAFTEN SPIELZUG GELINGT MIROSLAV KLOSE PER NACHSCHUSS DER TREFFER ZUM 2:0. GLEICHZEITIG KRÖNT ER SICH MIT DEM 16. TOR SEINER WM-KARRIERE ZUM ALLEINIGEN WM-REKORDTORSCHÜTZEN.
CLICK!

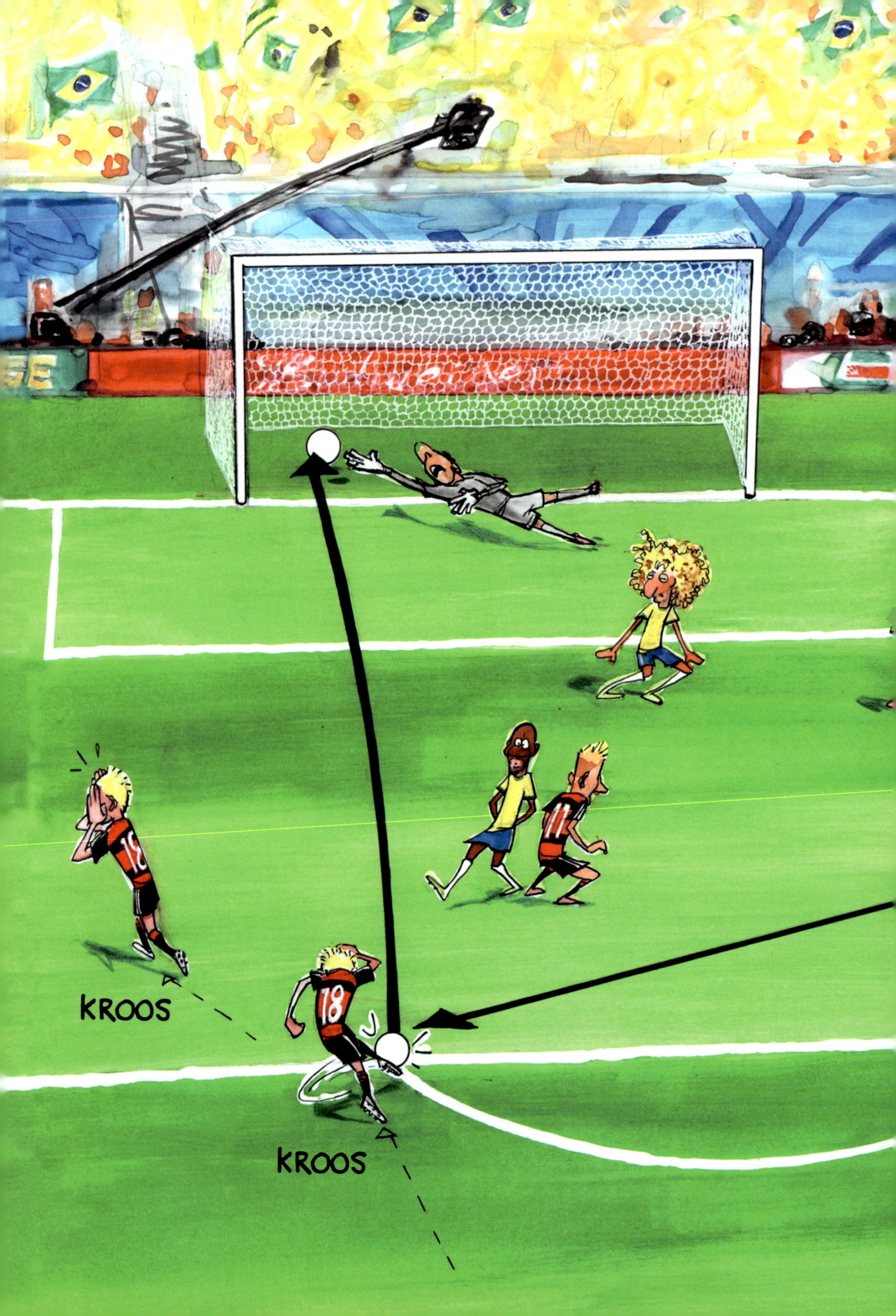
KROOS
KROOS

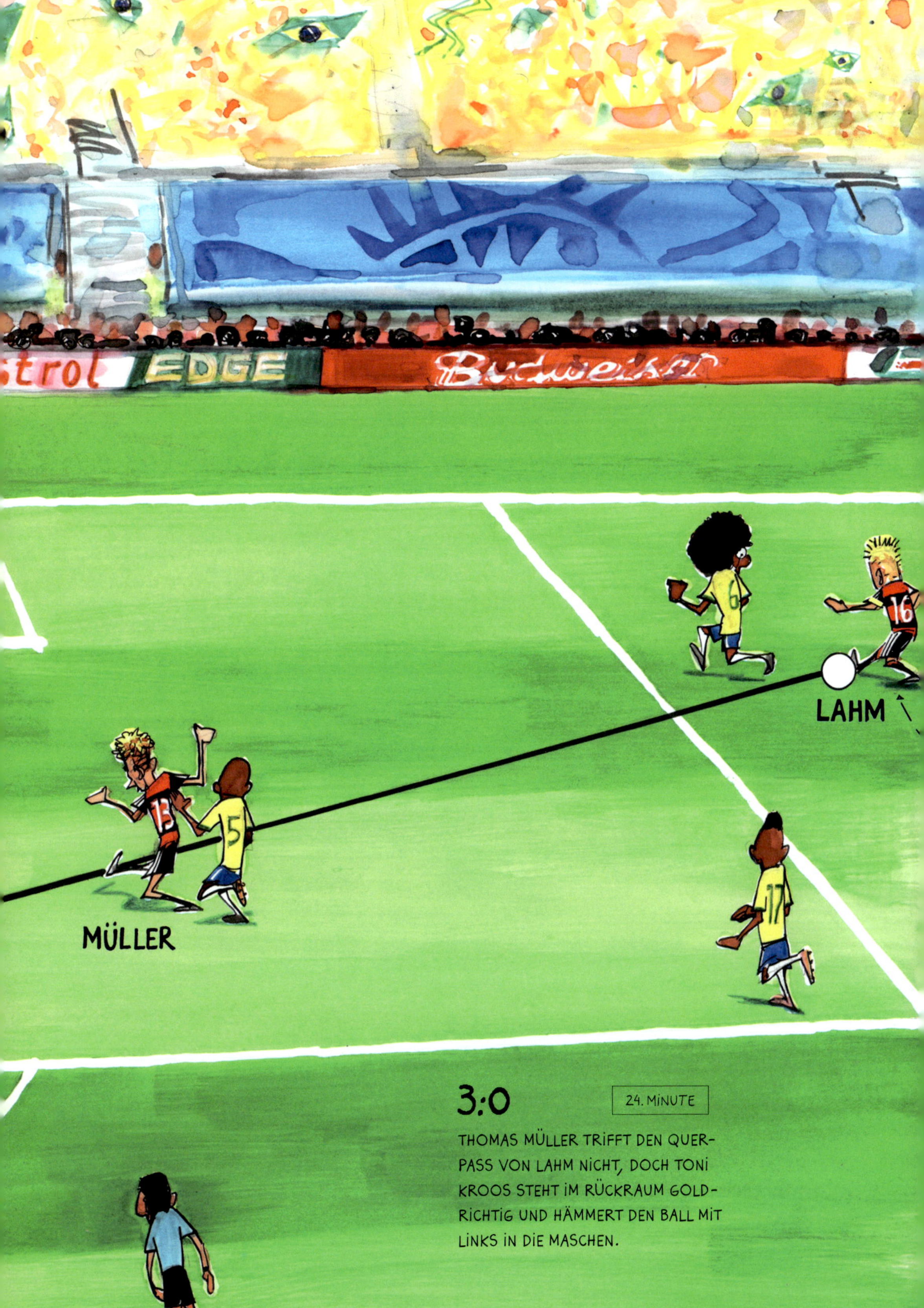

3:0 24. MINUTE

THOMAS MÜLLER TRIFFT DEN QUERPASS VON LAHM NICHT, DOCH TONI KROOS STEHT IM RÜCKRAUM GOLDRICHTIG UND HÄMMERT DEN BALL MIT LINKS IN DIE MASCHEN.

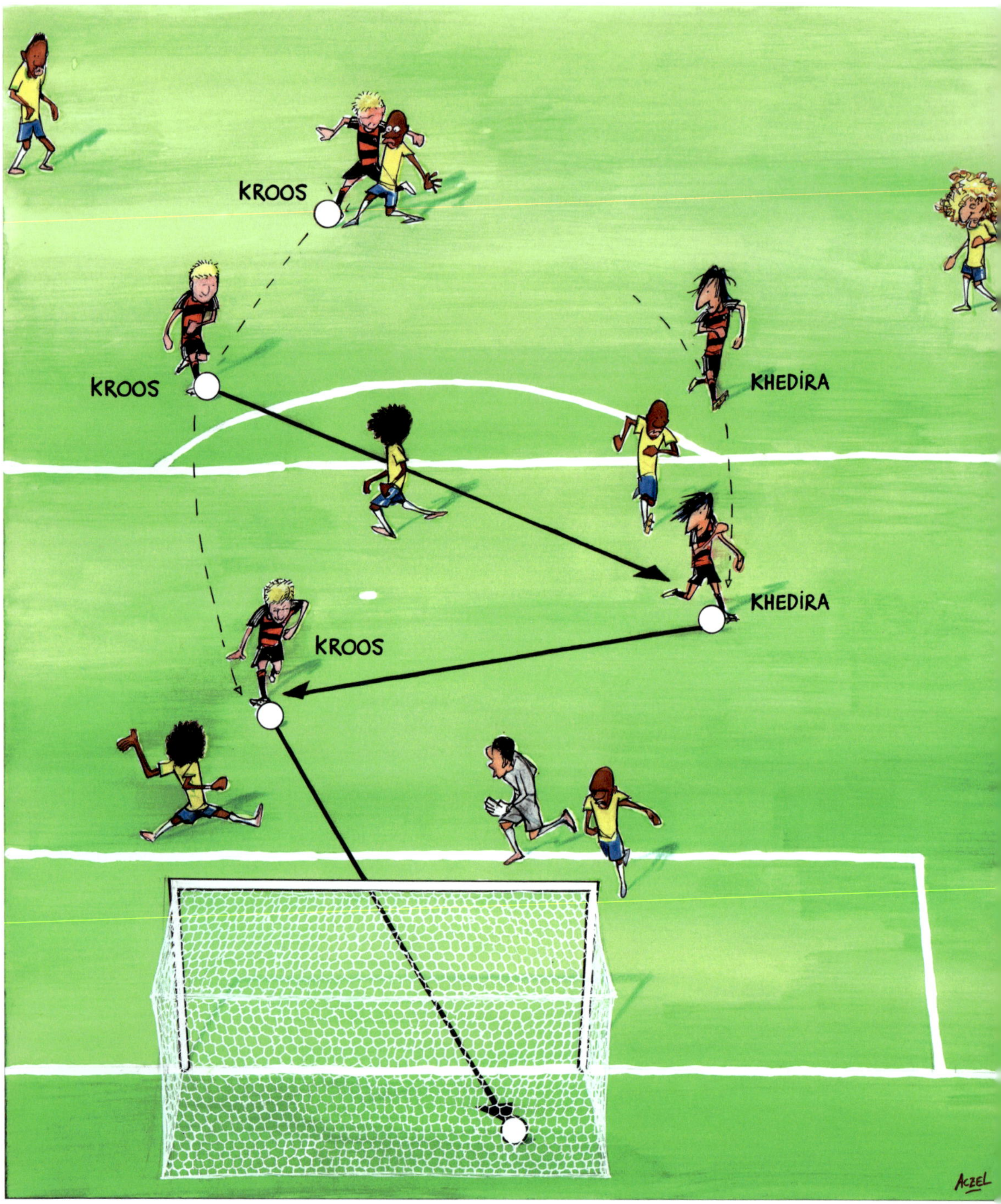

26. MINUTE

4:0 NACH EINER BALLEROBERUNG REICHT KROOS EIN EINFACHER DOPPELPASS MIT KHEDIRA, UM DIE BRASILIANISCHE ABWEHR AUSZUHEBELN UND INS LEERE TOR EINZUSCHIEBEN: GEGEN VÖLLIG ÜBERRUMPELTE BRASILIANER GELINGT DEN DEUTSCHEN JETZT ALLES.

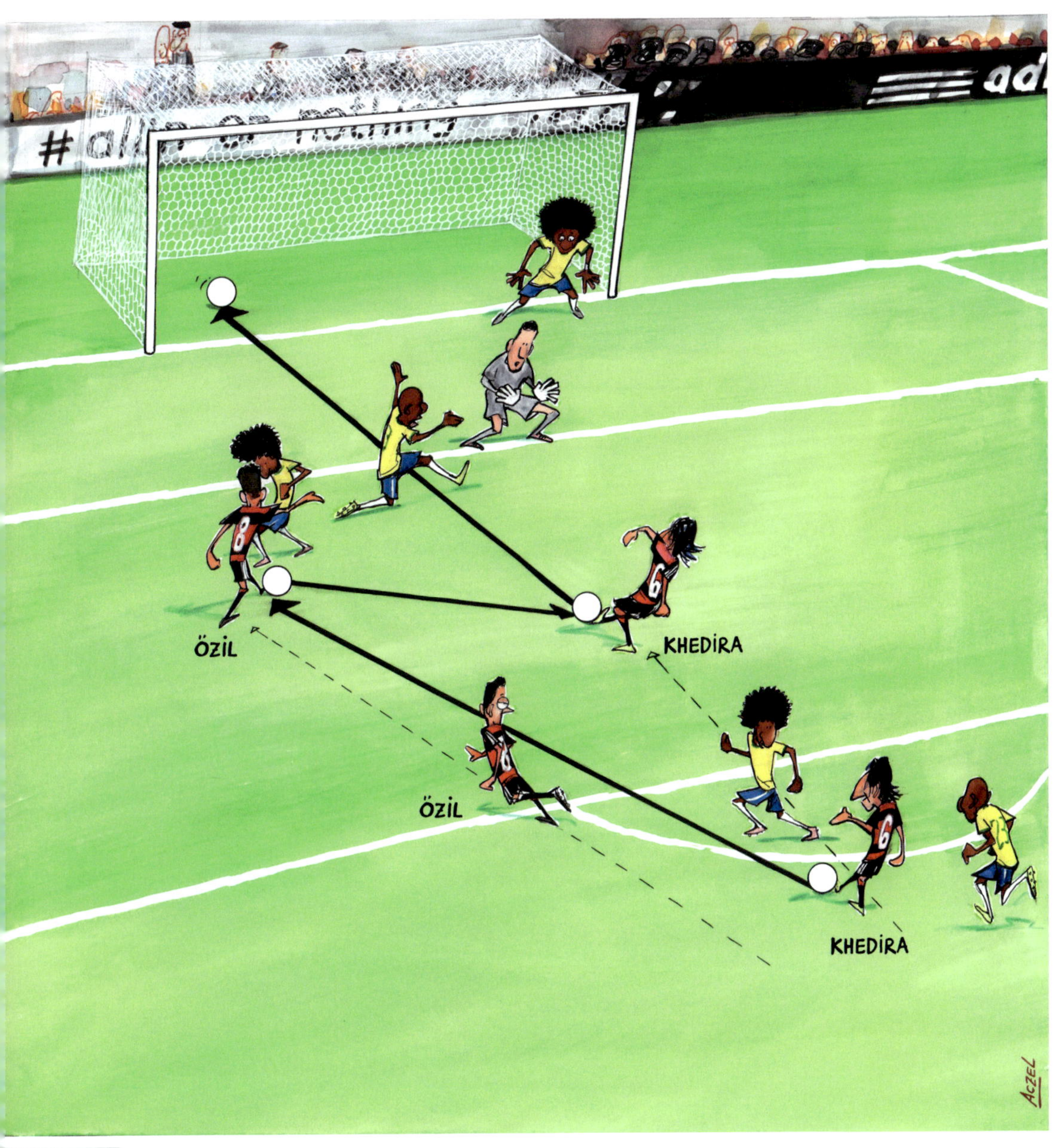

29. MINUTE

5:0 DER ALBTRAUM BRASILIENS NIMMT KEIN ENDE: ERNEUT REICHT EIN SIMPLER DOPPELPASS, UM DIE BRASILIANER ALT AUSSEHEN ZU LASSEN. NACH ZUSPIEL VON ÖZIL SETZT KHEDIRA DEN UNFASSBARSTEN SECHS MINUTEN DER WM-GESCHICHTE MIT SEINEM TREFFER ZUM 5:0 DIE KRONE AUF.

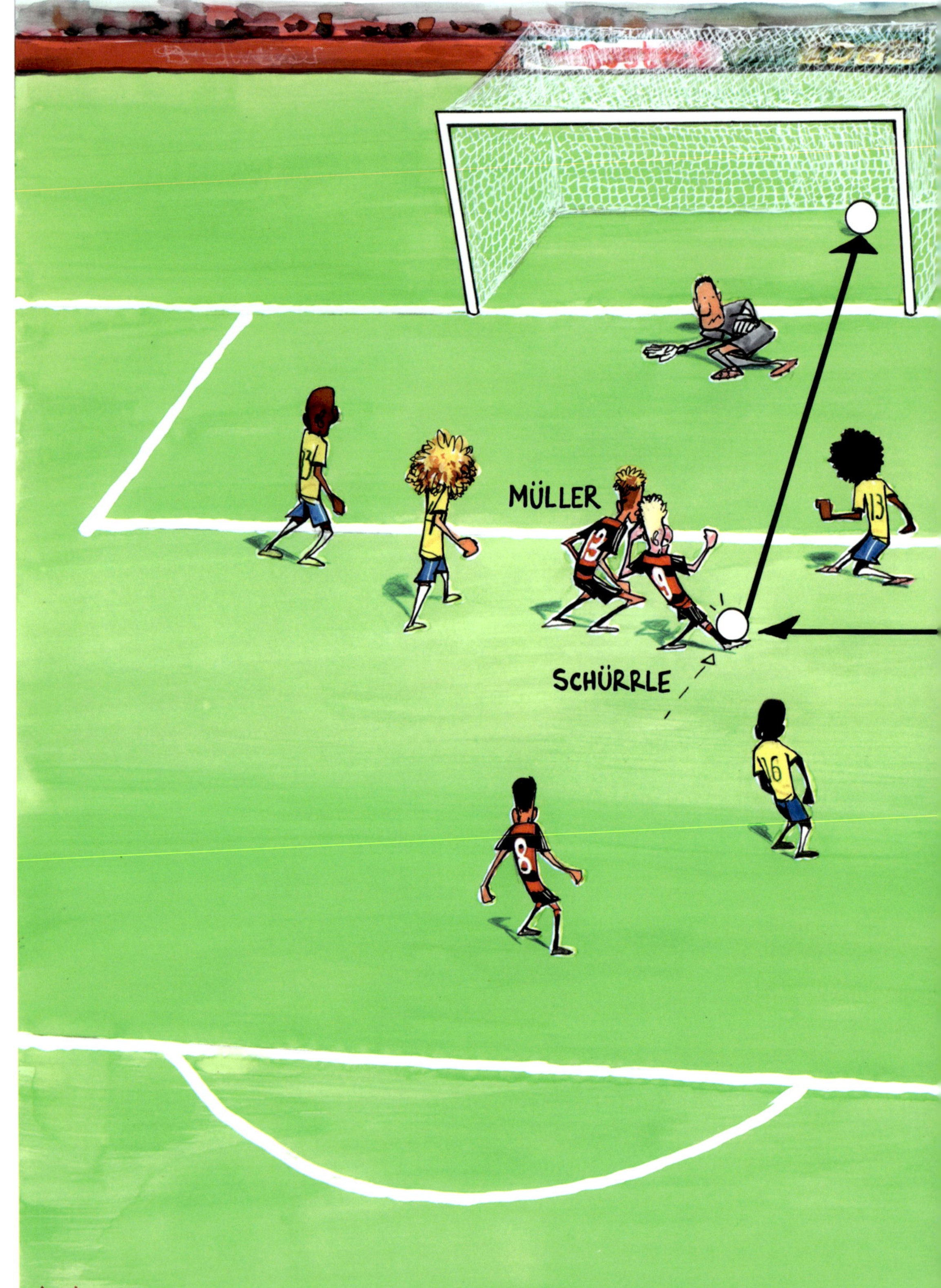
MÜLLER
SCHÜRRLE
ACZEL

6:0

69. MINUTE

NACH EINER KURZEN GNADENPAUSE ENTFACHT DIE EINWECHSLUNG VON SCHÜRRLE NEUES FEUER AUF DEUTSCHER SEITE: NACH EINEM ZUSPIEL VON LAHM MACHT ER DAS HALBE DUTZEND VOLL.

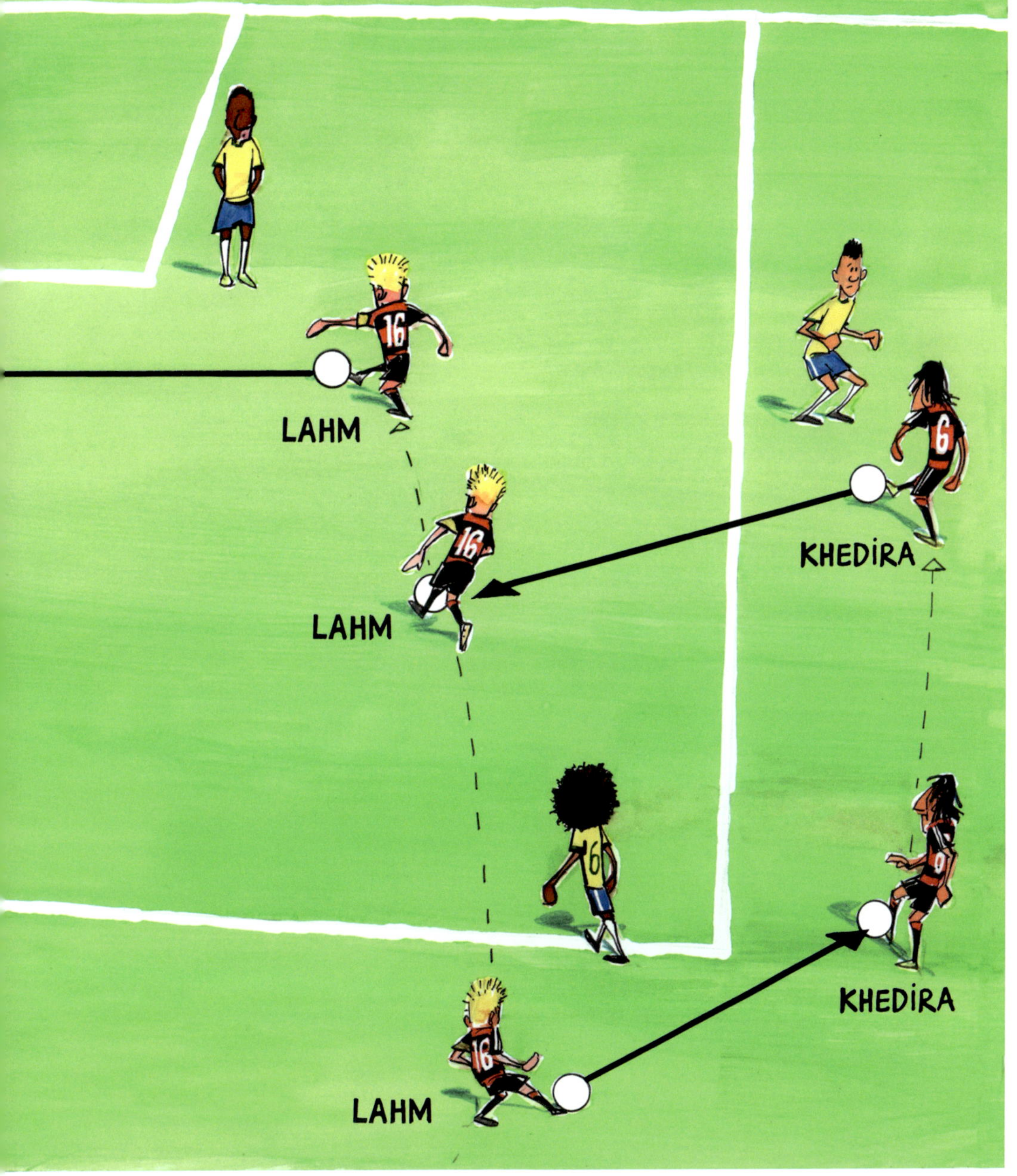

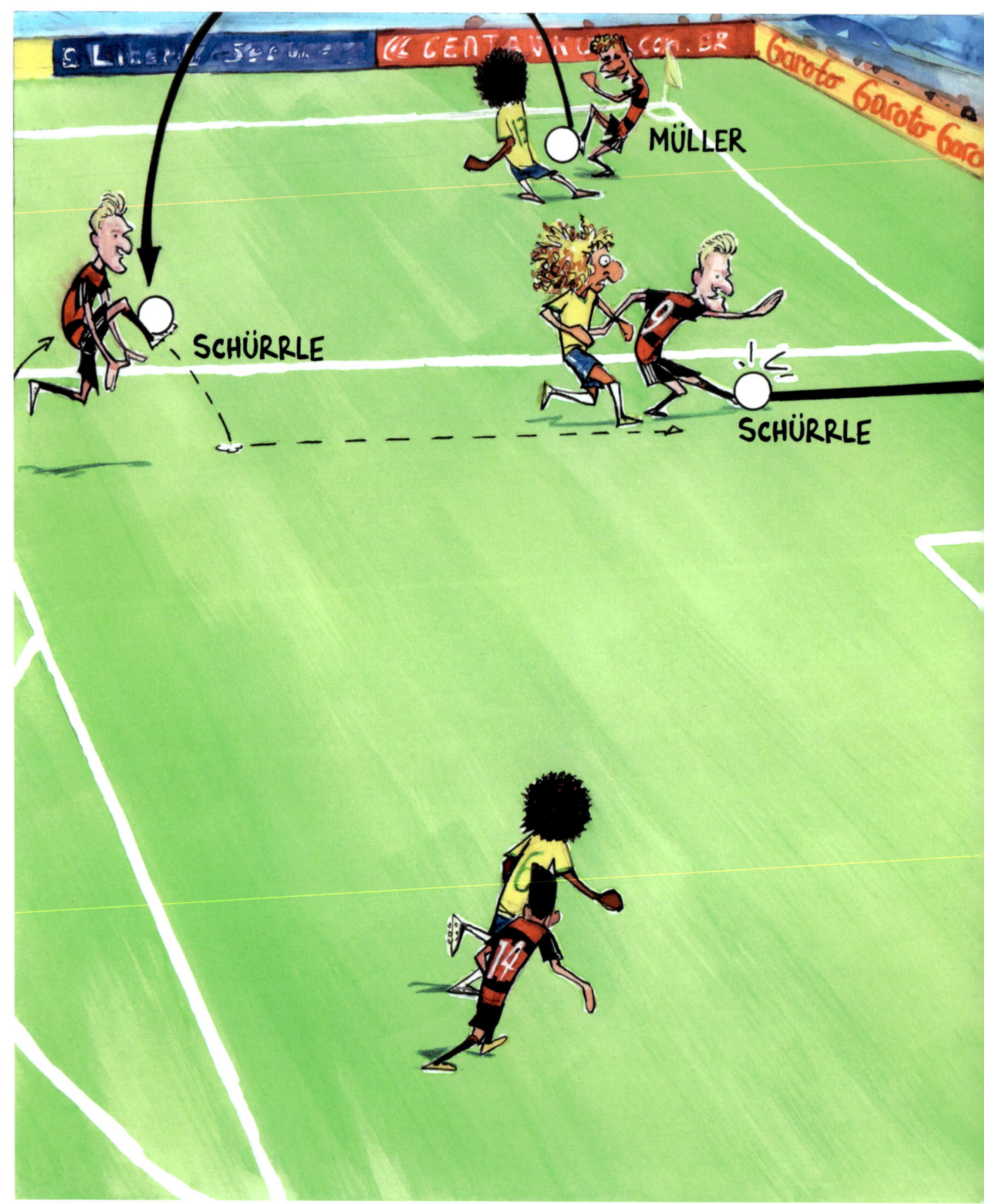

79. MINUTE

7:0

ERNEUT SCHÜRRLE: NACH EINEM CHIPBALL VON MÜLLER NIMMT DER FLÜGELFLITZER DEN BALL GEKONNT AN UND NAGELT IHN ZUM 7:0 INS TOR.

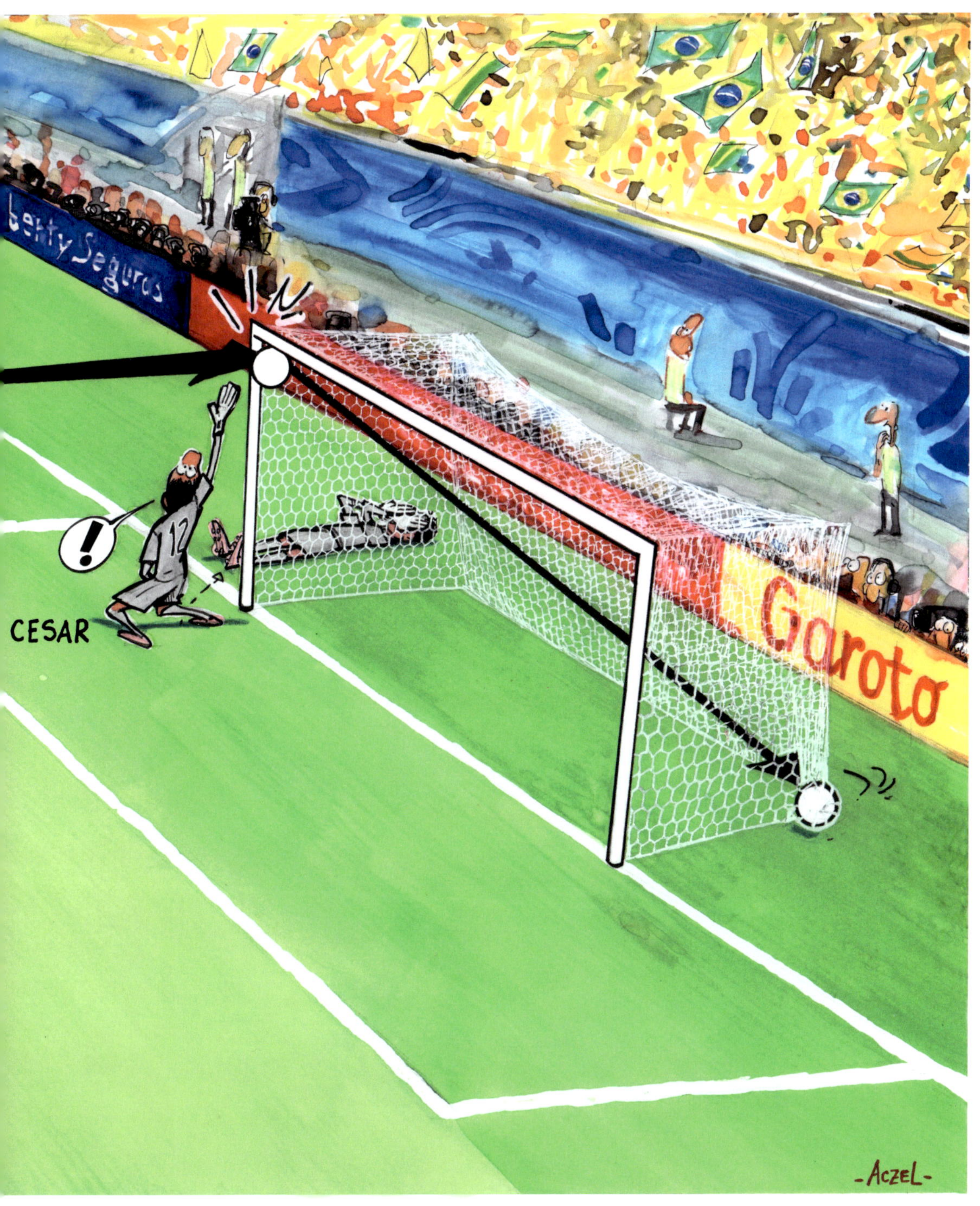

DAS 1:7 DURCH OSCAR IN DER 90. MINUTE SORGT LEDIGLICH FÜR LEICHTE ERGEBNISKOSMETIK BEI DER GRÖSSTEN DEMÜTIGUNG DER WM-GESCHICHTE.

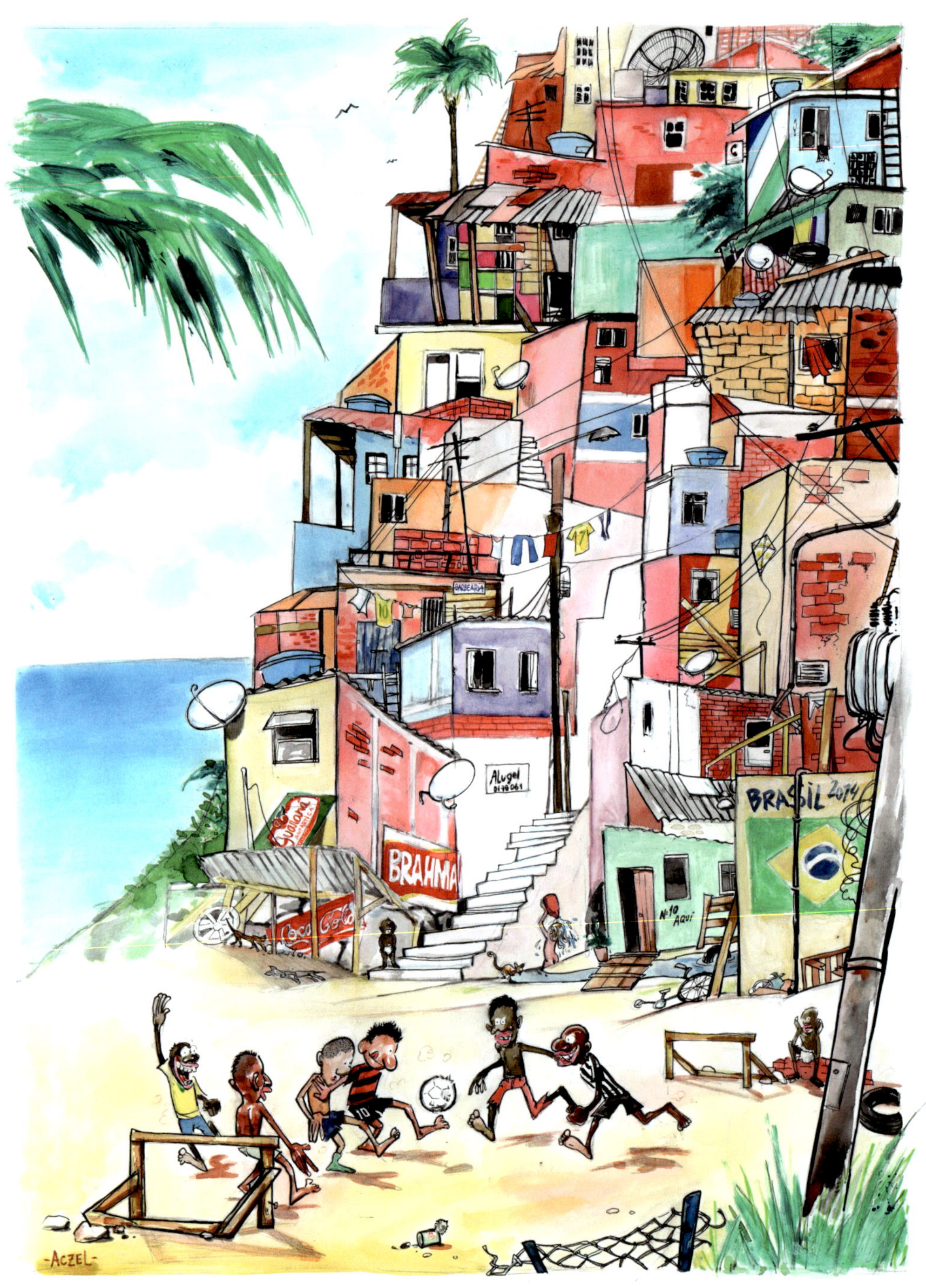

WER HÄTTE DAS GEDACHT? IM LAND DES REKORDWELTMEISTERS, WO JEDER, EGAL OB REICH ODER ARM, OB ALT ODER JUNG, DEN FUSSBALL LEBT…

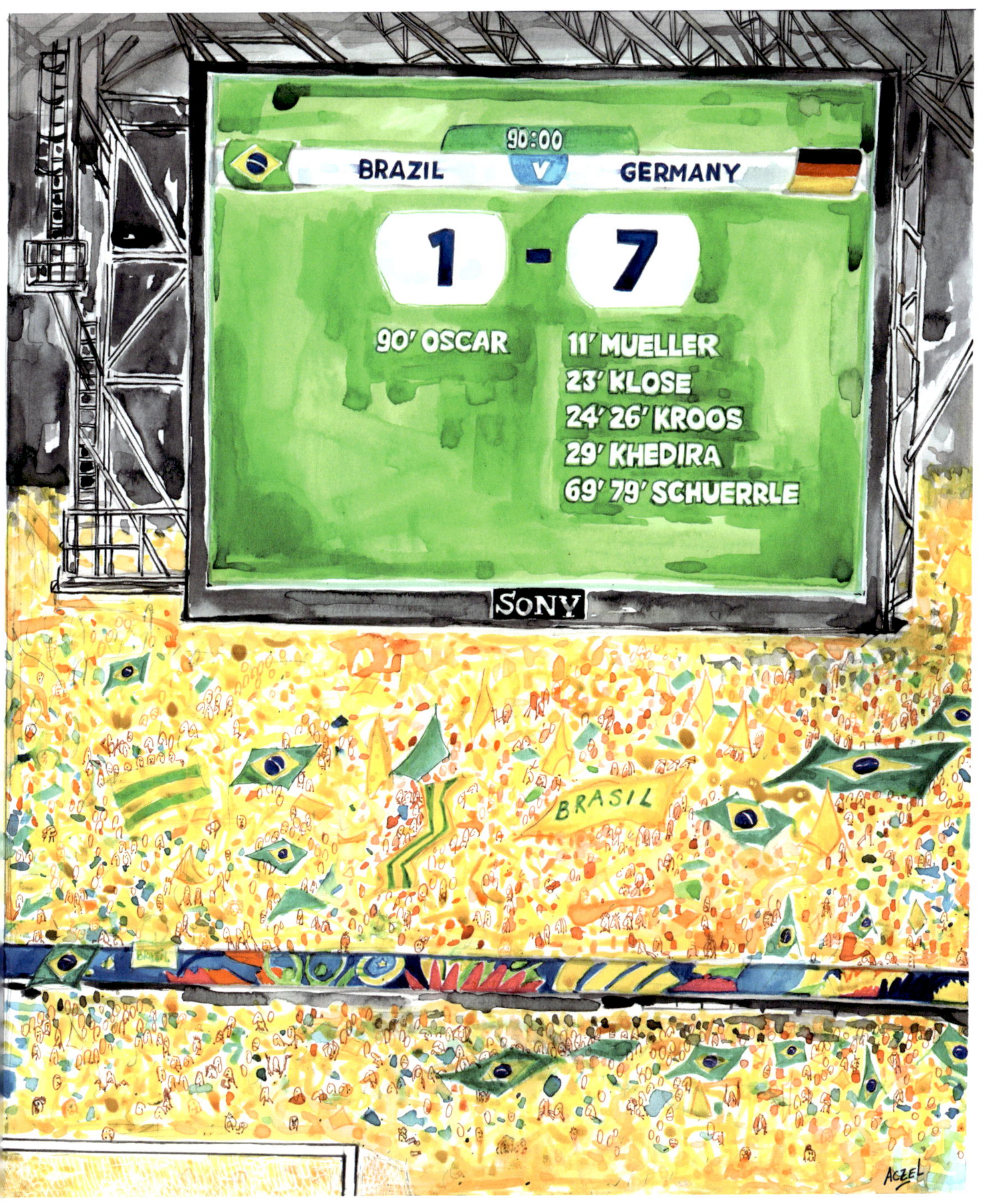

...SIND NACH DER HISTORISCHEN PLEITE ALLE FASSUNGSLOS. DER DEUTSCHE WIRBELWIND SORGT IN BRASILIEN FÜR EINE ALLGEMEINE DEPRESSION.

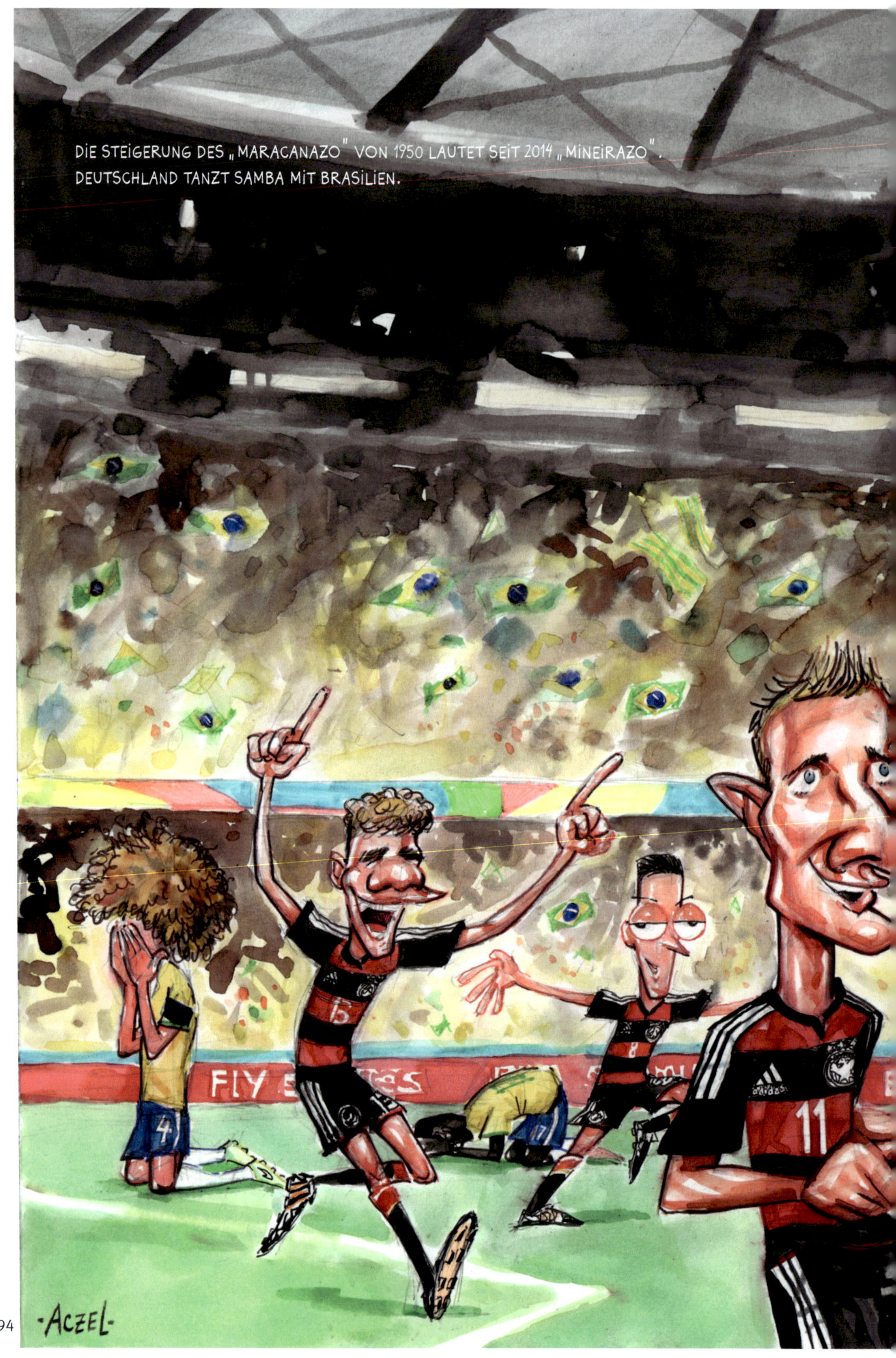
DIE STEIGERUNG DES „MARACANAZO" VON 1950 LAUTET SEIT 2014 „MINEIRAZO".
DEUTSCHLAND TANZT SAMBA MIT BRASILIEN.
-ACZEL-

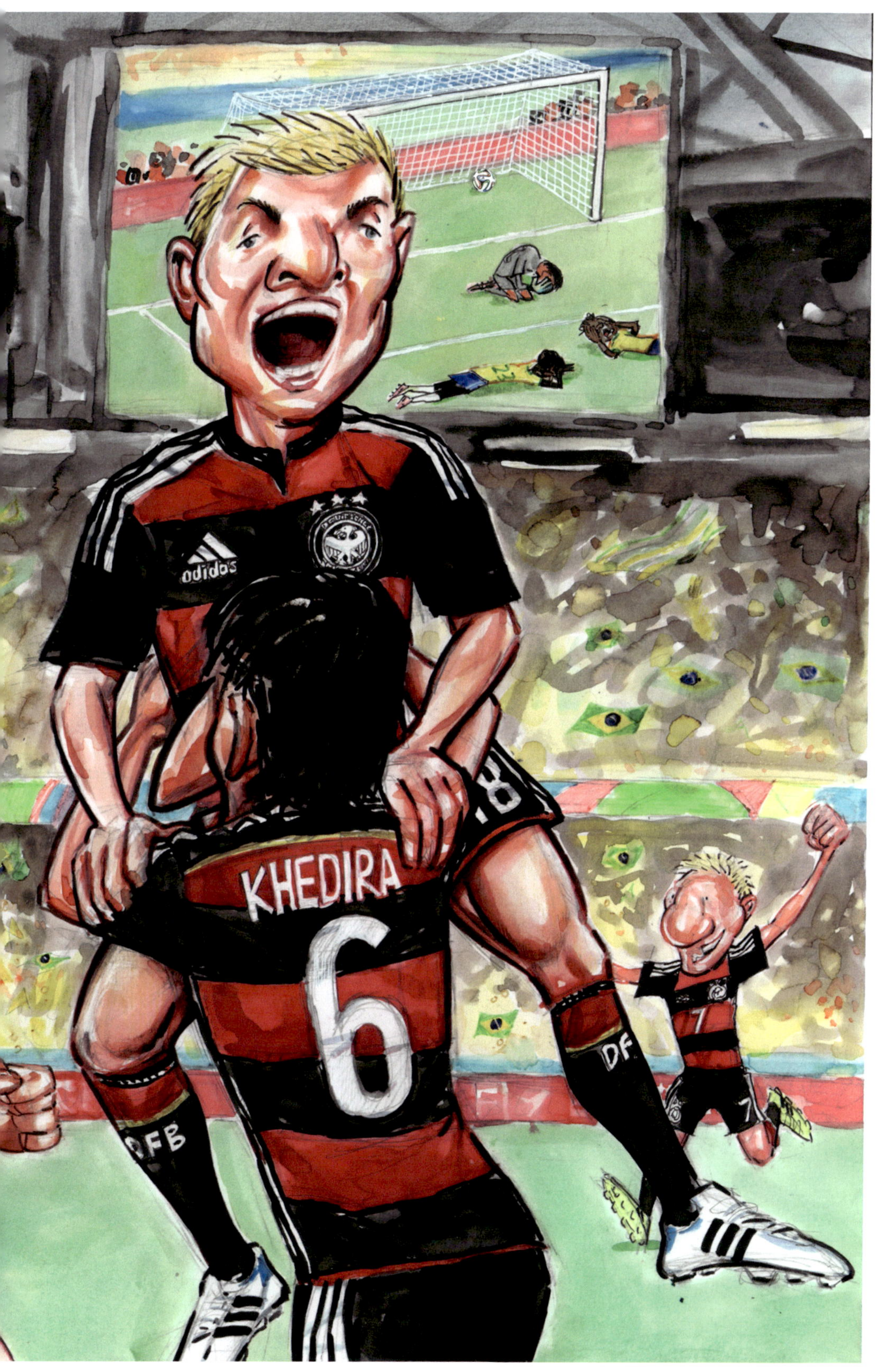

adidas
KHEDIRA
6
18
DFB
DF
7

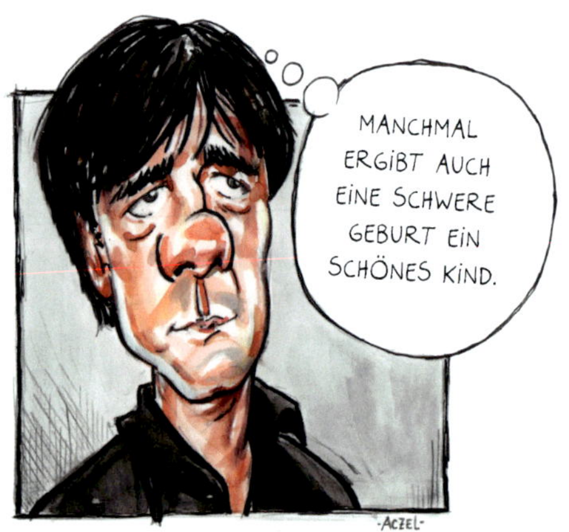

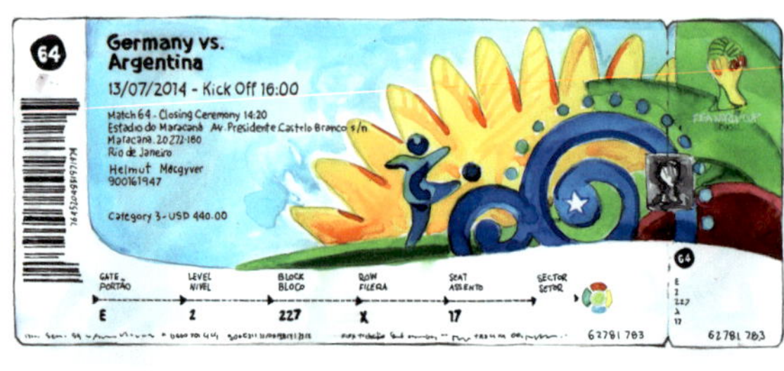

HEISS BEGEHRT: AUF DEM SCHWARZMARKT WURDEN FINALTICKETS FÜR BIS ZU 30.000 EURO GEHANDELT.

DAS FINALE 13. JULI 2014

DEUTSCHLAND 1:0 (N.V.) ARGENTINIEN

ESTÁDIO DO MARACANÃ, RIO DE JANEIRO
ZUSCHAUER: 74.738
SCHIEDSRICHTER: NICOLA RIZZOLI (ITALIEN)

GÖTZE BESSER ALS MESSI? IN DIESEM FINALE …

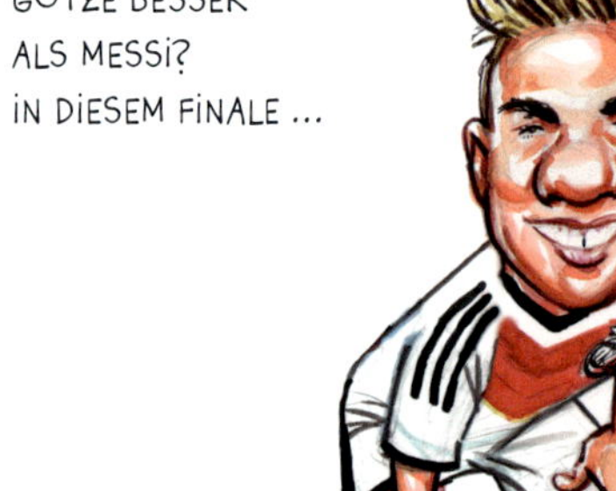

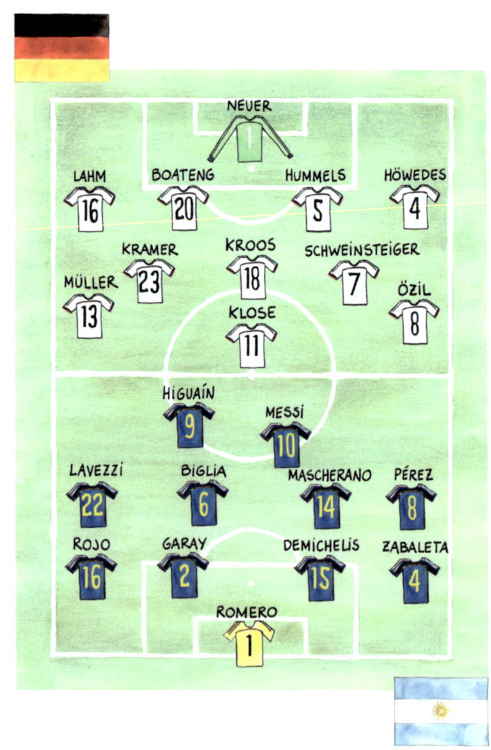

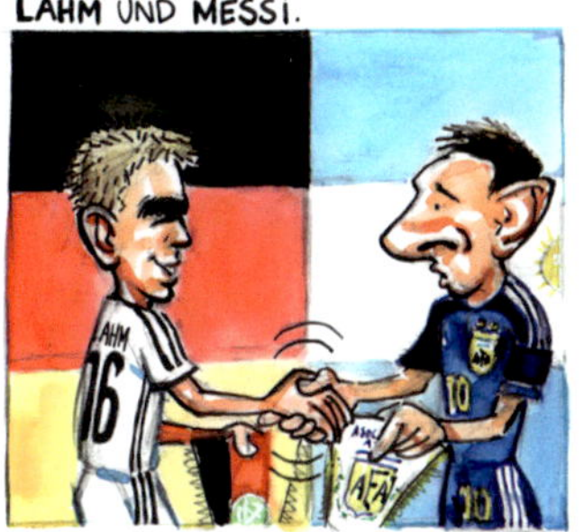
VOR ANPFIFF
ZWEI KLEINE GROSSE GRÜSSEN SICH. **LAHM** UND **MESSI**.

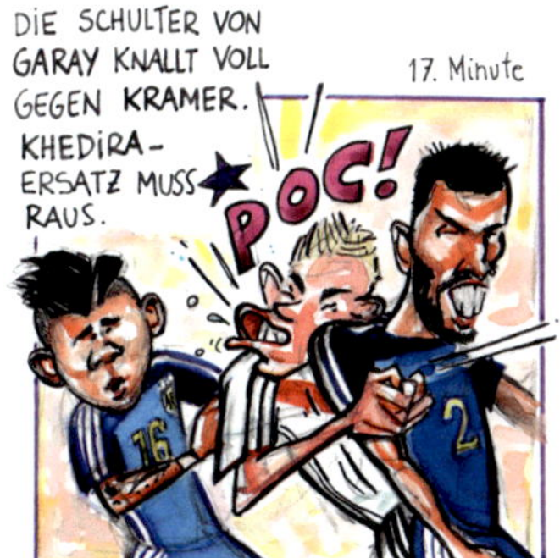
DIE SCHULTER VON **GARAY** KNALLT VOLL GEGEN **KRAMER**.
KHEDIRA-ERSATZ MUSS RAUS.
17. Minute
POC!

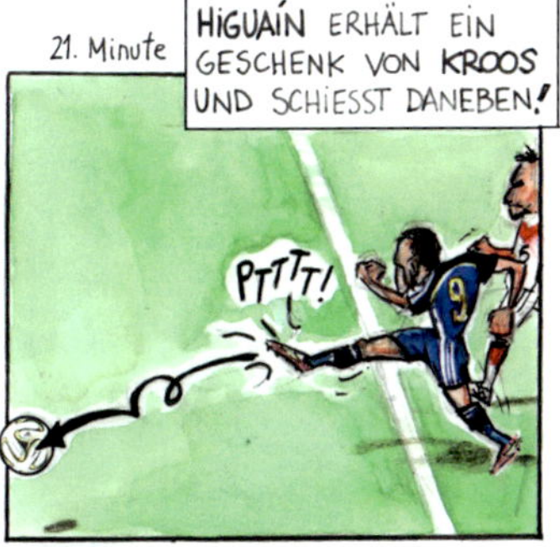
21. Minute
HIGUAÍN ERHÄLT EIN GESCHENK VON **KROOS** UND SCHIESST DANEBEN!
PTTTT!

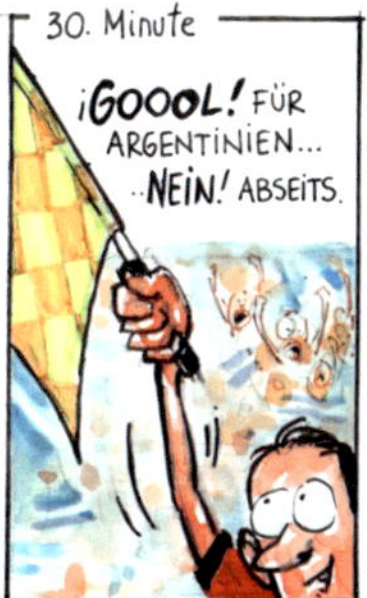
30. Minute
¡GOOOL! FÜR ARGENTINIEN...
...NEIN! ABSEITS.

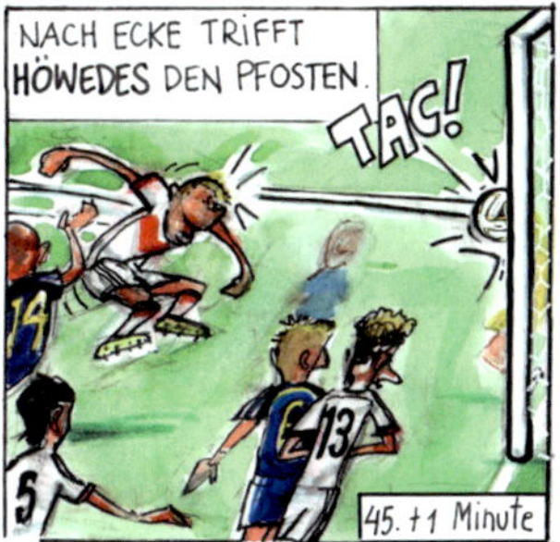
NACH ECKE TRIFFT **HÖWEDES** DEN PFOSTEN.
TAC!
45. +1 Minute

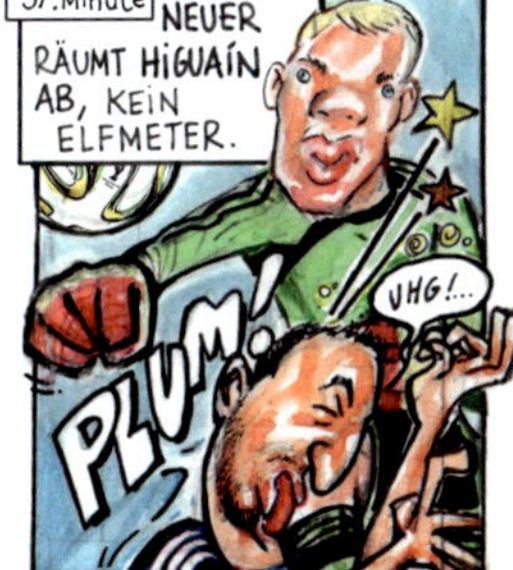
57. Minute
NEUER RÄUMT **HIGUAÍN** AB, KEIN ELFMETER.
UHG!...
PLUM!

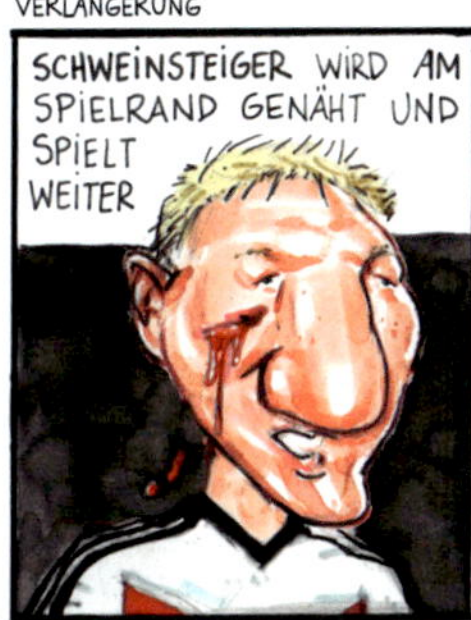
VERLÄNGERUNG
SCHWEINSTEIGER WIRD AM SPIELRAND GENÄHT UND SPIELT WEITER

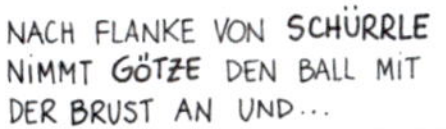
NACH FLANKE VON **SCHÜRRLE** NIMMT **GÖTZE** DEN BALL MIT DER BRUST AN UND...

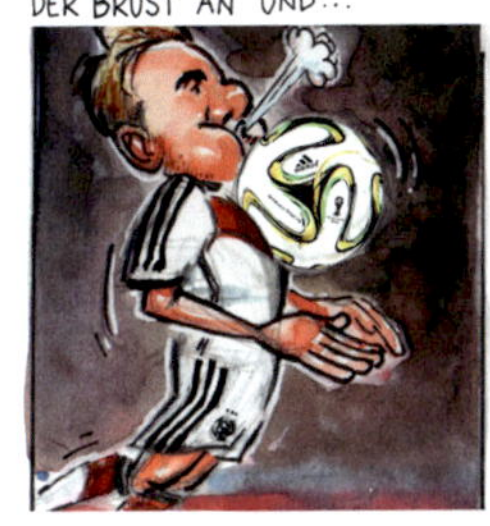

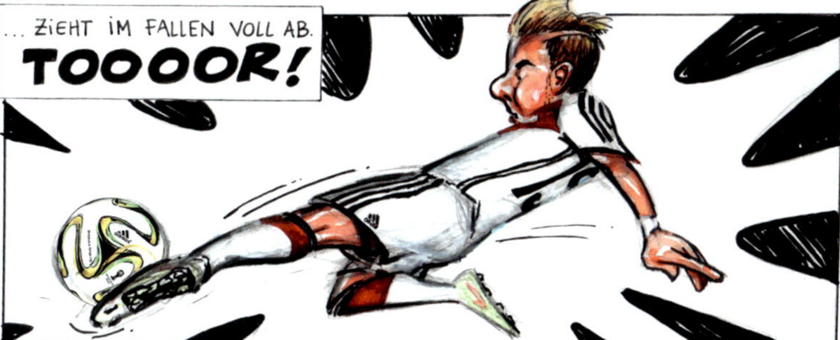
... ZIEHT IM FALLEN VOLL AB.
TOOOOR!

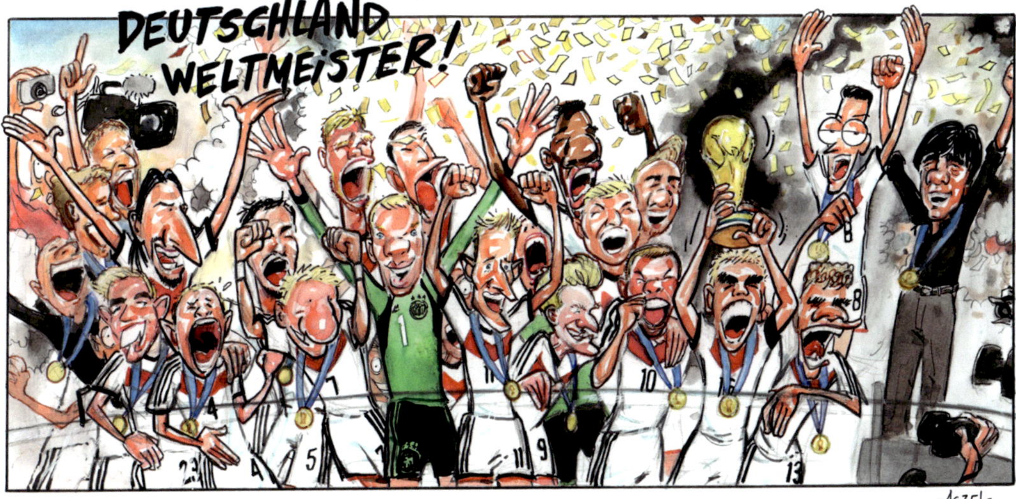
DEUTSCHLAND WELTMEISTER!

-ACZEL-

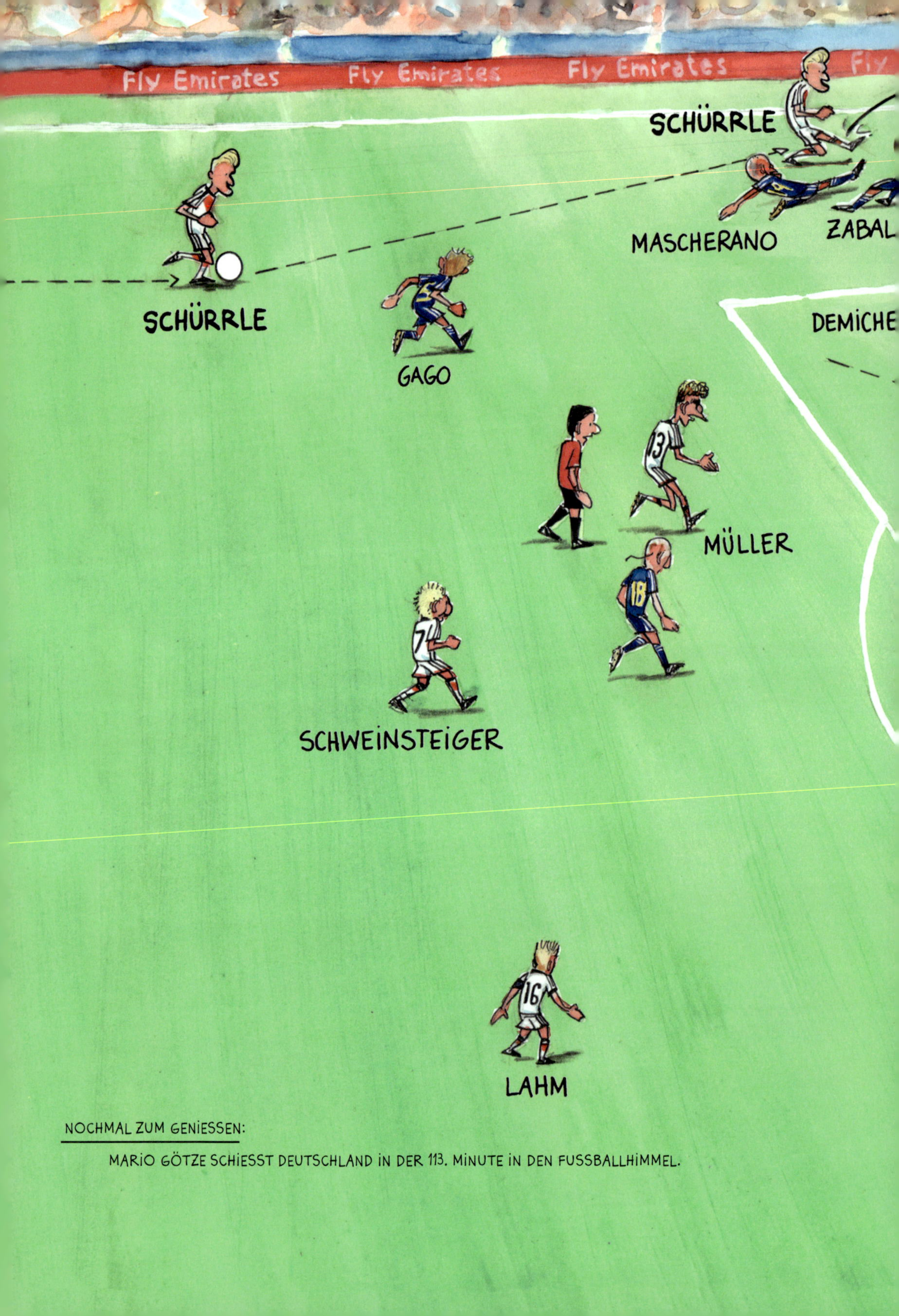

Fly Emirates Fly Emirates Fly Emirates Fly

SCHÜRRLE

MASCHERANO ZABAL

SCHÜRRLE

GAGO

DEMICHE

MÜLLER

SCHWEINSTEIGER

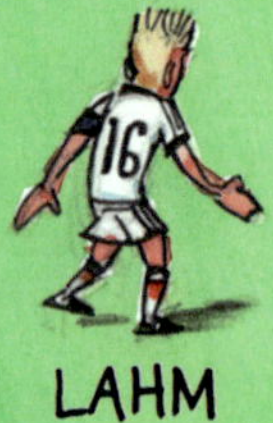

LAHM

NOCHMAL ZUM GENIESSEN:

MARIO GÖTZE SCHIESST DEUTSCHLAND IN DER 113. MINUTE IN DEN FUSSBALLHIMMEL.

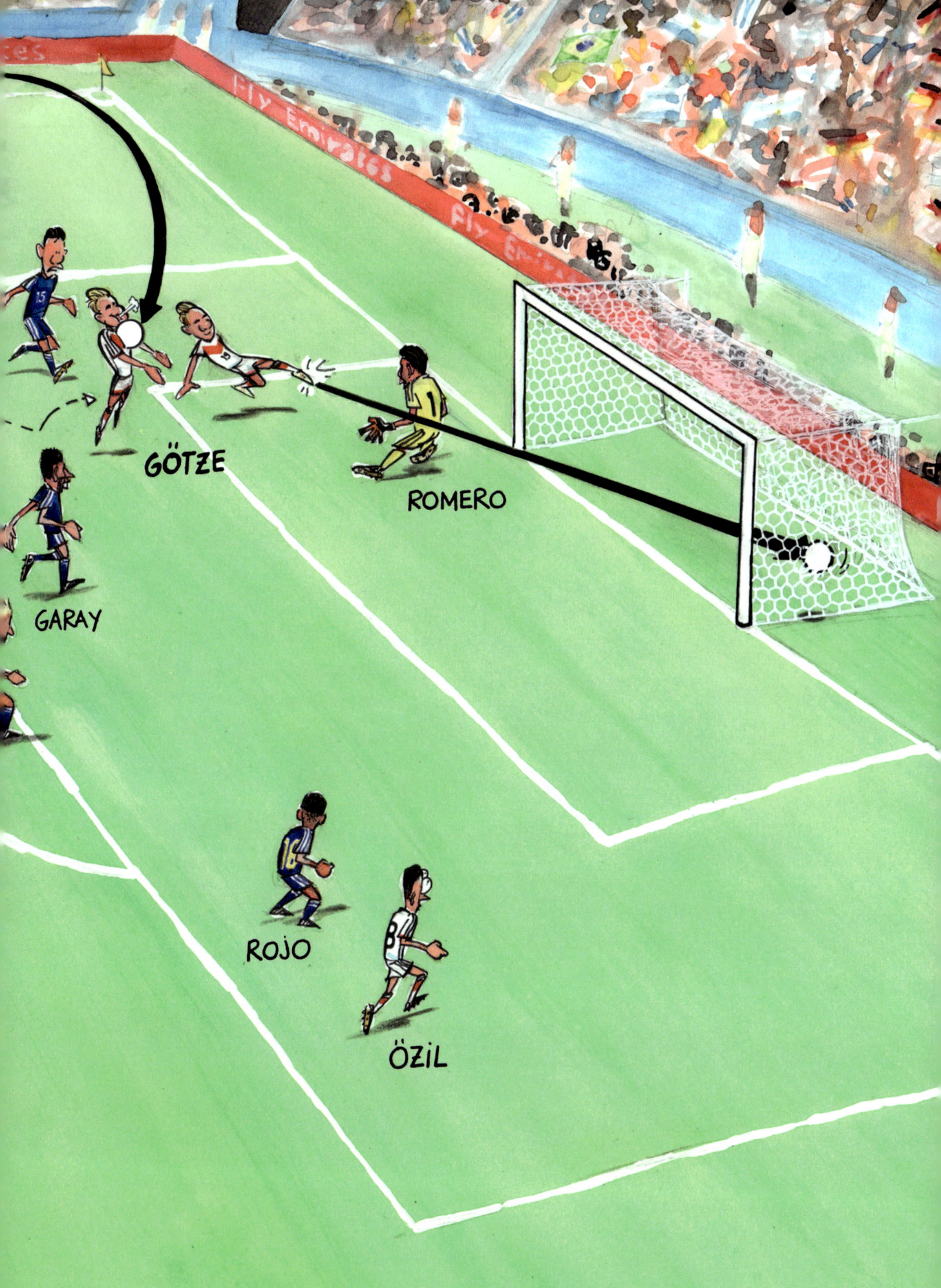
GÖTZE
ROMERO
GARAY
ROJO
ÖZIL
-ACZEL-

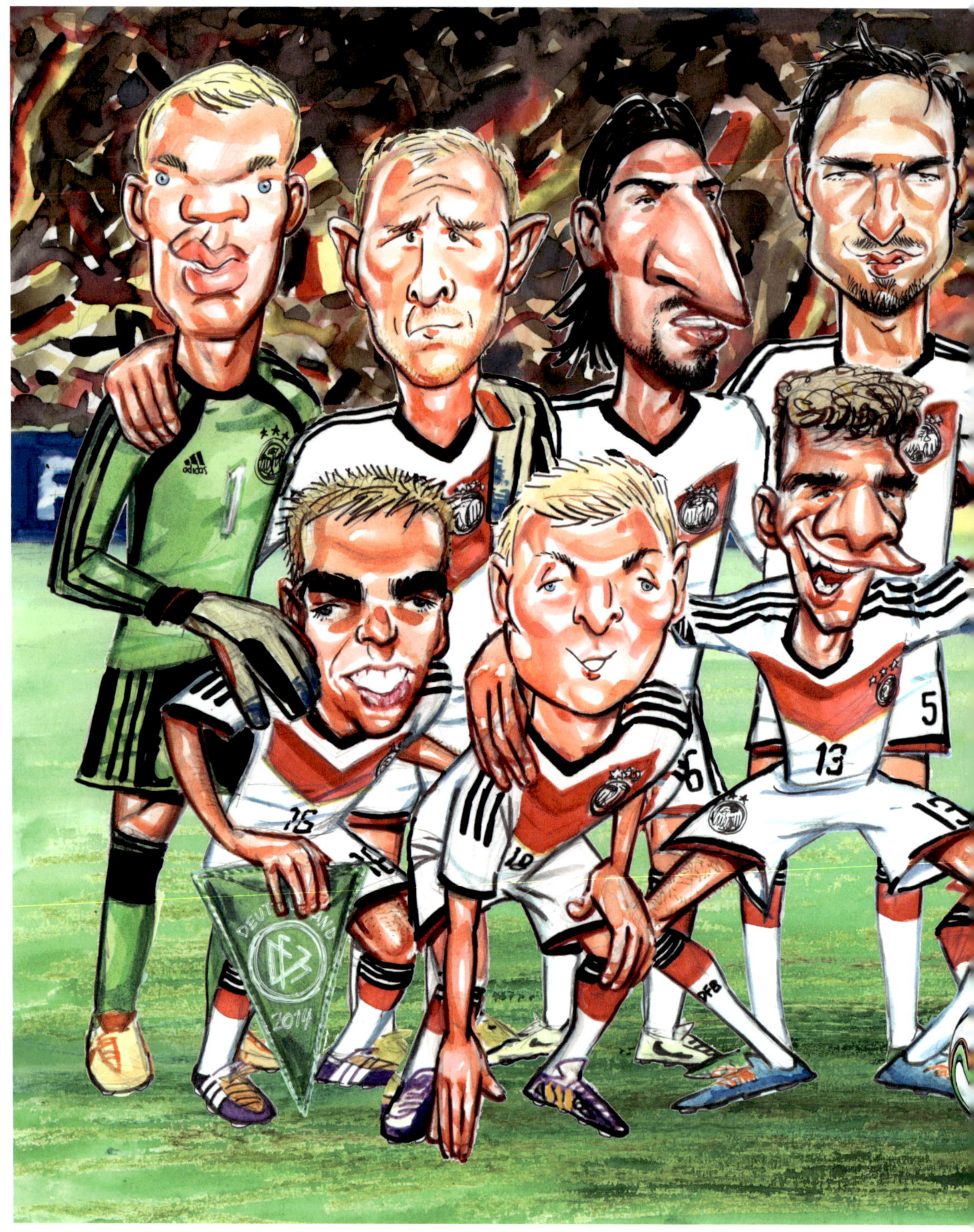
adidas
1
16
18
5
13
2014
DFB

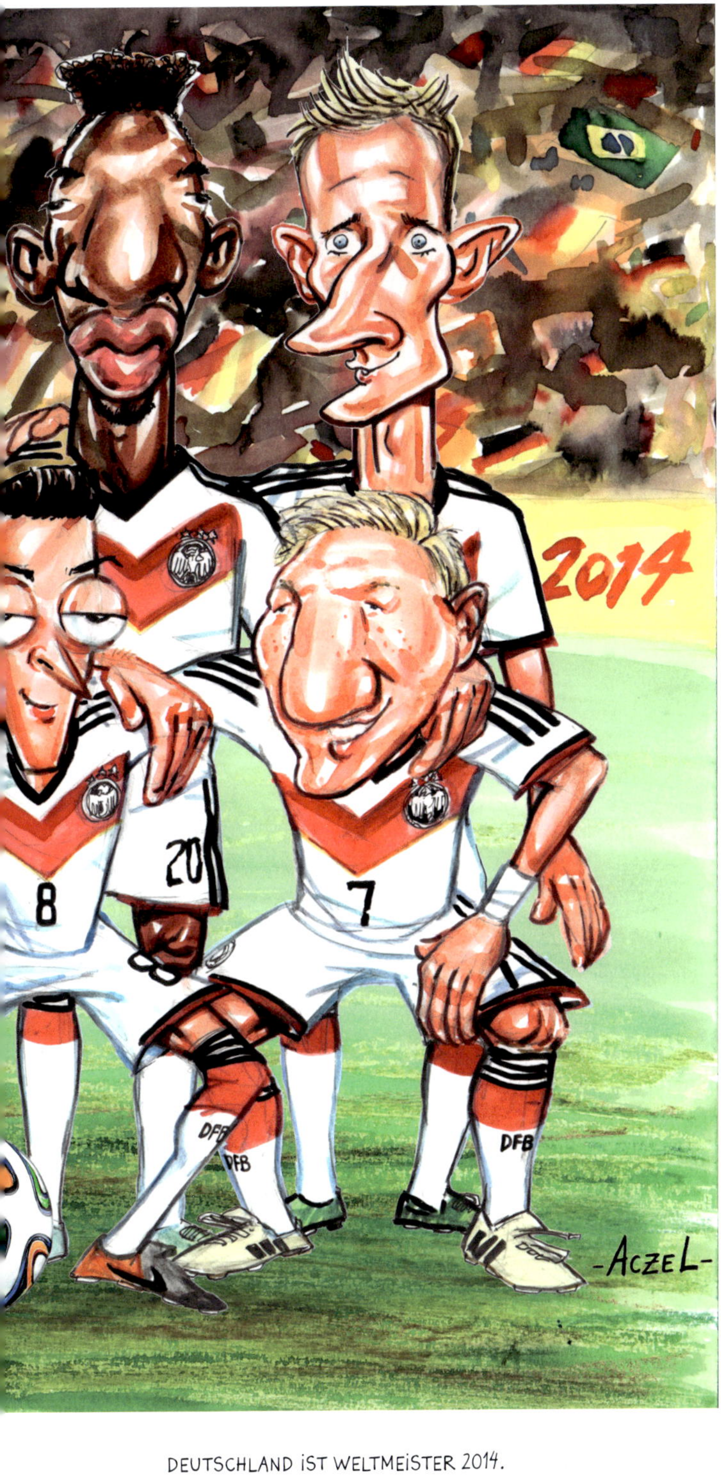

DIE KLASSE VON 2014

SO SEHEN SIEGER AUS

24 Jahre muss Deutschland auf den nächsten Titel bei einer Weltmeisterschaft warten, nach der WM in Brasilien kann sich die Mannschaft den vierten Stern auf die Brust heften. Nach 1990 war die Nachwuchsarbeit vom DFB jahrelang vernachlässigt worden und Nationen wie Frankreich oder Spanien zogen vorbei. Erst die Einführung von Nachwuchsleistungszentren nach der Jahrtausendwende bringt die Wende – und Spieler wie Neuer, Özil, Kroos hervor, die Stützen der Weltmeisterauswahl von 2014. Dazu traut sich mit Joachim Löw endlich ein Bundestrainer, überkommene Tugenden wie Kampf und Fleiß mit Esprit, Spielwitz und Kreativität zu ergänzen.

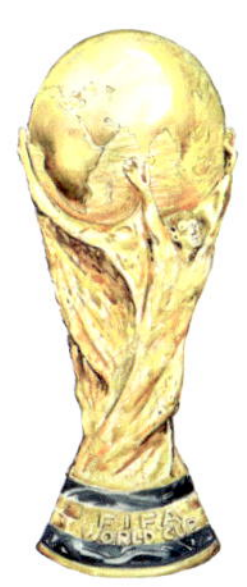

DEUTSCHLAND IST WELTMEISTER 2014.
(OBEN V.L.N.R.) MANUEL NEUER, BENEDIKT HÖWEDES, SAMI KHEDIRA, MATS HUMMELS, JÉRÔME BOATENG, MIROSLAV KLOSE, (UNTEN V.L.N.R.) PHILIPP LAHM, TONI KROOS, THOMAS MÜLLER, MESUT ÖZIL, BASTIAN SCHWEINSTEIGER

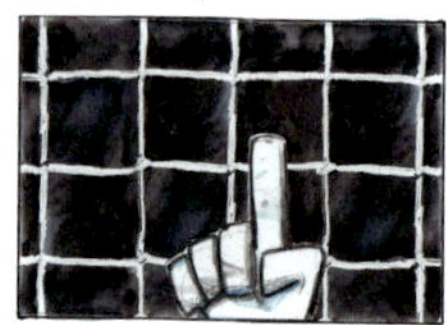

MANU, DER NR. 1

MANUEL NEUER

DER TORWART-LIBERO

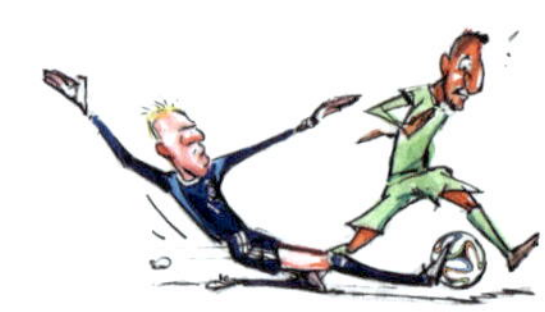

Manchmal braucht man selbst als zukünftiger Welttorhüter ein wenig Glück, damit die Karriere ins Rollen kommt. Wenige Wochen vor der Weltmeisterschaft 2010 ist Neuer noch die Nummer 2 im deutschen Tor. Aber weil sich Konkurrent René Adler in einem Testspiel eine Rippenverletzung zuzieht, rückte Neuer in die Startelf für das Turnier in Südafrika. Der Schlussmann mit Gardemaß (1,93 Meter) beweist nicht nur erstaunliche Fähigkeiten in den klassischen Torhüter-Bereichen, er überzeugt nicht zuletzt mit seinen fußballerischen Fähigkeiten. Auch seine Vorgänger hatten sich mit dem Ball am Fuß aus ihrem Sechzehner getraut, doch Neuer interpretiert das Torwartspiel noch einmal ganz neu und trägt damit zu einer Revolution seiner Positon bei. Manu, der Libero – besonders bei der WM 2014 bringt er mit seiner offensiven Spielauslegung die Gegner zur Verzweiflung. Fünfmal wird Neuer „Welttorhüter", das schaffen vor ihm nur Iker Casillas und Gianluigi Buffon.

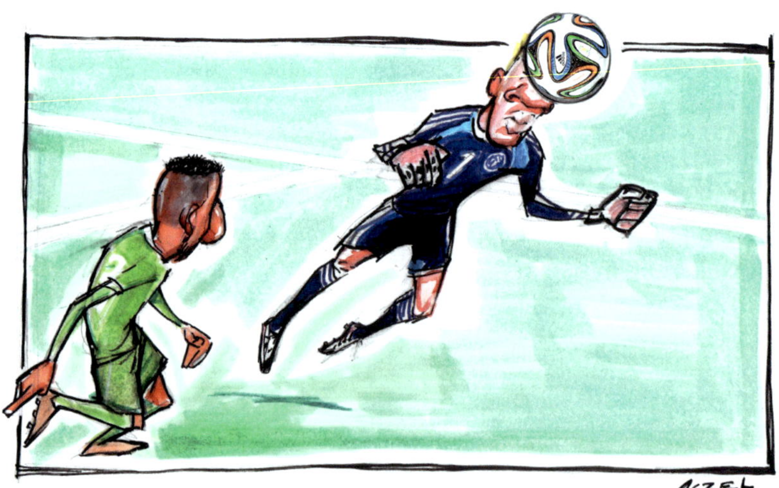

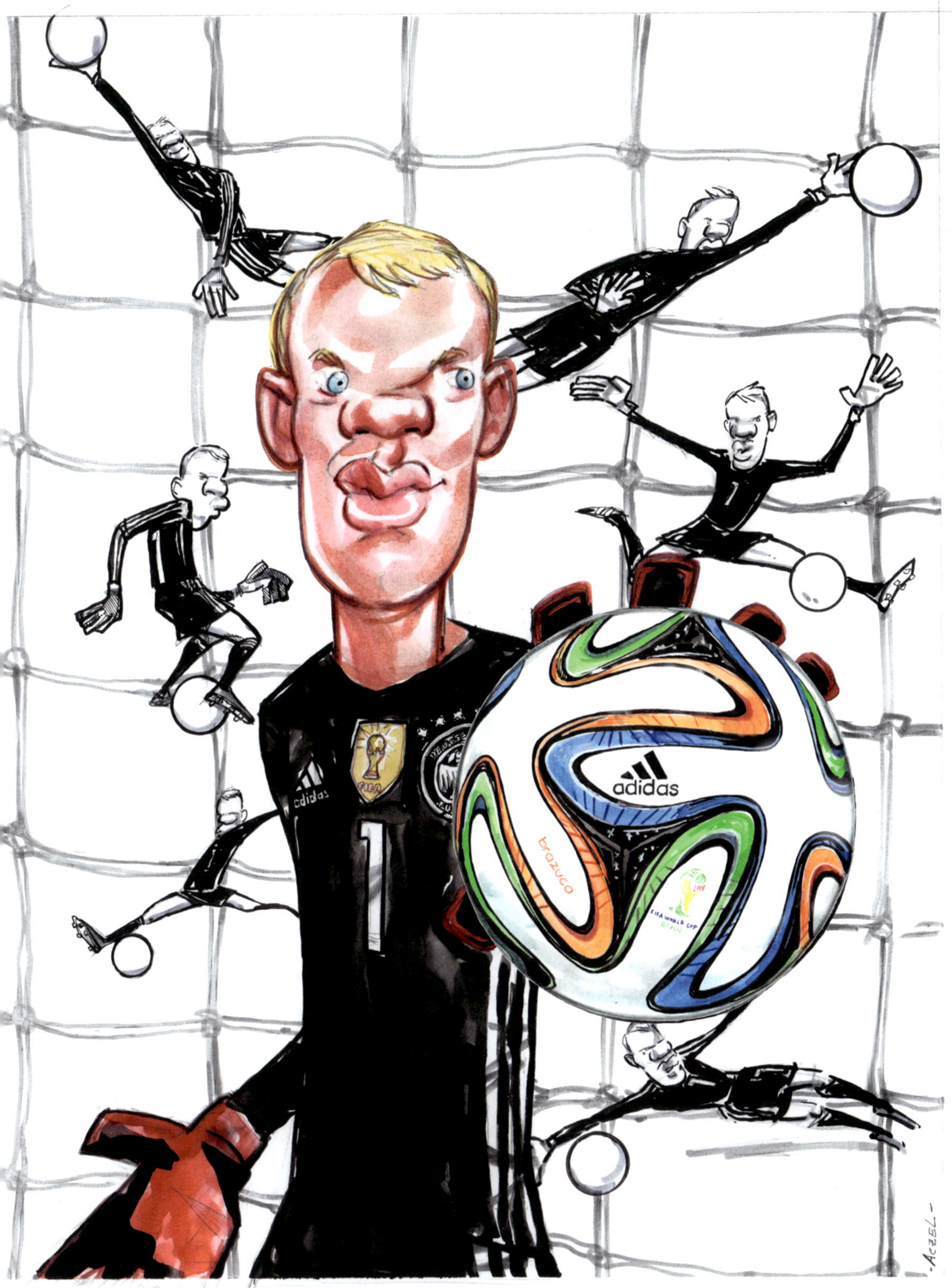
adidas
adidas
brazuca
-ACZEL-

MEZUT ÖZIL UND SAMI KHEDIRA

DAS NEUE DEUTSCHLAND

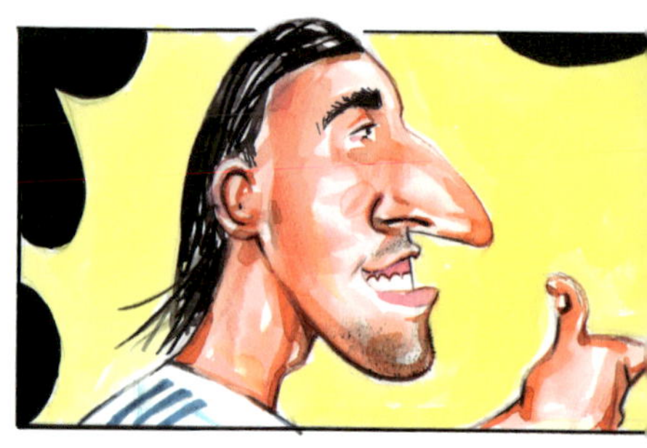

DER BODYGUARD UND DER KÜNSTLER

Sie kennen sich seit Teenagertagen, sind die Anführer jener deutschen U21-Auswahl, die 2009 Europameister wird und schwingen sich zu den wichtigsten Stützen der Elf auf, die 2014 Weltmeister wird: Mesut Özil, Sohn türkischer Gastarbeiter, und Sami Khedira, Sohn einer Deutschen und eines Tunesiers. Deutschland, das Einwandererland, hat endlich auch auf dem Fußballplatz seine Helden mit ausländischen Wurzeln. Auf dem Rasen bildeten Khedira und Özil eine wunderbare Symbiose. Der bullige Khedira als Abräumer und Aufräumer zwischen Abwehr und Angriff und der filigrane Özil als Ideengeber in der Schaltzentrale. Drei Jahre bildeten die beiden auch bei Real Madrid ein international gefeiertes Tandem.

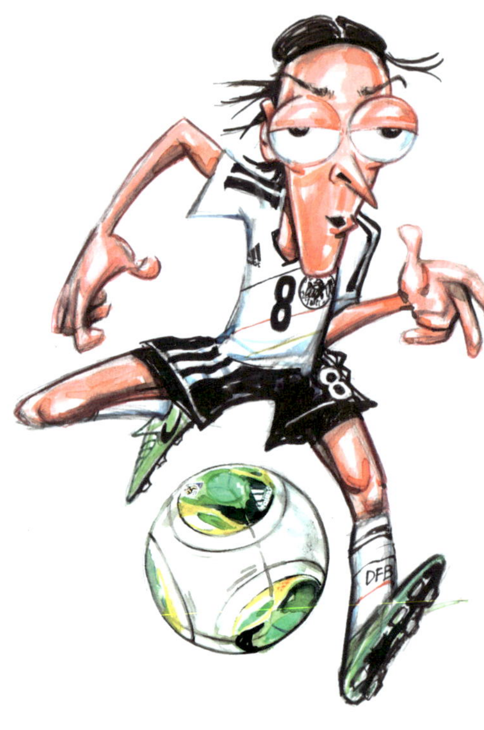

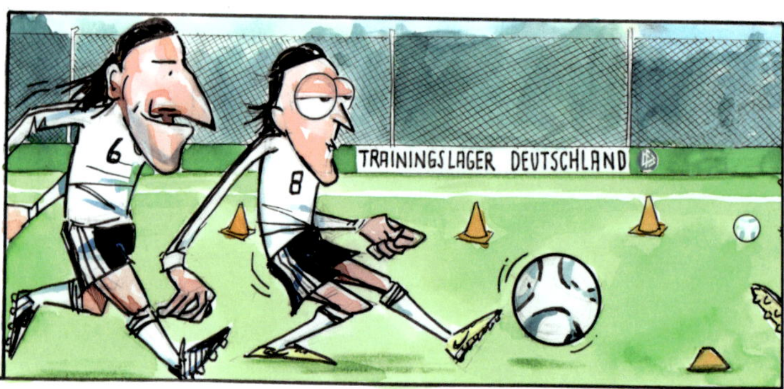

MIT KUMPEL SAMI ALS BACKUP KANN SICH MESUT ÖZIL FREI ENTFALTEN.

GROSSE KUNST
ÖZIL IST OHNE ZWEIFEL EINER DER KREATIVSTEN DEUTSCHEN FUSSBALLER ALLER ZEITEN

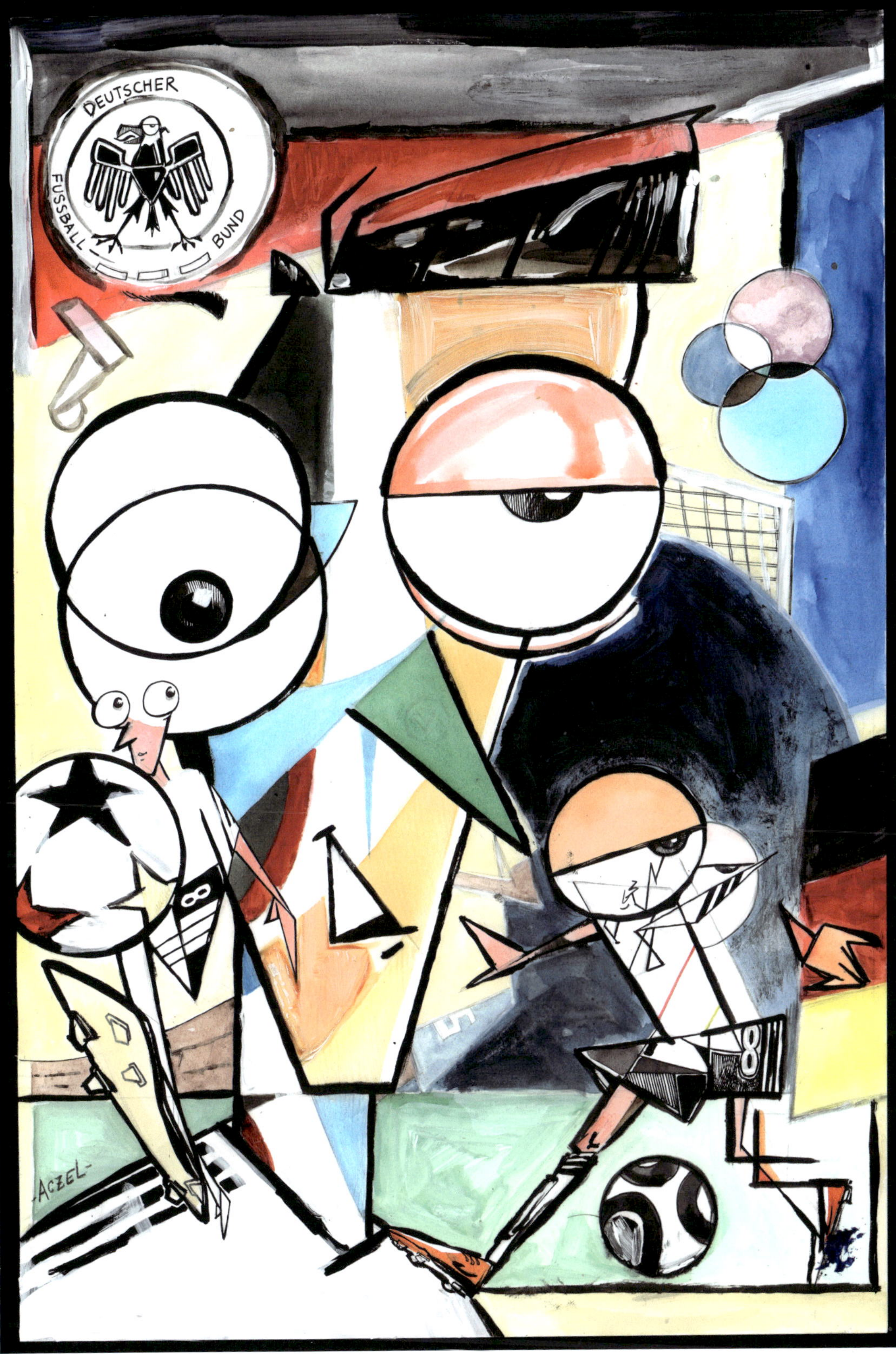
DEUTSCHER
FUSSBALL
BUND
ACZEL

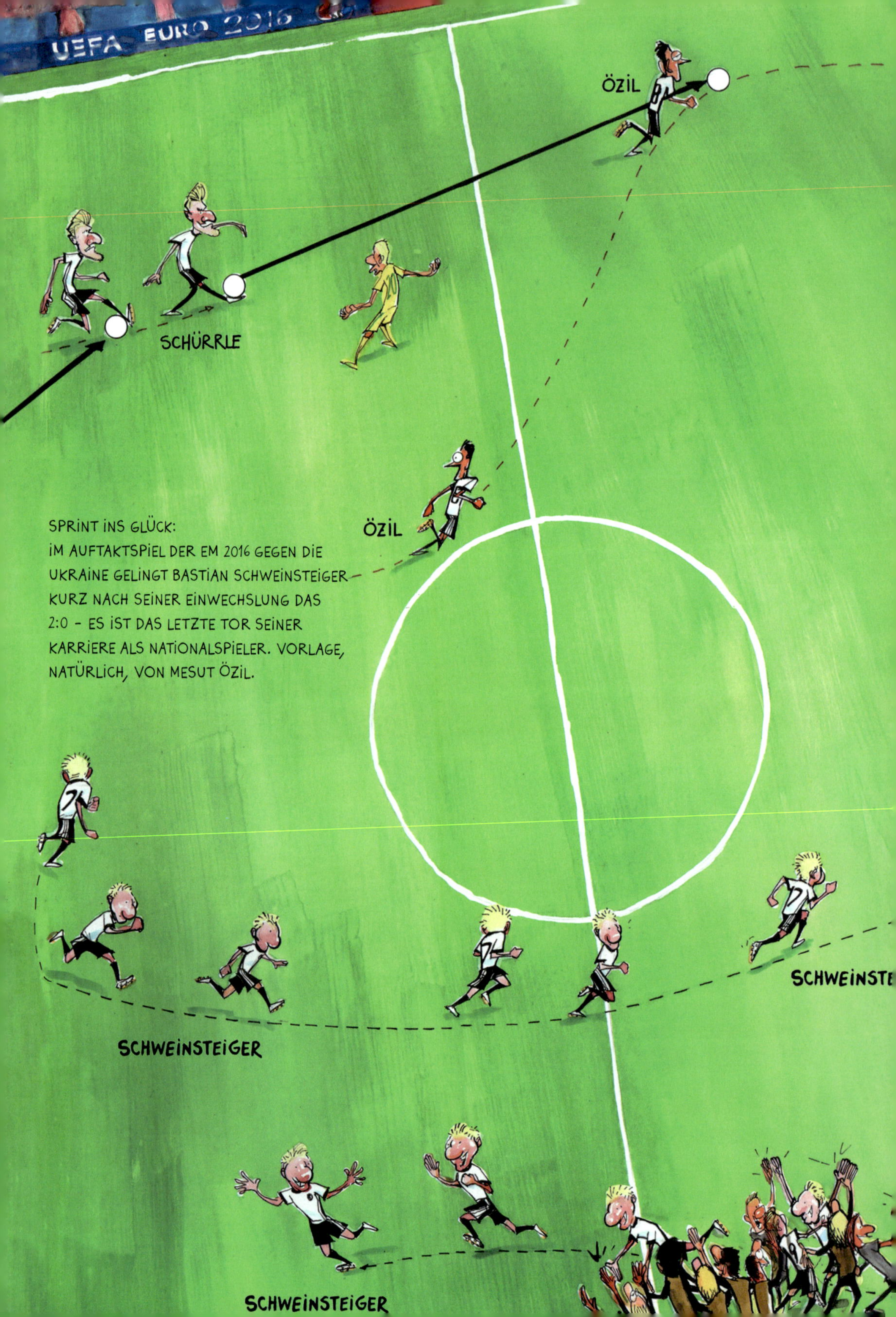
UEFA EURO 2016
ÖZIL
SCHÜRRLE
ÖZIL
SPRINT INS GLÜCK:
IM AUFTAKTSPIEL DER EM 2016 GEGEN DIE UKRAINE GELINGT BASTIAN SCHWEINSTEIGER KURZ NACH SEINER EINWECHSLUNG DAS 2:0 – ES IST DAS LETZTE TOR SEINER KARRIERE ALS NATIONALSPIELER. VORLAGE, NATÜRLICH, VON MESUT ÖZIL.
SCHWEINSTE
SCHWEINSTEIGER
SCHWEINSTEIGER

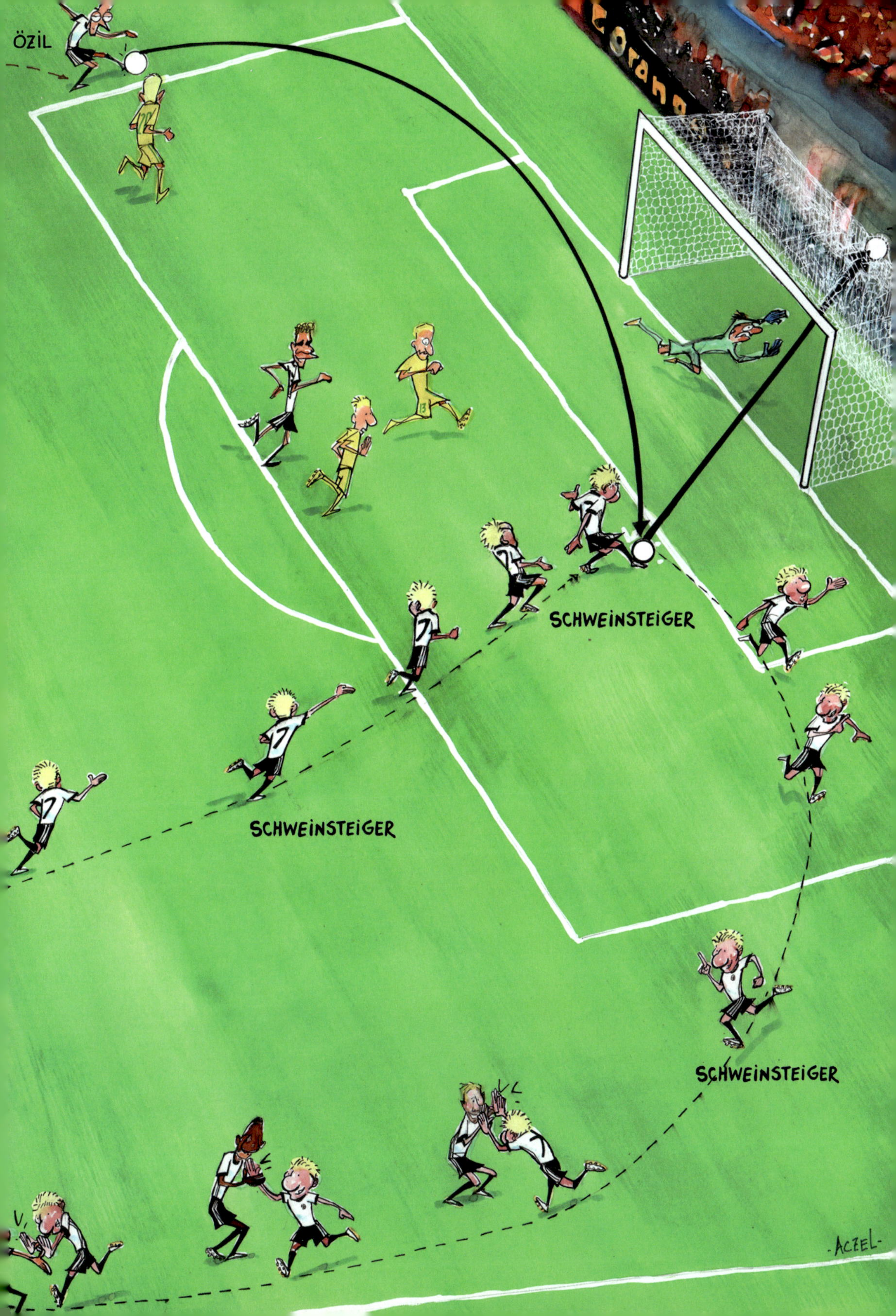
ÖZIL
SCHWEINSTEIGER
SCHWEINSTEIGER
SCHWEINSTEIGER
-ACZEL-

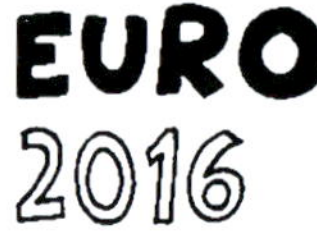

EIERKRAULEN

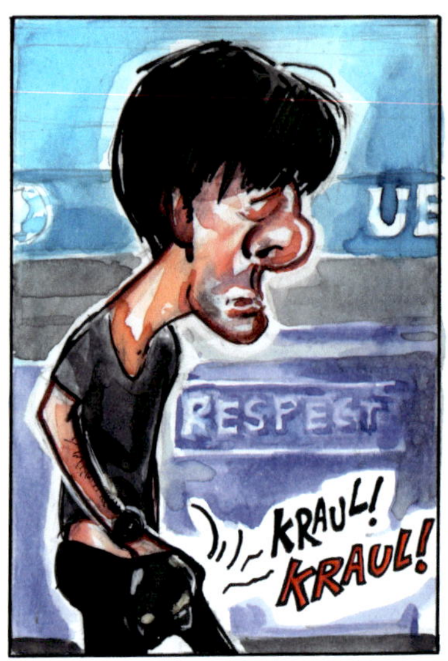

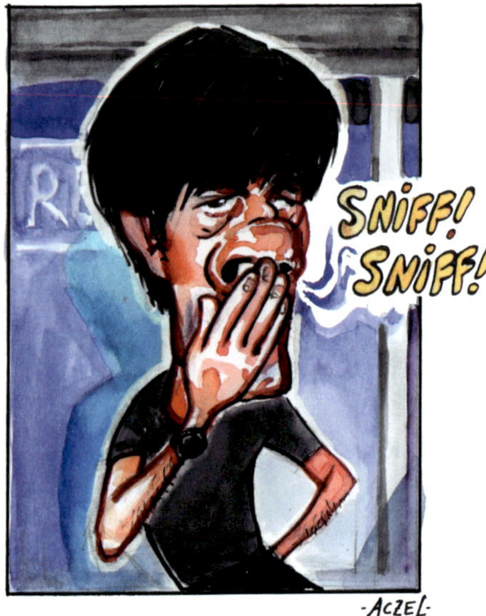

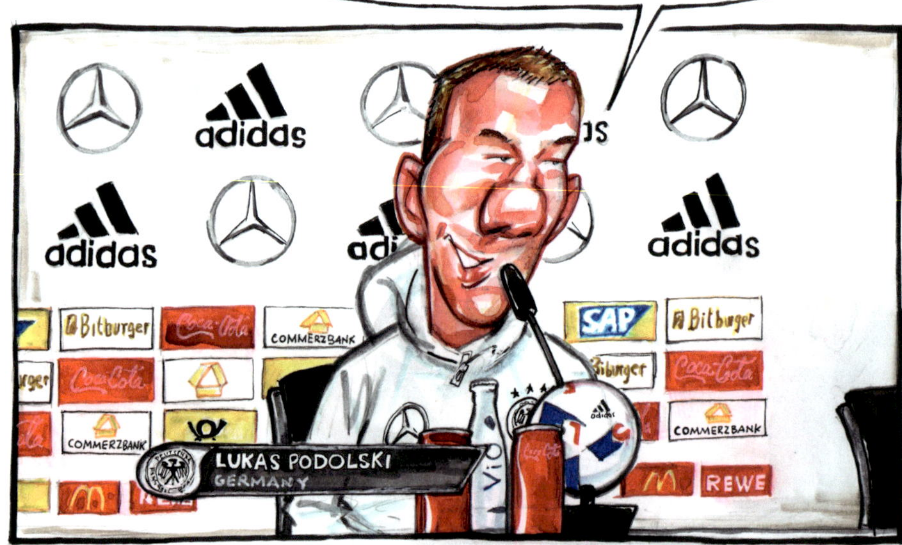

BEIM AUFTAKTSPIEL DER DEUTSCHEN BEI DER EM 2016 ZEIGEN DIE TV-BILDER, WIE SICH JOGI LÖW IM SCHRITT KRATZT. LUKAS PODOLSKI KOMMENTIERT DIE SZENE AUF DER ANSCHLIESSENDEN PRESSEKONFERENZ GEWOHNT POINTIERT UND ERNTET DAFÜR DIE VERDIENTEN LACHER.

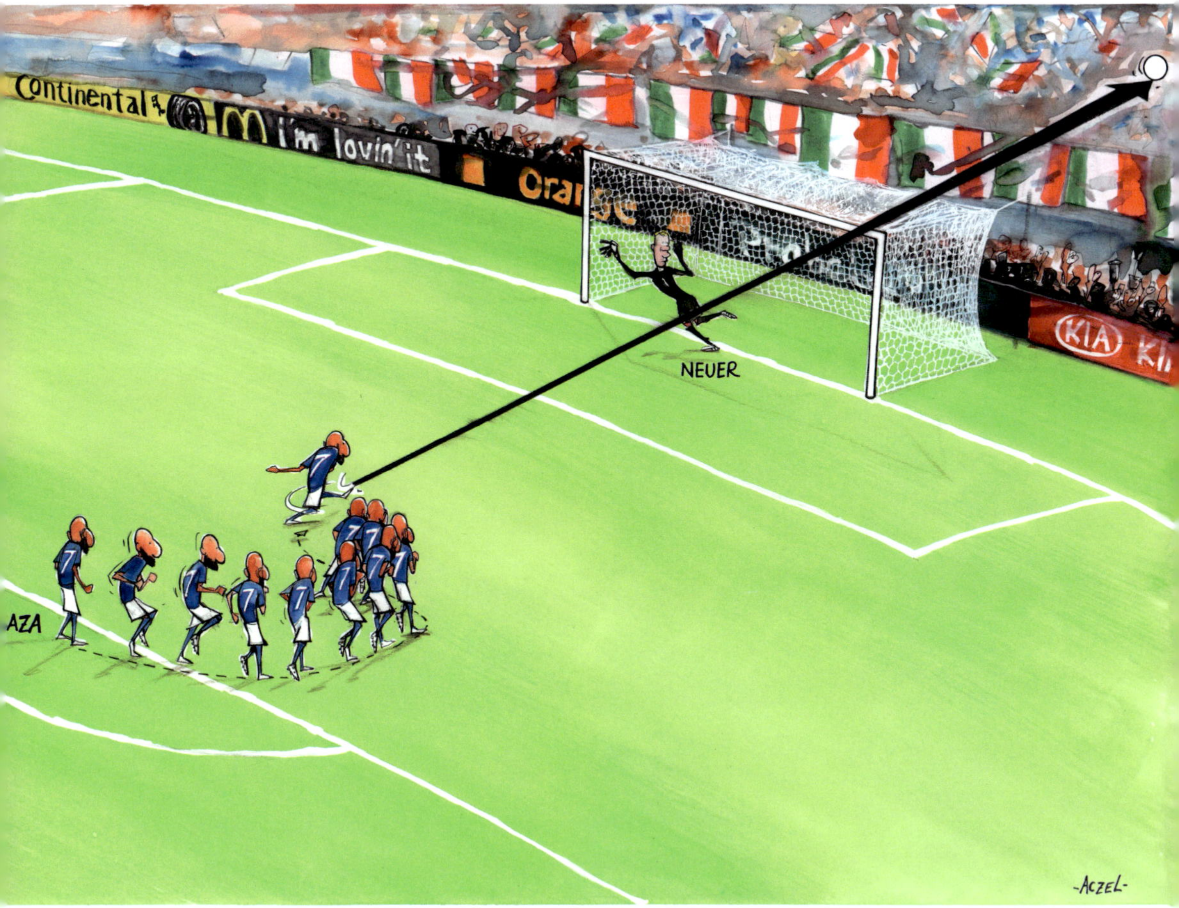

DER EIGENS FÜR DAS ELFMETERSCHIESSEN EINGEWECHSELTE ITALIENER ZAZA VERSUCHTE DURCH EINEN ANLAUF IM TARANTELLASTIL NEUER ZU ÜBERWINDEN. DOCH ANSTATT EINES LÄSSIGEN TORES WIRD ER MIT SEINEM FEHLSCHUSS ZUR LACHNUMMER DES TURNIERS. DIE TRAGIKOMÖDIE FAND SEIN ENDE DURCH DEN VERWANDELTEN ELFMETER HECTORS.

WER HÄTTE AHNEN KÖNNEN, DASS DIE UNGLÜCKLICHE HALBFINAL-NIEDERLAGE GEGEN FRANKREICH DER AUFTAKT EINER LANGEN DURST-STRECKE WAR? SEITHER HAT KEINE DEUTSCHE MANNSCHAFT MEHR DAS SEMIFINALE EINES GROSSEN TURNIERS ERREICHT.

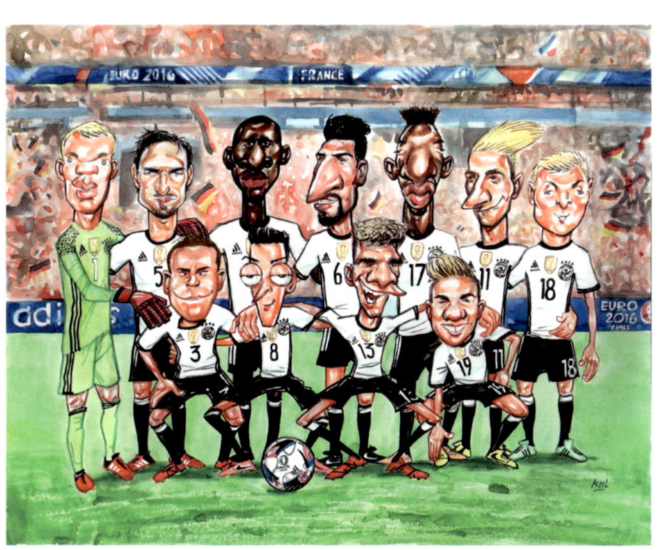

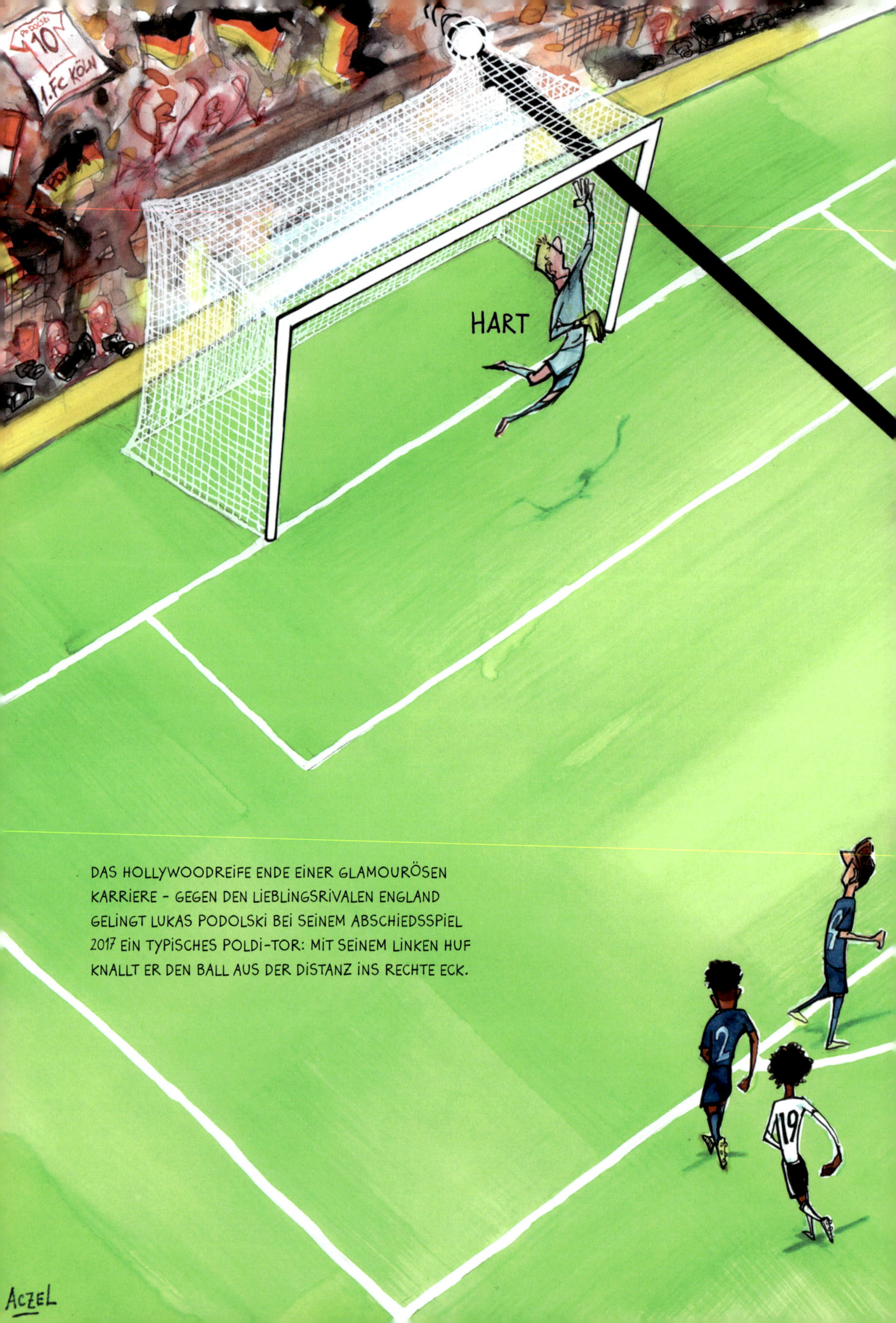
PODOLSKI
10
1.FC KÖLN
HART
DAS HOLLYWOODREIFE ENDE EINER GLAMOURÖSEN KARRIERE – GEGEN DEN LIEBLINGSRIVALEN ENGLAND GELINGT LUKAS PODOLSKI BEI SEINEM ABSCHIEDSSPIEL 2017 EIN TYPISCHES POLDI-TOR: MIT SEINEM LINKEN HUF KNALLT ER DEN BALL AUS DER DISTANZ INS RECHTE ECK.
ACZEL

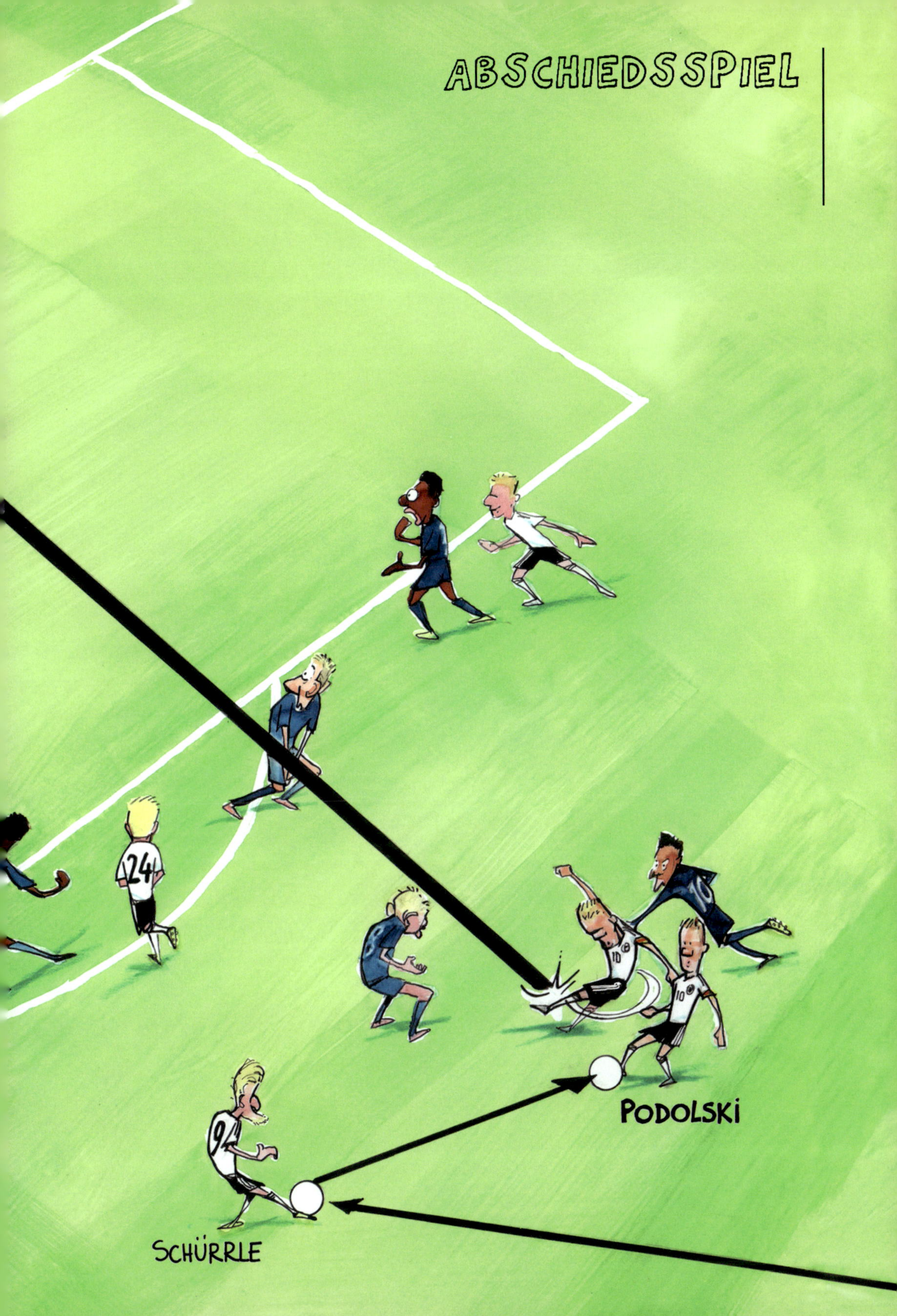
ABSCHIEDSSPIEL
PODOLSKI
SCHÜRRLE

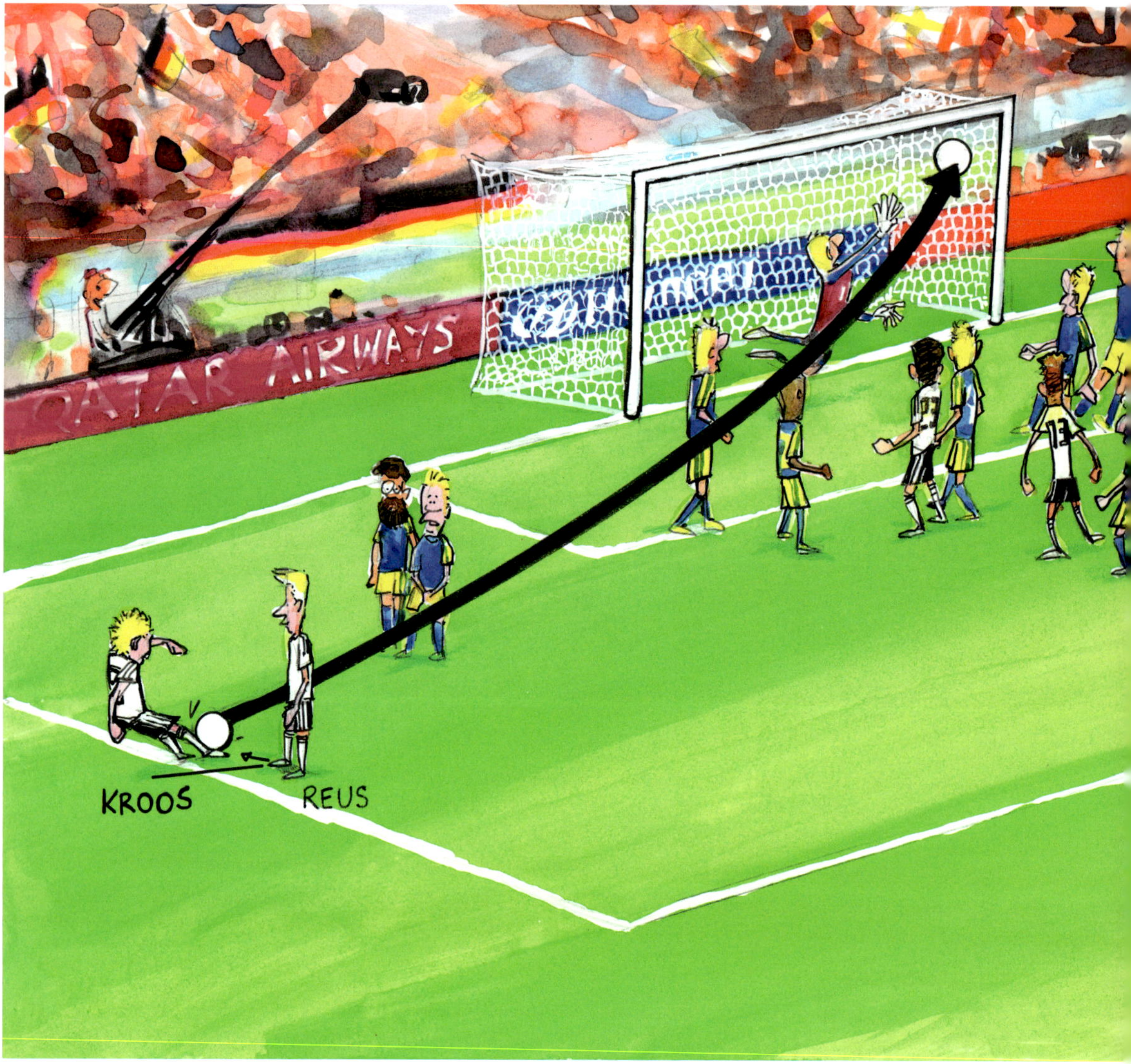

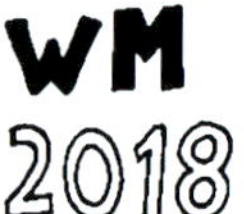

EIN FUNKEN EUPHORIE

95 MINUTEN WAREN IM ZWEITEN GRUPPENSPIEL GEGEN SCHWEDEN BEREITS GESPIELT, ALS SICH TONI KROOS DEN BALL ZUM FREISTOSS ZURECHTLEGT. MIT DER INNENSEITE SEINES RECHTEN FUSSES ZIRKELT DER MITTELFELDREGISSEUR DIE KUGEL IN DEN WINKEL – UND FÜR EINEN MOMENT IST DIE HOFFNUNG WIEDER DA, DASS ALLES GUT WERDE.

SCHLAND UNTER

NOCH NIE WAR EINE DEUTSCHE MANNSCHAFT BEI EINER WM IN DER VORRUNDE AUSGESCHIEDEN. IRGENDWANN IST IMMER DAS ERSTE MAL …

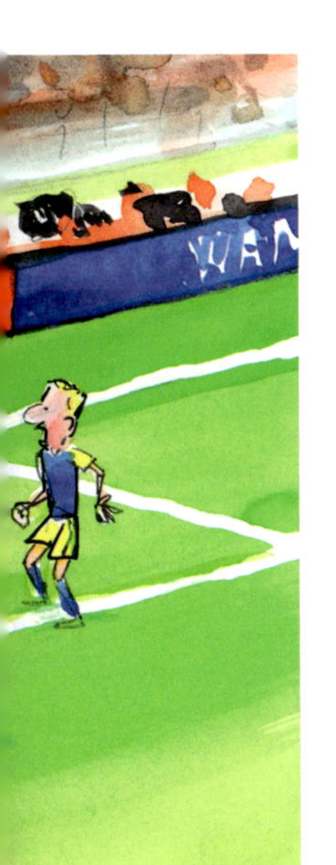

DIE BLAMAGE VON RUSSLAND

Als Titelverteidiger reist die DFB-Auswahl 2018 zur umstrittenen Weltmeisterschaft nach Russland – und fliegt bereits in der Gruppenphase aus dem Turnier. Das war Deutschland zuvor noch nie passiert. Nach der Auftaktniederlage gegen Mexiko (0:1) hält Toni Kroos mit seinem Freistoßtor gegen Schweden die Hoffnung am Leben, doch eine klare 0:2-Pleite gegen Südkorea besiegelt die große Sensation. „Die Mannschaft", wie die deutsche Auswahl aus Marketinggründen genannt wird, blamiert sich vor den Augen der Fußballwelt.

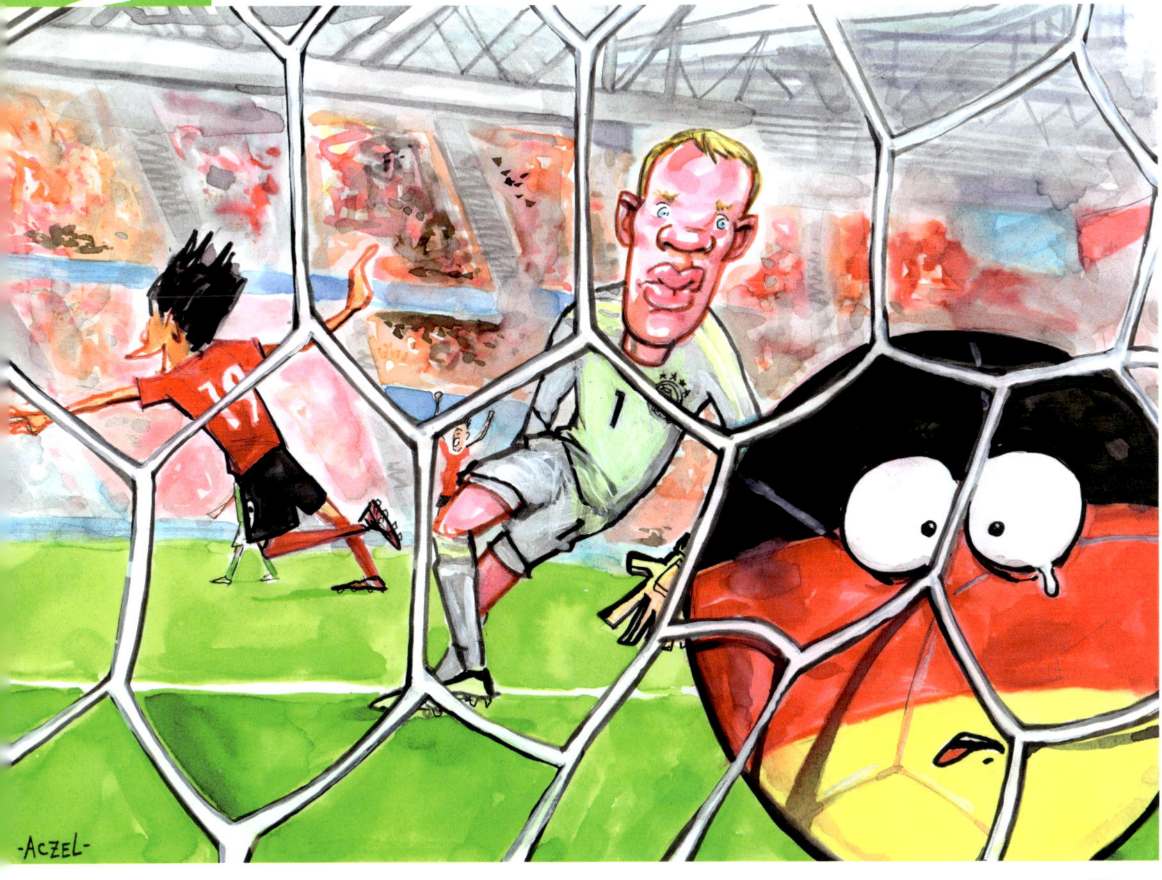

-ACZEL-

DIE 2010ER IM ÜBERBLICK

„DEUTSCHLAND AUF EINEM ANDEREN PLANETEN. DIE SPIELWEISE SCHLÄGT ALLE FUSSBALLLIEBHABER IN IHREN BANN. DEUTSCHLAND IST DAS SYMBOL EINER NEUEN ÄRA, DIE VOR ZWEI JAHREN VON SPANIEN ERÖFFNET WURDE."

(LE PARISIEN, FRANKREICH, ÜBER DIE AUFTRITTE DER DFB-ELF BEI DER WM 2010)

„‚WO WARST DU, ALS DER NATIONALE FUSSBALL ZUSAMMENBRACH?', WERDEN BRASILIANER EINANDER NOCH IN DUTZENDEN VON JAHREN FRAGEN. BRASILIEN IST ERNIEDRIGT. BRASILIEN HEULT. 1:7. DEUTSCHLAND IST IM FINALE. ES IST KEIN WITZ."

(NRC HANDELSBLAD, HOLLAND, ÜBER DAS HISTORISCHE 7:1 GEGEN BRASILIEN BEI DER WM 2014)

„DEUTSCHLAND ZUM VIERTEN MAL WELTMEISTER, SIE SIND JETZT DIE WAHREN BRASILIANER. ES IST EIN VERDIENTER ERFOLG, DER VON WEIT HERKOMMT. DEUTSCHLAND WIE VON EINER ANDEREN WELT. EIN MEISTERWERK VON LÖW UND EINER SUPER-GENERATION."

(LA GAZZETTA DELLO SPORT, ITALIEN, ÜBER DEN WM-TITEL DER DEUTSCHEN 2014)

„DER ESPRESSO IST FRISCH GEMACHT, DIESMAL TRINKEN IHN DIE DEUTSCHEN. ITALIEN VERNEIGT SICH VOR DEUTSCHLAND, ABER ES VERABSCHIEDET SICH ERHOBENEN HAUPTES VON DER EURO."

CORRIERE DELLO SPORT, ITALIEN, ÜBER DAS EM-VIERTELFINALE 2016)

„ICH HABE NICHTS GEDACHT. UNS ALLEN GING DAS SO. WENN MAN SICH DIE BILDER AUS KASAN HEUTE ANSCHAUT, SIEHT MAN, WAS ICH HIER ZU BESCHREIBEN VERSUCHE. ES WAR EIN NICHTS, TOTALE LEERE. WIR HABEN NATÜRLICH VERSTANDEN, DASS WIR AUSGESCHIEDEN WAREN, ABER WIR KONNTEN ES NICHT BEGREIFEN, ES WAR REALITÄT UND ZUGLEICH SURREAL, ES KONNTE EINFACH NICHT WAHR SEIN."

(LA VANGUARDIA, SPANIEN, NACH DEM DEUTSCHEN HALBFINAL-SIEG BEI DER EURO 2008)

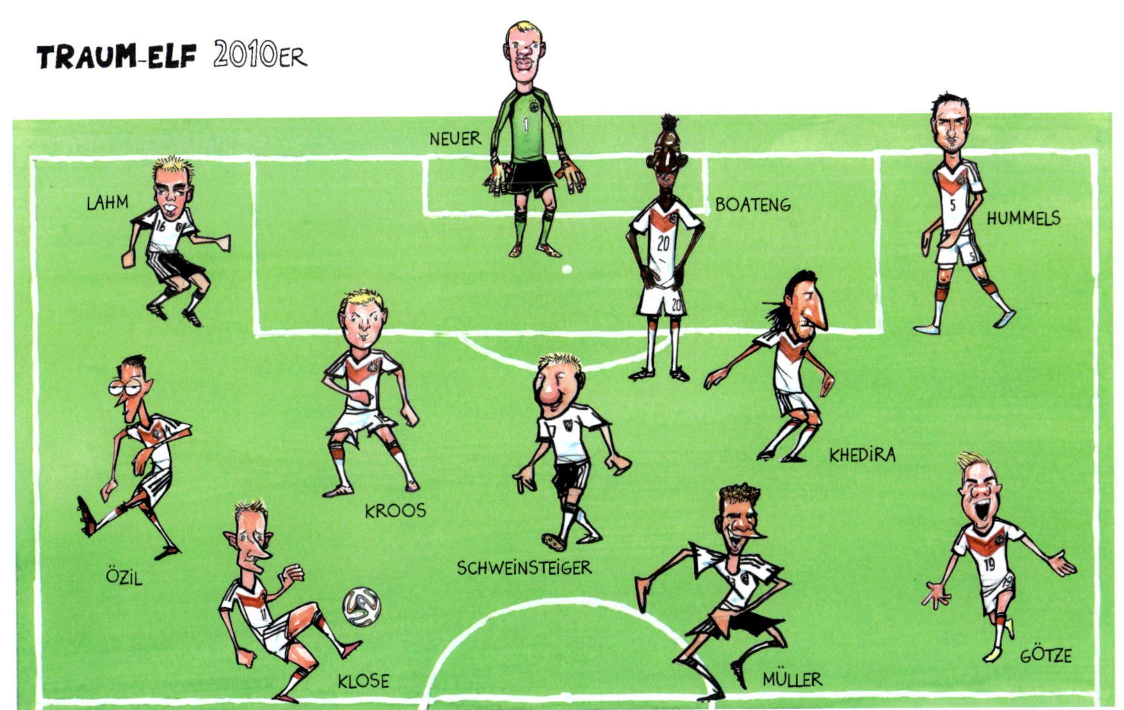

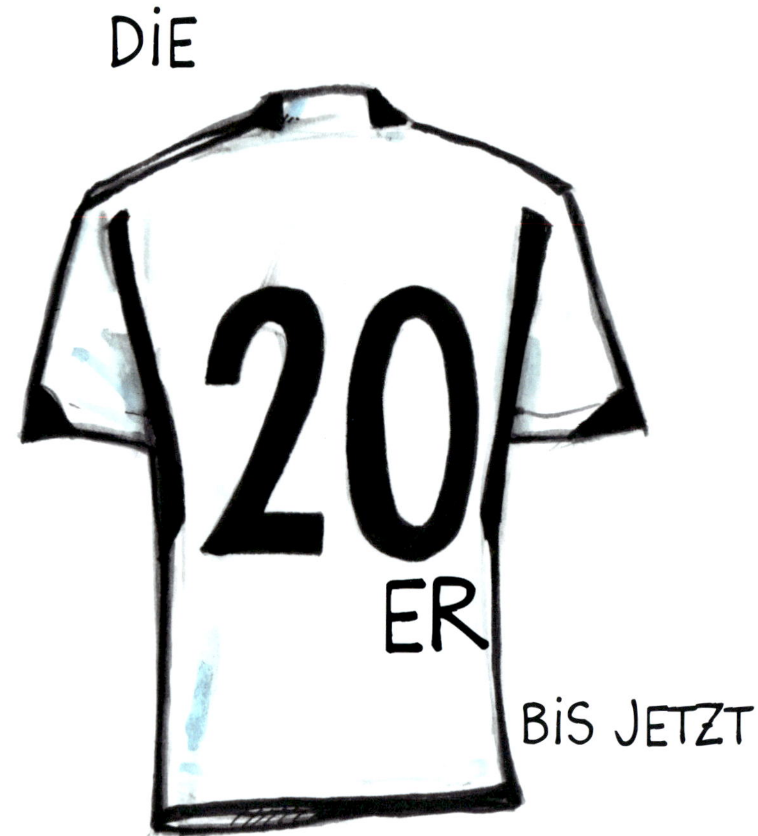

CORONA UND ANDERE SORGEN

Menschen, die sich in Supermärkten um Klopapierrollen streiten, statt gefüllte Stadien und Fußball-Sommermärchen: Das neue Jahrzehnt beginnt mit einer globalen Katastrophe, die untrennbar mit dem Fußball verbunden ist. Nicht nur, dass es vermutlich Fußballfans sind, die das Coronavirus in Europa streuten, danach finden Fußballspiele in leeren Stadien statt. Das ist fast so gruselig wie die Auftritte der deutschen Nationalmannschaft es sind. Bei der von 2020 auf 2021 verschobenen EM fliegt die DFB-Elf im Achtelfinale gegen Gastgeber England raus, ein unrühmliches Ende für Weltmeister-Macher Löw. Sein Nachfolger Hansi Flick soll alles besser machen – und scheitert bei der WM 2022 in Katar bereits in der Vorrunde. Julian Nagelsmann heißt danach der neuen Hoffnungsträger. Auf ihm Lasten jetzt die Erwartungen der rund 83 Millionen potenziellen Nationaltrainer*innen ...

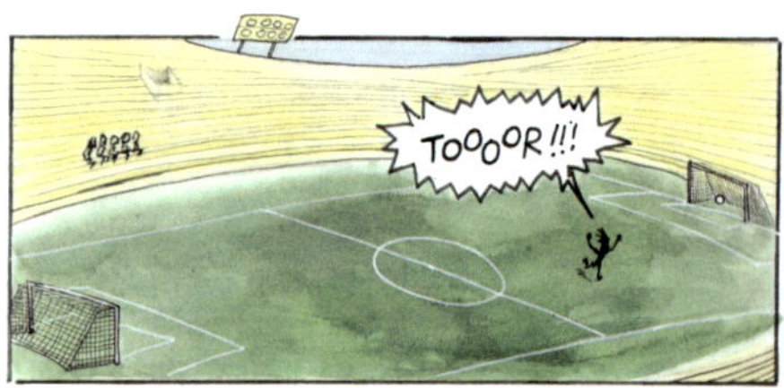

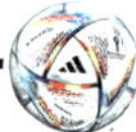

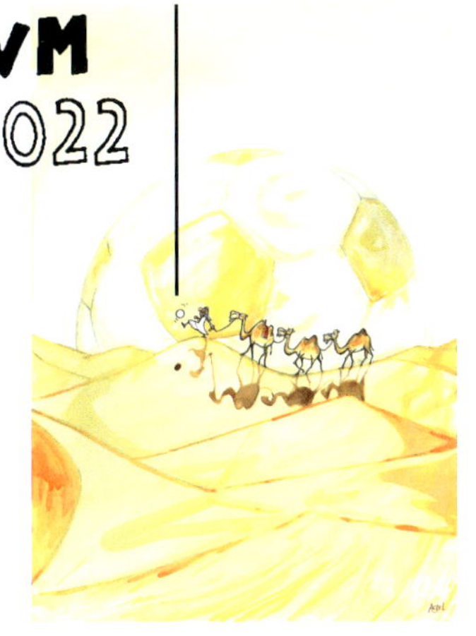

Nein, diese Weltmeisterschaft in Katar wird nicht als strahlender Moment in der Geschichte des Fußballs in Erinnerung bleiben. Mit viel Geld aus dem Öl-Paradies erkaufte Stimmen bei der Vergabe des Turniers, Winter-, statt Sommerspiele, ein Gastgeber, für den der Fußball ein Instrument ist, das eigene Image reinzuwaschen (Stichworte Demokratie und Menschenrechte) – und dazu eine deutsche Mannschaft, die es schafft, in einer Gruppe mit Japan, Spanien und Costa Rica Dritter zu werden und sang- und klanglos auszuscheiden. Immerhin wissen wir seit einem schönen Dokumentarfilm, dass auch Graugänse nicht dabei helfen können, talentierte Fußballprofis zu Höchstleistungen zu motivieren.

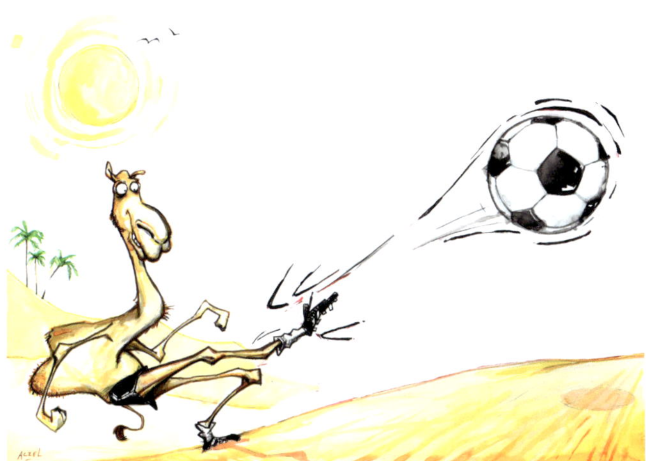

IST DER BALL MIT GANZEM UMFANG HINTER DER LINIE? NEIN! DAS TOR ZÄHLT, JAPAN IST WEITER.

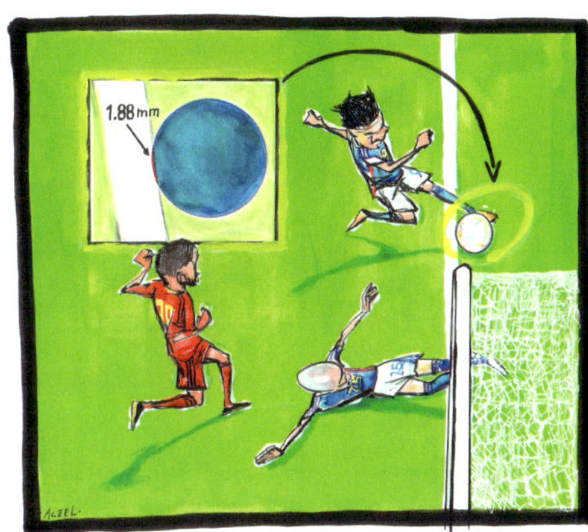

AUS PROTEST GEGEN DIE BINDENENTSCHEIDUNG DER FIFA HALTEN SICH DIE DEUTSCHEN SPIELER BEIM MANNSCHAFTSFOTO DIE HAND VOR DEN MUND. IN EINER KATARISCHEN TV-SHOW WIRD DIE DEUTSCHE ELF NACH IHREM KLÄGLICHEN AUSSCHEIDEN MIT GROSSER SCHADENFREUDE VERABSCHIEDET.

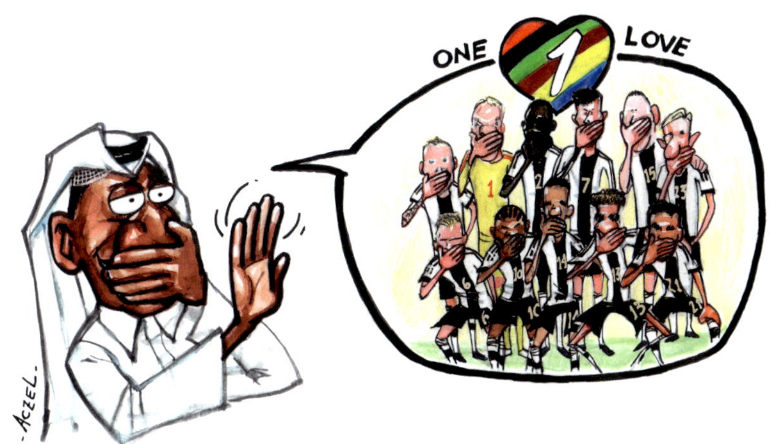

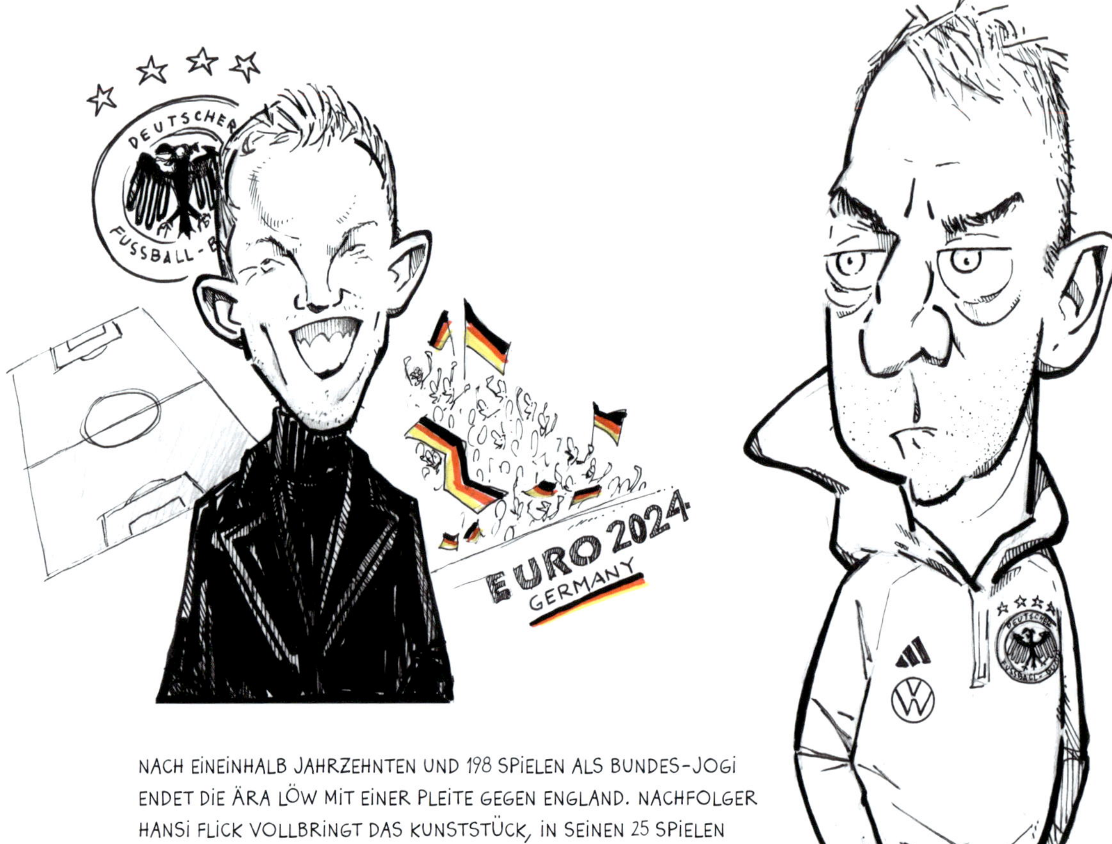

NACH EINEINHALB JAHRZEHNTEN UND 198 SPIELEN ALS BUNDES-JOGI ENDET DIE ÄRA LÖW MIT EINER PLEITE GEGEN ENGLAND. NACHFOLGER HANSI FLICK VOLLBRINGT DAS KUNSTSTÜCK, IN SEINEN 25 SPIELEN ALS DFB-COACH IMMER EINE ANDERE MANNSCHAFT AUFZUSTELLEN. MIT JULIAN NAGELSMANN IST SEIT HERBST 2023 DER ZWEITJÜNGSTE TRAINER DER VERBANDSGESCHICHTE AM RUDER.

Die Erwartungen sind hoch, als am 1. August 2021 Hansi Flick als neuer Bundestrainer vorgestellt wird. Schließlich war es auch das taktische Genie des damaligen Co-Trainers Flick gewesen, das Deutschland 2014 zur Weltmeisterschaft geführt hat. Flick überbietet mit acht Siegen in Folge den Startrekord seines früheren Chefs Joachim Löw, doch dann beginnt der Motor zu stottern. Die Mannschaft kriegt es nicht nur bei der ungeliebten Nations League nicht hin, sondern muss auch bei der Weltmeisterschaft in Katar nach der Gruppenphase die Segel streichen. Ob es sein Nachfolger Julian Nagelsmann besser macht? Die Hoffnung stirbt zuletzt.

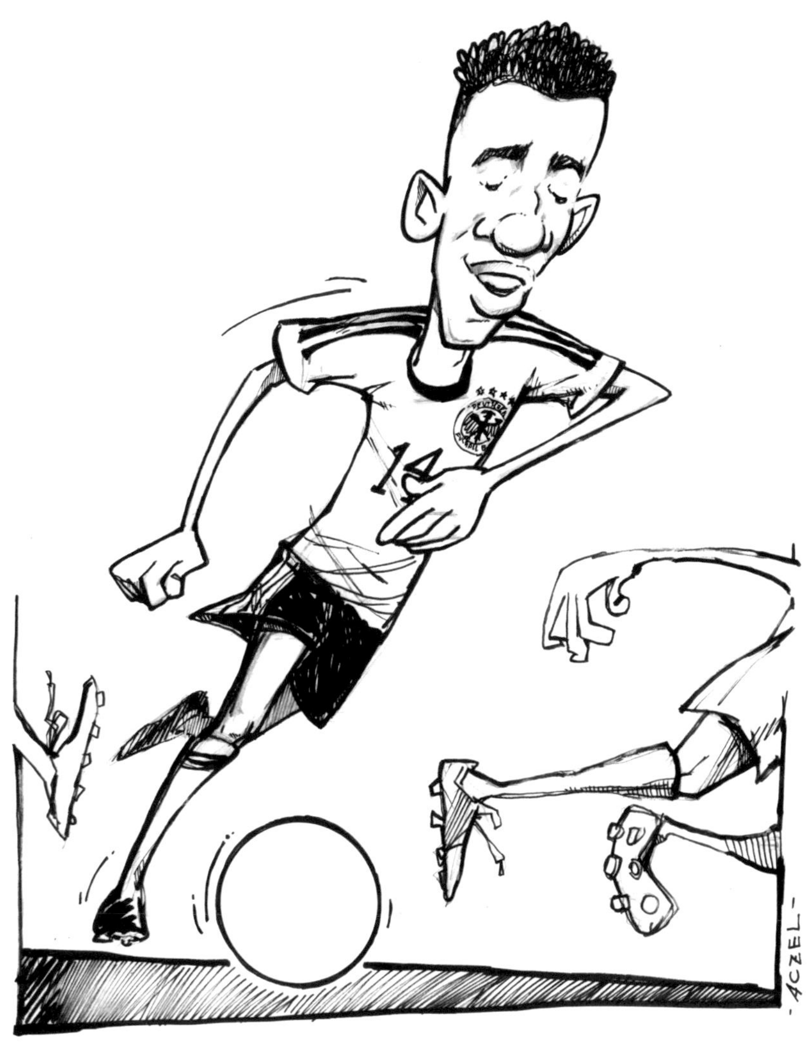

In Stuttgart geboren, die Mutter eine Deutsche mit polnischen Wurzeln, der Vater aus Nigeria – Jamal Musiala hat schon qua Stammbaum gute Chancen, das Gesicht eines neuen, bunteren Deutschlands zu werden. In England ausgebildet und beim FC Bayern zum Profispieler geschliffen, gilt der dribbelstarke Offensivmann als eines der größten Fußballtalente der vergangenen Jahre. Als Teenager läuft Jamal Musiala noch für die englischen U-Teams auf, doch Joachim Löw überzeugt ihn, für die deutsche A-Nationalmannschaft zu spielen. Nach einem gewissen Marius Hiller, der 1910 sein einziges Tor für die DFB-Elf geschossen hat, ist Musiala seit Oktober 2021 der jüngste Torschütze in der Geschichte des Verbandes.

DIE DFB-GESCHICHTE IM ÜBERBLICK

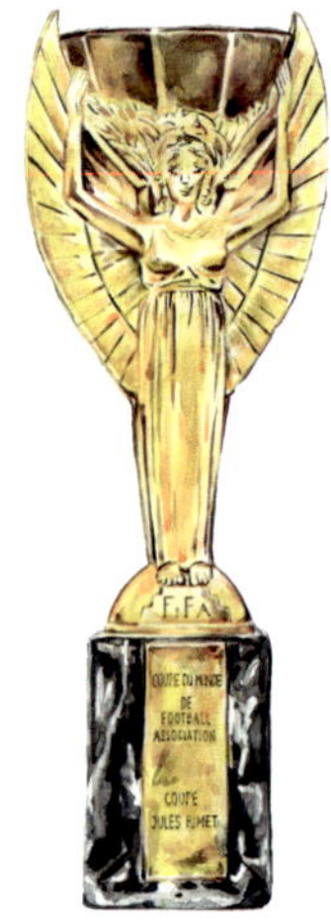

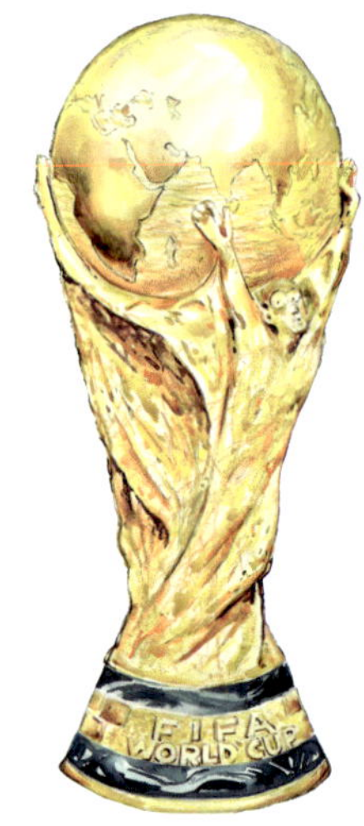

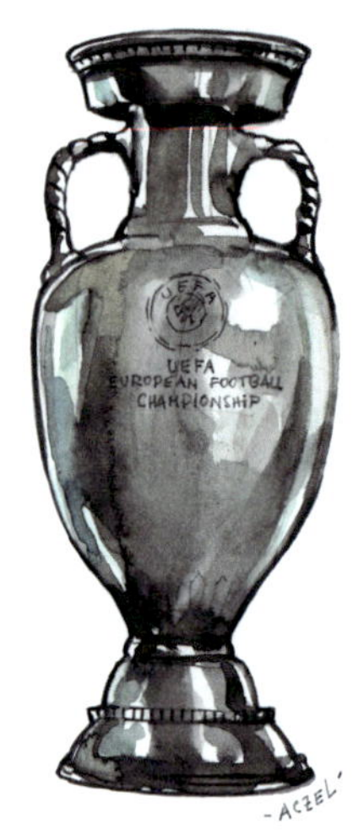

4 WELTMEISTER

3 EUROPAMEISTER

EHRENSPIELFÜHRER:

FRITZ WALTER, UWE SEELER, FRANZ BECKENBAUER, LOTHAR MATTHÄUS, JÜRGEN KLINSMANN, PHILIPP LAHM

BUNDESTRAINER:

LÄNGSTE AMTSZEIT: SEPP HERBERGER (1936 BIS 1964, 162 SPIELE, WELTMEISTER 1945; 1,75 PUNKTE)
MEISTE ERFOLGE: HELMUT SCHÖN (1964 BIS 1978, 139 SPIELE; EUROPAMEISTER 1972, WELTMEISTER 1974; 2,10 PUNKTE)
MEISTE SPIELE: JOACHIM LÖW (2006 BIS 2021, 198 SPIELE, WELTMEISTER 2014; 2,08 PUNKTE)
BESTER PUNKTESCHNITT: BERTI VOGTS (1990 BIS 1998, 102 SPIELE, EUROPAMEISTER 1996; 2,18 PUNKTE)

WM-SONGS DER DEUTSCHEN FUSSBALLNATIONALMANNSCHAFT

1974: „FUSSBALL IST UNSER LEBEN"
1978: „BUENOS DIAS ARGENTINA" (MIT UDO JÜRGENS)
1982: „OLÉ ESPAÑA" (MIT MICHAEL SCHANZE)
1986: „MEXIKO MI AMOR" (MIT PETER ALEXANDER)
1990: „SEMPRE ROMA" (MIT UDO JÜRGENS)
1994: „FAR AWAY IN AMERICA" (VILLAGE PEOPLE FEAT. DEUTSCHE FUSSBALLNATIONALMANNSCHAFT)
1998: „RUNNING WITH A DREAM" (ANNA MARIA KAUFMANN, JOEY TEMPEST UND DAS LONDON ROYAL PHILHARMONIC ORCHESTRA; KEINE BETEILIGUNG DER DEUTSCHEN FUSSBALLNATIONALMANNSCHAFT)
2002, 2006, 2010, 2014, 2018, 2022: KEINE WM-SONGS, KEIN CHOR DER DEUTSCHEN NATIONALMANNSCHAFT

ZAHLEN LÜGEN NICHT

REKORDSPIELER BEI WM-ENDRUNDEN

	SPIELER	LAND	WM-ENDRUNDEN	SPIELE
1.	LOTHAR MATTHÄUS	DEUTSCHLAND	1982, 1986, 1990, 1994, 1998	25
2.	MIROSLAV KLOSE	DEUTSCHLAND	2002, 2006, 2010, 2014	24
3.	UWE SEELER	DEUTSCHLAND	1958, 1962, 1966, 1970	21
4.	PHILIPP LAHM	DEUTSCHLAND	2006, 2010, 2016	20
	B. SCHWEINSTEIGER	DEUTSCHLAND	2006, 2010, 2016	20

REKORDSPIELER

	SPIELER	ZEITRAUM	SPIELE
1.	LOTHAR MATTHÄUS	1980 BIS 2000	150
2.	MIROSLAV KLOSE	2001 BIS 2014	137
3.	LUKAS PODOLSKI	2004 BIS 2017	130

REKORDTORSCHÜTZEN

	SPIELER	SPIELE	TORE
1.	MIROSLAV KLOSE	137	71
2.	GERD MÜLLER	62	68
3.	JOACHIM STREICH	105	59

DFB TRAUM-ELF ALLER ZEITEN

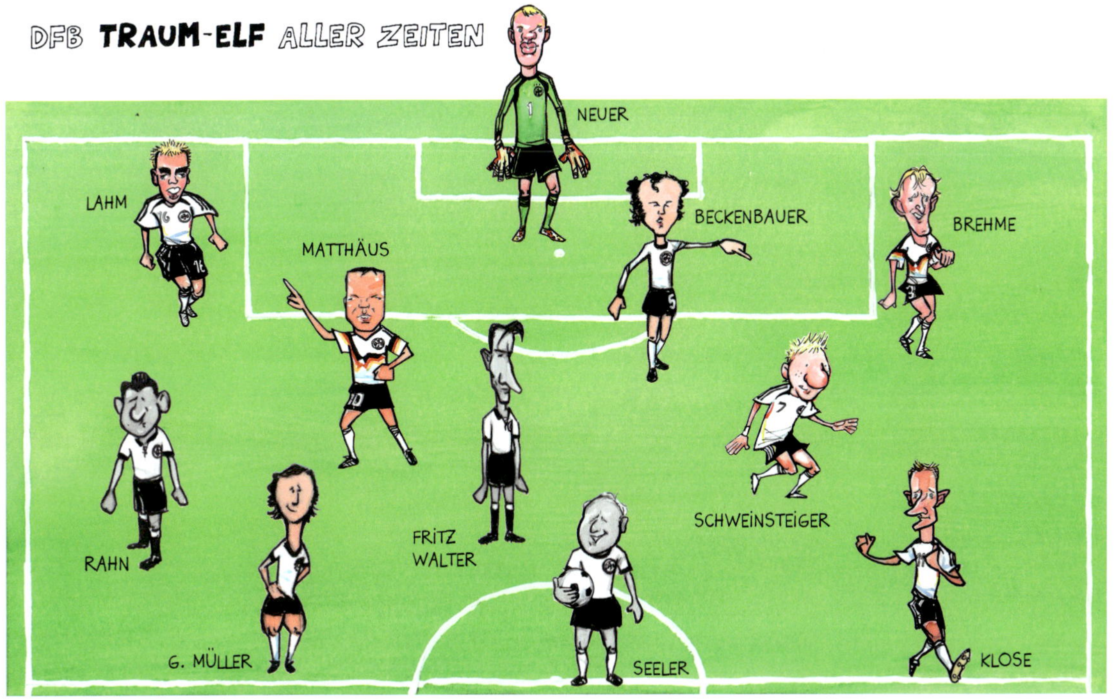

VON ACZEL AUSSERDEM ERHÄLTLICH:

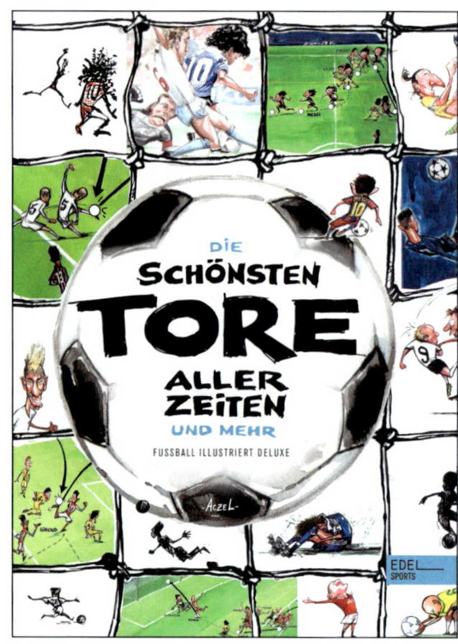

Die schönsten Tore aller Zeiten
ISBN 978-3-98588-020-1

MARADONAS JAHRHUNDERTTOR, ZLATAN IM KARATESTIL, ZIDANES UNNACHAHMLICHER AUSSENRIST, ROBERTO CARLOS' UNFASSBARER FREISTOSSHAMMER ...

GERMAN ACZEL HAT DIE SCHÖNSTEN TORE ALLER ZEITEN KONGENIAL INS BILD GESETZT, DAZU DIE KURIOSESTEN EIGENTORE, PEINLICHSTEN TORWARTFEHLER, GESCHENKE DES HIMMELS, AKROBATIK UND SLAPSTICK. SEINE BILDER SIND WIE EIN FILM VOLLER FUSSBALLWUNDER, WIE WIR IHN NOCH NIE GESEHEN HABEN.

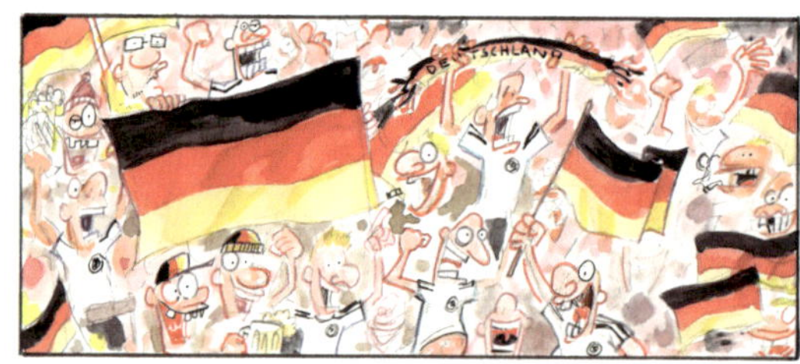

WEITERE WM-HELDENBÜCHER

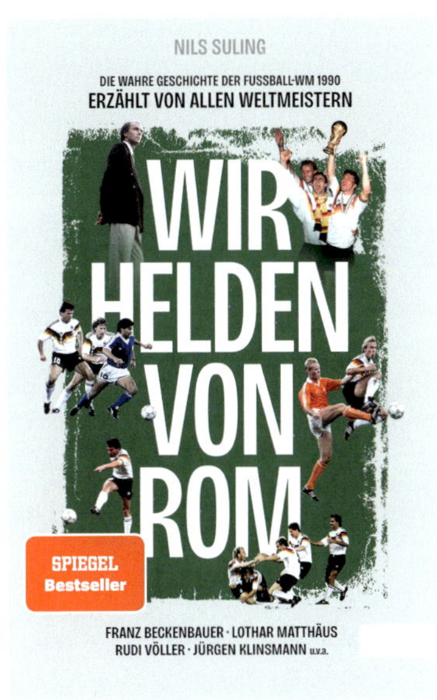

Nils Suling: Wir Helden von Rom
Die wahre Geschichte der Fußball-WM 1990
ISBN 978-3-98588-020-1

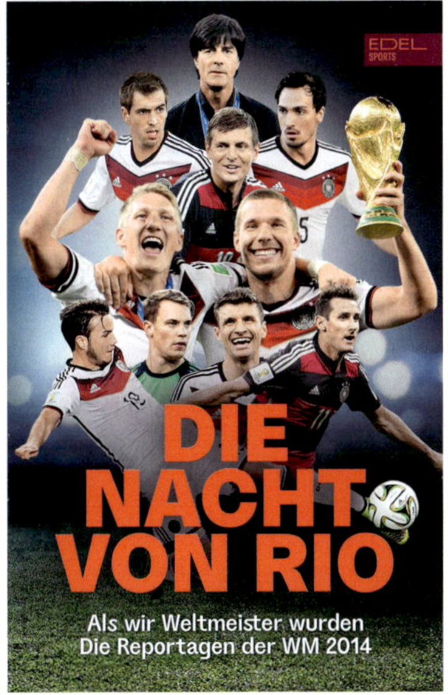

Die Nacht von Rio.
Als Deutschland Weltmeister wurde
ISBN 978-3-98588-096-6

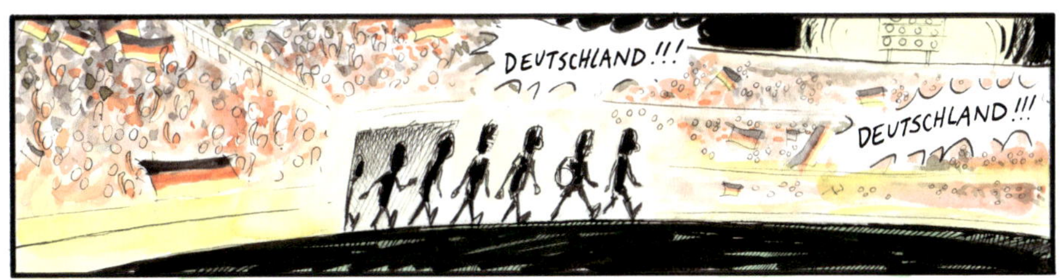

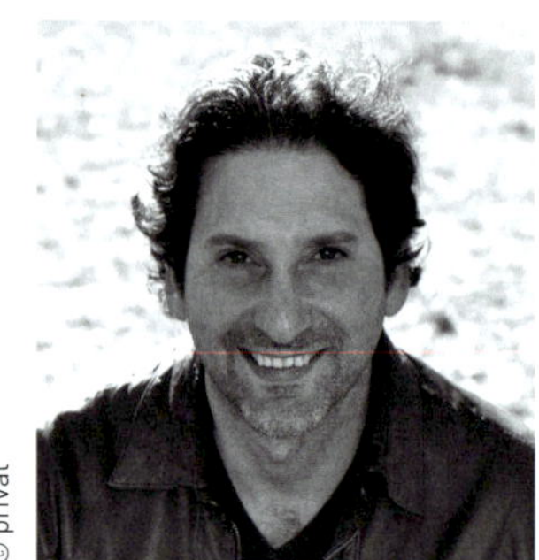

© privat

ZUM AUTOR

Die Karriere des argentinischen Künstlers **Germán Aczel** begann in seiner Heimatstadt Buenos Aires, wo er für die Tageszeitung La Nación, später die Sportzeitschrift El Gráfico arbeitete. Mit 26 Jahren verschlug es ihn nach München. Hier war er viele Jahre für die Jugendzeitschrift Bravo tätig. Aktuell zeichnet er für das wichtigste englische Fußballmagazin Four Four Two. Buchveröffentlichungen bei Edel Sports: „Die schönsten Tore aller Zeiten" und „World Cup 1930 bis 2018".

IMPRESSUM

Projektkoordination und Lektorat:
Dr. Marten Brandt
Redaktion: *Alex Raack, Luciano Aczel*
Gestaltung: *Groothuis. Gesellschaft der Ideen und Passionen mbH www.groothuis.de*
Umschlaggestaltung und Layout: *Germán Aczel*
Lithografie: *Frische Grafik, Hamburg*
Druck und Bindung: *optimal media GmbH, Glienholzweg 7, 17207 Röbel / Müritz*

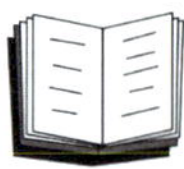

1. Auflage 2024

Neumühlen 17
D-22763 Hamburg
ISBN: 978-3-98588-094-2

BESONDEREN DANK AN

Alex Raack, Johanna Aczel, Theresa Riemer, Helmut Riemer, Dani Porchetto, Sibylle Christlein, Marten Brandt, Rafael García Banchero, Mario R. Aczel, Lukas Neresheimer, Nick Voag, Thiago Deiab und meine Kinder Luciano, Patricio, Leonardo und Pricila.

LIEBE LESERINNEN, LIEBE LESER

wie schön, dass Sie ein Buch von EDEL SPORTS lesen! Wir lieben große Geschichten, herausragende Persönlichkeiten und starke Meinungen aus der faszinierenden Welt des Sports und freuen uns sehr, dass Sie diese Leidenschaft mit uns teilen. Sport ist Emotion, Entertainment und Business zugleich. Geben Sie uns gern Ihr Feedback auf Instagram (@edel.sports) oder schreiben uns an: *info-edelsports@edel.com.*

UNSER VERLAGSHAUS

Mit Standorten in Hamburg und München zählt die Edel Verlagsgruppe zu den größten unabhängigen Buchanbietern Deutschlands. Zur Gruppe gehören die Verlage Dr. Oetker Verlag, Edel Sports, KARIBU und ZS.

EDEL Sports – Ein Verlag der Edel Verlagsgruppe
www.edelsports.com
www.instagram.com/edel.sports

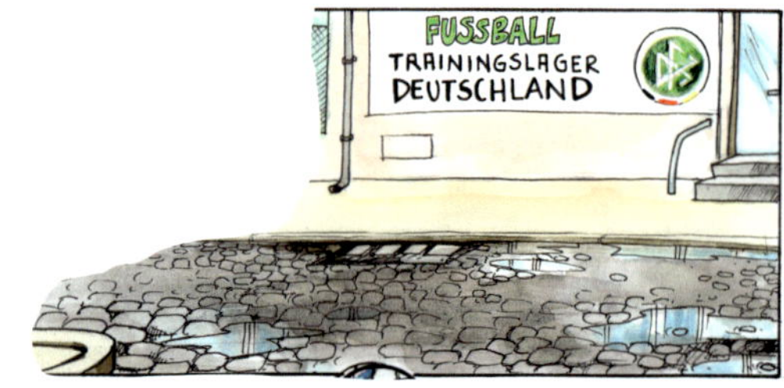